U0638993

国家出版基金项目
NATIONAL PUBLICATION FOUNDATION

"十四五"国家重点出版物出版规划项目

"经学与理学"丛书 何俊 主编

《诗》《书》《礼》《乐》

宋明儒学的性道神化

马强才 姚永辉 范立舟 著

天津出版传媒集团

天津人民出版社

图书在版编目(CIP)数据

《诗》《书》《礼》《乐》:宋明儒学的性道神化 /
马强才,姚永辉,范立舟著. -- 天津 : 天津人民出版社,
2023.11

("经学与理学"丛书 / 何俊主编)
ISBN 978-7-201-19927-6

Ⅰ.①诗… Ⅱ.①马… ②姚… ③范… Ⅲ.①儒学—
研究—中国—宋代②儒学—研究—中国—明代 Ⅳ.
①B222.05

中国国家版本馆 CIP 数据核字(2023)第 206828 号

《诗》《书》《礼》《乐》:宋明儒学的性道神化
《SHI》《SHU》《LI》《YUE》:SONGMING RUXUE DE XINGDAO SHENHUA

出　　版	天津人民出版社
出 版 人	刘　庆
地　　址	天津市和平区西康路35号康岳大厦
邮政编码	300051
邮购电话	(022)23332469
电子信箱	reader@tjrmcbs.com
责任编辑	林　雨
装帧设计	卢炀炀
印　　刷	河北鹏润印刷有限公司
经　　销	新华书店
开　　本	710毫米×1000毫米　1/16
印　　张	26
插　　页	4
字　　数	350千字
版次印次	2023年11月第1版　2023年11月第1次印刷
定　　价	156.00元

总　序

　　这部"经学与理学"丛书是我主持的国家社会科学基金重大项目"'群经统类'的文献整理与宋明儒学研究"（13&ZD061）的最终结项成果的重要组成部分。整个项目的研究成果，除了我编著的《马一浮论学书信选读》（四川人民出版社，2020 年），以及课题组成员各自撰写发表的数十篇论文等中期成果以外，最终结项成果包括了"马一浮编选《群经统类》整理丛书"与"经学与理学研究丛书"。项目于 2020 年结项，经专家组评定，并最终由全国哲学社会科学工作办公室审核，给予优秀。

　　文献整理丛书从 2017 年起陆续由上海古籍出版社刊行，如王宗传的《童溪易传》（2017 年）、敖继公的《仪礼集说》（2017 年）、陆淳的《春秋集传微旨》与孙复的《春秋尊王发微》（2019 年）等。马一浮先生编选的"群经统类"所列著作虽然全部完成了整理，但是考虑到文献整理与出版近年来取得了很大推进，目录中的许多文献已经刊行，因此为了避免重复浪费，经与出版社商议，这套文献丛书的后续出版，将尽量选择尚未刊行的文献，同时兼顾释经文献的种类齐全，总数达二十余种。

　　研究丛书共五种，即此次刊行的四种论著与先行出版的《从经学到理学》（上海人民出版社，2021 年）。我撰写的《从经学到理学》具有整部丛书的导论性质，与整部丛书构成有机的整体，但同时也是一项专题研究。因此，在项目结项以后，考虑到整部丛书还有待增补完善，以及出版的相关事宜，同时为了及时向学界同行反映研究的进展，听取意见，遂将《从经学到理学》先行出版。同年，"经学与理学"丛书经由天津人民出版社林雨编辑的申请，获得了"十四五"国家重点出版物出版规划项目，于今年刊行。

这次刊行的"经学与理学"丛书包括张涛、任利伟合撰的《〈易〉与〈春秋〉：宋明儒学的全体大用》，马强才、姚永辉、范立舟合撰的《〈诗〉〈书〉〈礼〉〈乐〉：宋明儒学的性道神化》，张天杰、申绪璐等合撰的《〈孝经〉与〈四书〉：宋明儒学的意涵新辟》，朱晓鹏撰写的《马一浮与现代新儒学：宋明儒学的传承创新》。由书名即可知晓，前三种论著是一个相对紧密的整体，构成了这部丛书的主体，最后一种与先行出版的《从经学到理学》相似，既是整部丛书的有机组成部分，也是可以相对独立的专题研究。只是对于整个课题而言，马一浮先生"六艺论"的研究具有更紧密的关系，因为整个研究是基于六艺论儒学思想展开的；经学之转出理学的问题则更独立一些，因为这是属于宋明理学的一个基础性的专门问题。

"经学与理学"丛书四种对各自的论题与结构都有详尽的阐述，毋须赘述。整个项目的初衷与考虑，我在《从经学到理学》的引言中作了说明，这里也就不重复了，故只简述这套丛书与整个项目的关系，以为序。

何　俊

2023 年 10 月 28 日

目 录

引　论

　　谢和耐指出:"11 至 13 世纪,政治生活、社会生活、经济生活与前代比较,没有任何一个领域不显示出根本变化。不仅是程度上的变化(如人口增加,生产普遍发展,对内、对外贸易增长……),而且是性质上的改变。政治风尚、社会、阶级关系、军队、城乡关系、经济形式均与唐朝这个中世纪的贵族帝国迥然不同。一个新世界诞生了, 其基本特点是近代中国的特点。"①单就精神领域而言,"1000 年前后正发生或已发生的变化不限于社会政治形式、经济及技术。这种变化牵涉更为深层而不大显露的现实:关于人、人的世界观及其对时空以至自身的观念。11 世纪以复归传统而著称,标志着自 5 世纪以来佛教对华夏世界支配地位的结束"②。较之前代,宋代学风的最大变易就在于传统中国社会后期居主导地位的思想形态——理学的酝酿和产生,以及与同时期其他思想意识的碰撞、冲击,它们的共同作用刺激了儒家经典在新时期的运用。在中世纪中国传统的文化氛围中, 主流思想家无论有怎样的理论创新,形式上总要依傍儒家经典,从中找出立论的根据,并将其标榜为儒家正宗。理学的兴起更显现出

---

　　①　[法]谢和耐:《中国社会文化史》,黄建华等译,湖南教育出版社,1994 年,第 269 页。
　　②　[法]谢和耐:《中国社会文化史》,第 298 页。

这种典型样貌。

　　陈寅恪言：“佛教经典言：‘佛为一大事因缘出现于世’。中国自秦以后，迄于今日，其思想之演变历程，至繁至久。要之，只为一大事因缘，即新儒学之产生，及其传衍而已。”①作为一“大事因缘”出现于世的理学，是儒学发展的新的理论形态，它的形成，固然有众多的社会、政治和经济的因素或条件，但就理学产生的思想发展逻辑来说，有一点是最重要的，那就是超越经学。②疑经变古成为宋代经学的基本特色，它既是催生理学思想的背景性因素，也是学风变易的动力之一。庆历之际，经学发生了引人注目的深刻变化。南宋陆游曾说：“唐及国初，学者不敢议孔安国、郑康成，况

　　①　陈寅恪：《金明馆丛稿二编》，生活·读书·新知三联书店，2001年，第282页。

　　②　“超越经学”这个概念，最早始于崔大华的论文《超越经学——对理学形成的一个支点的考察》，《中州学刊》，1996年第2期。他认为：“就思想理论内容考校，宋代理学与经学并不相同，理学是从经学义理中超越出来的、具有更高的‘理’之哲学本体观念和独特理论论题的一个新的儒学理论形态。”但就其生发而言，理学却是对“经学传统的以认知性为主要内涵”的观念的纯化和提升。崔大华又认为，宋儒改造了“以章句训诂为主要内容而义理薄弱的汉唐经学”，在疑经变古学术活动里所蕴含的理性精神，“将经学的具体结论，升越为涵盖更广、理论内涵更丰富、深刻的儒学观念”，既形塑了宋学之精神，也对理学思想形成做出了贡献。（参见崔大华：《理学形成的两个理论支点》，《开封大学学报》，1997年第1期）周谷城指出，理学最主要的内容或唯一无二的内容阙为超于现实的抽象之理。它是思想家对儒家经典进行阅读、思考、分析与提炼的结果，而并非经典的本来样貌。[参见周谷城：《中国通史》（下册），新知识出版社，1956年，第256~257页]儒学要崛起，重新成为官方意识形态和主导性的文化理念，就必须振兴“不明理道”的汉唐经学，以“北宋五子”为核心的理学家试图完成道德形而上学的建构，以在世人面前呈现“理学化经学”。唯有如此，古老的经典解释学才能重放青春，既能回应时代的思想挑战，也能起到复兴儒学的终极目的。（参见姜广辉：《“宋学”“理学”与“理学化经学”》，《哲学研究》，2007年第9期）姜氏还认为，“宋明理学是经学演变的合逻辑产物”，理学是经学史上的一种特殊形态，理学深深地镶嵌在经学“背景板”之中。它是一种新的经典解释学，不是舍弃经学后的新创，而是经典解释的新创。由此开始，宋代的经典解释显现出极其浓郁的理学化特征，唯有将“天理”论的思想体系贯通在儒家经典的诠释中，成为经学的指导思想和灵魂，才能实现理学思想价值。（参见姜广辉：《论宋明理学与经学的关系》，《湖南大学学报》，2004年第5期）蔡方鹿则更加直截了当地指出：“宋明理学与儒家经学的关系主要体现在，理学家通过以己意解经，‘由经穷理’，我注‘四书’‘五经’，或以经书为吾心的注脚，来阐释自己的理学思想，从而把经学理学化、哲学化，使经学、经典成为论述其理学思想的载体和文本。”（蔡方鹿：《论宋明理学的经学观》，《四川师范大学学报》，2009年第1期）

圣人乎？自庆历后，诸儒发明经旨，非前人所及。然排《系辞》、毁《周礼》、疑《孟子》、讥《书》之《胤征》《顾命》，黜《诗》之序，不难于议经，况传注乎？"①汉唐以来，群儒固守而不敢稍加怀疑的"传注"遭到了猛烈的攻击，传统的章句训诂之学被否定了，神圣的"五经"本身也避免不了怀疑、讥讽、诋毁和黜落的命运，以致神宗熙宁二年（1069）司马光愤然地说：

> 窃见近岁公卿大夫，好为高奇之论，喜诵老、庄之言，流及科场，亦相习尚。新进后生，未知臧否，口传耳剽，翕然成风。至有读《易》未识卦爻，已谓《十翼》非孔子之言；读《礼》未知篇数，已谓《周官》为战国之书；读《诗》未尽《周南》《召南》，已谓毛、郑为章句之学；读《春秋》未知十二公，已谓三传可束之高阁。循守注疏者，谓之腐儒；穿凿臆说者，谓之精义。②

事实上，在此之前，一代名流如孙复、欧阳修等人也有强劲的疑经变古思想。他们上承晚唐啖助、赵匡、陆淳的做法，试图摆脱传注的束缚，凭己意解经，时贤以为："啖助等人不顾经学家法和朝廷功令，独自抒发见解，虽不合经学规矩，都为宋学开风气之先。啖助、陆淳的创始精神在经学史上应该是值得注意的变化。"③庆历之际，儒者经历了从怀疑汉唐传注发展到疑经变古。北宋经典解释学的转型及伴随而来的理学崛起，实际上是对晚唐五代政治秩序崩溃和伦理失范所带来的不良后果的文化回应，是儒学觉醒与复兴的一种表现。宋儒就是要从儒家经典中，从对儒家经典的阐释中（经学）寻找消解政治与社会危机的理论武器。但是令北宋儒者深

---

① 王应麟：《困学纪闻》卷八《经说》，上海古籍出版社，2015年，第291页。
② 司马光：《司马温公文集》卷六《论风俗札子（熙宁二年六月）》，清《正谊堂全书》本。
③ 范文澜：《中国通史简编》（修订本），人民出版社，1965年，第644页。

感失望的是，以章句训诂为主要内容而义理意蕴薄弱的汉唐经学，完全不足以抗衡高深的佛老思想和统摄处于混乱之中的社会伦理秩序。他们从唐啖助学派那里获得深刻的启发，开始对汉唐章句训诂之学进行一番清算。孙复之论最为代表，他说：

孔子既殁，七十子之徒继往，六经之旨，郁而不章也久矣。加以秦火之后，破碎残缺，多所亡散。汉、魏而下，诸儒纷然四出，争为注解，俾我《六经》之旨益乱，而学者莫得其门而入。观夫闻见不同，是非各异，骈辞赘语，数千百家，不可悉数。今之所陈者，正以先儒注解之说大行于世者，致于左右，幸执事之深留意焉。国家以王弼、韩康伯之《易》，左氏、公羊、谷梁、杜预、何休、范宁之《春秋》，毛苌、郑康成之《诗》，孔安国之《尚书》镂板藏于太学，颁于天下。又每岁礼闱设科取士，执为准的。多士较艺之际，一有违戾于注说者，即皆驳放而斥逐之，复至愚至暗之人，不知国家以王、韩、左氏、公羊、谷梁、杜、何、范、毛、郑、孔数子之说，咸能尽于圣人之经耶？又不知国家以古今诸儒服道穷经者，皆不能出于数子之说耶？若以数子之说，咸能尽于圣人之经，则数子之说，不能尽于圣人之经者多矣。若以古今诸儒服道穷经，皆不能出于数子之说，则古今诸儒服道穷经，可出于数子之说者，亦甚深矣。噫！专主王弼、韩康伯之说，而求于大《易》，吾未见其能尽于大《易》者也。专守左氏、公羊、谷梁、杜预、何休、范宁之说，而求于《春秋》，吾未见其能尽于《春秋》者也。专守毛苌、郑康成之说，而求于《诗》，吾未见其能尽于《诗》者也。专守孔安国之说，而求于《书》，吾未见其能尽于《书》者也。彼数子之说，既不能尽于圣人之经，而可藏于太学，行于天下哉？又后之作疏者,无所发明,但委曲踵于旧之注说而已。①

这样,多少年来未曾动摇的汉唐注疏的权威被孙复撼动了。他还向执政的范仲淹建议:"亟宜上言天子,广诏天下鸿儒硕老,置于太学,俾之讲求微义,殚精极神,参之古今,核其归趣,取诸卓识绝见,大出王、韩、左、谷、公、杜、何、毛、范、郑、孔之右者,重为注解,俾我六经廓然莹然,如揭日月于上,而学者庶乎得其门而入也。"②欧阳修也对唐人的"正义"提出非难:

> 晋、宋而下,师道渐亡,章句之篇,家藏私畜,其后各为笺传,附著经文。其说存亡,以时好恶,学者茫昧,莫知所归。至唐太宗时,始诏名儒撰定九经之疏,号为正义,凡数百篇。自尔以来,着为定论,凡不本正义者谓之异端,则学者之宗师,百世之取信也。然其所载既博,所择不精,多引谶纬之书,以相杂乱,怪奇诡僻,所谓非圣之书,异乎"正义"之名也。③

学术的根本出路在于重新诠释儒家经典,揭橥新经学以振兴儒学。但是"新经学"如何才能通过疑经变古和经学意义上的义理的新创来使儒家的伦理精神得到形而上学意义上的升华并回应佛道的挑战与社会价值层面的秩序重建? 从实际情况看,北宋中期的经学研究,与先前的经学并无大的区别,其运思方式总体上仍然停留在经验的、实证的水平层面,解决儒家在北宋时期所面临的学术及社会的两个根本问题,即完成伦理精神形而上学化和重建伦理秩序的努力并没有取得理想的效果。不过,北宋出

---

① 孙复:《孙明复小集·寄范天章书二》,文渊阁《四库全书》本,第 1090 册,上海古籍出版社,1987 年,第 171~172 页。

② 《孙明复小集·寄范天章书二》,文渊阁《四库全书》本,第 1090 册,第 172 页。

③ 欧阳修:《奏议集》卷十六《论删去九经正义中谶纬札子》,《欧阳修全集》,中国书店,1986 年,第 887 页。

现的"新经学"与蕴含其中的疑经变古的创造精神及其对儒学复兴的感受，都有力量将经学研究向前推进一大步，使其在更宽阔的观念背景下，将儒家经典的具体结论提升为涵盖更广泛、理论内涵更丰富且更深刻的儒学理念，理学的诞生及其对现实政治、社会的指导意义，其对秩序与社会关系的关注，必须从"新经学"的阐释中得到完美的答案。

朱熹评价"宋初三先生"之一的胡瑗："安定之传，盖不出乎章句诵说，校之近岁高明自得之学，其效远不相逮"①，胡瑗与程颐的关系更能昭示理学对经典的新阐释，以及这种新阐释的思想史价值。②首先，原本一般意义上的经典释读演变、升华为儒学的理论问题。特定学术内容的经学问题转变为理论意涵的儒家哲理问题加以讨论，这是经学走向理学的第一

---

① 薛季宣：《薛季宣集》卷二三《又与朱编修熹书》，张良权点校，上海社会科学院出版社，2003 年，第 294 页。

② 《宋史》卷四三二《胡瑗传》云：胡瑗"以经术教授吴中"，"教人有法，科条纤悉备具，以身先之。虽盛暑必公服坐堂上，严师弟子之礼。视诸生如其子弟，诸生亦信爱如其父兄。从之游者常数百人。庆历中，兴太学，下湖州取其法，著为令"。由于在苏、湖两州教学的成功，胡瑗受到了朝廷的关注。吕希哲《吕氏杂记》卷上："胡安定先生自庆历中教学于苏、湖间二十余年，束脩弟子前后以数千计。皇祐末，召先生为国子监直讲，专管勾太学。数年，进天章阁侍讲兼学政。"欧阳修也盛称："自景祐、明道以来，学者有师，惟先生暨泰山孙明复、石守道三人，而先生之徒最盛。其在湖州之学，弟子去来常数百人，各以其经转相传授，其教学之法最备。行之数年，东南之士，莫不以仁义礼乐为学。庆历四年，天子开天章阁，与大臣讲天下事，始慨然诏州县皆立学，于是建太学于京师，而有司请下湖州，取先生之法以为太学法，至今为著令。"（《居士集》卷二五《胡先生墓表》，《欧阳修全集》，中国书店，1986 年，第 178 页）而程颐则正是在这一时期负笈太学，就正于胡瑗。据《宋史》卷四二七《程颐传》，时程颐游太学，适遇胡瑗以颜子所好何学问诸生，乃撰文论之。"瑗得其文，大惊异之，即延见，处以学职。吕希哲首以师礼事颐。"程颐对胡瑗终身赞誉有加："程伊川曰：'凡从安定先生学者，其醇厚和易之气，望之可知也。'"（程颢、程颐：《河南程氏文集》遗文《传闻续记》，《二程集》，王孝鱼点校，中华书局，1981 年，第 674 页）《河南程氏遗书》中提到胡瑗的地方无不呼之为"先生"。明代丰坊说："二程之称胡安定，必曰'胡先生'，不敢曰'翼之'；于周（敦颐），一则曰'茂叔'，再则曰'茂叔'，虽有吟风弄月之游，实非师事也。"（黄宗羲原著、全祖望补修：《宋元学案》卷一二《濂溪学案下》，中华书局，1986 年，第 524 页）

步。①其次，"理"之内涵由认知性向本体性的超越是理学脱离传统经学窠臼的另一类标志。胡瑗对传统经学的依赖在于其在《周易口义》里依然训"理"为"条理""道理"，"夫大易之道，载圣人之行事，包乾坤之生育，鬼神之妙用，人道之终始，无不备于其间，圣人体其用，成其功业，发见于天下，则天下之人咸戴而行之，莫知所以然而然也"②。"易道广大，尽生死之理，幽明之故也。"③"刚柔互相切摩，更相变化，然后万物之理得矣。"④都是这个意思。由此可见，胡瑗的"理"的观念仍然是指呈现于我们认知中的那种同类事物的共同性。他对"理"这种内涵所能作出的理论设定也只是作为语言描述和逻辑概括意义上的"条理"和"道理"。其实宋神宗的《御题胡安定先生》对胡瑗的赞扬也从一个侧面让我们看到了胡瑗的成绩："先生之道，得孔、孟之宗。先生之教，行苏、湖之中。师运而尊，如泰山屹峙于诸峰。法严而信，如四时迭运于无穷，辟居太学，动四方欣慕，不远千里而翕从。

---

① 胡瑗释《周易·系辞传》："河出图，洛出书，圣人则之"曰："此河图是天之大瑞也，若圣人在上，至德动于天地，天下之人和洽，则和气充塞于天地之间，则河出图，洛出书以为瑞应之验也。是故圣人所以法则之者，盖法其时而行事，故曰圣人则之也。"（《周易口义·系辞上》，文渊阁《四库全书》本，第 8 册，上海古籍出版社，1987 年，第 501 页）胡瑗不认为汉唐经学将八卦认定为河图的说法是正确的："诸儒之说，以谓河图、洛书出见于世，伏羲因得之而画成八卦，感上天之美应者也。且上古洪荒之世，典章法度未立，伏羲以圣人之才居帝位，是以经纶天地，画成八卦，以为万世之法则。若河图、洛书未出见之时，伏羲亦当画为八卦，以为后世之法。且河图、洛书是天之大瑞，若果河图、洛书已有八卦，则八卦不当言伏羲所画也。"（《周易口义·系辞上》，文渊阁《四库全书》本，第 8 册，第 501 页）八卦是八卦，河图是河图，两者绝非一物。这就否定了汉唐经学的一个具体结论。但是，胡瑗的工作也仅仅停留于此而已。这一项经学引发的问题的观念成分则被忽视了，其理论内涵也并未因此更新和深化。反观程颐对这一问题的认识，则跨越了经学学术的范畴。程颐"因见卖兔者，曰：'圣人见河图、洛书而画八卦。然何必图、书，只看此兔，亦可作八卦，数便此中可起。古圣人只取神物之至著者耳。只如树木，亦可见数。"（程颢、程颐：《河南程氏遗书》卷一八，《二程集》，第 222 页）在这里，程颐的论断所蕴含的是八卦的共同本质那样的理论观念。在程颐看来，"数"由"象"出，"象"由"理"生，所以八卦或"易"的最后本质可以归纳为"理"，"理"（道德形上本体）的概念的产生，是以"新经学"为外在表现形式的理学形成的标志。

② 胡瑗：《周易口义·系辞上》，文渊阁《四库全书》本，第 8 册，第 467~468 页。

③ 胡瑗：《周易口义·系辞上》，文渊阁《四库全书》本，第 8 册，第 464 页。

④ 胡瑗：《周易口义·系辞上》，文渊阁《四库全书》本，第 8 册，第 452 页。

召入天章,辅先帝日侍,启沃万言而纳忠。经义治事,从适士用。议礼定乐,以迪朕躬。敦尚本实,还隆古之谆风。倡明正道,开来学之颛蒙。载瞻载仰,谁不思公?诚斯文之模范,为后世之钦崇!"①这些评价主要落在人格风范和教育事业上,并没有涉及思想的创发及其价值。②而程颐的"理"的观念则在经学的基础上发越、深化,增添了本体论的内涵。"至显者莫如事,至微者莫如理,而事理一致,微显一源。古之君子所谓善学者,以其能通于此而已。"③"至微者理也,至著者象也。体用一源,显微无间。"④在程颐那里,作为本质的"理"被表述为"体",形容为"至微";作为现象的"象"被表述为"用",形容为"至著"。作为"体"的"理"才是世界万象存在的内在依据,而万象不过是"理"的显现。理学正是在这里,在对"理"的内涵由认知性向本体性的形上升华中,实现了对传统经学的跨越。

时贤以为:"否定传统儒学中的章句训诂之学,这是理学能够崛起所

① 黄宗羲原著、全祖望补修:《宋元学案》卷一《安定学案》,陈金生、梁运华点校,中华书局,1986年,第29页。

② 范仲淹与王安石对胡瑗的评价也非常能够说明问题。范仲淹称道:"胡瑗志穷坟、典,力行礼义,见在湖州郡学教授,聚徒百余人,不惟讲论经旨、著撰词业,而常教以孝弟,习以礼法,人人向善,闾里叹伏。此实助陛卜之声教,为一代美事。"(范能濬编集《范文正公政府奏议》卷下《奏为荐胡瑗李觏充学官》,《范仲淹全集》,薛正兴校点,凤凰出版社,2004年,第557页)王安石对胡瑗的赞誉更是高不可及:"孔、孟去世远矣,信其圣且贤者,质诸书焉耳。翼之先生与予并世,非孔、孟之远也。闻荐绅先生所称述,又详于书,不待见而后知其人也。"这是以孔、孟况胡瑗,匪夷所思。而王安石所撰赠诗,对胡瑗同样是大加褒誉:"先生天下豪杰魁,胸臆广博天所开。文章事业望孔、孟,不复睥睨蔡与崔。十年留滞东南州,饱足藜藿安蒿莱。独鸣道德惊此民,民之闻者源源来。高冠大带满门下,奋如百蛰乘春雷。"(《王安石全集》卷四三《寄赠胡先生》,秦克、巩军标点,上海古籍出版社,1999年,第368页)他们都没有谈及胡瑗拥有不同于传统儒学的思想创发,只是就胡瑗对复兴儒学的事业,尤其是教育事业做出了高度的肯定。蔡襄的评价也是一样:"(胡瑗)少有气节,颛意经学,兼通律吕之法。""解经至有要义,恳恳为诸生言,其所以治己而后治乎人者。学徒千数,日月括劘为文章,皆传经义,必以理胜,信其师说,敦尚行实。后为太学,四方归之。"(蔡襄:《端明集》卷三三《太常博士致仕胡君墓志》,宋刻本)陈襄道:"胡瑗者,博学通经,负文武之道,而适用不迂。向在江湖间,兴学养士凡十余年,弟子一千七百人,魁杰之才,多出门下。"(陈襄:《古灵集》卷一四《与两浙安抚陈舍人书》,宋刻本)

③ 程颢、程颐:《河南程氏遗书》卷二五,《二程集》,第323页。

④ 程颐:《易传序》,《二程集》,第689页。

必须经历的一个重要环节。我们说理学之要旨，是求垂教之本原在于心注，求必胜之本原在于宇宙，其本质属玄想标新的形上之学。而章句训诂之学则趋重于因袭循守的训释，因此，如若不把汉唐经学的殿堂加以拆除，理学将不可能真正建立起来的。不明乎此中之关节，殆不足与论理学之发生也。"①一方面，出现了以疑经变古为特征的"新经学"，那是对汉唐释经方式的一种矫正；另一方面，理学的出现则是更进一步地将"新经学"的成绩落实和转变到"性理之学"的层面。其学术既要着眼于与儒家治道紧密相关的"王政""礼义"等社会的政治秩序及伦理秩序，也要着眼于形上本体理论的建构和"性命之学"的完成。王得臣就觉察出："欧阳文忠公《答李翊性书》：'性非学者之所急，而圣人之所罕言也。''或因而及焉，非为性而言也。'文忠虽有是说，然大约谨所习与所惑及率之者，以孟(轲)、荀(况)、扬(雄)之说皆为不悖，此其大略也。临邛计都官用章谓予曰：'性，学者之所当先，圣人之所致言。吾知永叔卒贻后世之诮者，其在此书矣。"②唯有在新的历史条件下尝试建构儒家道德形上学的理论学说，并将之与人的"性命之理"相对接，才能对理学心性论、本体论的建立与儒家思想之复兴产生直接的影响。

---

① 徐洪兴：《思想的转型：理学发生过程研究》，上海人民出版社，1996 年，第 92 页。

② 王得臣：《麈史》卷中《学术》，上海古籍出版社，1986 年，第 37 页。

第一章 由学而教与"诗乐"分合

北宋后期,眉州唐庚曾看到"蜀道馆舍壁"有人题一联:"天不生仲尼,万古如长夜。"①这位无名氏,生于孔子身后一千五百年,立足悠久而丰厚的历史经验,总结儒家学术思想的贡献,深得当时学人的由衷首肯。南宋大儒朱熹常言"自尧舜以下,若不生个孔子,后人去何处讨分晓"②,即借用该故事来强调孔子启人智识的重大意义。此说几乎可视作宋元以降读书士人的常识,通过援引来为孔学或儒学助威。再后来,明末刘宗周在《论语学案》中继续发挥此说,将道统观念融入论述:

> 夫子统尧、舜、禹、汤、文武之道,不用于当时,顾与诸弟子讲求遗经,以删定笔削,诏来世,使尧舜禹汤文武之道家喻而户晓之。且行于万世之远,则素王之任所以为大也。此天意也。天不生仲尼,万世如聋瞽!③

末尾一句运用成语赞叹孔子令"万世"之人耳目聪明,将孔子推置到无以

《诗》《书》《礼》《乐》:宋明儒学的性道神化

---

① 胡仔:《苕溪渔隐丛话·前集》卷五四,人民文学出版社,1962年,第367页。
② 黎靖德编:《朱子语类》卷九三《孔孟周程》,中华书局,1988年,第2350页。
③ 刘宗周:《论语学案》卷二,《刘宗周全集》第1册,浙江古籍出版社,2012年,第286页。

复加的丰隆地位,也暗示"道"学穿越时空的恒常意义。正是如此,这一赞扬孔子传承先王正道的文化功绩,即引来"光明"、照耀人性之眼的历史意义,实对前代赞扬孔子聪明睿智的说法有所发展。士人对孔子的盛赞,有着悠久的历史,始自弟子颜回"仰之弥高,钻之弥坚,瞻之在前,忽焉在后"之叹。孟子以"集大成"盛赞孔子,曾言:"自有生民以来,未有孔子也",强调他空前的睿智聪明①;荀子借子贡、子路之口,将孔子看成"无所不知"者②。传承到汉代,经过司马迁、董仲舒等人继续阐发,皆从"圣明"的角度,赋予孔子崇高的地位。汉宋学人赞颂孔子的话语,恰好有着内在理路之别。那么孔子手中那盏照亮人们心智的神灯,到底是何等模样? 汉宋之间的儒学又有哪些转变?

第一节 "六艺"传"礼"

朱熹和刘宗周二人,用近似历史经验主义的眼光审视孔子,认为孔子传递着先王之道。"道"之一词,就道家《老子》所言"强字之曰道"或儒家《中庸》"不可须臾离"来看,含义深沉广博,皆须用譬喻方式来言说。孔子的言说方式,有别于道家从概念推理开始论述,而是描述具体的行为举止,以及推行文化教养。诸如"君子谋道不谋食。耕也,馁在其中矣;学也,禄在其中矣。君子忧道不忧贫","士志于道,而耻恶衣恶食者,未足与议也","隐居以求其志,行义以达其道"等,皆注重引导人们从衣食住行做起。自个体到社会国家,日常行为举止,需前后传承,故而孔子之道带有历史属性。这一点,司马迁的记述已有揭示,孔子向老子"问礼",后者以为这

<hr>

① 赵岐注、孙奭疏:《孟子注疏》卷三上,阮元校订:《十三经注疏》,上海古籍出版社,1997年,第 2686 页。

② 王先谦:《荀子集解》卷二十《子道篇第二十九》,中华书局,1982 年,第 531 页。

是已经腐朽之人的"言"，凸显了二者学问关切的差异：孔子重视文化传承，老子提倡即"时"应对。①

　　早在西汉时，已有人表达对孔子从事和提倡文化教养事迹的推崇。《淮南子·主术训》认为"孔子之通"，智勇超越英杰，却抛开勇力和伎巧，"专行教道，以成素王"，肯定了儒家提倡的"教化"治理方案。曾向孔安国求教的司马迁，在叙述完孔子的事迹后感叹道：

　　　　《诗》有之："高山仰止，景行行止。"虽不能至，然心向往之。余读孔氏书，想见其为人。适鲁，观仲尼庙堂车服礼器，诸生以时习礼其家，余只回留之不能去云。天下君王至于贤人众矣，当时则荣，没则已焉。孔子布衣，传十余世，学者宗之。自天子王侯，中国言六艺者折中于夫子，可谓至圣矣！②

　　"至圣"一词，显露出司马迁肺腑之间对孔子五体投地的赞赏和敬佩。原因何在呢？除了通过读书感知孔子"为人"高洁，司马迁说明自己佩服的原因之一，即为孔子传习儒家六艺之学、提倡周代礼乐，无论王公贵族还是士人庶民皆深受影响。为了撰写"究天人之际"的著作，他曾亲身到孔子故里访问，看到鲁地学者搬演传播"礼仪"传统，深受感动而流连忘返。联系"吾与点也"的故事，这似乎暗示着一个事实，即先秦至西汉儒家学者通过仪式表演进行教学实践。只是，通过如此方式传播礼仪知识，影响范围恐怕有限，以致司马迁需要动身前往体验。面对如此局限，儒家学者显然有着应对之策，运用文字记载来传递学说，变观看现场表演为阅读轻便文本，引领教学活动从仪式展演进入经典讲读。这些经典的精华便凝结为"六艺"之学。

① 司马迁：《史记》卷四七《孔子世家》，中华书局，2013 年，第 2302 页。
② 《史记》卷四七《孔子世家》，第 1947 页。

司马谈在《论六家要旨》中谈及儒家时说:"夫儒者以六艺为法。六艺经传以千万数,累世不能通其学,当年不能究其礼,故曰'博而寡要,劳而少功'。"在这一段学术史叙事中,儒家学者代代相传,以"礼"为"学"的主要内容,以致烦琐复杂难以掌握。这个"礼",依托"六艺经传"为媒介,具有知识的"学"与行为的"礼"的双重内涵。在《汉书·儒林传》中,班固仍持此说,认为"六艺"乃儒家之学。这是因为"六艺"传承着古代"先圣"的"教"化"成法":

> 古之儒者,博学乎六艺之文。六艺者,王教之典籍,先圣所以明天道,正人伦,致至治之成法也。①

孔子即为此类学行的代表,整理典籍,传递教化,奠定儒家"六艺"之学。班固叙述说,"周道"衰微,至周幽王、厉王而"坏",于是"礼乐征伐自诸侯出"。"陵夷二百余年而孔子兴,以圣德遭季世","言之不用而道不行","西入周,南至楚,畏匡厄陈",四方游历。"自卫反鲁,然后乐正,《雅》《颂》各得其所。"又"究观古今之篇籍",传《周易》《春秋》等,希望"立先王之教"。②孔子之后,"齐鲁之间学者",谨慎传习着"夫子之业"。传承至秦汉间,孔子故居鲁地儒者"讲诵习礼",珍存"孔氏礼器",既有名物制度,也有文献文本。其中,"六艺经传"为"知识"传承,"礼"则为"行为"法则。

概观司马迁、班固所述,"六艺"之学,落实到具体实践,多体现为礼仪。此一点,当为汉代学者的常识,也是先秦时代由来已久的认知。据《左传》记载,鲁昭公七年(前535)九月,"孟僖子病不能相礼,乃讲学之",临终前,使孟懿子、南宫敬叔等"师事"孔子而学礼焉,"以定其位"。③这一记载,

---

① 班固撰、颜师古注:《汉书》卷八八《儒林传》,中华书局,1962 年,第 3589 页。
② 《汉书》卷八八《儒林传》,第 3589 页。
③ 杜预注、孔颖达等正义:《春秋左传正义》卷四四,《十三经注疏》,第 2051 页。

说明孔子当时以传承"礼"仪知识而闻名。至鲁哀公十一年(前484)冬,孔文子将攻卫大叔,向孔子咨询。孔子说:"胡簋之事,则尝学之矣;甲兵之事,未之闻也。"①记载的故事中,孔子从学问内容的角度,拒绝为战争提供咨询。这摆明孔子以传承"礼"仪知识为己任,而非注重战争、政治之类学说。

"礼"之一字,东汉许慎《说文解字》解说为:"履也。所以事神致福也。从示从豊,豊亦声。"②此说认为,仪式的结果为"事神致福",则揭示此类行为的基本缘起和依归,即中国古代的行为伦理导源自仪式象征,逐步从"祛除巫魅(disenchantment)"③,转向理性的文化修养。这样的解释,表明许慎认识到"礼"的演化过程:从最初的祭祀神灵的严肃流程,逐步演化成为社会生活的行为规则,故而《礼记·内则》说"礼谓威仪也",强调这些行为是经过一定"修饰"的结果。

儒家学术如何实现从经典知识到行为规范的有机转换呢?这恐怕要从儒家对"教"与"学"的倡导上说起。经由此途,西周时代确立的天命、人德的思想,经过孔子及其门人的"学习"传承成为王公贵族之外人群的行为准则,在四海之内产生着广泛影响。就传世文本来看,"学"为先秦儒家反复申说的重要观念,强调对知识传统的接续,具有重要的实践意义。今本《论语》的492章中,涉及孔子及其门人论"学"之条目,数量庞大,凡37条。从数量来看,孔子十分重视讨论"学"行。对此,过往学者已有论述④,然而多迅速转向讨论孔子论学之内容的条分缕析,忽视讨论孔子论学本身的含义、价值和贡献。如葛兆光所著的《中国经典十种》,跳过分析"学"本

---

① 《春秋左传正义》卷五八,《十三经注疏》,第2167页。

② 段玉裁:《说文解字注》卷一,浙江古籍出版社,1998年,第2页。

③ [德]马克斯·韦伯:《社会学文选》,转引自顾忠华《韦伯学说新探》,唐山出版社,1992年,第35页。

④ 如焦循《论语通释》专列五条释"学",以为"学为入德之始功,思为入圣之至境"。(见清光绪木犀轩刻本续修四库全书155册,第11页)

身,直接讨论孔子论学的内容以"仁义"为核心。①甚至部分学者谈《论语》哲学思想,先从"天""命"之类"哲学思想",接着介绍"仁""礼"之类"政治思想",几乎很少正面探讨《论语》中"学"这个命题。②看来"学"这一孕育"知、行"合一可能性的先秦儒家的关键性命题,尚需进一步展开讨论。

第二节　孔子论"学"

今本《论语》一开篇,为"学而",即孔子谈论为学之言。对此,历代诠解者颇为重视,多有所阐发。陆德明《音义》说:"以学为首者,明人必须学也。凡十六章。"③他猜测《论语》将此章放置篇首的特殊意味,进而引申说该书强调为人"必须学"。关键问题是为什么人必须学呢? 陆氏没有进一步阐发。

宋代邢昺作疏,想要进一步论述此点:

　　此篇论君子孝弟、仁人忠信、道国之法,主友之规,闻政在乎行德,由礼贵于用和,无求安饱,以好学能自切磋而乐道,皆人行之大者,故为诸篇之先。既以学为章首,遂以名篇。言人必须学也。《为政》以下诸篇所次,先儒不无意焉。④

邢氏郑重指出,《论语》篇章编辑顺序,应该有着一定用意。言下之意,《论语》编者确实想要凸显"学"之重要意义,即"人必须学"。原因何在呢? 邢氏

---

① 葛兆光:《中国经典十种》,中华书局,2008 年,第 44~48 页。

② 葛兆光:《中国思想史》第一卷,复旦大学出版社,2002 年,第 89~97 页。

③ 程树德:《论语集释》,中华书局,1990 年,第 3 页。

④ 向晏等注、邢昺疏:《论语注疏》卷一,《十三经注疏》,第 2457 页。

又说:"以学而最先者,言降圣以下,皆须学成。"①看到位置特殊,疏解者给出必"须"学的理由,即圣人以下之人"学"可"成"。

今天学者根据郭店楚简《语丛三》简引述之事,认为《论语》一书成书于秦汉以前。汉代传承者,先有《齐论》《鲁论》和《古论语》三种。西汉末年,安昌侯张禹编成《张侯论》,成为今本《论语》的源头。"学而"一章,至晚从此刻成为《论语》中首先呈现给读者的思想内容。文本形态决定论述的基础,唐宋时代读解《论语》之人,皆立足文本形态,高度肯定孔子对"学"的重视和强调。

"学"之一字,甲骨文中已出现,字形较为简单。从构字法来看,核心符号为"爻",或意为占卜算术之法的传受,或为学习某种知识的场所,或相仿某种知识。随后出土的金文字形更为复杂,加入"子"旁,凸显了学习者的身份角色。诸如大盂鼎记述周康王二十三年(约前 1003)九月册命贵族盂之事,其中有段文字说:"女妹辰又大服,余佳即朕小学,女勿克克余乃辟一人。今我佳窆于玟王正德,若玟王令二三正。"此处,"小学"意为受教场所。②又有沈子簋铭文:"它用裏佐我多弟子,我孙克又型敳,懿父乃是子。"③需要注意,这两件青铜器上的铭文,皆言及"型"和"学"之间的关联,似乎为一种套话,表明西周时代流行观念,即强调"学"习过程中的效仿行为。秦汉以前,学、教和效恐怕为互训关系,三者音近且含义关联紧密,正是西周时用法的反映。如《小雅·鹿鸣》第二章言:"君子时则是效",郑玄笺说:"先王德教甚明,可以示天下之民,使之不踰于礼义,是乃君子所法效。"④上教下效,正是学之一途。

孔子宣称:"周监于二代,郁郁乎文哉,吾从周。"⑤儒家知识学说,源自

① 《论语注疏》卷一,《十三经注疏》,第 2457 页。
② 《大盂鼎铭文》,文物出版社,1994 年,第 22 页。
③ 郭沫若:《沈子簋铭考释》,《金文丛考》,科学出版社,第 2002 年,第 665 页。
④ 毛亨传、郑玄笺、陆德明音义:《毛诗传笺》卷九,孔祥军点校,中华书局,2018 年,第 207 页。
⑤ 《论语注疏》卷三,《十三经注疏》,第 2467 页。

对西周时代宗教仪式文化所发明的天命学说的传承与发扬。"学"与"型"，恰好为儒家礼仪思想的起点。孔子运用"学"字，同时暗示"型"效，意欲强调知识传承和获得，并将学习的内容看成文本记述和行为垂范结合而成一体。换句话说，孔子言"学"，乃主知行合一，即学习主体参与教育过程，通过获得知识以明理，逐步由明理转为尽性。对此，宋代陈淳已有论述。他在回答学者提问时说："其中极有含蓄，乃兼知行而言，非谓明善，便是复其初也。学自是兼知行工夫，岂但明此善而已哉。"①

不仅如此，孔子首次将"学"与"习"连在一起，其中实有一层"比方"或"譬喻"的含义。"习"者，《说文解字》说"数飞也"，乃鸟反复锻炼飞翔。会飞之鸟，方能称为"鸟"。以此类方推衍，向学之人才能称之为人。孔子通过打比方的修辞手段，郑重强调为己之学的意义，即通过效法而成人。过往解释中，几乎忽略对这一句话的修辞手法的揭示，每每强为说辞。

恰如邢昺所言已暗示，成人、成己会牵出一个问题：何谓"成"？ 或者说，"成人"的内容应该如何？这样追问下去，会涉及"人"之定义。朱熹等人在解释《论语》时亦有阐发："人之于理，有未之能知能行也。必贵于学焉。学则效夫已知已行者，而求以尽此理也矣。而不习，则我与理为二，固无所得于己。习矣而不时，则功力有间断，虽得之必失之，惟学矣。而又时时习之，则所学者熟浃治贯通，而油然自得矣。"②朱熹通过学理概念来分析"学"的内容，准确地抓住了"效"的内涵，强调人与理"合二为一"的境界。

就《左传》《国语》来看，当时社会强调行为的"效"仿，认为君主需要为

① 陈淳：《北溪大全集》卷三七《答陈伯澡问论语》，文渊阁《四库全书》本，第 1168 册，第 790 页。

② 朱熹：《论语集注》卷一，《四书章句集注》，中华书局，1983 年，第 47 页。

"民"提供"效"。否则，公卿"效尤"，就会招来"咎"。[①]孔子言"学"，以此为社会背景，强调"效仿"可以成人的意义。以后各家解释，都注意揭示此篇，乃孔门强调为"学"，实为"人"之开端。确实，"学"方能令凡庶接受天命观念，转化为"人德"，进而成为举手投足的规矩。

第三节　学以养德

　　知行结合，可谓儒家"德"性之学的基本关切之一。陈来先生曾以专节篇幅来考察《诗经》中所体现的西周时代的天命观，涉及《周颂》之《惟天之命》《思文》《臣工》，《商颂》之《长发》，《大雅》之《皇矣》《文王》《大明》，《小雅》之《谷风》《节南山》等诗篇。[②]其中，我们认为《惟天之命》最具代表性。该诗首言"天命"，接着言"文王"之"德"，显然意欲说明二者之间的内在关联，可能视"德"性为"天生"。只有顺从"天意"，即直行向前，方能有"德"行，或许这便是"德"字的构字法的原初含义。

　　诚如《惟天之命》所示，在当时人的思想意识中，德性与人之出身密切相关。孔子之前，恐怕很少有文献能言"德"行获得依靠"学"来实现。对此，宋代陈普已有探讨："学之一字，首见于《商书》之《说命》，实开千万世论学之端。洙泗师友，请明其义益著，士君子入德之门，莫不由此。下至于士庶，人未有不须学以成者也。"[③]案之《尚书·说命》，为《古文尚书》篇章，属晋时重辑，或有一定文献依据。《国语·楚语》记录白公谏楚灵王，曾引用一段《说

---

　　① 《左传·庄公二十一年》："郑伯效尤，其亦将有咎！"（《春秋左传正义》卷九，《十三经注疏》，第1774页）《国语·晋语四》："夫邮（尤）而效之，邮又甚焉。"韦昭注："邮，过也。"（左丘明：《国语》卷一〇，上海古籍出版社，1998年，第354页）

　　② 陈来：《古代宗教与伦理——儒家思想的根源》，生活·读书·新知三联书店，1996年，第298页。

　　③ 陈普：《石堂先生遗集》卷二《讲义·论语》，明万历三年薛孔洵刻本，第1页。

命》文字。需要补充说明的是,近年刊布的清华简中,亦发现与该诗相关文字。

《尚书·说命》中有言"惟敩学半,念终始典于学",《礼记·学记》引作"学学半"、《礼记·文王世子》引《兑命》曰:"念终始典于学。"①为便于论说,现引述《说命》论学之文:

> 王曰:来,汝说! 台小子旧学于甘盘,既乃遁于荒野,入宅于河,自河徂亳,暨厥终罔显。尔惟训于朕志,若作酒醴,尔惟曲糵;若作和羹,尔惟盐梅。尔交修予,罔予弃;予惟克迈乃训。
>
> 说曰:王! 人求多闻,时惟建事。学于古训乃有获;事不师古,以克永世,匪说攸闻。惟学逊志,务时敏,厥修乃来。允怀于兹,道积于厥躬。惟敩学半,念终始典于学,厥德修罔觉。监于先王成宪,其永无愆。②

这段文字记录了殷高宗武丁与傅说之间的对话。武丁自述曾"学于甘盘",请求傅说训教自己。傅说接过话题,建议学习"古训",因为"学逊志",投入其中,身上的道义就会积累增多。他进一步指出,"教"只是"学"的一半,心中随时要有"念",方可在不知不觉中增加"德修"。君臣之间的对话,与孔子所提倡的"学"颇为接近,即学的内容为前人言论,学的结果为德行提高。

《诗经》中谈到"学"者,有《周颂·敬之》一诗,全文如次:

> 敬之敬之,天维显思,命不易哉。无曰高高在上,陟降厥士,日监在兹。维予小子,不聪敬止。日就月将,学有缉熙于光明。佛时仔肩,示我显德行。③

---

① 郑玄注、孔颖达正义:《礼记正义》卷三六、卷二〇,《十三经注疏》,第 1521、1411 页。
② 孔安国传、孔颖达正义:《尚书正义》卷一〇,《十三经注疏》,第 175 页。
③ 毛亨传、郑玄笺、孔颖达等正义:《毛诗正义》卷一九,《十三经注疏》,第 598~599 页。

与《惟天之命》一样，诗人以"天命"永恒为警戒，故《序》者说该诗为"群臣进戒嗣王"。末尾两句，强调心怀敬畏，日积月累"学"就会让人"光明"，谨慎践履总会呈现出"德行"来。郑玄笺注进一步揭示此点说"日就月行，言当习之以积渐也"①。相较《兑命》，此处"学"之一字，没有具体对象，似乎更像郑玄所言"习"之意。

除此，孔子之前论"学"文字有限。即便言及"学"，也多偏向言知识的传习场所。如《周礼·夏官司马》："国子存游倅，使之修德学道。春合诸学，秋合诸射，以考其艺而进退之。"②此之学，应为学校。最为明显者，当属《礼记·月令》所言："是月（孟春）也，命乐正入学习舞，乃修祭典。"③有时，学的含义为礼仪知识，如《礼记·礼器》："礼也者，反本修古，不忘其初者也。故凶事不诏，朝事以乐。醴酒之用，玄酒之尚，割刀之用，鸾刀之贵，莞簟之安，而槁鞂之设，是故先王之制礼也，必有主也，故可述而多学也。"④学习的内容为"制礼"，范围较为单一。

周代无私学，正是孔子大力提倡，"学"方才成为常见用语，故而人们讨论"学"，多聚焦于《论语》中孔子的言行。宋代戴溪，对孔子"学而"篇有深入分析，认为："人之学问，内外相为消长，故无所得于中者，必有求于外。求而得，则喜；不得，则怒。此相应之理也。若隐然自得，既说且乐，宜乎其不愠也。盖玩味义理愈久愈出自是一般好意思来解，谓当其可之谓时非也。"⑤孔子论"学"强调"知行"合一，具体体现在《中庸》之中：

> 君臣也，父子也，夫妇也，昆弟也，朋友之交也。五者天下之达道也：知，仁，勇，三者。天下之达德也。所以行之者一也，或生而知之，或

① 《毛诗传笺》卷一九，第471页。
② 郑玄笺、贾公彦疏：《周礼注疏》卷三一，《十三经注疏》，第850页。
③ 《礼记正义》卷一四，《十三经注疏》，第1357页。
④ 《礼记正义》卷二三，《十三经注疏》，第1439页。
⑤ 戴溪：《石鼓论语答问》卷上，民国敬乡楼丛书本，第1页。

学而知之，或困而知之，及其知之一也。或安而行之，或利而行之，或勉强而行之，及其成功一也。①

孔子进一步补充论述："好学近乎知，力行近乎仁，知耻近乎勇。知斯三者，则知所以修身。知所以修身，则知所以治人。知所以治人，则知所以治天下国家矣。"②学为起点，可以开"智"，坚持践履可以归"仁"，令人成长良善。这里的观点，正是启迪上文所述宋代无名氏题壁所言吧。

回到《论语》本身，或许已经暗示孔子强调为"学"的知行合一。孔子说："笃信好学，守死善道。危邦不入，乱邦不居。天下有道则见，无道则隐。邦有道，贫且贱焉，耻也；邦无道，富且贵焉，耻也。"③这里，他提倡"学"应成为一种"笃信"，成为学人的至"死"坚守，已然将"学"当成一种道德法则。又有子夏曰："贤贤易色，事父母能竭其力，事君能致其身，与朋友交言而有信。虽曰未学，吾必谓之学矣。"④反推子夏所言，"学"之内容，显然包含"德"行。战国末期，《吕氏春秋》言："不知义理，生于不学"，更是孔子论"学"的进一步深化和明确。⑤

第四节　隐圣好学

在《论语》中，孔子说："古之学者为己，今之学者为人"⑥，重视将"学"

---

① 朱熹：《中庸章句》，《四书章句集注》，第 29 页。
② 朱熹：《中庸章句》，《四书章句集注》，第 29 页。
③ 《论语注疏》卷八，《十三经注疏》，第 2487 页。
④ 《论语注疏》卷一，《十三经注疏》，第 2457 页。
⑤ 吕不韦著，许维遹撰：《吕氏春秋集释》卷四，中华书局，2009 年，第 88 页。案：卷六有相似表达（第 149 页）。
⑥ 《论语注疏》卷八，《十三经注疏》，第 2487 页。

与个人成长结合到一起。勤于为学，成为他扬扬得意、自我肯定之事。他曾自称："十室之邑，必有忠信如丘者焉，不如丘之好学也。"自我价值判断，与"学"紧密相联，非前人所能言，实为人生寻找到一条路。孔子曾告诉弟子曰："吾十有五而志于学，三十而立。四十而不惑。五十而知天命。六十而耳顺。七十而从心所欲、不逾矩。"①这颇有点现身说法的意味，他向弟子们展示自己的人生轨迹，显然有意传递一种生命观念。后来，《吕氏春秋》接过孔子的话头，明确指出"圣人生于疾学"②。古代注家，已经意识到此点。何晏就说"此章明夫子隐圣同凡，所以劝人也"，看到孔子的良苦用心。③

当然，在后世学者看来，孔子此处专门谈论自己的人生轨迹，显然将自己视为常人。但我们不能用这样的后见之明，取代很长一段时间解释者的"隐圣"阐释思想。孔子为何要"隐圣"呢？皇侃继承何晏的观点："学有时节，自少迄老，皆所以劝物。"④汉儒逐步将孔子推向"圣"人宝座，"凡"与"圣"这对命题乃两汉之际儒学常见话题。

回到《论语》文本，我们知道孔子曾言，"有生而知之者"，"有学而知之者"。⑤孔子所论问题，如果仅仅为"学习"所得，是否表明儒学无法具有"形而上"的真理意味？将孔子"圣人"化，恰好可以避免回应此点，从而能将儒学命题"神学化"。这一点，到康有为的时候尤其明显，认为"孔子行事甚详，想见肫肫之大仁，于人道之则，学道之门，中正无邪，甚周甚备，可为世世之法。自六经微绝，微而显，典而则，无有比者；于大道式微之后，得此遗书别择而发明之，亦足为宗守焉"。以此推之，记录孔子言行的《论语》，当然"实多微言，所发大同神明之道，行极精奥者"。⑥

① 《论语注疏》卷二，《十三经注疏》，第 2461 页。
② 《吕氏春秋集释》卷四，第 89 页。
③ 《论语注疏》卷二，《十三经注疏》，第 2461 页。
④ 《论语注疏》卷二，《十三经注疏》，第 2462 页。
⑤ 《论语注疏》卷七，《十三经注疏》，第 2483 页。
⑥ 康有为：《序》，《论语注》，中华书局，1984 年，第 1 页。

　　至宋代朱熹做集注时,引程颐之言曰:"孔子生而知者也。言亦由学而至,所以勉进后人也。立能自立,于斯道也。不惑则无所疑矣。知天命,穷理尽性也。耳顺,所闻皆通也。从心所欲不逾矩则不勉而中矣。"[1]程颐还说:"孔子自言其进德之序如此者圣人未必然,但为学者立法,使之盈科而后进,成章而后达耳。"胡氏曰:"圣人之教,亦多术。然其要,使人不失其本心而已。欲得此心者,惟志乎圣人所示之学,循其序而进焉。"朱熹本人继有发明:"圣人生知安行,固无积累之渐。然其心未尝自谓己至此也,是其日用之间,必有独觉其进而人不及知者,故因其近似以自名,欲学者以是为则,而自勉,非心实自圣而姑为是退托也。后凡言谦辞之属,意皆放此。"[2]

　　碍于"圣人"之称,古代解释这句话的儒家学者往往都认为是孔子自谦,告诉学人自己的学问德行皆由学习获得。这一点,显然为后人建构儒学的崇高地位所必需。然就历史事实而言,文献资料表明,孔子并未以"圣人"自居。从语气来推断,这句话当孔子晚年时所言,颇有点"人生自我总结"的意味,将自己道德学问的获得,完全归结为"进学"不已。程颐没有明言,而是回护后强调:"吾十有五而志于学,圣人言己亦由学而至,所以勉进后人也。"至于《石鼓论语答问》,对此进一步突破:"人皆言圣人天纵之圣,不假学力,所谓生知之者也。夫圣人诚是生知,然亦须用行。圣人所以异于人者,只是合下见处便与人不同。及至行时用功,又与人不同,故其成功时,遂与人不同。若生知学,虽曰不同,至其行处用功一般,则其到处亦必一般。盖诚明之学,自有次第,便是圣人亦须用学。譬如天生物相似,虽是极好之物,亦须从开花结蕊乃至成熟,自有时节,要快不得。"[3]《论语精义》也说:"论圣人者皆曰不思而得、不勉而中,从容中道,此成圣之事。所以成圣者,未有不由学以进也。"至于《癸巳论语解》,完全摆脱"圣人"传统

①　朱熹:《论语集注》卷一,《四书章句集注》,第54~55页。
②　朱熹:《论语集注》卷一,《四书章句集注》,第54~55页。
③　戴溪:《石鼓论语答问》卷上,第9页。

观念之束缚，言"此章圣人身为之度，使学者知圣可学而至，而学不可以躐等也。夫志，学者其本也。譬诸木之区萌、水之一勺，必有是本而不已焉"①。

历代解释者看到，孔子非常重视人生由凡入圣的过程。这种境界的获得，可谓孔子孜孜以求的结果。在孔子看来，"学"本身乃一种非常重要的过程。有些人天生会处于善道，这样确乎为天然禀赋。除此之外，需要持续"学习"，方能朝向圣人之路跋涉获得"日新"的成就，从而摆脱一成不变的死板的生命状态。宋儒对这一点的揭示，更能凸显孔子倡导"为学"的重要的人生和社会意义。

第五节　少学老教

上文已言，孔子提倡"学"，希望"学"成为一种"信"，故而重视评判弟子是否好学。由于人生需"学"，诸如饮食、居处之类，自当非人生最为关切者，故而应该做到："君子食无求饱，居无求安，敏于事而慎于言，就有道而正焉，可谓好学也已。"如此，孔子判断学生是否良好，即会采用好学与否这一标准。宰予昼寝，会招致孔子言辞激烈的批评，以为"粪土之墙"，已失去改变性状的可能。最为典型的事例，当属《论语》中记载的一段鲁哀公与孔子的对话。哀公问："弟子孰为好学？"孔子对曰："有颜回者好学，不迁怒，不贰过。不幸短命死矣！今也则亡，未闻好学者也。""好学"成为人们谈论的标准，更是孔子重视的弟子品质。

不仅如此，孔子对他人的评判，亦将"好学"与否看成重要标准。《公冶长》中有个故事，展示了孔子以"学"为价值尺度。子贡问老师一个问题："孔文子何以谓之文也？"孔子正面回答，说孔圉"敏而好学，不耻下问，是

---

① 张栻：《癸巳论语解》卷一，文渊阁《四库全书》本，第 199 册，第 197 页。

以谓之文"。不难看出,孔子推重、提倡"好学"这一行为。实因他认为"君子博学于文,约之以礼,亦可以弗畔矣夫!""文"者,《论语》中含义多样,然基本指向讲礼仪、有文化。

《荀子·法行》记录孔子一段话:

> 君子有三思而不可不思也:少而不学,长无能也;老而不教,死无思也;有而不施,穷无与也。是故君子少思长,则学;老思死,则教;有思穷,则施也。①

孔子认为,"学"为人生成长所必需,"教"为人们怀念的条件。"教、学"之间,有着人们存在的价值前提,既能获得技能,也可得到尊崇。如此,知识传递与人际关系巧妙结合到一起。如此重要的行为,人们何乐不为呢,更应成为每个人的追求。孔子便以"强学"与否来判定人之品行高下,他说:

> 吾有耻也,吾有鄙也,吾有殆也:幼不能强学,老无以教之,吾耻之;去其故乡,事君而达,卒遇故人曾无旧言,吾鄙之;与小人处者,吾殆之也。②

正是"学",赋予人以意义,故而少年"强"学,老年方能言传身教。与之相反,皆非孔子追求的人生历程。少学、老教,人类文明顺利传承,形成稳定的社会结构。学习、传授之间,恰好能让人从动物性存在演进为"人性活体"。这恐怕是孔子看中"教、学"过程的知行结合的意义,从而指明人类行为的终极关怀。

学如此重要,绝非意味着儒家想要通过政权来颁布法令和签订契约以强迫人们实现某种行为,而是想要运用"教化"方式来改善。道德品性,

---

① 《荀子集解》卷二〇《法行篇第三十》,第 634 页。
② 《荀子集解》卷二〇《宥坐篇第二十》,第 621 页。

仅靠强制手段，自然无法获得提高。对此，宋代的袁燮曾说："天下之事，有可以法禁整齐者，而风俗之美，非法禁之所能致。"[①]这是因为教化想要实现的内容，既非财产的分配，亦非权力的赋予，而是文明传承和价值实现。就孔子的教学实践来看，"六艺"传达的礼乐思想，成为改变人们行为举止的重要工具。最为直接的文献，自然为"三礼"，诸如《诗》《乐》《春秋》之类，亦为"复礼"的重要辅翼。若依今日学科分类，我们或许可以说，儒家学者将"礼"教精神，带入文学、音乐、历史和哲学著作，以实现引人向善的功用。

落实到具体的学习内容，孔子非常重视《诗》《书》《礼》《乐》的传承与学习。由于《乐》亡佚，仅有《诗经》流传。《论语》中孔子曾三次鼓励自己的子侄、学生来学习，以为能"兴于诗，立于礼，成于乐"。由此，文学成为"教化"的辅助物。从今本《论语》来看，孔子提倡弟子学习的经典，似乎仅有《诗》一种。《礼记·经解》则言诗书多种：

> 入其国，其教可知也：其为人也，温柔敦厚，《诗》教也；疏通知远，《书》教也；广博易良，《乐》教也；絜静精微，《易》教也；恭俭庄敬，《礼》教也；属辞比事，《春秋》教也。故《诗》之失愚，《书》之失诬，《乐》之失奢，《易》之失贼，《礼》之失烦，《春秋》之失乱。其为人也，温柔敦厚而不愚，则深于《诗》者也；疏通知远而不诬，则深于《书》者也；广博易良而不奢，则深于《乐》者也；絜静精微而不贼，则深于《易》者也；恭俭庄敬而不烦，则深于《礼》者也；属辞比事而不乱，则深于《春秋》者也。[②]

后世文学选本，多言继承《诗经》"诗教"传统。如清代沈德潜在编选《古诗

---

① 袁燮：《絜斋毛诗经筵讲义》，周春健校注《宋人经筵诗讲义四种》，华夏出版社，2016年，第57页。

② 《礼记正义》卷五〇，《十三经注疏》，第1609页。

源》的时候就说自己想"于诗教未必无少助也夫"。这与其编选《历代诗别裁集》的想法一致,在《清朝诗别裁集·凡例》中,他说:"选中体制各殊,惟恐失温柔敦厚之旨",在《唐诗别裁集序》中称:"人之作诗,将求诗教之本原也。"①文学审美与伦理教化相联,堪称中国文学思想的一块基石。

无独有偶,西方思想传统里有着类似探究。在精神科学的视野下,近代以来的德国哲学家曾非常注重"教化"这个概念。康德在《判断力批判》中曾讨论从感官享受到道德情感的问题。席勒继续探讨理性(形式)冲动和感性(质料)冲动之间的和谐。在《审美教育书简》中,他畅想"审美国度",希望解决现代社会里人类面临的"碎片化"窘况,最终找到人性的"本质的和谐"。②有此关怀,德国哲学领域聚焦"精神科学",曾产生美育、教化(Bidung)等概念。③在这些人的思考和论述中,审美就是一种能力。能力的获得,需要教育培养。由此而论,恐怕会关涉诸如美、审美、自由、天才和游戏等各种重要的哲学概念。黑格尔曾言,"美学"一词的"精确的意义是研究感觉和情感的科学",艺术审美的基点恰为人类的感官知觉。④德国人曾认为艺术作品能引起"愉快、惊赞、恐惧、哀怜之类情感"⑤。

回到中国传统,关注古代围绕"乐""诗"而展开的教化论述,应该能够透析儒家哲学的某些内在核心。就此而言,由"礼乐"而"教化",面向人类的自然情性来实现社会风俗的改变,中国古代哲学亦有着深入的思考和洞见。《论语》中孔子曾多次提及《诗经》,表明文本承载着此类"教化"功能。仅凭一本书中三百来篇诗作,如何能实现巨大的社会教化功效? 这些观念背后,有着耐人寻味的思想因素。为此,本书将重新审视儒家学者如

① 沈德潜:《唐诗别裁集序》,浙江古籍出版社,1998年,第59页。
② [德]席勒:《审美教育书简》,张玉能译,译林出版社,2009年,第3页。
③ 有关德国哲学关注"教化"思想的概述,详见[德]伽达默尔《真理与方法》,洪汉鼎译,上海译文出版社,2007年,第106~115页。
④ [德]黑格尔:《美学》第一卷,朱光潜译,商务印书馆,1996年,第3页。
⑤ [德]黑格尔:《美学》第一卷,朱光潜译,第3页。

何以"礼"这个视点来统合感官审美、文字审美和社会审美的诸多艺术形式。

中国古代从很早开始，就已经将社会关注投射到"圣贤"或"卡里斯马(charisma)"①，忽略普通民众的文化贡献，重视保存"大传统"的书写和记录。儒家没有跳出此种思维，相反恰是此类思想的践履施行者，故而追述三皇五帝、文王和周公等人的教导。然而，他们强调上行下效的社会理想，赞赏施行礼制的周公，鄙薄霸道强势的厉王之类，落实到每个人的"学习"。汉代独尊儒术以后，整个社会话语的优势发言人皆重视圣人孔子的言论，吸引社会力量来施行此类理念。以儒学为核心的社会意识形态，运用诗、乐、舞等艺术形式来完成礼仪文明的教育感化，实现人自身的完成，最终改变整个社会风俗。若能真正践履，远离刑法逼迫，人可"自由"朝向自己的"天性"努力前行。

恰如席勒所言："我不想生活在另一个世纪，也不想为另一个世纪而工作。人是时代的公民，正好像人是国家的公民一样；而且，如果人生活在社会团体之中却与社会团体的风俗习惯格格不入，那是不适宜的，甚至是不允许的。"②令人略有点乐观的是，最良善、美好的制度，永远在未来，否则人类会失去求索的动力。悲观一点设想：网络媒介兴起，人类似乎找到了超越单纯"文字"的传播信息的方法，减损耗散着语言"符号"所建立的含蓄之美。这个趋势会越来越强，直至人类用脑电波来交流沟通。直接的信息交流，可能更为准确，却将人们的"意义"引向一种窘迫境地：或缺少含蓄，或更为琐碎。那时，曾经带给人们想象世界和情感共鸣的文学，或许已经渐行渐远，甚至成为一种历史现象。然而，人类本身异常复杂的自然

---

① 此词最先由马克斯·韦伯在《经济与社会》中首次运用，认为具有某些神圣品质的人适合成为领袖。

② ［德］席勒：《审美教育书简》，张玉能译，第3页。

属性和社会属性，无法做到绝对的精准性和预言性，应该会需要文学、艺术提供的魅力。这个世界最复杂的"机器"就是我们人体，同时还要面对纷繁复杂的世界，包括自然世界和人类世界，形成足够庞大的"未知"领域。就此而论，教化超越单纯的信息传递，关涉人类复杂得有点玄幻美的存在(being)可能，应该会成为人类的永恒追求。儒家曾经讨论的"学习"问题，具有超越时代的意义。

葛兆光先生认为，思想史写作有三个基本条件，其中第三点事关写作的对象和材料："须有符号记载或图像显示，因为没有符号或图像，思想不仅不能交流，也无法传下来为我们所研究，古人只有把他们的思想与心绪留在了他们的文字、图饰、器物之中，传达给他人，流传给后人，思想才真正进入了历史。"[1]此说当然击中历史书写的肯綮，后世学者无法用时光穿梭机来到现场观看和体认，只能靠手头掌握的各种资料提供的线索来构拟甚至是想象。然而回到历史现场，孔子和弟子们之间的思想交流的媒介，恐怕就不仅是文字与图像载体，我们必须高度重视大量实物、社会制度，以及行为、仪式、礼法和乐舞所承载的思想。该书后来很长一段时间的叙事，都立足巫术、仪式等来探讨思想观念，认为"祝""史""宗""巫"对祭祀仪式和宗法等级极其熟悉。[2]看来，要理解中国古代很长一段时间里的"思想史"，需要根据文献记载的"行为"来还原思想交流的方式。上文已经发现，西周时代人们就认为"行""学"之间有关联，从而注重礼法制度的建设。礼乐文本提供的内容，恐怕绝非仅为思想史的背景，本身就是社会思想的载体。历代《诗经》学中有关"礼"与"乐"关系的讨论，阅读行为本身即一种思想的反映，注释者探究孔子提倡学习的内在观念，希望将文本阅读扩大至每一个人。

第二章　乐教与诗教：从西周到孔子

　　《诗经》作为儒家"五经"之一，产生时代古老而难以定年。今天学界多认为《诗经》文本，经历长期编辑、整理而成。如东汉末年郑玄认为，经过三次结集整理①，其说细节尚需足够文献支撑，但司马迁所言孔子删诗之前已有《诗经》文本流传，则能找到文献证明。如《左传》多处提及外交场合"赋诗言志"和享宴赏乐之事，其中"季札观乐"中提及的乐篇顺序，已与今本《毛诗》高度重合。②《论语》中孔子本人也说过"诗三百，一言以蔽之，思无邪"，表明当时"《诗》"篇文本规模业已稳固。至西汉武帝时，司马迁《史记》提及"三百篇"之数。③这说明《诗经》的篇章数量，从春秋末期奠定，到汉代初期流播，基本保持稳定。回到特定历史语境，长时段稳定存在的文本，承担的核心功用前后有着巨大发展变化。就《论语》来看，孔子所言《诗经》文本，尚未摆脱乐歌属性，提及时多指向诗、乐结合的双重属性，论述中往往会评述音乐特征，连带涉及文字内容。孔子本人"兴于诗，立于礼，成于乐"的经典论述，即有着鲜明的时代渊源，乃当时人们诗乐教育观念

《诗》《书》《礼》《乐》：宋明儒学的性道神化

---

　　① 这样的观念，郑玄在《诗谱序》中已有详细阐发。见郑玄《诗谱序》(《毛诗传笺·附录》，第501~502 页)。诚如马银琴的梳理，《诗经》编订经历自西周初年到春秋末年的漫长历程。见《两周诗史》(中国社会科学出版社，2006 年，第 481、483 页)。

　　② 《春秋左传正义》卷三九，《十三经注疏》，第 2007~2008 页。

　　③ 《史记》卷四七《孔子世家》，第 2333 页。

的集中体现。后世评价者,往往会选择忽略此文本的双重特性,由此犯下胶柱鼓瑟之病,阐释出的意义自会偏向单一或附会。那么从西周到战国,"诗"尚未完全摆脱"音乐"属性时,儒家如何来论述教化? 又如何赋予诗歌以伦理价值呢? 为了回答此类问题,本文先回到"诗"兴起的历史语境中,尝试探验孔子言语在当时的意义。

第一节　律以和人:先秦两汉的乐教思想

先秦两汉儒家经典,注重阐发音乐教化功能。按照司马迁《史记·孔子世家》所言,"孔子之时,周室微而礼乐废,诗书缺"。有感于此,孔子"追迹三代之礼,序书传,上纪唐虞之际,下至秦缪,编次其事"。[1]孔子心目中的最大事业,是想要继承、恢复"周"代"礼乐""诗书","编次"各种图籍、经典。

孔子这一事业,源自西周礼乐传统,包含整理传播的知识和价值体系。以此为出发点,孔子强调源自"周"天子的"礼乐"秩序,即"天下有道,则礼乐征伐自天子出;天下无道,则礼乐征伐自诸侯出"[2]。他说这句话的时候,估计内心略有遗憾,周代雅乐已有阙失,逐渐成为一种历史知识。意识到此,自己亲力尝试恢复,如《论语》记载:

> 子语鲁大师乐。曰:"乐其可知也:始作,翕如也;从之,纯如也,皦如也,绎如也,以成。"[3]

此处朱熹注释说:"大师,乐官名"。教授鲁国"大师""乐",表明孔子掌握的

第二章　乐教与诗教:从西周到孔子

---

① 《史记》卷四七《孔子世家》,第 2332 页。
② 《论语注疏》卷一六,《十三经注疏》,第 2521 页。
③ 《论语注疏》卷三,《十三经注疏》,第 2468 页。

传统音乐知识,已经超越同时的专业人士。朱熹强调:"时音乐废缺,故孔子教之。"①在先秦著作中,"大师"多用来特指乐师领袖。如《左传》记载鲁襄公十四年(前559),卫献公"使大师歌《巧言》之卒章"②。杜预注:"大师,掌乐大夫。"又如《礼记·王制》言:"天子五年一巡守",岁二月东巡守,至于岱宗,"命大师陈诗,以观民风"。③再如《孟子·梁惠王下》中记述齐景公召大师曰:"为我作君臣相说之乐!"④《吕氏春秋·君守》提及"郑大师文终日鼓瑟而兴,再拜其瑟前"的故事。这几个例子中的"大师",皆精通音律,确为"掌乐大夫"。

此次面向"大师"的传授,孔子详细描述了"乐"的三个过程:始作、从之和成。深谙乐理的孔子,细致分析了自己推重的"乐"曲演奏的过程,希望能揭发其中蕴含的礼节、曲律。他重复运用"如"字,想要说明在音乐演奏顺序中,有条不紊里蕴含着"象征意味"。这一细节,意味着什么呢?后来部分阐释者有所揭示,如朱熹注释时强调"时音乐废缺,故孔子教之"。他接着引述谢良佐的观点,来解说孔子所言的含义:"五音六律不具,不足以为乐。翕如,言其合也。五音合矣,清浊高下,如五味之相济而后和,故曰纯如。合而和矣,欲其无相夺伦,故曰皦如,然岂宫自宫而商自商乎?不相反而相连,如贯珠可也,故曰绎如也,以成。"⑤通过谢、朱二人的话语可知,孔子用来描述乐曲特色的几个形容词,恰好同样用来形容人格之美。后世阐释者想要说明,孔子论乐的思想恰与他论人的言说互为表里。

在孔子的思想世界里,"乐"舞与"礼"仪开展,有着紧密关联。他曾郑重指出:"人而不仁,如礼何?人而不仁,如乐何?"⑥且不论此句话本来是想

《诗》《书》《礼》《乐》:宋明儒学的性道神化

① 朱熹:《论语集注》卷二,《四书章句集注》卷二,第68页。
② 杜预集解:《春秋经传集解》第一五,上海古籍出版社,2022年,第547页。
③ 《礼记正义》卷一一,《十三经注疏》,第1327页。
④ 《孟子注疏》卷二,《十三经注疏》,第2676页。
⑤ 朱熹:《论语集注》卷二,《四书章句集注》,第68页。
⑥ 《论语注疏》卷三,《十三经注疏》,第2466页。

要强调"仁"的含义,他将"礼""乐"相提并论,说明二者之间有着内在关联。与之相似。孔子还说:"礼云礼云,玉帛云乎哉?乐云乐云,钟鼓云乎哉?"①提醒人们透过礼乐的表象,看到二者的实质,即礼乐本质为倡导"仁"义。需要指出,这一思想可能有着悠久的历史,恰好有《左传》记述的故事为证。鲁僖公二十七年(前633)冬,晋国贤士赵衰说:"诗书,义之府也;礼乐,德之府也;德义,利之本也。"②这一言论,"礼乐"成为一个词,为《左传》记述,表明赵衰的观点已经成为左丘明时代的重要历史掌故,而他主张诗书、礼乐的功能也为后世人们所推重。

看来,孔子倡导仁义,希望君子以此为操守,而非追求表面功夫。在孔子的论述中,"礼乐"成为判别人品高低的标准,说:"先进于礼乐,野人也;后进于礼乐,君子也。如用之,则吾从先进。"③所谓"先进""后进",何晏集解认为"谓仕先后辈也"④。孔子希望能"移风易俗",故而选择"先进"。朱熹集注说:

> 先进、后进,犹言前辈、后辈。野人,谓郊外之民;君子,谓贤士大夫也。程子曰:"先进于礼乐,文质得宜。今反谓之质朴,而以为野人。后进之于礼乐,文过其质,今反谓之彬彬,而以为君子。盖周末文胜,故时人之言如此,不自知其过于文也。"⑤

按照朱熹所言,孔子认为,当时"君子"追求表面的"文",无法从内心做到真诚,故而倡言回到礼乐的本质功用上来。这一点,或许可从《礼记》中孔

---

① 《论语注疏》卷一七,《十三经注疏》,第 2525 页。
② 《春秋左传正义》卷一六,《十三经注疏》,第 1822 页。
③ 《论语注疏》卷一一,《十三经注疏》,第 2498 页。
④ 《论语注疏》卷一一,《十三经注疏》,第 2498 页。
⑤ 朱熹:《论语集注》卷六,《四书章句集注》,第 124 页。

子的一句话得到证解："制度在礼,文为在礼,行之其在人乎。"①确实,制度和文明发挥功效,需要落实到"人"的执行,凡是违反人之本性天真,都应该抛掷一边。

孔子运用"礼乐"一词,重视二者之间的内在紧密关联,希望成为人们行为的准则。这是因为他认为"礼乐"活动,需要有名有分,方能做到"有条不紊":

> 名不正,则言不顺;言不顺,则事不成;事不成,则礼乐不兴;礼乐
> 不兴,则刑罚不中;刑罚不中,则民无所措手足。故君子名之必可言
> 也,言之必可行也。君子于其言,无所苟而已矣。②

孔子此处所言运用名家思想优长,从辨析名物来简明论证"名"与"秩序"之间的内在关联。按照《礼记·礼器》所言,儒家通过辨别事物"不同",发现事物之间的"差等",从而规定行为,就是上下尊卑,就是先后宾主,以致有《经礼》三百、《曲礼》三千。③那么"乐"为何能引导人们按照一定顺序行为呢?

《论语》之外,《礼记》中记载孔子论述"礼乐"教化思想的文字尚多。如《礼记·仲尼燕居》中有孔子论述礼乐的一段话:

> 礼也者,理也。乐也者,节也。君子无理不动,无节不作。不能诗,
> 于礼缪。不能乐,于礼素。薄于德,于礼虚。④

这段文字,后来成为马一浮讲解国学"诗教"的首选文本。⑤此处将重点讨

① 《礼记正义》卷五〇,《十三经注疏》,第 1614 页。
② 《论语注疏》卷一三,《十三经注疏》,第 2506 页。
③ 《礼记正义》卷二三,《十三经注疏》,第 1435 页。
④ 《礼记正义》卷五〇,《十三经注疏》,第 1614 页。
⑤ 马一浮:《复性书院讲录》卷四,《马一浮全集》第一册,浙江古籍出版社,2007 年,第 157 页。

论孔子论述礼乐的思想基础。"礼""乐"相宜,成为孔子思想世界的重要原则。《礼记》中记载了孔子与弟子对话,说:"古之人与!古之人也。达于礼而不达于乐,谓之素;达于乐而不达于礼,谓之偏。夫夔达于乐而不达于礼,是以传于此名也。古之人也。"①"夔"为一种单腿牛怪,皮可用来制作大鼓。古代人夔之得名,仅仅是因为他参与制作音乐,不说明他欠缺礼的教养。孔子想要启发学生,"乐"之精神为"合"礼。

孔子认为礼乐有节,日常需要按照一定节律来为政,故而郑重指出:"宫室得其度,量鼎得其象,味得其时,乐得其节,车得其式,鬼神得其飨,丧纪得其哀,辨说得其党,官得其体,政事得其施;加于身而错于前,凡众之动得其宜。"②落实到具体行为,需要礼乐来节制指引。《礼记》中孔子认为"礼"有九,都要根据"礼乐"来开展:

> 两君相见,揖让而入门,入门而县兴。揖让而升堂,升堂而乐阕。下管《象》《武》《夏》《龠》序兴,陈其荐俎,序其礼乐,备其百官,如此而后君子知仁焉。行中规,还中矩,和鸾中《采齐》,客出以《雍》,彻以《振羽》,是故君子无物而不在礼矣。入门而金作,示情也。升歌《清庙》,示德也;下而管《象》,示事也。是故古之君子,不必亲相与言也,以礼乐相示而已。③

"礼"与"乐"高度结合,形成节律制度,如能依据行事,即便身处"畎亩"之中,亦为"圣人"。如此一来,为政之急务,就是要知晓礼乐。当子张请教"为政"时,孔子指出,"君子明于礼乐,举而错之而已"。④子张继续请教,孔子细致论述:

---

① 《礼记正义》卷五〇,《十三经注疏》,第 1614 页。

② 《礼记正义》卷五〇,《十三经注疏》,第 1613 页。

③ 《礼记正义》卷五〇,《十三经注疏》,第 1614 页。

④ 《礼记正义》卷五〇,《十三经注疏》,第 1615 页。

尔以为必铺几筵,升降酌献酬酢,然后谓之礼乎? 尔以为必行缀
　兆,兴羽龠,作钟鼓,然后谓之乐乎? 言而履之,礼也;行而乐之,乐也。
　君子力此二者,以南面而立,夫是以天下大平也,诸侯朝,万物服体,
　而百官莫敢不承事矣。礼之所兴,众之所治也。礼之所废,众之所乱
　也。目巧之室,则有奥阼,席则有上下,车则有左右,行则有随。立则有
　序,古之义也。①

看来,当时人们皆意识到"礼乐"的重要功能,故而有弟子前来请教。不仅
如此,孔子更想教导人们明白"礼乐"的核心要义和功用。要解析孔子有关
"礼乐"的基本观念,恐怕要从儒家有关音乐与礼仪的起源之论来看。

　　儒家经典中,讨论音乐的本质和功用,最为集中、深入者当属《礼记·
乐记》。该文献将此归于音、声"玄秘莫测"的感人力量:

　　音之起,由人心生也。人心之动,物使之然也。感于物而动,故形
　于声。声相应,故生变;变成方,谓之音;比音而乐之,及干戚羽旄,谓
　之乐。乐者,音之所由生也。其本在人心之感于物也。②

音乐本质,归结为"人心"受到外物感动,从而发出"声"。"声"可以千变万
化,顺从某种规律,就成为"音"乐。受外物感动而生音乐,那么什么样的外
物刺激何等"心理",就会产生怎样的"音乐",所以"先王慎所以感之者。故
礼以道其志,乐以和其声,政以一其行,刑以防其奸。礼、乐、刑、政,其极一
也,所以同民心而出治道也"③。此为《乐记》中的音乐本质论。就其理路来

　　① 《礼记正义》卷五〇,《十三经注疏》,第 1615 页。
　　② 《礼记正义》卷三九,《十三经注疏》,第 1544 页。
　　③ 《礼记正义》卷三九,《十三经注疏》,第 1544 页。

诗《书》《礼》《乐》：宋明儒学的性道神化

看,围绕感受主体来谈论,带有强烈的"人本主义"的意味:一方面承认外物存在的客观特性,另一方面肯定人类感知的核心意义。

由于《礼记》文本产生自刘向等人整理中央藏书的丰富材料,故而《乐记》中此类表达有所重复。如"凡音者,生人心者也。情动于中,故形于声。声成文,谓之音。是故治世之音,安以乐,其政和。乱世之音,怨以怒,其政乖。亡国之音,哀以思,其民困。声音之道,与政通矣"①。换句话说,由于人心受外在事物感发,故而具有映像功能,能反映"人"所处环境之状况,尤其是政治状况的良好与否。感通理论将人心与外界事物的联系揭示出来,正是要启发人们关注音乐与人行为之间的内在关联。

发自人心之乐,能反映外物状态,暗中与人伦、物理相通。《乐记》说:"凡音者,生于人心者也。乐者,通伦理者也。是故知声而不知音者,禽兽是也;知音而不知乐者,众庶是也。唯君子为能知乐,是故审声以知音,审音以知乐,审乐以知政,而治道备矣。"先王之所以作"乐",正是要引导人们"知音"。原来,"知乐则几于礼矣,礼乐皆得谓之有德。德者,得也"。由此而言,"乐之隆,非极音也"②,并非为了满足"耳目"之欲望,而是想要引导人们能"知音"之本质。

"乐"为何需要追求"伦理",而非耳朵之欲呢? 今本《礼记·乐记》编集者,接着引述一段说:"人生而静,天之性也。感于物而动,性之欲也。物至知知,然后好恶形焉。好恶无节于内,知诱于外。不能反躬,天理灭矣。夫物之感人无穷,而人之好恶无节,则是物至而人化物也。人化物也者,灭天理而穷人欲者也。于是有悖逆诈伪之心,有淫泆作乱之事。"③人要避免"物化"、丢失人性,方法就是节制"欲"望,即"先王之制礼乐,人为之节",先王用礼和乐来节制人们各种情感。

---

① 《礼记正义》卷三九,《十三经注疏》,第 1545 页。

② 《礼记正义》卷三九,《十三经注疏》,第 1545 页。

③ 《礼记正义》卷三九,《十三经注疏》,第 1545 页。

"礼"与"乐"虽然结合到一起具有相同的制约言行的功能,但节制人心欲望的功能各有侧重和优长。对此,《乐记》有着详细的论述。首先,"礼节民心,乐和民声,政以行之,刑以防之。礼、乐、刑、政,四达而不悖,则王道备矣"①。通过"乐",天下之人的"声"音,可以统合为一。其次,《乐记》又说"乐者为同,礼者为异。同则相亲,异则相敬。乐胜则流,礼胜则离"。确实,"乐"需要每一个演唱者统一曲调,"礼"恰需要每一个都是特异个体,方才彰显"差序格局"社会结构的人际调和的必要性。②最后,《乐记》说"合情饰貌者,礼乐之事也。礼义立,则贵贱等矣;乐文同,则上下和矣;好恶著,则贤不肖别矣;刑禁暴,爵举贤,则政均矣。仁爱以之,义以正之。如此则民治行矣"。"乐"与"礼"调节的结果有别,前者让所有演唱者或聆听者产生一样的情感和表情,"礼"约束人们的行为,从而调节好高低贵贱的社会等级。看来,天下之人皆唱一种"声音",就会拥有同样的情感,进而行为趋同,结果是发自内心的相互认同团结。相较而言,礼能让人们互相区别,接受这种现状以各安其位。

其他部分,《乐记》继续探讨两者的心理基础有所差异,"乐由中出,礼自外作。乐由中出故静,礼自外作故文。大乐必易,大礼必简。乐至则无怨,礼至则不争。揖让而治天下者,礼乐之谓也"③。尽管与强制刑罚有别,"礼"仍为行为主体的外在规定,规约人的行为变得文雅有教养,而无粗鲁争抢之事。"乐"呢?它从人内心感发而出,故而显得非常安静平常,令人没有怨怒表情。两者结合,内外兼修,"合父子之亲,明长幼之序,以敬四海之内",当然为"文治"之象。这样很好地阐发了儒家提倡"礼乐"结合的文明治理有着深刻的理论系统。

"礼"与"乐"的节制力量,最终能有成效,实因"大乐与天地同和,大礼

① 《礼记正义》卷三九,《十三经注疏》,第 1545 页。
② 费孝通:《乡土中国》,人民出版社,2008 年,第 25~34 页。
③ 《礼记正义》卷三九,《十三经注疏》,第 1543 页。

遇天地同节"。"和,故百物不失;节,故祀天祭地。明则有礼乐,幽则有鬼神。如此,则四海之内合敬同爱矣。礼者殊事,合敬者也;乐者异文,合爱者也。礼、乐之情同,故明王以相沿也。故事与时并,名与功偕。"按照《乐记》此处所言,礼乐制度的建设者希望人们的行为最终能与万物合同,能与神灵相通相感。就终极追求来看,两者属殊途而同归。《乐记》有简明之说:"乐者,天地之和也。礼者,天地之序也。和故百物皆化,序故群物皆别。乐由天作,礼以地制。过制则乱,过作则暴。明于天地,然后能兴礼乐也。"四季循环,天象流转,何尝没有规矩顺序。生活于其中的人类,自然相应有所节制。总之,按照《礼记》作者的叙述,礼乐的设计恰能让人们重归"天地"之"和"与"序"。

那么制作礼、乐之人呢?他们应该知晓天地奥义,必定受人尊敬,被称为"明圣"。原来,天地之间,自有顺序,动静之间,必有常则,"明圣"观察到此,泛能之作礼仪。据《乐记》所记,最初制作礼乐者,为三皇五帝之类上古圣王。有关音乐兴起的历史,该篇称:"昔者舜作五弦之琴,以歌《南风》。夔始制乐,以赏诸侯。"[1]正所谓"仁近于乐,义近于礼"。从《论语》到《礼记·乐记》,儒家提倡对"礼乐"的学习传承,想要以此实现人类行为的调节制约,达到与天地道理相协调。

考按今存文献,似乎战国时代诸子亦有相似认识,以为音乐源自远古时代,具有强大的通玄抵幽之力。《吕氏春秋·古乐》描述悠久的"乐"史说:

> 昔葛天氏之乐,三人掺牛尾,投足以歌八阕:一曰载民,二曰玄鸟,三曰遂草木,四曰奋五谷,五曰敬天常,六曰达帝功,七曰依地德,八曰总万物之极。[2]

---

① 《礼记正义》卷三八,《十三经注疏》,第 1534 页。

② 《吕氏春秋集释》卷五,第 118 页。

联系上古传说，"葛天氏"时代十分久远。唐代司马贞《史记索隐》说："葛天氏，三皇时君号也。"然而当时乐歌盛行之事，成为西汉时期人们的知识。司马相如在《上林赋》中说："奏陶唐氏之舞，听葛天氏之歌。千人唱，万人和。"①姑且无论此处行文有否"扬厉"而张大吕氏所言数量，"葛天氏之歌"成为文化掌故，说明当时人们多认为上古有歌有舞。或许绝非巧合，今天国家博物馆藏有新石器时代马家窑文化彩陶舞蹈纹盆，绘有五人一组的乐舞场面。图中舞蹈者身后，皆有"尾巴"，证明了《吕氏春秋》所言上古时代的乐舞情景，具有一定可信性。

　　吕氏该文继续叙述上古乐舞发展历程，有十个具有里程碑意义的事件：①陶唐氏时"作舞"；②黄帝命伶伦"作为律"，"铸十二钟"，演奏乐曲《咸池》；③帝颛顼令飞龙"效八风之音"，"命之曰《承云》"；④帝喾命咸黑作为声，歌《九招》《六列》《六英》；⑤帝尧立，瞽叟乃拌五弦之瑟，命之曰《大章》，以祭上帝；⑥舜立，命延乃拌瞽叟之所为瑟，益之八弦以为二十三弦之瑟。帝舜乃令质修《九招》《六列》《六英》，以明帝德；⑦舜禹立，命皋陶作为《夏钥》九成，以昭其功；⑧殷汤即位，命伊尹作为《大护》，歌《晨露》，修《九招》《六列》以见其善；⑨周武王命周公作《大武》；⑩周成王时，周公践伐，乃为《三象》。吕氏最后感慨道："乐之所由来者尚矣，非独为一世之所造也。"从这些记载可以看出，上古时代的音乐教化思想有一个发展过程，乐乃模拟自然，而"歌"者赞颂、宣示功德。

　　吕氏所述音乐创制历史，近乎古代神话传说。这一点，儒家文献有着相似的记述。《大戴礼记·五帝德》记述了孔子与宰我谈论历史人物与音乐创制之间的关联，认为尧的功劳有："伯夷主礼，龙、夔教舞，举舜、彭祖而任之，四时先民治之。"舜的功劳有："夔作乐，以歌钥舞，和以钟鼓；皋陶作士，忠信疏通，知民之情。"禹的功劳有："声为律，身为度，称以上士。"②孔

---

　　① 《吕氏春秋集释》卷五，第128页。
　　② 王聘珍：《大戴礼记解诂》卷七，《五帝德》第六十二，中华书局，1983年，第117页。

子头脑中的音乐知识，同样有此叙述，即创作音乐、舞蹈自尧开始。"歌"则自舜帝时代。有歌则有词，"诗"或许自此时开始。

落实到具体的社会文化生活，两周时代应该有着礼仪制度，维系着广泛的等级体系。从《左传》《国语》记载来看，东周时代的列国制度，音乐体现着社会秩序。如关于周天子的音乐与诸侯之间采用的建制，有鲁庄公二十一年(前 673)发生的事件：郑厉公"享王于阙西辟，乐备"。杜预注"备六代之乐"。①诸侯国内部音乐体制，有鲁襄公十一年(前 562)的记载："晋侯以乐之半赐魏绛"，"魏绛于是乎始有金石之乐，礼也"。②此处明言，按照赏赐功臣的"礼"制，经由诸侯赏赐，大臣方可拥有金石之乐，乐队规模可以达到国君的一半。看来，音乐建制规模作为符号，象征着主人的权力、地位和功劳。

不仅如此，观演音乐活动亦有等级制度。且看《左传》记载的襄公四年(前 569)"晋侯享穆叔"之事：

> 金奏《肆夏》之三，不拜。工歌《文王》之三，又不拜。歌《鹿鸣》之三，三拜。韩献子使行人子员问之，曰："子以君命，辱于敝邑。先君之礼，藉之以乐，以辱吾子。吾子舍其大，而重拜其细，敢问何礼也？"对曰："三《夏》，天子所以享元侯也，使臣弗敢与闻。《文王》，两君相见之乐也，使臣不敢及。《鹿鸣》，君所以嘉寡君也，敢不拜嘉？《四牡》，君所以劳使臣也，敢不重拜？《皇皇者华》，君教使臣曰：'必咨于周。'臣闻之：'访问于善为咨，咨亲为询，咨礼为度，咨事为诹，咨难为谋。'臣获五善，敢不重拜？"③

---

① 《春秋左传正义》卷九，《十三经注疏》，第 1774 页。
② 《春秋左传正义》卷三一，《十三经注疏》，第 1950 页。
③ 《春秋左传正义》卷二九，《十三经注疏》，第 1931 页。

穆叔,即鲁国叔孙豹。他听到音乐的反应,清楚说明当时的士大夫,熟悉等级文化制度,从而做出合乎"礼"的行为。退一步讲,晋鲁皆为姬姓之国,应该同时传承着周乐礼制。展演和观赏音乐同样如此,双方需要做出合乎身份的行为,故而穆叔观赏音乐的过程,变成一种繁文缛节的仪式活动。他们赏听音乐美的背后,有着强大的文化系统,支撑着对音乐含义的理解,规定着双方按照一定程序来行为和言说。就《论语》记载来看,孔子同样认为,音乐入礼有着严格的等级传统,曾郑重批评"八佾舞于庭"和"三家者以《雍》彻"的做法,认为他们僭越妄为。

孔子想要坚守此类礼仪传统,最为经济简便的方式,恐怕就是传承相应的文献。汉儒见到的文献,记载孔子自称:"吾自卫反鲁,然后乐正,雅颂各得其所。"①司马迁《史记》遂进一步申发此说:"古者诗三千余篇,及至孔子,去其重,取可施于礼义,上采契后稷,中述殷周之盛,至幽厉之缺,始于衽席,故曰'《关雎》之乱以为风始,《鹿鸣》为小雅始,《文王》为大雅始,《清庙》为颂始'。三百五篇孔子皆弦歌之,以求合韶、武、雅、颂之音。礼乐自此可得而述,以备王道,成六艺。"且不论孔子是否真的独立完成西周至东周时代礼乐制度的整理和完善,上述西汉时代已经基本定型的儒家文献,则想要清楚地叙述他想要当时社会能以礼乐来施行教化。在此历史大背景中,将《诗经》文本作为传承礼仪的音乐文献来加以传授学习,皆为孔子的毕生事业,故而他曾经讨论"诗""礼"与"乐"的关联。

第二节　由乐而生:"诗"之兴起

儒家从孔子开始,推崇周代的政治文化,曾说:"周监于二代,郁郁乎

《诗》《书》《礼》《乐》:宋明儒学的性道神化

①　《史记》卷四七《孔子世家》,第 1936 页。

文哉！吾从周。"①在《中庸》中，孔子有相似表达，说"吾学《周礼》，今用之，吾从周"②。历代注释者，多强调周损益夏、商，"制礼作乐""礼文尤具"拉开了儒家文明的大幕。③从原始社会到西周封建社会，礼乐文明逐步建立，各种礼仪制度和经典文本开始产生，有"诗、书、礼、易、乐、春秋"等儒家经典。梳理这些经典的产生过程，大致可以得出一个印象，即"诗"在"乐"后出现，或者"诗"与"乐"曾经难分难解。

儒家学术，伴随着西周教育制度的发展而勃兴。依据先秦两汉出现的儒家典籍记载，诗最初与乐结合，成为贵族教育的重要内容。中国古代的学校教育，自商代贵族开始。甲骨文中已有"学"字，如《甲骨文合集》言"丙子卜，贞，多子其往学"④。又如《屯南》60，出现了一例"大学"。两例皆表明当时已有学校，传授知识或跟占卜之学有关。如据《续存下》126、《撝续》193 等，可知商代学校教学内容分为两类：一为祭祀仪式和乐舞表演，二为练武习射。⑤面向巫术的乐舞与应付外敌的武术，应该是当时最为重要的两种国家行为。

西周建立后，沿用殷商制度，建立小学、大学之制。如东汉班固《白虎通·辟雍》等书称，男子十五岁以后进入大学。⑥宗法制度建立后，入学之人基本为世代贵族。所谓"学校"，具有多种功能。杨宽《西周史》对此有考释，认为"西周大学不仅是贵族子弟学习之处，同时又是贵族成员集体行礼、集会、聚餐、练武、奏乐之处，兼有礼堂、会议室、俱乐部、运动场和学校的性质，实际上就是当时贵族公共活动的场所"⑦。

---

① 《论语注疏》卷三，《十三经注疏》，第 2467 页。
② 朱熹：《中庸章句》，《四书章句集注》，第 39 页。
③ 《汉书》卷二二《礼乐志》，第 1208 页。
④ 林泰辅：《龟甲兽骨文字》卷二，艺文印书馆，1973 年，第 25 页。
⑤ 俞启定等：《中国教育制度通史》第一卷，山东教育出版社，2000 年，第 49~50 页。
⑥ 应劭：《白虎通义》，陈立《白虎通义疏证》，中华书局，2007 年，第 248~250 页。
⑦ 杨宽：《西周史》，上海人民出版社，2016 年，第 712 页。

私学兴起之前，应该仅有贵族享受教育。学在官府，教育者多为官员。这些官员，据《周礼》等典籍所记，多会参与音乐教育活动。如国学的主持者为大司乐。《周礼·春官·大司乐》称："掌成均之法，以治建国之学政而合国之子弟焉。"又如，教育上层贵族子弟者为"师氏"。《周礼·地官·师氏》称"掌从微诏王，以三德教国子"。再如"保氏""掌谏王恶，而养国子以道"。还如"乐师"，孔颖达注《礼记·文王世子》之"小乐正学干"说："诸侯谓之小乐正，天子谓之乐师，故乐师兼管国学之政，以教国子小舞。"①恰如前文已有涉及，《左传》《孟子》《吕氏春秋》等书中的"大师"为乐官，似乎表明当时教育者的职能之一即为音乐知识的传授。

就贵族来此学习的内容，包括射礼和乐舞。如《周礼·春官宗伯·大司乐》说："掌成均之法，以治建国之学政而合同之子弟焉。"学校教学内容主要有六类：①"凡有道者、有德者，使教焉。死则以为乐祖，祭于瞽宗。"②"以乐德教国子中和、祗庸、孝友。"③"以乐语教国子兴道、讽诵，言语。"④"以乐舞教国子：舞云门、大卷、大咸、大磬、大夏、大濩、大武。"⑤"以六律、六同、五声、八音、六舞、大合乐以致鬼神，示以和邦国，以谐万民，以安宾客，以说远人，以作动物。"②"乐语"一类，即为歌词，似乎说明当时学校教育中，"诗"尚未脱离"乐"的附庸地位而获得独立地位。那么"兴"者何意？郑玄注解说："兴者，以善物喻善事。"③这样解释，恰好为郑玄一贯对"兴"的解释，强调文字的"譬喻"意义，对此后文将作申发。

就《周礼·保氏》所言保氏教育"国子以道"，"乃教之六艺"来看，内容为："一曰五礼，二曰六乐，三曰五射，四曰五御，五曰六书，六曰九数。"似乎最开始，"诗"尚未进入教学实践。"乐"这个概念，出现的时间应该早于

---

① 《礼记正义》卷二○，《十三经注疏》，第1404~1405页。案：孔氏之说，本自《周礼》："乐师掌国学之政，以教国子小舞。"（见《周礼注疏》卷二三，第793页）

② 《周礼注疏》卷二二，《十三经注疏》，第787~788页。

③ 《周礼注疏》卷二二，《十三经注疏》，第787页。

"诗"。考之殷商、西周和春秋时代的文物,"诗"之一字未见。或许《左传》所记,当属"诗"这个概念出现的时代。

从中国古代文献来看,上古"诗"之源头多为"乐歌"。如沈德潜《古诗源》一书所收《康衢谣》《击壤歌》之类皆为"乐歌"。就今存古代文献来看,"诗"之出现时代,最早可以追溯至舜帝时代。《尚书·虞书·舜典》说:

> 帝曰:夔! 命女典乐,教胄子。直而温,宽而栗,刚而无虐,简而无傲。诗言志,歌永言,声依永,律和声。八音克谐,无相夺伦,神人以和。夔曰:"于予击石拊石,百兽率舞。"①

此处所记,恐怕有后世儒家学者托古妄造之嫌②,然而至少表明今见《尚书》重新行世的西汉儒家学者,或者上推至战国时学者的知识,歌、诗有别,历史悠久。志通过"言"来说,而歌则是"永"言。尽管如此,二者都从属"乐"。舜关心乐歌,绝非不关注作为"歌词"的"诗"的内涵,仅关注"诗"的乐曲特色。正是如此,儒家学者认为,"乐"乃仪式所需,有《周礼·春官宗伯·乐师》佐证:

> 乐师掌国学之政,以教国子小舞。凡舞,有帗舞,有羽舞,有皇舞,有旄舞,有干舞,有人舞。教乐仪,行以《肆夏》,趋以《采荠》,车亦如之。环拜,以钟鼓为节。凡射,王以《驺虞》为节,诸侯以《狸首》为节,大夫以《采苹》为节,士以《采蘩》为节。凡乐,掌其序事,治其乐政。凡国之小事用乐者,令奏钟鼓,凡乐成则告备。诏来瞽皋舞。诏及彻,帅学

---

① 《尚书正义》卷三,《十三经注疏》,第 131 页。

② 如郭沫若认为,《尧典》为子思之徒所作(见《郭沫若全集》第 2 卷《十批判书》,人民出版社,1982 年,第 4 页)。就今存文献和出土文献的横向比较来看,《尧典》中"诗"这个概念出现的时间恐怕有点超前。

士而歌彻。令相，飨食诸侯，序其乐事，令奏钟鼓。令相，如祭之仪。燕射，帅射夫以弓矢舞，乐出入，令奏钟鼓。凡军大献，教恺歌，遂倡之。凡丧，陈乐器，则帅乐官。及序哭，亦如之。①

"乐师"的地位非常高，教"国子"乐、舞，主持仪式用乐。这段文字中，最吸引人者，当属那时的音乐展演中，《诗经》中部分诗篇紧密配合着仪式的程序需要。这里提到的射礼，从天子到士人，分别用到《驺虞》《狸首》《采苹》《采蘩》等。

教与学服务于当时的社会需求，部分重要场合需要用"乐"。这些诗篇和仪式密切配合的历史现象，有《周礼·夏官司马·射人》所记"射礼"用乐作为印证：

王以六耦，射三侯，三获三容，乐以《驺虞》，九节，五正。诸侯以四耦，射二侯，二获二容，乐以《狸首》，七节三正。孤卿大夫以三耦，射一侯，一获一容，乐以《采苹》，五节二正。士以三耦，射豻侯，一获一容，乐以《采蘩》，五节二正。②

射礼等级有别，从天子到士，分别用到的乐歌，跟上述记载相同。又有《仪礼·大射仪》记录了射礼中用乐情况。在仪式过程中，"乐人"参与的方位、规模皆有叙述：

乐人宿县于阼阶东，笙磬西面，其南笙钟，其南镈，皆南陈。建鼓在阼阶西，南鼓。应鼙在其东，南鼓。西阶之西，颂磬东面，其南钟，其南镈，皆南陈。一建鼓，在其南，东鼓。朔鼙在其北。一建鼓在西阶之

---

① 《周礼注疏》卷二三，《十三经注疏》，第793页。
② 《周礼注疏》卷三〇，《十三经注疏》，第845页。

东,南面。鼗在建鼓之间。鼗倚于颂磬西纮。①

选用的乐曲有《肆夏》《鹿鸣》《新宫》《狸首》《陔》《驺》等,其中《鹿鸣》最为特殊,为"歌",其余皆为"奏"。又有《仪礼·乡射礼》记载"乡射"进行中,需要用"乐"配合仪式:

> 席工于西阶上,少东。乐正先升,北面立于其西。工四人,二瑟,瑟先,相者皆左何瑟,面鼓,执越,内弦,右手相。入,升自西阶,北面东上。工坐,相者坐授瑟,乃降。笙入,立于县中,西面。乃合乐:《周南》:《关雎》《葛覃》《卷耳》;《召南》:《鹊巢》《采蘩》《采蘋》。工不兴,告于乐正,曰:"正歌备。"乐正告于宾,乃降。②

接着仪式过程中,"奏《驺虞》以射"。仪式结束时,"宾兴,乐正命奏《陔》。宾降及阶,《陔》作。宾出,众宾皆出,主人送于门外,再拜"。整个过程,运用八种乐,其中《关雎》《葛覃》《卷耳》《鹊巢》《采蘩》《采蘋》皆会"歌"。作为五大嘉礼之一,射礼(包括"大射礼""乡射礼")为两周时代贵族男子必须掌握的仪式知识,合计需要熟悉十五种乐曲。

杨宽已经指出,射礼可以用来进行军事训练,也可从中选拔人才,自然会成为当时教育的重要内容。③陈梦家《射与郊》考察金文,曾指出学校最初亦以习射为主,教学地点为庠序和辟雍,分别源自陆射和池中习射。④"射"的进行,需要"合乐"。⑤这一点,出土文物也有反映,如1993年河南平

① 郑玄注、贾公彦疏:《仪礼注疏》卷二三,《十三经注疏》,第793~794页。

② 《仪礼注疏》卷一一,《十三经注疏》,第995页。

③ 杨宽:《"射礼"新探》,《古史新探》,上海人民出版社,2016年。

④ 陈梦家:《射与郊》,《清华学报》,1941年,第13卷第1期。

⑤ 《周礼注疏》卷一四,第731页。

顶山应国墓地发现柞伯簋，记载了周康王八月秋在周都举行大射礼的过程，实为一次政治活动："则畀柞伯赤金十钣，遂锡桄虎。"①

整个仪式过程用乐多者，尚有燕礼和乡饮酒礼。《仪礼·燕礼》记述整个"燕礼"的过程：

> 卒，射人乃升大夫，大夫皆升，就席。席工于西阶上，少东。乐正先升，北面立于其西。小臣纳工，工四人，二瑟。小臣左何瑟，面鼓，执越，内弦，右手。相，入，升自西阶，北面东上坐。小臣坐授瑟，乃降。工歌《鹿鸣》《四牡》《皇皇者华》。卒歌，主人洗，升献工。工不兴，左瑟，一人拜受爵。主人西阶上拜送爵。荐脯醢。使人相祭。卒爵不拜。主人受爵，众工不拜，受爵，坐祭，遂卒爵。辩有脯醢，不祭。主人受爵，降奠于篚。公又举奠觯。唯公所赐。以旅于西阶上，如初。卒，笙入，立于县中，奏《南陔》《白华》《华黍》。主人洗，升，献笙于西阶上。一人拜，尽阶，不升堂，受爵，降，主人拜送爵。阶前坐祭，立卒爵，不拜既爵，升授主人。众笙不拜，受爵，降，坐祭，立卒爵。辩有脯醢，不祭。乃间歌《鱼丽》，笙《由庚》；歌《南有嘉鱼》，笙《崇丘》；歌《南山有台》，笙《由仪》。遂歌乡乐，《周南》：《关雎》《葛覃》《卷耳》；《召南》：《鹊巢》《采蘩》《采苹》。大师告于乐正曰："正歌备"。乐正由楹内、东楹之东，告于公，乃降复位。②

整个"燕礼"过程，用乐情况为："奏"《南陔》《白华》《华黍》；"笙"《由庚》《崇丘》《由仪》；"歌"《鱼丽》《南有嘉鱼》《南山有台》。接着"遂歌乡乐"：《周南·关雎》《葛覃》《卷耳》《召南·鹊巢》《采蘩》《采苹》等。结束时，"奏"《陔》。燕会过程中，会"奏"《肆夏》；升"歌"《鹿鸣》，下"管"《新宫》；舞，则《勺》。统共

---

① 李学勤：《柞伯簋铭考释》，《文物》，1998年第11期；王龙正、袁俊杰、廖佳行：《柞伯簋与大射礼及西周教育制度》，《文物》，1998年第9期。

② 《仪礼注疏》卷一四，《十三经注疏》，第1016页。

来看,用到20首乐曲,其中"歌"有《鱼丽》《南有嘉鱼》《南山有台》《周南·关雎》《葛覃》《卷耳》《召南·鹊巢》《采蘩》《采苹》《鹿鸣》10首。

又有"乡饮酒礼"使用乐歌。如《礼记·乡饮酒义》的记载:"主人酬介工入,升歌三终,主人献之;笙入,三终,主人献之;间歌,三终;合乐,三终。工告乐备,遂出。"[1]更为具体的用乐情况,如《仪礼·乡饮酒礼》的记载,整个仪式过程分为六步:①谋宾、戒宾、速宾、迎宾;②献宾;③作乐;④旅酬;送宾及其他。"作乐"时,宾主坐定,开始升歌:

> 设席于堂廉,东上。工四人,二瑟,瑟先。相者二人,皆左何瑟,后首,挎越,内弦,右手相。乐正先升,立于西阶东。工入,升自西阶,北面坐。相者东面坐,遂授瑟,乃降。工歌《鹿鸣》《四牡》《皇皇者华》。

> 卒歌,主人献工,工左瑟,一人拜,不兴,受爵。主人阼阶上拜送爵。荐脯醢,使人相祭。工饮,不拜既爵,授主人爵。众工则不拜受爵,祭饮,辩有脯醢,不祭。大师则为之洗。宾、介降,主人辞降,工不辞洗。笙入堂下,磬南,北面立。乐《南陔》《白华》《华黍》。

> 主人献之于西阶上,一人拜,尽阶,不升堂,受爵,主人拜送爵。阶前坐祭,立饮,不拜既爵,升,授主人爵。众笙则不拜受爵,坐祭,立饮,辩有脯醢,不祭。乃间歌《鱼丽》,笙《由庚》;歌《南有嘉鱼》,笙《崇丘》;歌《南山有台》,笙《由仪》。乃合乐,《周南》:《关雎》《葛覃》《卷耳》;《召南》:《鹊巢》《采蘩》《采苹》。工告于乐正曰:"正歌备"。

以上所演奏的乐歌,乃"正歌"。至送宾时,还要演奏《陔夏》。整个仪式,乐曲一共23首,其中歌12首,分别是《鹿鸣》《四牡》《皇皇者华》《鱼丽》《南有嘉鱼》《南山有台》《周南·关雎》《葛覃》《卷耳》《召南·鹊巢》《采蘩》《采

---

[1] 《仪礼注疏》卷九,《十三经注疏》,第985页。

苹》等。与"燕礼"相较,多用了《四牡》《皇皇者华》两首。

据《礼记·射义》,"古者诸侯之射也,必先行燕礼。卿士大夫之射也,必先行乡饮酒之礼"①。射礼作为盛大聚会,自然会举行相应的宴会,故而两者用乐具有一定的共通性。如乡射礼中的用乐,《周南·关雎》《葛覃》《卷耳》《召南·鹊巢》《采蘩》《采苹》等,皆见于燕礼和乡饮酒两种场合。

以上描述,以非常具体的方式,说明《诗经》正是周代礼乐文明的文献基础。部分儒家经典记述孔子想要继承这个传统,将礼乐引入人们的日常生活,上至国君,下至庶人都按照乐来节制行为。此外,诸侯相见,也会用乐,如《礼记·仲尼燕居》记载说:

> 两君相见,揖让而入门,入门而县兴;揖让而升堂,升堂而乐阕。下管《象》《武》《夏》《龠》序兴,陈其荐俎,序其礼乐,备其百官,如此,而后君子知仁焉。行中规,还中矩,和鸾中《采齐》,客出以《雍》,彻以《振羽》,是故君子无物而不在礼矣。入门而金作,示情也。升歌《清庙》,示德也;下而管《象》,示事也。是故古之君子,不必亲相与言也,以礼乐相示而已。②

孔子认为诸侯见面,通过运用音乐,可以隐喻大家以"德"劝勉。作为仪式用乐,射礼用《驺虞》之类诗篇,钟鼓伴奏,可控制参加者的行为举止。此情此景中,参加仪式的人们更注重音乐节奏,而于文辞含义恐怕未曾深究。

此外,仪式用乐的情况,还见于多种礼仪场景。《礼记·祭统》提及祭祀用乐歌,如"夫祭有三重焉。献之属莫重于裸,声莫重于《升》歌,舞莫重于《武宿夜》,此周道也"③。又,记述鲁国祭祀"周公"的用乐:"昔者周公旦,有

---

① 《礼记正义》卷六二,《十三经注疏》,第 1686 页。
② 《礼记正义》卷五○,《十三经注疏》,第 1614 页。
③ 《礼记正义》卷四九,《十三经注疏》,第 1604 页。

勋劳于天下。周公既没,成王、康王追念周公之所以勋劳者,而欲尊鲁,故赐之以重祭、外祭,则郊社是也。内祭则大尝禘是也。夫大尝禘,升歌《清庙》,下而管《象》,朱干玉戚以舞《大武》。八佾以舞《夏》,此天子之乐也。康周公,故以赐鲁也。子孙纂之,至于今不废。"①

又有《礼记·郊特牲》记录郊祀之礼的用乐情况:

> 宾入大门而奏《肆夏》,示易以敬也。卒爵而乐阕,孔子屡叹之。奠酬而工《升》歌,发德也。歌者在上,匏竹在下,贵人声也。乐由阳来者也,礼由阴作者也,阴阳和而万物得。

仪式中,乐工升歌地位重要,彰显"人声"的优异。《礼记·文王世子》记述"天子视学","反,登歌《清庙》,既歌而语,以成之也"。②

儒家礼书中,提及乐歌者尚有多处。《大戴礼记·礼三本》有"大飨"之礼,用《清庙》之歌。③"投壶"之礼,用"《雅》二十六篇。其八篇可歌:《鹿鸣》《狸首》《鹊巢》《采蘩》《采苹》《伐檀》《白驹》《驺虞》。八篇废不可歌;七篇商齐,可歌也;三篇间歌"④。

三"礼"中所载用乐的仪式场合,恐怕多发生在春秋以前。从殷商时代开始,诸如射礼、燕礼等仪式场合都会运用音乐来节制参与者的行为过程。礼制的设计者,希望用乐、歌和舞等乐律来感染听者,令仪式参与者"和"同协调。在此过程中,部分乐曲有了歌词,运用歌唱方式来实现乐曲引导心情行为的功能。我们可以大胆推论,随着乐歌的增多,赏听者逐渐会关注文字内容。当时人们开始关注仪式用歌的内涵,有历史记载可佐

① 《礼记正义》卷四九,《十三经注疏》,第1607页。

② 《礼记正义》卷二〇,《十三经注疏》,第1410页。

③ 《大戴礼记·礼三本》:"三年之哭不反也,清庙之歌一倡而三叹也;县一磬而尚拊搏、朱弦而通越也,一也。"(王聘珍:《大戴礼记解诂》卷一,第18页)

④ 王聘珍:《大戴礼记解诂》卷一二,第244~245页。

证。如《左传·襄公四年》，晋悼公用缫礼招待鲁国叔孙穆子。演奏乐歌，叔孙豹才三拜。听者非常重视歌词传达之意，故而能援引其中某些文字片段来加以评点。[①]欣赏乐歌，关切"诗"意，审美活动转化为传情达意的仪式过程。《礼记·乐记》说：

> 是故君子反情以和其志，广乐以成其教。乐行而民乡方，可以观德矣。德者，性之端也。乐者，德之华也。金石丝竹，乐之器也。诗，言其志也；歌，咏其声也；舞，动其容也。三者本于心，然后乐器从之。是故情深而文明，气盛而化神。和顺积中，而英华发外，唯乐不可以为伪。[②]

这段文字说明个人道德与歌诗之间的关联，其中所言乐、诗、歌、舞四者互有关联。有此意识，展演者和赏听者就会考虑歌曲的使用范围及对应的场合。如《国语·鲁语》记载说：

> 公父文伯之母欲室文伯，缫其宗老，而为赋《绿衣》之三章。老请守龟卜室之族。师亥闻之曰："善哉！男女之缫，不及宗臣；宗室之谋，不过宗人。谋而不犯，微而昭矣。诗所以合意，歌所以咏诗也。今诗以合室，歌以咏之，度于法矣。"[③]

故事中，师亥本身的身份恐怕为主管音乐的"大师"，故而对"歌""诗"有着非常准确的定位："诗"关乎意，歌则用来"咏诗"，恰可补充《大序》中所言"歌永言"的含义。就此意义上而言，"诗"即歌词方才受人重视，从而真正登上历史舞台。至《左传》《国语》所载外交场合的演唱和赏听，便会有"赋

《诗》《书》《礼》《乐》：宋明儒学的性道神化

---

① 《春秋左传正义》卷二九，《十三经注疏》，第 1931 页。
② 《礼记正义》卷三八，《十三经注疏》，第 1538 页。
③ 左丘明著，胡文波校：《国语》卷五《鲁语》下，上海古籍出版社，1998 年，第 210 页。

诗"言志之说。有用往往意味着需要学习，在《周礼》和《礼记》的记述中，贵族开始学习"诗"。《周礼·春官·大师》有言："教六诗，曰风，曰赋，曰比，曰兴，曰雅，曰颂。"《礼记·内则》说："十有三年，学乐，诵诗，舞《勺》"，皆表明礼乐文明的大背景中，贵族礼仪不仅有所运用，而且教学中开始注重训练，有助于形成歌词意蕴、使用场合等方面的"共同知识"。

汉儒有关"诗"兴起的说法，有《汉书·匈奴传》以为在"穆王之孙懿王时代"，"王室遂衰，戎狄交侵，暴虐中国。中国被其苦，诗人始作，疾而歌之"，[①]诗作为《豳风·东山》。此说源自司马迁《史记·周本纪》："懿王之时，王室遂衰，诗人作刺。"[②]又有王充《论衡·谢短篇》称"周衰而诗作"[③]。东汉末年高诱注《淮南子·诠言训》时也说："诗者，衰世之风也，故邪而以之正。"[④]大家异口同声，似乎表明汉代人们的一种共识，即"诗"的兴起实乃东周的事情。这一点，恰好与《大序》所言"变风"之说关联。若回到上文所考礼仪用乐的情况来推断，我们可以说"诗"兴起于仪式用乐过程中的意义传达。

第三节　赋诗言志：诗的一种用法

设若上述"三礼"所载仪式过程中的用乐情况，确乎反映周公时代歌曲仅有二《南》《小雅》《大雅》和《颂里》的部分篇章，出现在社会交往的礼仪场景之中。[⑤]至于十三国风，涉及甚少，似表明这些诗篇乃后世加入。春

① 《汉书》卷九四《匈奴传》，第3744页。

② 《史记》卷四《周本纪》，第140页。

③ 王充：《论衡》，黄晖撰：《论衡校释》卷一二，中华书局，1990年，第658页。

④ 刘安撰、何宁注：《淮南子集释》卷一四，第1036页。(此说当本自《淮南子·氾论训》所言："王道缺而诗作，周室废、礼义坏而春秋作。诗、春秋，学之美者也，皆衰世之造也，儒者循之以教导于世，岂若三代之盛哉！"第922页)案：这些观点，马银琴在《两周诗史》中亦有讨论。

⑤ 司马迁《周本纪》以为周公"归在丰，作《周官》"，则周公时代"三礼"开始逐步形成。(《史记》卷四，第171页)

秋时代，各地邦风的数量在快速增多。如据王秀臣考论，《仪礼》中仅二《南》和雅颂中篇章，《周礼》中就一处提及《豳风》诗篇，《礼记》中则有邶、鄘、卫、郑、齐、曹、豳等诗篇。①《礼记·礼器》篇言"孔子诵诗三百"，至少表明该书乃孔门弟子及再传弟子所作。此时《诗经》已经基本定型，故而引用的诗篇范围远超《仪礼》和《周礼》。这似乎说明《仪礼》《周礼》时代较早，《礼记》出现较晚，早晚之间应该有一个过程。为此我们需要考察《左传》《国语》描述的这个时段人们用乐引"诗"的现象。

　　就《左传》《国语》记述的春秋时代诗乐运用情形来看②，《诗经》逐步编成，篇章日渐增多。西周时代周公、召公时代编订部分诗篇，二《南》恐怕即已奠定规模，故而上文所述射礼、燕礼所用乐曲，即有多篇二《南》诗歌。周平王东迁，增加部分"乡乐"，加入部分《小雅》《大雅》诗篇。格局基本奠定，成为周朝与诸侯各国的"知识"。有此背景，"赋诗言志"成为可能，诗篇突破礼仪场合乐歌的功能，逐步引领人们关注。"歌"作为一种知识，掌握者堪称"专业人才"。随着阅读能力的增长，掌握歌词之"诗"者，越来越广泛，甚至可能成为社会通行文化。下面，我们以《左传》为切入点，来考察当时王公、士大夫的《诗》学知识。

　　《左传》中记载用诗之事 200 多条，包括赋诗言志 68 条③、引诗为证180条和诵诗 1 条。最早提及士大夫引《诗》者，当属鲁桓公六年（前 706），齐侯想要将文姜嫁给郑大子忽。忽推辞，有人问原因。忽曰："人各有耦，齐大，非吾耦也。《诗》云'自求多福'。"大子忽引述《大雅·文王》中诗句。这件事中所引诗句，为首次可以确定的传世《诗经》中的语句。此时，离周平王东迁（公元前 771 年），已过去半个多世纪。"二王并立"，郑国与晋、秦、卫等

　　① 王秀臣：《三礼用诗考》，中国社会科学出版社，2007 年，第 334~347 页。

　　② 《左传》所述，自鲁隐公元年（前 722）始，迄哀公二十七年（前 468）。相较而言，《国语》记述的历史跨度更大，自周穆王十二年（前 990）西征犬戎，至智伯被灭（前 453）。

　　③ 此处统计为篇次数量。案：清代劳孝舆《春秋诗话》，曾统计《左传》中赋诗言志之"事"件为 31 次。

《诗》《书》《礼》《乐》：宋明儒学的性道神化

国，一道拥护平王，经过二十来年的讨伐，方才攻杀"携王"。郑国离洛阳距离较近，应该能迅速学习到周代礼乐文化。

三十来年过去，鲁庄公二十二年（前672）春，齐侯使敬仲为卿。敬仲推辞，末引逸诗一首："《诗》云：'翘翘车乘，招我以弓。岂不欲往，畏我友朋。'"①十年之后，即鲁闵公元年（前661），管敬仲劝齐侯救邢，引述《小雅·出车》中诗句来强化自己的观点："《诗》云：'岂不怀归，畏此简书。'"②鲁僖公五年（前655），面对晋侯的指责，士蔿引《诗·大雅》"怀德惟宁，宗子惟城"③来为自己辩解。四年后，僖公九年（前651），公孙枝告诉秦穆公说："臣闻之，唯则定国。《诗》曰：'不识不知，顺帝之则。'文王治国，就是如此。又曰：'不僭不贼，鲜不为则。'"僖公十九年（前641），子鱼告诉宋公说："文王闻崇德乱而伐之，军三旬而不降，退修教而复伐之，因垒而降。《诗》曰：'刑于寡妻，至于兄弟，以御于家邦。'今君德无乃犹有所阙，而以伐人，若之何？盍姑内省德乎？无阙而后动。"④子鱼引《大雅·思齐》中诗句，以证明自己的观点，颇有点"断章取义"的意味。从记载中用诗频率日渐加密来看，春秋时代士大夫引诗为证现象越来越常见，从太子到高级官员，引述之人的地位日渐下移。

《左传》中，最早一次在外交场合"赋诗言志"，为鲁僖公二十三年（前637）晋公子重耳至秦赋《河水》，而秦穆公赋《六月》。换个角度，从篇章数量统计，至鲁定公四年（前506）的百余年间，外交场合共赋诗67篇次，用诗58篇：《颂》一篇，《大雅》六篇，《小雅》二十六篇，《风》二十五篇，约占今本《诗经》五分之一的规模。⑤此处统计，已经包含一个问题：引诗为证和赋诗言志，乃两种对诗歌的处理方法。

---

① 《春秋左传正义》卷九，《十三经注疏》，第1775页。
② 《春秋左传正义》卷一一，《十三经注疏》，第1786页。
③ 《春秋左传正义》卷一二，《十三经注疏》，第1794页。
④ 《春秋左传正义》卷一四，《十三经注疏》，第1810页。
⑤ 黄振民：《诗经研究》，正中书局，1982年，第294页。

且让我们回到重耳与秦穆公通过赋"诗"进行外交活动的历史现场。《左传·僖公二十三年》载公子重耳至秦，受到款待。"他日"秦穆公"享之"，"公子赋《河水》，公赋《六月》"。①杜预注释指出，《河水》乃"逸《诗》。义取河水朝宗于海，海喻秦"。秦穆公所赋《小雅·六月》，"道尹吉甫佐宣王征伐，喻公子还晋，必能匡王国"。②注释者进一步申发说：

> 古者礼会，因古诗以见意，故言赋。《诗》，断章也，其全称《诗》篇者，多取首章之义，他皆放此。③

杜氏将在外交礼仪场合用古诗来表达心"意"的行为命名为"赋"。孔颖达后来补充，解释何为"断章"、何为"全称"：

> 杜言全引《诗》篇者，多取首章之义。刘炫《规过》云："案《春秋》赋《诗》，有虽举篇名，不取首章之义者。故襄二十七年公孙段赋《桑扈》，赵孟曰'匪交匪敖'，乃是卒章。又昭元年云令尹赋《大明》之首章，既特言首章，明知举篇名者不是首章。"④

刘氏所言甚是。然而，回到《左传》所记此次赋诗之事，仍有很多疑问：到底何为"赋"？是人们背诵一篇诗作？还是命令乐工演奏相应乐曲？如果是记诵，那么可以只是开个头，双方点到为止，都知晓整首诗的主旨为何。如果是后者，恐怕为整首乐曲，则为相应仪式的规定程序。前文所言燕飨之礼，即已说明当时宴会，会有乐工在旁。看来，有关当时人们如何运用诗乐，还

---

① 《春秋左传正义》卷一五，《十三经注疏》，第1816页。
② 《春秋左传正义》卷一五，《十三经注疏》，第1816页。
③ 《春秋左传正义》卷一五，《十三经注疏》，第1816页。
④ 《春秋左传正义》卷一五，《十三经注疏》，第1816页。

有待进一步探研。

退一步来讲，重耳、秦穆公宾主双方，应该熟悉周代诗乐系统，故而能轻易言"赋"。普遍流行的"赋诗""引诗"现象，表明当时人们对诗篇非常熟悉且有着一定的阐释认同，故而外交场合双方能通过"赋诗"交流双方意见。部分"赋诗"所取诗意，为小"序"继承。如《左传·昭公元年》(前541)记载，郑简公宴飨赵孟、叔孙豹、曹大夫，涉及《鹊巢》《采蘩》《常棣》等诗。赵孟赋《常棣》一诗，称"吾兄弟比以安，尨也可使无吠"，恰与《小序》所言"燕兄弟"相合。①

礼乐文化推展开来，外交赋诗应该会得到"答"，否则会受人鄙夷。然而，绝非所有"赋诗"都能得到听者的理解和回应。鲁文公四年(前623)秋，文公宴卫宁武子，"为赋《湛露》及《彤弓》，不辞，又不答赋"。来宾的举动，应该令鲁君感到诧异。其实，宁武子有自己的看法："今陪臣来继旧好，君辱贶之，其敢干大礼以自取戾。"②原来，他认为文公所赋失当，故而无法回应。没有"答"赋的原因，还有无知无识。如据《左传·襄公二十七年》记述，"齐庆封来聘。其车美，孟孙谓叔孙曰：'庆季之车，不亦美乎。'叔孙曰：'豹闻之，服美不称，必以恶终，美车何为！'叔孙与庆封食不敬，为赋《相鼠》，亦不知也"③。这件发生于公元前546年，孟孙氏仲孙羯乃鲁国贵族，宴会中居然没有听懂叔孙豹所"赋"《鄘风·相鼠》，似乎对此不太熟悉。不仅如此，叔孙豹似乎仅仅是"点歌"，歌词恐怕没有被清晰演唱出来，否则"人而无仪，不死何为"之类明显的语句，应该会引起听者的强烈反应。毕竟，雅乐成为当时一种贵族的文化常识。又如鲁昭公十二年(前530)夏，"宋华定来聘，通嗣君也。享之。为赋《蓼萧》，弗知，又不答赋。昭子曰：'必亡，宴语之不怀，宠光之不宣，令德之不知，同福之不受，将何以在。'"杜预注释说，

① 《毛诗传笺》卷九，第211页。
② 《春秋左传正义》卷一八，《十三经注疏》，第1840页。
③ 《春秋左传正义》卷三八，《十三经注疏》，第1995页。

赋《小雅·蓼萧》"义取'燕笑语兮，是以有誉处兮'，乐与华定宴语也；又曰'既见君子，为龙为光'，欲以宠光宾也；又曰'宜兄宜弟，令德寿凯'，言宾有令德，可以寿乐也；又'和鸾雍雍，万福攸同'，言欲与宾同福禄也。"整个一首歌诗，可以传递多种意志。昭公招待邻国来客，赋《小雅》中诗篇，身为宋国大夫甚为无知。此事说明哪怕是《小雅》之中的诗篇，演奏的时候也可能会为人所忽视。

有趣的是赋诗言志有时并非全篇吟咏，而多见"断章取义"的现象。《左传·襄公二十八年》中记载了这样一句话："赋诗断章，余取所求焉。"①这反映当时人们用诗的基本追求，即罔顾全篇大义的精准阐释，而是择取部分乐章来为我所用。杜预注解说："譬如赋诗，取其一章而已。"朱自清《诗言志辨》认为断章取义为"随心所欲，即景生情，没有定准"。《左传》中"断章取义"，要么根据诗旨，要么仅取文字。结合上述刘炫、孔颖达等人观点，朱自清所言更合乎当时实情。毕竟，《左传》明确记载当时部分"赋"诗事件仅为某章。且看如下几例：

一、弗听，为赋《板》之三章。（《文公七年》）

二、与公宴于棐子家，赋《鸿雁》，文子赋《四月》。子家赋《载驰》之四章，文子赋《采薇》之四章。（《文公十三年》）

三、夏季文子如宋，致女复命。公享之，赋《韩奕》之五章。又赋《绿衣》之卒章而入。（《成公九年》）

四、见范宣子赋《鸿雁》之卒章。（《襄公十六年》）

五、见叔向，赋《载驰》之四章。（《襄公十九年》）

六、赋《常棣》之七章以卒。（《襄公二十年》）

七、令尹享赵孟赋《大明》之首章。（《昭公元年》）

八、赵孟赋《小宛》之二章。（《昭公元年》）

① 《春秋左传正义》卷三八，《十三经注疏》，第 2000 页。

九、又赋《采蘩》,子皮赋《野有死麕》之卒章。(《昭公元年》)

十、公享之,季武子赋《绵》之卒章。(《昭公二年》)

这些事例中,明确标明"赋诗"之人所"取"为何章。那么这些"赋"诗目的何在呢? 为此可以看看鲁君招待范宣子的赋诗之事。鲁襄公八年(前565),"晋范宣子来聘,且拜公之辱此春朝,告将用师于郑。公享之,宣子赋《摽有梅》"。为何要用《召南·摽有梅》呢? 杜预注释说:"摽,落也。梅盛极则落,诗人以兴女色盛则有衰,众士求之宜及其时。宣子欲鲁及时共讨郑,取其汲汲相赴。"[①]季武子听懂了范宣子的意思,接着说:"谁敢不从命。今譬于草木,寡君在君,君之臭味也欢以承命,何时之有?"武子赋《角弓》。杜预以为取诗中一句:"兄弟婚姻,无相远矣。"宾将出,武子赋《彤弓》。杜预也有解释:"《彤弓》,天子赐有功诸侯之诗。欲使晋君继文之业,复受彤弓于王。"宣子同样听懂,马上说曰:"城濮之役,我先君文公献功于衡雍,受彤弓于襄王,以为子孙藏。匄也,先君守官之嗣也,敢不承命?"君子以为知礼。[②]

由此可以看出,在《仪礼》和《周礼》描述的仪式过程中,纯粹奏"乐"、合乐和"歌"唱,应该有着一定差异。在《左传》和《国语》中,这些对"诗"的运用,恐怕也可分为关注"诗"和运用"乐"的两种情况。今天有些著作引述"季札观乐"以此来考察当时的文学思想,恐怕有"驴唇不对马嘴"之嫌。回到文本自身,季札所评述者,基本为欣赏"乐、舞"产生的感想。此事发生在鲁襄公二十九年(前544),孔子(前551—前479)尚为儿童。为了方便叙述,现引述如下:

请观于周乐。使工为之歌《周南》《召南》,曰:"美哉! 始基之矣,犹未也。然勤而不怨矣。"为之歌《邶》《鄘》《卫》,曰:"美哉,渊乎! 忧而不困者也。吾闻卫康叔、武公之德如是,是其《卫风》乎?"为之歌《王》,

---

① 《春秋左传正义》卷三○,《十三经注疏》,第1939页。

② 《春秋左传正义》卷三○,《十三经注疏》,第1939页。

曰："美哉！思而不惧，其周之东乎？"为之歌《郑》，曰："美哉！其细已甚，民弗堪也，是其先亡乎！"为之歌《齐》，曰："美哉，泱泱乎，大风也哉！表东海者，其大公乎！国未可量也。"为之歌《豳》，曰："美哉，荡乎！乐而不淫，其周公之东乎？"为之歌《秦》，曰："此之谓夏声。夫能夏则大，大之至也，其周之旧乎？"为之歌《魏》，曰："美哉，沨沨乎！大而婉，险而易行，以德辅此，则明主也。"为之歌《唐》，曰："思深哉！其有陶唐氏之遗民乎？不然，何忧之远也。非令德之后，谁能若是？"为之歌《陈》，曰："国无主，其能久乎？"自《郐》以下，无讥焉。①

接着，鲁国乐工继续演奏《小雅》《大雅》和《颂》，面对嘉宾，非常热情，展示部分乐舞。事件最后，季札说："若有他乐，吾不敢请已！"这似乎表明，季札已经意识到自己有失身份。当时的外交活动中，往往只是演奏部分篇章而已。后世人们对此亦多有批评。②就季札"观乐"来看，鲁国此时很好保留着"周乐"，恰好为孔子及其弟子们传习《诗经》奠定着文献和社会基础。假定每首乐歌的演奏时长为"三分钟"，鲁国乐工需要花 900 分钟进行演奏，可谓相当持久。再加上几支"舞"，恐怕整个演奏过程，要耗时 1000 分钟左右。如此规模盛大、时日持久的音乐演奏，绝非易事，或许《左传》有所夸大？

孔颖达疏解说："乐人采其诗词以为乐章，述其诗之本音，以为乐之定声。其声既定，其法可传，虽多历年世而其音不改。今此为季札歌者各依其本国歌所常用声曲也。由其各有声曲，故季札听而识之……季札所云'美哉'者，皆美其声也。"③清代林云铭对此亦有评价：

札观乐在襄公二十九年时，夫子才九岁，则所歌之诗，未必皆在

① 《春秋左传正义》卷三九，《十三经注疏》，第 2006 页。
② 《春秋左传正义》卷三九，《十三经注疏》，第 2006 页。
③ 《春秋左传正义》卷三九，《十三经注疏》，第 2006 页。

《诗》《书》《礼》《乐》：宋明儒学的性道神化

所删三百篇之内。即工当歌时，亦未与札先言系何国之诗，故札赞语多用"乎"字，乃从声中想象而得也。札为贤公子，赞叹歌诗之语，当得诸章句之外，断不是三家村中老学究死死板板取一部《诗经》，每篇细记几句注解向人前卖弄也。细玩赞《三颂》云"五声和，八风平，节有度，守有序"四句，则知他歌中有不和、不平、无度、无序者。[①]

确实，季札观乐之时，《诗经》文本和乐曲系统，恐怕已经浮出水面，成为士大夫学习的内容。作为东南新兴势力的吴国公子，能够以传统势力影响较大的鲁国人们听得懂的话语来展开论述，表明自己掌握着足够丰富、深入的周代文化知识。

季札"请观于周乐，使工为之"依次歌《周南》《召南》《邶》《鄘》《卫》《王》《郑》《齐》《豳》《魏》《唐》《陈》《郐》等。接着，歌《小雅》《大雅》。再接着歌《颂》。每听一部分，季札都会加以"讥评"，发表自己的听感。完毕，乐工舞《象箾》《南籥》《大武》《韶濩》《大夏》《韶箾》，皆发表自己的观后感受。这次音乐的展演和赏听活动中，双方关注的内容应该为"音乐"。

然而，当时人们同样重视歌词含义。两年之前，即鲁襄公二十七年（前546年），发生的一件事颇值得重视。《左传》言五月壬午，赵文子对叔向所说的"诗以言志"：

> 郑伯赵孟于垂陇，子展、伯有、子西、子产、子大叔、二子石从。赵孟曰："七子从君，以宠武也。请皆赋以卒君贶，武亦以观七子之志。"子展赋《草虫》。赵孟曰："善哉！民之主也。抑武也不足以当之。"伯有赋《鹑之贲贲》。赵孟曰："床笫之言不逾阈，况在野乎？非使人之所得闻也。"子西赋《黍苗》之四章。赵孟曰："寡君在，武何能焉。"子产

---

① 林云铭：《古文析义初编》卷一，上海文化书局，1915 年，第 18 页。

赋《隰桑》。赵孟曰："武请受其卒章。"子大叔赋《野有蔓草》。赵孟曰："吾子之惠也。"印段赋《蟋蟀》。赵孟曰："善哉！保家之主也。吾有望矣。"公孙段赋《桑扈》。赵孟曰："匪交匪敖，福将焉往？若保是言也，欲辞福禄得乎。"卒享。文子告叔向曰："伯有将为戮矣！诗以言志，志诬其上，而公怨之。"①

事件中，赵孟应指赵武，身为晋国赵氏宗主。他根据每人所"赋"诗篇来判断赋者"心志"。有趣的是，各人所赋，除子西为《黍苗》第四章，其他或皆为全篇或皆为首章。此事与季札观诗时间非常接近，一者完全为"赋诗"，一者完全听"歌"、观"舞"，皆为仪式场合所见。"诗""歌"一体，非常鲜明地体现在仪式用乐中。

　　若将视野放宽，这个事件与《论语》中孔子听弟子各言其志的故事，具有一定相似性。比照起来，可以推知当时人所言"志"的含义。颜渊和子路皆以"愿"来起头，而孔颖达疏"此章仲尼、颜渊、季路各言其志也"②。换句话说，"志"就是"心愿"，绝非临时起意。问题是在"赋"诗事件中，"诗"如何能言"志"呢？《左传·襄公十六年》："晋侯与诸侯宴于温，使诸大夫舞，曰：'歌诗必类'"。杜预注说："歌古诗，当使各从其义类。"③"赋"与"歌"恐有区别，更加强调按照一定类别和含义来用歌。

　　行文至此，本书还想为"断章取义"略做一番辩解。时至今日，人们提及《左传》《国语》中"赋诗言志"的"断章取义"，似乎总免不了带有鄙夷的眼光，以为如此用诗无法表达整首诗作的意蕴，实为一种应该抛弃的阐释，就连此词也早已成为一个贬义词。此类看法较为普遍，自然无须一一列出。从后见之明的视角来考虑，以及追求整首诗作大意的求解而言，人

①　《春秋左传正义》卷三八，《十三经注疏》，第 1997 页。
②　《论语注疏》卷五，《十三经注疏》，第 2475 页。
③　《春秋左传正义》卷三三，《十三经注疏》，第 1963 页。

们当然可以这样加以评价。只是，此类评价有两个弊端需要警醒：第一，恐怕没有做到同情之理解，无法看到春秋时代"诗"这个概念与今天常见概念有所区别；第二，没有看到"断章取义"解释会引发人们关注"诗"文句的"类"义，具有一定抽象思维的倾向，利于《诗经》阐释的深入发展。这两个倾向往往纠缠到一起，如周裕锴先生认为孟子提出"以意逆志"的阐释原则，"主要是反对'断章取义'和'以诗为史'两种诠释倾向。前一种倾向的毛病在于过于随便，完全不顾《诗》的本旨；后一种倾向的毛病又在于过分认真，把诗歌文本与历史文本完全混同起来"①。确实，整个《诗经》学中，此两种阐释倾向皆有。但是孟子是否批判仪式场合中的"断章取义"，值得再复核。恰如周先生已然发现，"孟子本人也常用'赋诗断章'的方法来阐明观点"，确实，"在这种情况下，《诗》的章句成了没有背景和语境的抽象格言"。只是，此类阐释当时具有宽广的社会基础，为贵族社会阶层的基本音乐素养。

由于篇幅所限，且让我们继续回到"诗"如何抽离音乐成为"文本"的过程上来吧。孔子身后的战国时代，"诗"与"志"相联，成为一种普遍现象。《庄子·天下篇》说："诗以道志。"②《荀子·儒效》篇云："《诗》言是，其志也。"③到战国末期，《韩非子·说林》记述了一个有趣的故事：

　　温人之周，周不纳客。问之曰："客耶？"对曰："主人。"问其巷人而不知也，吏因囚之，君使人问之曰："子非周人也，而自谓非客何也？"对曰："臣少也诵诗曰：普天之下，莫非王土，率土之滨，莫非王臣。今君，天子，则我天子之臣也，岂有为人之臣而又为之客哉？故曰主人也。"君使出之。

---

① 周裕锴：《中国古代阐释学研究》，上海人民出版社，2005年，第45页。
② 曹础基：《庄子浅注》，中华书局，2000年，第486~487页。
③ 《荀子集解》卷四《儒效篇第八》，第158页。

魏国温城之人能脱困,皆因机智引《小雅·北山》诗来剖白辩解。这个故事表明,当时人们多有诵读《诗经》者,动机为融入"周"文明中。换句话说,能否诵诗,成为判别"周人"与否的关键。姑且不论这个故事真实性如何,至少作者韩非恐怕有此认识,即血统、民族之外,文明因素也成为身份的标识。此事还见于刘向所编《战国策·周策》,文字基本相同,应该为战国后期人们津津乐道的一个故事。

无独有偶,《孟子》一书中有个故事提及此《北山》一诗。咸丘蒙引述《小雅·北山》中这句话,来评价舜与瞽瞍的关系。两个故事皆引述同样的诗句,应该能说明当时人们常用此来言王、臣和国、土的关系问题,近乎一种套话。孟子批评咸丘蒙的做法,引申而言"说诗"之法:"故说诗者不以文害辞,不以辞害志,以意逆志是为得之,如以辞而已。"[1]对于《北山》一诗的主旨,后来《小序》所言与孟子所言接近,说明儒家解释有一定传统。

恰如周裕锴先生所言,孟子有关诗歌解释的观念,成为中国诗歌阐释学开山的纲领性观念。[2]只是孟子所言文、辞、志、意四个概念到底所指者何,迄今仍聚讼纷纭。赵岐注说:

> 文,诗之文章,所引以兴事也。辞,诗人所歌咏之辞。志,诗人志,所欲之事。意,学者之心意也。[3]

这段注解,值得重视的细节颇多。首先,将"文"与"辞"区分,以为"文"为"诗之文章"。这一点,承《虞书·尧典》"诗言志,歌永言"而来,也跟郑玄注《周礼·春官宗伯·大司乐》"以乐语教国子兴道、讽诵,言语"的观点相似,皆强调人们关注歌曲的"语"言体制。其次,提出"诗人"这一概念,以区别诗意与

① 《孟子注疏》卷九,《十三经注疏》,第 2735 页。
② 周裕锴:《中国古代阐释学研究》,第 38 页。
③ 《孟子注疏》卷九,《十三经注疏》,第 2735 页。

诗人之志,将作品的考述阐释指向"创造者"。就前文考述来看,春秋时代"赋诗"既有创作也有引述,赵岐将诗与诗人联系,容易狭隘理解"赋"者,即诗之作者。再次,将"志"理解为"所欲之事",无法体现此中欲望的程度。最后,以意逆志为何能实现?赵岐落脚到"人情"相通,指出"人情不远,以己之意逆诗人之志,是为得其实矣"①。这一点为宋代欧阳修、王质、朱熹等人所继承,成为他们逐步批判怀疑《小序》的理论支点。看来,随着西周至春秋末年用乐情况的复杂变化,赋诗言志现象日多,人们对诗歌的文字体制及其含义的关注日渐增多,于是有关"诗"义、诗人本心之类概念日渐浮出历史水面。

第四节　诗乐合同:"兴于诗,立于礼,成于乐"

考察春秋至战国时代文献记载的"歌""诗"观念,可以为我们分析孔子诗论,提供坚实的社会、思想背景的证据材料。作为中国古代儒家思想的渊薮,《论语》中诸多言论,成为后世哲学命题的源头。孔子论《诗》的文字,更成为整个儒家经学中的核心问题,贯穿古代《诗经》学的始终。换句话说,忽略对孔子诗论的考察,就无法进入古代《诗经》学的话语体系,有可能失去深入挖掘某些儒家核心命题的机会。

儒家文献所载周代教育,多言诗乐结合。如《礼记·王制》说:"乐正崇四术、立四教,顺先王诗书、礼乐以造士:春秋教以礼乐,冬夏教以诗书。"暂且抛开注解所言:"春夏阳也,诗乐者声,声亦阳也。秋冬阴也,书礼者事,事亦阴也。互言之者,皆以其术相成。"②此一句话中,"乐正"身份为"教师",教学内容为"诗书""礼乐"。从春秋时代开始,《诗经》已经进入"小学"阶段教育。《礼记·内则》说,古代教育过程为:"六年教之数与方名……九

---

① 《孟子注疏》卷九,《十三经注疏》,第 2735 页。
② 《礼记正义》卷一一,《十三经注疏》,第 1328 页。

年教之数日……十有三年学乐，诵《诗》，舞《勺》；成童，舞《象》，学射御；二十而冠，始学礼……博学不教，内而不出。"①至大学阶段，恐怕正如孔子所言，"十五有志于学"，需要掌握"修齐治平"的知识。②

继承周代学校传统，先秦两汉儒家，自孔子开始，非常重视《诗经》，并将其作为教学内容。他非常重视《诗经》之教，曾建议子侄和学生研习。《论语·季氏》记述了孔鲤的回忆。孔子见他"趋而过庭"。问："学诗乎？"得到否定的回答后，孔子语重心长地说："不学诗，无以言。"于是，孔鲤退而学诗。他日又遇孔子独立，敦促他"学礼"，说："不学礼，无以立。"于是，鲤退而学礼。陈亢听了这个故事，很高兴，认为学到三点："问一得三。闻诗，闻礼，又闻君子之远其子也。"③孔子所谓"言"，含义模糊，或许是言志，也可能是言语。有《周礼·春官宗伯·大司乐》佐证，称"以乐语教国子兴道、讽诵、言语"。乐语即歌词，亦即为诗，能用以"言语"。设若果真如此，孔子所言，从"歌"转向"诗"，认为可以用来言语交流，而非仅仅是外交场合的"言志"。

由于前文已作解释，此处可以看看后世人们如何解释。皇侃《疏》说："言学《诗》有比兴答对酬酢，人若不学《诗》，则无以与人言言语也。"④孔子之所以督促学"礼"，皇侃有疏解："礼是恭俭庄敬立身之本，人有礼则安，无礼则危。若不学《礼》，则无以自立身也。"⑤此处所言，基本渊源于《周礼》。陈亢的感叹，刺激学者进一步阐发为何孔子仅用《诗》《礼》教育。王通《中说》引姚义的解释："夫教之以《诗》，则出辞气斯远暴慢矣。约之以礼，则动容貌斯立威严矣。"⑥到了南宋，王应麟《困学纪闻》说："孔庭之教曰

《诗》《书》《礼》《乐》：宋明儒学的性道神化

---

① 《礼记正义》卷二八，《十三经注疏》，第1471页。

② 朱熹：《论语集注》卷二，《四书章句集注》，第54页。案：此处有关古代小学、大学两个阶段学习内容的差异，参考程颐的观点。

③ 《论语注疏》卷一六，《十三经注疏》，第2522页。

④ 《论语集释》卷三三，第1507页。

⑤ 《论语集释》卷三三，第1507页。

⑥ 《论语集释》卷三三，第1505页。

《诗》《礼》，子思曰：'夫子之教，必始于《诗》《书》而终于《礼》《乐》，杂说不与焉。'"①又引《荀子·劝学》为证："其数则始乎诵经，终乎读《礼》，其义则始乎为士，终乎为圣人。"②这些解释，将孔子所谓的"言"，解释为"言语"。

如果说孔鲤所述，学《诗》的理由简单，仅有一个"言语"。那么《论语·阳货》中孔子所言"学诗"的理由则更为复杂。孔子告诉学生："小子何莫学乎诗？诗，可以兴，可以观，可以群，可以怨。迩之事父，远之事君；多识于草木鸟兽之名。"③学诗之理由，此处所列较为复杂，似乎可以分为三个层面。首先，孔子认为可以学到"草木鸟兽之名"等百科知识。确实，《诗经》中有大量名词，多见形象描述，能够启蒙学者知晓事物，以致王应麟感叹："格物之学，莫近于诗。"④其次，可学习如何处理父子、君臣关系。《诗经》中有《凯风》《伐木》《斯干》《板》《抑》等篇章，直接言及此类伦理道德。最后，最难理解者，当属《诗》之四"可以"。就连文献都有出入，如《大戴礼记·小辨篇》"足以辨言"，《注》引为"《诗》可以言，可以怨"。⑤刘宝楠《论语正义》引焦循《毛诗补疏序》说：

> 夫诗，温柔敦厚者也。不质直之而比兴言之，不言理而言情，不务胜人而务感人。自理道之说起，人各挟其是非，以逞其血气，激浊扬清本非谬戾，而言不本于情性则听者厌倦，至于倾轧之不已而忿毒之。相寻以同为党，即以比为争。甚而假宫闱庙祀储贰之名，动辄千百人哭于朝门，自鸣忠孝以激其君之怨，害及其身，祸于其国，全失乎所以事君父之道。余读明史，每叹诗教之亡，莫此为甚。⑥

---

① 王应麟：《困学纪闻》卷七，上海古籍出版社，2015 年，第 249 页。

② 《困学纪闻》卷七，第 249 页。又见《荀子集解》第 13 页。

③ 《论语注疏》卷一七，《十三经注疏》，第 2525 页。

④ 王应麟：《困学纪闻》卷七，第 249 页。

⑤ 《论语集释》卷三五，第 1212 页。

⑥ 刘宝楠：《论语正义》卷二〇，《诸子集成》本，中华书局，1985 年，第 374 页。

如此论述，充满"学理"意味，带有鲜明的理学色彩。焦循认为，《诗》运用"比兴"隐喻的委婉暗示手法，抛开道理说教，以情动人，具有亲和力，从而听者喜欢，避免相互之间的争论，恰为"诗教"的最大魅力。暂且无论焦循所言是否得当，他至少勘验到《诗》之"比兴"的一些含义，即通过情感而非说教来打动人心。这一点，涉及"兴"的解释。退一步讲，此处孔子所言，有《论语·泰伯》所记孔子之言为佐证。孔子言："兴于诗，立于礼，成于乐。"①依据上述皇侃所言，他继承郑玄观点，认为孔子言"诗"之"兴"功能，凸显歌词之"意蕴"，有助于"认知"。焦循的评述，正是导源于《毛诗》一脉的阐释传统。

今本《毛诗传笺》中，毛传和郑笺可谓以"兴"言诗的源头。毛氏将诗篇开头描述物象的语句，都注释"兴也"。如《关雎》第一章"关关雎鸠，在河之洲"下注曰"兴也"。②接着《葛覃》首章之"葛之覃兮，施于中谷，维叶萋萋"后毛传说"兴也"。③又注《桃夭》"桃之夭夭，灼灼其华"为"兴也"。④又注《麟之趾》首句"麟之趾，振振公子"为"兴也"。⑤这些例子中，毛传都没有具体展开"兴"的具体含义。仅有《小雅·黄鸟》一诗首句"黄鸟黄鸟，无集于谷，无啄我粟"，注曰："兴也。黄鸟宜集木啄粟者，喻天下室家不以其道而相去，是失其性。"⑥

东汉末年郑玄笺，承续《毛传》思路，进一步将"兴"落实为"譬喻"。如《关雎》一诗的笺注说："兴，虚应反，譬喻之名。"⑦又如《葛覃》笺注说："兴者，葛延蔓于谷中，喻女在父母之家，形体浸浸日长大也。"⑧其他《桃夭》笺

① 《论语注疏》卷八，《十三经注疏》，第 2487 页。
② 《毛诗传笺》卷一，第 3 页。
③ 《毛诗传笺》卷一，第 5 页。
④ 《毛诗传笺》卷一，第 10 页。
⑤ 《毛诗传笺》卷一，第 15 页。
⑥ 《毛诗传笺》卷一一，第 252 页。
⑦ 《毛诗传笺》卷一，第 3 页。
⑧ 《毛诗传笺》卷一，第 5 页。

《诗》《书》《礼》《乐》：宋明儒学的性道神化

注说:"兴者,喻时妇人皆得以年盛时行也。"①《麟之趾》笺注说:"喻今公子亦信厚,与礼相应,有似于麟",含义更是十分明白。偶尔,郑玄会用"犹"来笺注"兴"。如《柏舟》"泛泛柏舟,在彼中河",毛传言"兴也",郑玄笺云:"舟在河中,犹妇人之在夫家,是其常处。"②

毛传作者,与郑玄观点估计有别。凡是言"兴也",几乎不与"喻"同时出现。上文提及的《黄鸟》仅为特例,或为郑笺混入。《敝笱》一诗最后一句"齐子归止,其从如水",毛传言"水,喻众也"。③不仅如此,《鹿鸣》一诗首句"呦呦鹿鸣,食野之苹",毛传说:

> 兴也。苹,萍也。鹿得萍,呦呦然鸣而相呼,恳诚发乎中。以兴嘉乐宾客,当有恳诚相招呼,以成礼也。④

此处之"兴",恐怕没有"喻"指的含义,而是开始、开启、带动情感"愉悦"之意。这一点,还有其他例子。如《卷耳》开篇"采采卷耳,不盈顷筐"一句,毛传说"忧者之兴也"⑤,似乎将"兴"与感情状态相联。又有《行露》一诗首句"厌浥行露,岂不夙夜,谓行多露",严格来说非"描述",然而传曰"兴也",⑥似乎跟诗篇传递的情感有关。

上述各家所论,与孔子所言"兴"的原始含义,肯定有一定距离。值得重视的是,在上博竹简有"孔子诗论"。注解者引述郭店楚简《语丛四》"言以始,情以久",说明孔子认为说服他人靠言语,但想要影响久远则需要情感。这一点,恰好与焦循所言颇有相通之处。需要指出,《孔子家语》曾记载

---

① 《毛诗传笺》卷一,第10页。
② 《毛诗传笺》卷三,第65页。
③ 《毛诗传笺》卷五,第136页。
④ 《毛诗传笺》卷九,第207页。
⑤ 《毛诗传笺》卷一,第7页。
⑥ 《毛诗传笺》卷一,第23页。

孔子本人对"兴"的看法:"《关雎》兴于鸟而君子美之,取其雄雌之有别;《鹿鸣》兴于兽而君子大之,取其得食而相呼。"①细味文句,"兴"似乎已有"比方"之意,与上述《论语》所用的字义有一定差异。

看来,要弄清孔子所言之"兴"的确切含义,目前已经变得十分困难。就像"思无邪"来自《诗经》中的篇章,我们是否需要考虑孔子所言"兴",同样与《诗经》中文字相关呢?且看看《诗经》中"兴"的基本含义。《郑风》之《氓》中有"夙兴夜寐,靡有朝矣",起床的含义应该较为清楚。《齐风·女曰鸡鸣》有句"子兴视夜,明星有烂",意思同为"起床"。《秦风·小戎》之"载寝载兴,厌厌良人",同样意为"起床"。《秦风·无衣》有"王于兴师",意思应该为"发动""发起"的意思。《小雅》《大雅》中亦有数例。

表1 《小雅》《大雅》中"兴"的基本含义

书名	篇名	语句	含义
小雅	天保	天保定尔,以莫不兴。	兴盛、繁衍
	沔水	我友敬矣,谗言其兴。	发生
	斯干	乃寝乃兴,乃占我梦。	起床
	小宛	夙兴夜寐,毋忝尔所生。	起床
	小明	念彼共人,兴言出宿。	起床
	大田	有渰萋萋,兴雨祈祈。	来、起
大雅	文王	矢于牧野,维予侯兴。	起
	绵	百堵皆兴,鼛鼓弗胜。	起、建设
	生民	载燔载烈,以兴嗣岁。	来、明年
	荡	天降滔德,女兴是力。	起、发达
	抑	其在于今,兴迷乱于政。	起、出现

这些例子中,"兴"的基本含义,似乎都为"起",有起床、发起、开始、生长、发达等。如此而言,孔子所言"兴于诗",是指由"诗""起"。那么"起"的具体意思为何?

① 陈士珂辑:《孔子家语疏证》卷二《好生》,商务印书馆,1940年,第68页。

从宋代开始,说《诗》者回到《诗经》文本,将"兴"释为"起"。这一点,北宋程颐认为,应该指学习的"起点"。他曾说:"言近而易知,故人之学兴起于《诗》。"又说:"夫子言兴于《诗》,观其言是兴起人意思,汪洋浩大,皆是此意。"又曰:"兴于《诗》者,吟咏情性涵畅道德之中而歆动之,有'吾与点'也之气象。"①程氏认为,学习吟咏《诗》,能"情性涵畅道德之中而歆动之",故而先儒提倡从此为学习开端。正是如此,程氏郑重指出:"古之学者,必先学《诗》,学《诗》则诵读其言,善恶是非劝戒有以启发其意,故曰兴。"吕祖谦为了证明程颐所言,特引《礼记》为证,即孔子时代学习的顺序为:"十有三年,诵诗,舞勺,成童,舞象,学射御。二十而冠,始学礼。"②程、吕二人抛弃了毛传和郑氏的解释,将《诗经》的地位抬高到"吟咏情性"的开端。

作为吕氏同时人,朱熹年轻时或许赞同此说。然而今本《诗集传》中的言说,多有大异其趣的地方。对于"兴"的解释,便是朱熹大力发掘的概念。且看《关雎》第一句下的注解:

> 兴者,先言他物以引起所咏之词也。周之文王生有圣德,又得圣女姒氏以为之配,宫中之人于其始至,见其有幽闲贞静之德,故作是诗。言彼关关然之雎鸠,则相与和鸣于河洲之上矣。此窈窕之淑女,则岂非君子之善匹乎? 言其相与和乐而恭敬,亦若雎鸠之情,挚而有别也。后凡言"兴"者,其文意皆放此云。③

朱熹继承毛传的判断,抛开郑玄的解释,继续将这句看成"兴",追溯、突出创作主体情感的起源。然而朱熹的解释还有着巨大的发展:

---

① 《河南程氏遗书》卷二,《二程集》,第28页。

② 吕祖谦:《吕氏家塾读诗记》卷一,《儒藏精华编》第25册,北京大学出版社,2009年,第19页。

③ 朱熹:《诗集传》,中华书局,2011年,第2~3页。

首先，给出较为明确的定义。与其说他从文义着眼，毋宁说是从诗歌章法布局来讨论。我们知道，宋儒解释《诗经》，自欧阳修开始，逐步运用"以诗解《诗》"，从而顺着诗人的创作心理来揣摩诗意，多言"诗人"因所见、所感以"起兴而"发出某种行为。如《桃夭》首章，朱熹说："诗人因所见、以起兴而叹其女子之贤。知其必有以宜其室家也。"

其次，将范围扩大，凡是合乎他提出的准则，皆注释为"兴"。作为艺术手法，每一首诗中"引起所咏之词"的诗句，都被朱熹注释为"兴"。如《关雎》一篇，毛传言"五章，章四句，故言三章，其一章四句，二章八句"，朱熹接受三章的说法，将后两章"参差荇菜"，皆看成为"兴"。又如《桃夭》一诗，每一章开头"逃之夭夭"，朱熹皆定位为"兴"。

最后，将兴与比并置。《螽斯》一诗，朱熹说：

> 比者，以彼者比此物也。后妃不妒忌而子孙众多，故众妾以螽斯之群处和集而子孙众多比之。言其有是德而宜有是福也。后凡言"比"者，放此。①

三章皆被朱熹看成"比"。这一点，接续郑玄的譬喻说，为朱熹带来巨大的麻烦。既然"比"为"彼""此"，而"兴""先言他物"，暗中有"彼此"关联，就会有大量重叠交叉的可能。于是《诗集传》中至少有五处明确提到"兴而比也"，表明朱熹自己恐怕无法完全区分二者。朱熹阐释中的困扰，似乎标志着《诗经》学发展到南宋时代，已经完全脱离"乐"的属性，人们将其视作"诗人"的作品，从而赋予一些旧概念以新定义。古今悬隔，《诗经》由乐而生，逐步朝向"诗"。于是儒家有关"诗歌"教化思想，逐步从音乐感动人心，转到文意的领会体悟。于是古今相较，看待《诗经》会有两个极端：关注音

---

① 《诗集传》，中华书局，2011年，第6页。

乐,需要"雅""正"之乐,防止人们受到过度刺激,从而只是沉湎到声乐的享受之中;关注诗作,阐释者就会逐步探索"诗人"与诗作的关系,提示读者了解创作时的心理与动机,从而为"创作"指明一条"周行"。诗人传递何等意旨,显然成为后世阐释者较为关注的问题。诗人受到刺激,希望产生能够引发读者道德净化的作品。这一点,可以从"郑声"的解释史略见一斑。

今天有关"兴"的含义的探讨,可谓《诗经》研究的持续已久的热点问题。据司乐的《近百年〈诗经〉"兴"之研究综述(1900—2018)》,涉及"兴"的含义的研究成果有 "23 本专著,336 篇文献资料(其中包括学位论文 23篇)"①。闻一多的《说鱼》讨论了"兴"与"隐语"的渊源,是现代最早触及"兴"的起源问题。②进入 20 世纪 80 年代,我国学者借鉴西方学者的研究,如王靖献的《钟鼓》,从《诗经》"套语"和"套路"等,考察《诗经》中部分形象的意蕴,进而讨论"兴"的缘起。赵霈霖撰写的《兴的起源》一书讨论这一问题,认为起源于原始宗教,"复杂的宗教观念内容演化为一般的规范化的兴的艺术形式"③。叶舒宪和徐元济以文化人类学为起点,认为"兴"起源于原始思维。《诗经》中以具体形象,如鸟兽、草木、虫鱼及神怪来起兴者,颇为常见,可能会反映原始思维。④按照这样的思路,追根溯源、抽丝剥茧,可探察到《诗经》中部分文字、语句、意象和诗篇的原意。

然而要探寻"兴"的原始意义,恐怕需要回到"诗"用语境。上文已经列出,《尚书》《诗经》《左传》等书所言"兴",往往都是指"起"。当时人们言"兴",应该不会附加太多"原始"含义。张震泽曾撰文指出:"赋、比、兴也是《诗》的三用。不过我们所说的用,不是孔颖达说的'三纬'之用,而是赋诗言志之'用'……赋比兴则是在另外某些场合(例如宴会),为了发言得体

---

① 司乐:《近百年〈诗经〉"兴"之研究综述(1900—2018)》,山西大学硕士论文,2019 年,第 1 页。
② 闻一多:《说鱼》,《神话与诗》,上海人民出版社,2006 年,第 98 页。
③ 赵霈霖:《兴的源起——历史积淀与诗歌艺术》,中国社会科学出版社,1987 年,第 248 页。
④ 赵霈霖:《兴的源起——历史积淀与诗歌艺术》,第 6 页。案:赵霈霖概括为鸟类兴象、鱼类兴象、树木兴象和虚拟动物兴象四类。

而应对得宜,打乱风、雅、颂之体而灵活运用的方法。也就是,有时需要直陈,就用赋的方法;有时需要以善物喻善事,就用兴的方法;有时不敢直斥其非,就用'取比类以言之'的比的方法。"①此说注意回到历史现场,根据《左传》《国语》和"三礼"记载,认为赋比兴非诗歌艺术手法,仅仅为《诗》的用法。在《仪礼》记载的用乐仪式过程中,"兴"往往会站起身,或敬酒,或演讲,恰好可以说明"兴"诗的最初用法为"起"。起身之后,运用类比方式引"诗"而非赋"歌",来委婉言说自己内心的想法。郑玄笺注时,曾引郑众之说:"比者,比方于物;兴者,托事于物。"张文观点与郑氏之说相合,恐怕最为贴近"兴"的最初含义。

如此一来,孔子所言"兴于诗,立于礼,成于乐",就有两种阐释的可能:一者,孔子说这话的时候,"诗""礼""乐"皆是仪式过程中的有机构成因素。乐歌的节奏,为礼仪提供制度,作为歌词的诗实现参与者内心想法的传达。仪式开始,乐歌响起,参与者按照节奏行为,是为"立"于礼中,若要表达某种想法或意愿,就需要"兴起"来,表明自己知晓某些乐辞的含义。此类行为,可以"三礼"和《左传》《国语》的记载为证。二者,为汉代及其以后经学家面对文字文本赋予的新含义,希望读者从诗篇中领悟到某种譬喻意义或受到感染,反观自身而知晓正道,摆脱荒诞无礼的行为,回归礼节有度的生活。问题随之而来,何为"成于乐"呢? 此可谓《论语》注疏中最具争议的话题。要很好地理解秦汉以降注疏者的训解,就需要关注"诗"与"乐"分离后,汉儒有关《诗》的传、解。

郭店楚简有《性自命出》一篇,认为"礼"可令人"笑"与"乐"。然二者之间略有区分:笑,或可言欢笑,仅为一人内心的欢愉,彰显礼能达到的表层效应;乐,或可言欢聚,令所有人皆能欢喜,为礼能达到的深层效应。原文如下:

① 张震泽:《〈诗经〉赋、比、兴本义新探》,《文学遗产》,1983 年第 3 期。

笑，礼之浅泽也。乐，礼之深泽也。凡声，其出于情也信，然后其入拨人之心也厚。闻笑声，则鲜如也斯喜。闻歌谣，则陶如也斯奋。听琴瑟之声，则悸如也斯叹。观《赉》《武》，则齐如也斯作。观《韶》《夏》，则勉如也斯俭。咏思而动心，如也，其居次也旧（久），其反善复始也慎，其出入也顺，司（始）其德也。郑卫之乐，则非其听而从之也。凡古乐龙（动）心，益（淫）乐龙（动）指（嗜），皆教其人者也。《赉》、《武》乐取，《韶》、《夏》乐情。①

此文聚焦到"礼"的功用层面，认为它不仅能调节人伦，还可令人"笑"与"乐"。人见到他人"笑"，往往会受到感染而跟着欢乐。音乐则更加厉害，风格有异的曲调，会令听者产生相应的情绪反应。就此而论，乐歌感动人心，具有道德风险，或令人向善，或令人淫乱。诚如陈来先生已经指出，此篇文献与《礼记》《荀子》论乐思想近②，更能说明此类思想堪称当时常见表述。孔子以后、司马迁以前，儒家学正在努力完善音乐"动"人的理论体系，以便用道德与否来评判和保留乐歌。顺此思路，随着乐歌数量的增多，"诗"书写的内容日渐丰富，人们就会尝试建立文字内容的理论批评体系。作为"文化惯性"的体现，中国古代诗学自诞生伊始，便跟礼乐文明结合，故而《性自命出》言："诗、书、礼、乐，其始出皆生于人。诗，有为为之也；书，有为言之也；礼乐，有为举之也。"③追求"有为"，"诗"在此背景中兴起，经历从声到文的转化，欣赏者的关切点也跟着转变，从注意音乐特色到关切文字含义。为了传情达意，东周时代的赋诗、引诗和诵诗，逐步超越"歌诗"的音乐属性，运用更为简单、便捷的"语"言交流，引发《诗》的文本属性，从仪式

① 李零：《郭店楚简校读记》，北京大学出版社，2002年，第106页。

② 陈来：《郭店楚简之〈性自命出〉篇初探》，《孔子研究》，1998年第2期。

③ 李零：《郭店楚简校读记》，第106页。案：李零校读，以为应该题为"性"而非"性自命出"。

用乐过渡到文学文本。①经历属性转型以后，儒家学者聚焦到文本，就会强调语言文字须具备"教化"功用。这一点，可谓中国文论的元理论形态。

---

① 此处戏仿陈致：《从礼仪化到世俗化：〈诗经〉的形成》（上海古籍出版社，2009 年）。

第三章　郑卫之音：诗乐分离后的阐释难题

　　在乐谱被发明之前，人类记录音乐，只能靠口耳相授，具有抽象难明的特性。乐人为专业性较强的职业，需要长期的严格训练，因此乐人数量总会有限。即便汉代时已有"声曲折"之类记录曲调的方法，恐怕仅能提供演奏或演唱方法，很难精准传递音乐信息。[①]音乐很容易随着时代消亡，而诗作有文字记录，故而能够保存下来。中国古代文明中，《诗经》、乐府和曲子词，皆流传下来文字，而基本失去了音乐形式。随之而来，人们对经典歌诗的欣赏，从音乐赏听转变为文字审美。

　　前文已经指出，孔子时代《诗》《乐》结合一体，然而到东汉班固时代，先秦的音乐之道衰败殆尽，仅有部分"乐"理论述保存流传。学习齐诗的班固，在《汉书·艺文志》中说：

　　　　周衰俱坏，乐尤微眇。以音律为节，又为郑卫所乱，故无遗法。汉
　　兴，制氏以雅乐声律，世在乐官，颇能纪其铿锵鼓舞，而不能言其义。
　　六国之君，魏文侯最为好古，孝文时得其乐人窦公，献其书，乃《周官·
　　大宗伯》之《大司乐》章也。武帝时，河间献王好儒，与毛生等共采《周

---

① 《汉书》卷三〇《艺文志》提及的"河南周歌诗"和"周谣歌诗"（第 1755 页）。

官》及诸子言乐事者以作《乐记》,献八佾之舞,与制氏不相远。其内史丞王定传之,以授常山王禹。禹,成帝时为谒者,数言其义,献二十四卷记。刘向校书,得《乐记》二十三篇,与禹不同,其道浸以益微。①

原来汉代初期,尚有制氏"世在乐官",知晓"雅乐声律"。②然而,联系后来窦公献上《大司乐》的记载,制氏掌握的乐理知识和乐舞"义"蕴实在有限。汉武帝时代,河间献王、毛生等整理编写《乐记》之类文献,并献上"八佾之舞",仍然关注音乐知识传统的承继。此后,周代乐舞传统,似乎已经湮没无闻。从西汉中后期开始,"乐舞"知识恐怕已经成为一种"绝学",诗与乐分成为事实,故而班固《汉书》将《诗》类文献列入《艺文志》,将音乐相关论述列入《礼乐志》。或重视诗歌文本,或考虑音乐意蕴,后世任何偏向其一的阐释者,长期陷于无法完全回复历史语境的读解困境。甚至今天部分文艺学的学者,仍将孔子所言"《关雎》,乐而不淫,哀而不伤"看成文学思想的表达,完全忽略孔子所言的时代语境和确切历史含义。③就《诗经》学而言,诸如"二《南》""郑卫之声""幽雅"等问题,即为"音乐"功能消失后,带来长期的阐释难题。当然,每个时代都有自己的使命,诗学迎来"礼崩乐坏"的境遇,注释者开始坦然接受《诗经》文本化的后果,一方面仍想回复传统的歌诗功能,另一方面想要从中继承发掘出"诗教"的某些核心理念。《诗经》学中这一现象,较为集中到郑卫之诗"淫"的阐释历程中,刺激着中国文论从经学吸收养料,将教化功能赋予仅有语言形式的"诗"文,意欲争取到诗人文化活动的合法的社会地位。

---

① 《汉书》卷三〇《艺文志》,第 1711 页。

② 目前有部分学者以此说明"制氏"不懂"诗义",恐怕有点想当然,忽略班固此处的前后语境,即后来窦公献书,内容即谈论"乐理"而非"诗义"。

③ 如童庆炳采用心理学方法,认为孔子提出一个"情感快适度的问题"(《文学活动的审美维度》,高等教育出版社,2001 年)。

第一节　从郑声淫到郑诗淫：
《诗》文本属性调整的阐释倾向

前一章经过梳理，想要说明"乐"与"诗"直至孔子时代仍紧密结合。孔子编订《诗》集，恐怕心头同时会响起乐声，回到演奏场景。这一点，可以通过他与颜回之间的对话来证明。《论语·卫灵公》中，"颜渊问为邦"。孔子回答指出："行夏之时，乘殷之辂，服周之冕，乐则韶舞。放郑声，远佞人。郑声淫，佞人殆。"①师生之间的讨论，《诗》没有出现，仅有"乐"声。二人讨论礼乐，牵出后世一个重要命题，即对"郑声淫"的阐发。"淫"之一字，孔子原意恐怕仅指音乐节制而言，或者某种演唱方法。后世阐释者则继续生发，逐步转向音乐对人的影响上来。如何晏注释说："郑声、佞人，亦俱能惑人心。与雅乐、贤人同，而使人淫乱危殆，故当放远之。"②疏不破注，宋代邢昺注疏进一步申说：

> 周之礼文而备，取其黈纩塞耳，不任视听，故使服之乐，则韶舞者。韶，舜乐名也。以其尽善尽美，故使取之放郑声、远佞人。郑声淫，佞人殆者。又当放弃郑卫之声，远离辩佞之人，以郑声佞人亦俱能惑人心。与雅乐、贤人同，然而使人淫乱危殆，故使放远之。③

跨越八百来年，何晏、邢昺都强调"郑"国音乐"惑"乱人心，故而需要放弃。其中，深藏着一个理论难题，即经学家讨论音乐，往往从欣赏的角度来说

---

① 《论语注疏》卷一五，《十三经注疏》，第 2517 页。
② 《论语注疏》卷一五，《十三经注疏》，第 2517 页。
③ 《论语注疏》卷一五，《十三经注疏》，第 2517 页。

明"乐"之功用和价值,进而转向"人"的道德评判。何、邢二人,皆明确孔子所言"郑声"仅为音乐,没有继续生发引申到《诗》之《郑风》诗篇。

与之相映,部分《论语》解释者,逐渐偏离,进一步扩展"淫"之含义。如清代刘宝楠《论语正义》引东汉许慎《五经异义·鲁论》说:"郑国之俗,有溱、洧之水,男女聚会,讴歌相感,故云郑声淫。"①此说,可证早在汉代,即有阐释者指向郑国风俗,尤其将"淫"之一词,说成男女没有媒妁之言、父母之命的婚姻关系。当然,这绝非说明,后世人们完全无法理解孔子所言,当然有部分人坚持孔子本意为"音乐"。如梁代刘勰的《文心雕龙·乐府》就说:"《韶》响难追,郑声易启。"②就骈文行文来看,刘氏将郑声看成音乐。明代杨慎《升庵经说·淫声》说:"郑声淫者,郑国作乐之声过于淫,非谓郑诗皆淫也。"③中间隔着约一千年,刘、杨二人皆明确孔子所言的本来含义。看来在经学史上,有关郑声的阐释复杂而纠缠。

从春秋时期到清代,"淫"之一词,曾有含义转向、形成三个基本含义:一是音乐节制的破坏,二是音乐引发人心乱节,三是男女关系的出格。其实,《论语》中还有孔子讨论"郑声"的一句话:"恶紫之夺朱也,恶郑声之乱雅乐也,恶利口之覆邦家者。"孔子观点十分鲜明,指出自己讨厌郑国音乐,冲击着"雅乐"传统,想要扶持"正"道礼乐系统。看来孔子时代的郑国音乐,恐怕更受到社会民众欢迎,故而引发儒家学者口诛笔伐。上博楚简和郭店楚简《性情篇》有着相似的内容,甚至可以用来互相校读。在郭店楚简中有句说:"凡古乐龙(动)心,益(淫)乐龙(动)指(嗜),皆教其人者也。"④此处"淫""溢"相通,刚好说明"淫"的含义,即蔓延无有节制。正统有节制的音乐能让人心动,而泛滥无节的音乐则会引发嗜欲。战国末期、秦汉之

① 陈寿祺:《五经异义疏证》卷下,上海古籍出版社,2012年,第162页。
② 刘勰著、范文澜注:《文心雕龙注》,人民文学出版社,1962年,第103页。
③ 杨慎:《丹铅总录校正》卷一四,丰家骅校正,中华书局,2019年,第532页。
④ 李零:《郭店楚简校读记》,第106页。

《诗》《书》《礼》《乐》:宋明儒学的性道神化

际，人们多能继承孔子所言，讨论音乐中的古雅和淫乱之别。

那么席卷天下的郑声，到底有何魅力？对于上述孔子所言，邢昺注疏说："恶郑声之乱雅乐也者，郑声淫，声之哀者。恶其淫声，乱正乐也。"①仅用一个"哀"字来定位郑声风格，显然无法揭示音乐魅力何在。郑声盛行一时，可从《左传》记载中略见一斑。在《左传》国风提及较多者，有邶风、鄘风和郑风。且看鲁昭公十六年（前 526）夏四月的一场外交饯行：

> 夏四月，郑六卿饯宣子于郊。宣子曰："二三君子请皆赋，起亦以知郑志。"子齹赋《野有蔓草》，宣子曰："孺子善哉！吾有望矣。"子产赋郑之《羔裘》，宣子曰："起不堪也。"子大叔赋《褰裳》，宣子曰："起在此，敢勤子至于他人乎？"子大叔拜。宣子曰："善哉，子之言是！不有是事，其能终乎？"子游赋《风雨》，子旗赋《有女同车》，子柳赋《萚兮》。宣子喜，曰："郑其庶乎！二三君子以君命贶起，赋不出郑志，皆昵燕好也。二三君子，数世之主也，可以无惧矣。"宣子皆献马焉，而赋《我将》。子产拜，使五卿皆拜，曰："吾子靖乱，敢不拜德！"②

这个事件之所以值得关注，是因为六人所赋皆为《郑风》中诗篇。杜预说："六诗皆《郑风》，故曰不出郑志。"整个《左传》中，某国高官权贵在送别这类外交活动中，全"赋"本国之诗，可谓绝无仅有，表明郑国公卿对本国歌诗相当爱好。与之相对，在《左传》中描述的外交场合，人们更倾向选择"雅""颂"歌诗加以"赋"。

回到当时场景，赵盾显然熟悉这些诗作，更从一个侧面说明郑风的巨大影响力，已经跨越政治国界。退一步讲，或许不能排除晋、卫、郑、邶、鄘，本为邻国，耳濡目染中已经熟悉。这或许暗示，当时已有基于地域的文化

---

① 《论语注疏》卷一七，《十三经注疏》，第 2525 页。
② 《春秋左传正义》卷四七，《十三经注疏》，第 2080 页。

集团的出现,郑国文化流播辐射四周。这一点,可从《左传》中,外交场合赋诗有邶、鄘、卫、郑四国风诗得到证明。平王东迁,洛阳周边这些国家,成为新颖文化风尚的中心地域。郑国声乐之盛,公卿热衷宴会"赋"引歌诗。据《左传》记载,鲁文公十三年(前614)冬,卫侯与鲁文公宴于棐:

> 子家赋《鸿雁》。季文子曰:"寡君未免于此。"文子赋《四月》。子家赋《载驰》之四章。文子赋《采薇》之四章。郑伯拜。公答拜。①

宴会过程中,郑鲁两国的执政大臣,取今本《诗经》中《小雅》作品为"赋",取譬传达外交诉求。礼尚往来,两国君主运用四篇《小雅》之作,表明双方对此类作品共同推重。然而,在此事件中,鲁国季文子既可外交场合赋诗,也可引诗为证来摆明自己的观点。

《左传》中最早提及《郑风》之诗者,当属"鲁闵公二年(前660)"所记。当时,"高克奔陈。郑人为之赋《清人》"②。此处所谓"赋",更像创作之意,绝非外交场合以诗言志。外交场合最早赋《郑风》之诗,当属鲁襄公二十六年(前547)秋七月,晋侯"享"齐侯、郑伯。晋侯赋《嘉乐》,国景子作为齐侯之相赋《蓼萧》,子展作为郑伯之相赋《缁衣》。作为相的叔向,命晋侯拜二君。接着,"晋侯言卫侯之罪,使叔向告二君。国子赋《辔之柔矣》,子展赋《将仲子兮》,晋侯乃许归卫侯"③。齐、晋二国之相,皆选取"雅"诗来赋,而郑国子展则两次取"郑风"来赋,既摆明郑国文化的优越感,亦破坏着外交场合赋诗多取"雅""颂"的潜规则。

接下来,到襄公二十七年(前546)五月,郑伯享赵孟子垂陇,子展、伯有、子西、子产、子大叔、二子石从。赵孟请七人"赋以卒君贶","亦以观七

《诗》《书》《礼》《乐》：宋明儒学的性道神化

① 《春秋左传正义》第一九,《十三经注疏》,第1852页。

② 《春秋左传正义》第一一,《十三经注疏》,第1788页。

③ 《春秋左传正义》第三七,《十三经注疏》,第1990页。

子之志"。七子所赋,有《草虫》《鹑之贲贲》《黍苗》《隰桑》《野有蔓草》《蟋蟀》《桑扈》,分别来自《召南》《鄘风》《小雅》《郑风》《唐风》等。其中,子大叔赋《野有蔓草》,见今本《诗经·郑风》。①

两年后,即鲁襄公二十九年(前544),"季札观乐"的故事,说明鲁国宫中的乐官已熟练演奏二《南》、邶、鄘、卫、王、郑、齐、豳、秦、魏、陈、郐等风,然而《左传》记述的历史事件中,无论是外交赋诗,还是口头引述为证,皆多取二雅和周颂中诗作,很少涉及齐、豳、秦、魏、陈、郐等风诗。上述几个事件中,郑国公卿的"敝帚自珍"或"王婆卖瓜",恰好说明《郑风》诗作的影响力巨大。

这三个发生在鲁襄公时的事件放到一起,恐怕足够说明:公元前六世纪中叶,郑国风诗已然成为席卷周边的文化潮流,大有取代早已奠定正统礼乐地位的"二《南》""雅""颂"之诗的势头。不仅如此,王先谦曾依据"季札观乐"和《汉书·地理志》对"邶鄘卫"的记载,强调三者应该为一个整体。②他进一步列出邶风、鄘风和卫风中相同或相近的语句,证明"三风"同风。据班固的学承,王氏认为他祖述齐说,"以为三诗同风"③。

待到孔子生活时代,各国风诗进一步兴起,外交场合赋诗、公卿引诗为证皆有所取,从而引发想要保留传承周礼的儒家学者批评。《左传》作者在评叙历史事件时,多以"君子"或"孔子"之言,来加以评判。如讲述鲁隐公元年发生的"郑伯克段于鄢"后,有"君子曰"加以评价,其中引述《诗·大雅·既醉》句"孝子不匮,永锡尔类",之后引《诗》基本取自"二《南》""雅""颂"。作为孔子后学,孟子坚持儒家的批判立场,《孟子》一书引诗37例(其中提及《小雅·小弁》《邶风·凯风》),列国风诗仅有《豳风·鸱鸮》《豳风·

---

① 《春秋左传正义》第三八,《十三经注疏》,第1997页。

② 王先谦:《诗三家义集疏》卷三,中华书局,1987年,第124页。案:王氏接着言季札"以邶鄘卫皆为卫风",则推理有点峻急。

③ 《诗三家义集疏》卷三,中华书局,1987年,第124页。

七月》《齐风·南山》《魏风·伐檀》，其余皆为"雅""颂"之作。《荀子》引诗更频，多达49篇，大部分为"雅""颂"之作，风诗有《邶风·柏舟》《邶风·雄雉》《卫风·淇奥》《齐风·东方未明》《秦风·小戎》《曹风·鸤鸠》《豳风·七月》等。恰如对待性有善恶之分，孟、荀二子的思想有着巨大差异，然就引诗而论，或许是诗作语句与论述内容无法完全贴合，更可能则是遵循孔子提倡的礼乐传统，有意避开引述《郑风》之作。是否有此用意，《孟子》没有明言，而《荀子》曾言：

> 乐者，圣王之所乐也，而可以善民心，其感人深，其移风易俗。故先王导之以礼乐，而民和睦。夫民有好恶之情，而无喜怒之应则乱；先王恶其乱也，故修其行，正其乐，而天下顺焉。故齐衰之服，哭泣之声，使人之心悲。带甲婴胄，歌于行伍，使人之心伤；姚冶之容，郑卫之音，使人之心淫；绅、端、章甫，舞韶歌武，使人之心庄。故君子耳不听淫声，目不视邪色，口不出恶言，此三者，君子慎之。[1]

荀子坚信"郑卫之音，使人之心淫"，"君子"要避免听到此类"淫声"。以此为出发点，荀子引诗中避免郑声，应该是有意为之。就本节主题而言，《荀子》补充孔子的观点，有两点值得关注：一者明确言"郑卫"音乐，而非言诗作内容，容易导致"心淫"；二者点明音乐引发人心变动，进一步将"淫"之义，倾向解释为影响人的品行。

《左传》所记之后，由于战乱频仍，历史记述零散，今天我们已经很难确切知晓各国的歌诗阅读传播情况。即便有《孟子》《荀子》《吕氏春秋》等书的引述，也仅仅体现为个别学者的引述，无法反映整个社会对待《诗经》

---

[1] 《荀子集解》卷十四《乐论篇第二十》，第450页。

的态度。①然而《吕氏春秋》三次提及，表明战国时代批评郑卫音声已有较大范围和较久历史。该书《本生》篇说："肥肉厚酒，务以自强，命之曰烂肠之食。靡曼皓齿，郑、卫之音，务以自乐，命之曰伐性之斧。"②又《音初》篇说："土弊则草木不长，水烦则鱼鳖不大，世浊则礼烦而乐淫。郑卫之声，桑间之音，此乱国之所好，衰德之所说。"③又《淫辞》篇说："今举大木者，前呼舆谬，后亦应之，此其于举大木者善矣，岂无郑、卫之音哉？然不若此其宜也。"④这三例中，皆将郑卫声音看成"礼"之反面，为"淫"乐，可乱性，与荀子观点相近。

斗转星移，历史很快步入汉代。帝国再次实现大一统，希望能从文化上继承周朝遗绪。值得重视者，《史记·乐书》中有一段文字："凡作乐者，所以节乐"，谈论音乐功能。顺此思路，继续说："《雅》《颂》之音理而民正，嘄噭之声兴而士奋，郑卫之曲动而心淫。"细绎内在理路，"太史公"司马迁批评音乐的功能，恰好与《吕氏春秋》、郭店楚简和上博简中论诗乐的文字观念一致，已从对音乐本身风格的批评转向关注音乐产生的赏听效果，来解释孔子所言"郑声淫"。如此，"淫"为赏听主体内心世界的状态。司马迁继续叙述《郑风》兴起后的用乐情况："治道亏缺而郑音兴起，封君世辟，名显邻州，争以相高。自仲尼不能与齐优遂容于鲁，虽退正乐以诱世，作五章以刺时，犹莫之化。陵迟以至六国，流沔沈伏，遂往不返，卒于丧身灭宗，并国于秦。""秦二世尤以为娱"，李斯进谏秦二世："放弃《诗》《书》，极意声色，祖伊所以惧也；轻积细过，恣心长夜，纣所以亡也。"⑤然而赵高却建议"乐各殊名，示不相袭"，从而"上自朝廷，下至人民，得以接欢喜，合殷勤"。两

---

① 如董治安《吕氏春秋之论诗引诗与战国末期诗学的发展》一文（《文史哲》，1996年第2期）。

② 《吕氏春秋集释》卷一，第18页。

③ 《吕氏春秋集释》卷六，第143页。

④ 《吕氏春秋集释》卷一八，第493页。

⑤ 《史记》卷二四《乐书》，第1393页。

人所言,孰对孰错,只要联系秦朝灭亡历史,即可看出叙述者的历史评判:这种抛开传统而追求"度时之乐"的做法只会导致社会动乱。

司马迁关注音乐引发的欣赏主体的反应,恐怕为当时人们对音乐本性的基本观念。《乐书》后边的文字,或来自《礼记·乐记》:

> 凡音之起,由人心生也。人心之动,物使之然也。感于物而动,故形于声;声相应,故生变;变成方,谓之音。比音而乐之,及干戚羽旄谓之乐。①

这段文字,为后人重新补充,故而与今本《礼记·乐记》文字相同。杨天宇先生注释时,准确指出"音"和"声"为两个概念:"宫、商、角、徵、羽五声相杂而按一定的规律排列曰音;单出曰声。这两个概念的区别在此及《乐记》中并不十分严格,其内涵每每相混,如第二节的'音'就当理解为'声',此类例子不少。"②尽管文字已非司马迁时代的文笔,然而基本内容应该相同。考虑到司马迁与孔安国之间的师承关系,《乐论》元初所论或许应该与刘向整理出来的《乐记》大致相同。毕竟,《汉书》明确记载说孔安国和毛生等一道创"作"《乐记》。该文接着说:

> 乐者,音之所由生也,其本在人心感于物也。是故其哀心感者,其声嘁以杀;其乐心感者,其声啴以缓;其喜心感者,其声发以散;其怒心感者,其声粗以厉;其敬心感者,其声直以廉;其爱心感者,其声和以柔。六者非性也,感于物而后动,是故先王慎所以感之。故礼以导其志,乐以和其声,政以壹其行,刑以防其奸。礼乐刑政,其极一也,所以

① 《史记》卷二四《乐书》,第1396页。

② 杨天宇:《礼记译注》,上海古籍出版社,2016年,第583页。案:《吕氏春秋》一言"郑卫之声"、一言"郑卫之音"。

《诗》《书》《礼》《乐》:宋明儒学的性道神化

〇八六

同民心而出治道也。①

"人心感乐"，音乐兴起，故而"乐感人心"。接下来的文字，谈论"乐"的功能：

> 凡音者，生于人心者也；乐者，通于伦理者也。是故知声而不知音者，禽兽是也；知音而不知乐者，众庶是也。唯君子能知乐。是故审声以知音，审音以知乐，审乐以知政，而治道备矣。是故不知声者，不可与言音，不知音者不可与言乐。知乐则几于礼矣。礼乐皆得，谓之有德。是故乐之隆，非极音也；食飨之礼，非致味也。是故先王之制礼乐也，非以极口腹耳目之欲也，将以教民知好恶而返人道之正也。②

论述者认为，"音"为感官反应，而"乐"有"伦理"特性，欣赏主体必须明白自己的欣赏对象为"乐"，超越仅仅追求"音"的感官愉悦。经过引导，欣赏者发出的"声"，就会彰显教化效果，故而"礼节民心，乐和民声，政以行之，刑以防之"。开始以"礼"，能控制"音"的生成，形成有一定节制的"乐"。欣赏对象相应受到限制，发出之"声"就会映射政治情状。正是如此，"郑声"源自无礼之人感受到多样感官之"音"，反过来能引发听者内心世界的各种感官欲念，从而令全郑国听众发出上下"无序"之"声"，这反映了当时当地政治教化的荡然无存。

《乐书》继续讨论，认为"郑卫之音，乱世之音也，比于慢也"③。《史记正义》认为："五声并不和，则君臣上下互相陵越，所以谓之为慢也。"④这一段文字，为《诗大序》所吸收。换句话说，《大序》将"诗"与"乐"混为一谈，导致

---

① 《礼记正义》卷三七，《十三经注疏》，第 1527 页。
② 《史记》卷二四《乐书》，第 1398 页。
③ 《史记》卷二四《乐书》，第 1398~1399 页。
④ 《史记》卷二四《乐书》，第 1182 页。

后世阐释困难。面对"郑卫之音",人们寻找补救措施。先民为何"作乐"呢？《乐记》作者认为：

> 人生而静,天之性也。感于物而动,性之欲也。物至知知,然后好恶形焉。好恶无节于内,知诱于外。不能反躬,天理灭矣。夫物之感人无穷,而人之好恶无节,则是物至而人化物也。人化物也者,灭天理而穷人欲者也。于是有悖逆诈伪之心,有淫泆作乱之事。是故强者胁弱,众者暴寡,知者诈愚,勇者苦怯,疾病不养,老幼孤独不得其所。此大乱之道也。是故先王之制礼乐,人为之节。衰麻哭泣,所以节丧纪也；钟鼓干戚,所以和安乐也；昏姻冠笄,所以别男女也；射乡食飨,所以正交接也。礼节民心,乐和民声,政以行之,刑以防之。礼乐刑政,四达而不悖,则王道备矣。①

这一段文字,讨论音乐刺激听觉主体的结果。人作为主体,受到外在万物引"诱",无法"反躬",以致"穷人欲""灭天理",遂有"淫泆作乱"之事。如何让人心回复"天"真呢？先王于是"制礼乐",则"王道备矣"。

从《史记》引述来看,司马迁向孔安国请教,继承此类先秦思想,用来衡定历史文化遗产。②诚如陈来先生所言,《礼记》一书中,除了《大学》《中庸》外,在宋明理学中影响最大的当数《乐记》篇。这是因为："《乐记》初步奠定了儒家心性论的基本框架,确立了儒学的理欲观,强调了气对道德和风俗变化作用的德气论,把乐与国家的治乱联系在一起,把乐之道与政之道关联在一起,用道德化、政治化的方式去看待、分析乐,强调用歌乐来促进和培养德性、治心修身,形成了儒家的心性—乐教论,对儒学做出了贡

《诗》《书》《礼》《乐》：宋明儒学的性道神化

---

① 《礼记正义》卷三七,《十三经注疏》,第 1529 页。

② 作为"小戴礼记",《礼记·乐记》编成时间应该为两汉之际。

献。"①由于前一章已经详细讨论了《乐记》的基本思想,在此我们想要回到本章主题上来,继续讨论汉代学者如何看到"郑声淫",希望从中看到两种阐释中的转向。

有了上述音乐观念,观察各地民风民俗,就能知晓制作音乐和欣赏音乐的主体,内心状态到底呈现何等情况。《史记·货殖列传》称:"郑、卫俗与赵相类",而赵、中山之俗如下:

> 中山地薄人众,犹有沙丘纣淫地余民,民俗慷急,仰机利而食。丈夫相聚游戏,悲歌慷慨,起则相随椎剽,休则掘冢作巧奸冶,多美物,为倡优。女子则鼓鸣瑟,跕屣,游媚贵富,入后宫,遍诸侯。②

司马迁之所以详细勾勒中山地区的民俗,就是想从地理文化角度来解释郑卫之音的特色,说明外在环境与主体内心之间显然具有联动机制。据他观察,赵、中山、郑、卫之地,承接殷商衰飒文化,民风喜欢"游戏":男人们一起为非作歹,甚至从事"倡优"职业,女人们则擅长音乐、跳舞,游走魅惑达官贵人,甚至进入皇家宫苑。这些都表明,郑卫之地人民,往往有音乐传统,故而知道如何以音乐来吸引、取悦人心。正是如此,《史记集解》引晋灼之言,认为"通系至于淫风而言"③。

班固踵事增华,继续司马迁的思考,从地理文化方面结合《诗经》的阐释语境,来回应孔子"郑声"的论断。《汉书·地理志》说:"幽王败,桓公死,其子武公与平王东迁,卒定虢、会之地,右雒左泲,食溱、洧焉。土陿而险,山居谷汲,男女亟聚会,故其俗淫。"溱、洧之地,这是暗中引述《郑风》诗

---

① 陈来:《〈乐记〉的儒学思想》,《孔子研究》,2016 年第 5 期。案:《吕氏春秋》有《情欲》一篇,说"天生人而使有贪有欲。欲有情,情有节,圣人修节以止欲,故不过行其情也。"此说肯定人有"情"欲为自然现象,即"人之有形体四肢,其能使之也,为其感而必知也"。

② 《史记》卷一二九《货殖列传》,第 3932 页。

③ 《史记》卷一二九《货殖列传》,第 3933 页。

篇,表明班固想要回答"郑声淫"这个问题:"卫地有桑间、濮上之阻,男女亦亟聚会,声色生焉,故俗称郑卫之音。"他特地用"声色"一词说明"郑卫"之地人重视"感官"享乐,从而产生"音"。接着,班固特地拈出《郑风》代表性诗作来说明:

> 《郑诗》曰:"出其东门,有女如云。"又曰:"溱与洧方灌灌兮,士与女方秉菅兮。""恂盱且乐,惟士与女,伊其相谑。"此其风也。①

文章中引述的《出其东门》和《溱洧》二诗,彰显着他与司马迁之间最大的差异:司马迁驻足音乐问题,班固则想要联系《诗经》阐释,故而引述吴公子季札观乐之事,证明"淫风"导致亡国。尤须注意,他将吴札观乐,径直说为"闻《郑》之歌",当然知晓诗乐结合的自然属性。班固与司马迁的第二个巨大差异,应该为对"淫"一词含义的理解:司马迁之"淫",强调为无节制,而班固之"淫"为"男女聚会",亦即超越正常婚姻的关系。

班固撰写此段文字,离司马迁已经一百来年时间,两者之间的社会文化语境自然会有一些变化。回到东汉社会,人们运用"淫"之一词,有着和班固相似的倾向。《汉书·礼乐志》:"(成帝时)郑声尤甚。黄门名倡丙强、景武之属富显于世,贵戚五侯定陵、富平外戚之家淫侈过度,至与人主争女乐。"②这里,班固将纵欲享乐看成"淫侈"行为。《汉书》中,逐渐有将男女关系紊乱称为"淫"者,如《王式传》记载耿定上书言:"商与父傅通,及女弟淫乱。"③《王商传》记载称:"昭帝崩,昌邑王嗣立,以行淫乱废。"④又有《谷永传》记载谷永上书:"如人君淫溺后宫,般乐游田,五事失于躬,大中之道不

① 《汉书》卷二八《地理志》,第 1651~1652 页。
② 《汉书》卷二二《礼乐志》,第 1072~1073 页。
③ 《汉书》卷八二《王商传》,第 3372~3373 页。
④ 《汉书》卷八八《王式传》,第 3610 页。

立,则咎征降而六极至。"①此类记载中,"淫"兼有"乱"之含义,逐渐朝向男女关系。稍晚,王符说:"夫鸡狗之攘窃,男女之淫奔,酒醴之赂遗,谬误之伤害,皆非值于死者也。"②直接将男女之间的超越礼数的行为,称为"淫奔",用语含义变窄。

据郑玄引述,东汉时许慎已将"郑声淫"解释为"郑诗淫"。在《五经异义》中,许慎引述《鲁论》说:"郑国之为俗,有溱、洧之水,男女聚会,讴歌相感,故云'郑声淫'。"他进一步生发此说:"今郑诗二十(毛诗二十一篇),说妇人者十九,故郑声淫也。"③这一说法,继承司马迁、班固的观点,进一步将"淫"意解释为男女悖伦行为,完全抛开孔子所论的"音乐"实质,重在阐释文本的内容。那么在《诗》学内部,是否有此转型?为此,下一节我们将粗略考察汉代《诗》学如何逐步抛开音乐审美而转到仅关注文本内容的阐释轨道上来。

第二节 "美刺"之说与德行"教化": 汉代《诗》学的"归一"

西汉初年,《诗经》学开始复兴。在汉代文献中,明确对《诗经》之"淫"说展开引述者,有司马迁《史记》一书。在《屈原贾生列传》中,司马迁援引《诗经》传统来赞赏《离骚》:"《国风》好色而不淫,《小雅》怨诽而不乱。若《离骚》者,可谓兼之矣!"④这应该是着眼于"文辞"含义来论述文本价值。《史记·乐书》又说:"郑、卫之曲动而心淫。及其调和谐合,鸟兽尽感,而况

---

① 《汉书》卷八五《谷永传》,第3444~3445页。
② 范晔:《后汉书》卷四九《王符传》,中华书局,1965年,第1652页。
③ 陈寿祺:《五经异义疏证》卷下,第162~163页。
④ 《史记》卷八四《屈原贾生列传》,第2994页。

怀五常,含好恶,自然之势也?"所论虽为"音乐",却将"淫"之主体,明确说成人心状态。两种略有出入的看法,应该跟《诗经》的阐释困境有关。

西汉大儒董仲舒曾指出:"《诗》无达诂,《易》无达占,《春秋》无达辞。"① 这说明当时人们已认为三百〇五篇《诗经》训解困难,阐释空间大,容纳歧说丛生,以致有学派传承。当时部分史家,以为汉前传《诗》已有分派。有关《诗经》先秦至汉的传承历史,班固描述如次:

> 孔子纯取周诗,上采殷,下取鲁,凡三百五篇,遭秦而全者,以其讽诵,不独在竹帛故也。汉兴,鲁申公为《诗》训故,而齐辕固、燕韩生皆为之传。或取《春秋》,采杂说,咸非其本义。与不得已,鲁最为近之。三家皆列于学官。又有毛公之学,自谓子夏所传,而河间献王好之,未得立。②

经由孔门弟子传讲,辗转延续到汉代,有齐人辕固传《齐诗》、鲁人申培公传《鲁诗》、燕人韩婴传《韩诗》和鲁国毛亨、赵国毛苌所传《毛诗》。《汉书·艺文志》列四家著作如次:

> 《诗经》二十八卷,鲁、齐、韩三家。《鲁说》二十八卷。《齐后氏故》二十卷。《齐孙氏故》二十七卷。《齐后氏传》三十九卷。《齐孙氏传》二十八卷。《齐杂记》十八卷。《韩故》三十六卷。《韩内传》四卷。《韩外传》六卷。《韩说》四十一卷。
>
> 《毛诗》二十九卷。《毛诗故训传》三十卷。
>
> 凡《诗》六家,四百一十六卷。

---

① 董仲舒:《春秋繁露》卷五《精华》,苏舆撰:《春秋繁露义证》,中华书局,2010年,第91页。
② 《汉书》卷三〇《艺文志》,第1708页。

鲁、齐、韩三家,所传《诗经》文本的数量一致。仅有毛诗一家,为古文经学,声明从传自子夏,至东汉时期日益为学者推重。东汉初年,"《诗》齐、鲁、韩"三家立为博士:高诩、包咸、魏应传习《鲁诗》;伏恭、任末、景鸾习《齐诗》;薛汉、杜抚、召驯、杨仁、赵晔、张匡习《韩诗》。汉章帝建初年间(76—84),"诏高才生受《古文尚书》《毛诗》《谷梁》《左氏春秋》,虽不立学官,然皆擢高第为讲郎,给事近署,所以网罗遗逸,博存众家"①。传《毛诗》者,有卫宏从谢曼卿学,"作《毛诗序》,善得《风雅》之旨"。"中兴后,郑众、贾逵传《毛诗》,后马融作《毛诗传》,郑玄作《毛诗笺》。"②以上诸家,谨守家法,代代相传,形成学术团体,既互相攻击,又暗中借鉴吸纳,多传诸王公贵族。

三家诗中,较早者由鲁申公传授,为今文经学,西汉时置于学官。据《汉书·儒林列传》记载,"少与楚元王交俱事齐人浮丘伯受《诗》。汉兴,高祖过鲁,申公以弟子从师入见于鲁南宫。吕太后时,浮丘伯在长安,楚元王遣子郢与申公俱卒学"。"弟子自远方至受业者千余人,申公独以《诗经》为训故以教,亡传,疑者则阙弗传。"③弟子众多,有孔安国、周霸等为博士,其中"瑕丘江公尽能传之,徒众最盛"。弟子中,有韦贤。韦氏"治《诗》,事大江公及许生。又治《礼》,至丞相。传子玄成,以淮阳中尉论石渠,后亦至丞相。玄成及兄子赏以《诗》授哀帝,至大司马车骑将军,自有传。由是《鲁诗》有韦氏学"④。韦氏一门显贵,韦贤官至丞相。⑤著名的鲁诗研习者,还有司马迁、王式、扬雄等人。

汉景帝时,辕固生传承《诗经》之事,见《汉书·儒林传·辕固生传》,说:

---

① 《后汉书》卷七九《儒林传序》,第 2544 页。

② 《后汉书》卷七九《儒林传·卫宏传》,第 2577 页。

③ 《汉书》卷八八《儒林传·申培传》,第 3608 页。

④ 《汉书》卷八八《儒林传·申培传》,第 3609 页。

⑤ 《汉书》卷八一《匡衡、张禹、孔光、马宫传赞》说:"自孝武兴学,公孙弘以儒相,其后蔡义、韦贤、玄成、匡衡、张禹、翟方进、孔光、平当、马宫及当子晏咸以儒宗居宰相位,服儒衣冠,传先王语,其酝藉可也,然皆持禄保位,被阿谀之讥。彼以古人之迹见绳,乌能胜其任乎!"(第 3366 页)

"辕固,齐人也。以治《诗》孝景时为博士。""诸齐以《诗》显贵,皆固之弟子也",著名者如昌邑太傅夏侯始昌。夏侯传后苍。苍"通《诗》《礼》,为博士,至少府,授翼奉、萧望之、匡衡"。"由是《齐诗》有翼、匡、师、伏之学。"①齐诗传学之人至东汉著名者还有班固、张衡等人。

汉文帝时,韩婴传《诗》。"婴,燕人也。孝文时为博士,景帝时至常山太傅。婴推诗人之意,而作《外传》数万言,其语颇与齐、鲁间殊,然归一也。"韩氏传淮南贲生。"燕赵间言《诗》者由韩生。""武帝时,婴尝与董仲舒论于上前,其人精悍,处事分明,仲舒不能难也。"婴孙,商为博士。孝宣时,涿郡韩生其后也,以《易》征待诏殿中,曰:"所受《易》即先太傅所传也。尝受《韩诗》,不如韩氏《易》深,太傅故专传之。""司隶校尉盖宽饶本受《易》于孟喜,见涿韩生说《易》而好之,即更从受焉。"

三家之诗各有偏重和特色,过往已有学者论述。如今人洪湛侯概括为:鲁诗"或取《春秋》"、齐诗"采取阴阳五行之说"、韩诗"多采故事、杂说"。②三家各各有别的训解,或注意联系社会生活,或援引经典,极大丰富和推动着《诗经》阐释学朝向多元方向发展。然而班固在记述韩氏事迹时,言三家诗有所"归一"。这一说法,继承自司马迁,《史记·儒林列传》称:

> 韩生者,燕人也。孝文帝时为博士,景帝时为常山王太傅。韩生推《诗》之意而为《内外传》数万言,其语颇与齐鲁间殊,然其归一也。淮南贲生受之。自是之后,而燕赵间言《诗》者由韩生。韩生孙商为今上博士。③

从西汉中期至东汉中期,学鲁诗的司马迁和学齐诗的班固持有相似观点,皆认为上述三家有着基本趋同的特征。班固说三家诗"或取《春秋》,采杂

① 《汉书》卷八八《儒林传》,第 3613 页。
② 洪湛侯:《诗经学史》,中华书局,2002 年,第 123~127 页。
③ 《史记》卷一二一《儒林列传·韩婴传》,第 3124 页。

说，咸非其本义，与不得已，鲁最为近之"①。这是因为申公传《诗》，"为训故以教，亡传，疑者则阙弗传"②显得严谨保守。然而，有关《诗》三百篇的整体概述，齐诗说："诗三百五篇。诗者，持也。在于敦厚之教，自持其心。讽刺之道，可以扶持邦家者也。"③由于文献缺失，鲁、韩两家的整体概述，只能从他们对具体作品题旨的言说上来推断。

落实到部分具体诗篇主旨的揭示，三家诗有着相似的一面。《关雎》作为开篇之作，阐释者往往会藉此申发整部经典的主旨。鲁说："周道缺，诗人本之衽席，《关雎》作。"为何要关注"衽席"呢？原来，诗人认为，"后妃之制，夭寿治乱之端也"，"知好色之伐性短年，离制度之生无厌，天下将蒙化，陵夷而成俗"，"故咏淑女，几以配上，忠孝之笃，仁厚之作"。在现实中，康王"一朝晏起，夫人不鸣璜"，"德缺于房，大臣刺晏，故诗作"。如此，该诗"防微消渐，讽喻君父"，故而"孔氏大之，列冠篇首"。④

齐说张扬"情欲"之说，关于《关雎》："孔子论《诗》，以《关雎》为始，言太上者民之父母，后夫人之行不侔乎天地，则无以奉神灵之统而理万物之宜，故诗曰'窈窕淑女，君子好仇'，言能致其贞淑，不贰其操，情欲之感无介乎容仪，宴私之意不形乎动静。夫然后可以配至尊而为宗庙主，此纲纪之首，王教之端也。"⑤

韩叙曰：《关雎》刺时也。"韩说曰："诗人言雎鸠贞洁慎匹，以声相求，隐蔽于无人之处，故人君退朝入于私宫，后妃御见有度，应门击柝，鼓人上堂，退反宴处，体安志明。今时大人内倾于色，贤人见其萌，故咏《关雎》，说淑女、正容仪，以刺时。"⑥

①　《汉书》卷三〇《艺文志》，第1708页。
②　《汉书》卷八八《申培传》，第3608页。
③　《诗三家义集疏》卷一，第3页。
④　《诗三家义集疏》卷一，第4页。
⑤　《诗三家义集疏》卷一，第4页。
⑥　《诗三家义集疏》卷一，第4页。

综观以上三家之说的只言片语，基本从雎鸠的物性入手，推展开去谈论王、后的"宴私"问题。齐说片段中没有明言"刺"，然就内容推断也应该认为《关雎》一诗"刺时"，以为康王宠幸后妃而失去朝堂礼节。有趣的是，恰如谭德兴已经指出，诸如匡衡、杜钦等人，借此将男女失德的矛头，"归罪于周康无妇人"①。

此外，三家诗相通之处甚多。如王先谦考证后称《甘棠》"鲁齐说同"②。又如《行露》一诗，据《诗三家义集疏》，鲁说曰："《召南》申女者，申人之女也。既许嫁于酆，夫家礼不备而欲迎之，女与其人言：'以为夫妇者，人伦之始也，不可不正。'《传》曰：'正其本，则万物理失之毫厘差之千里。是以本立而道生，源始而流清，故嫁娶者所以传重承业，继续先祖，为宗庙主也。夫家轻礼违制，不可以行，遂不肯往。夫家讼之于理，致之于狱。女终以一物不具一礼不备守节持义。'"齐说曰："婚礼不明，男女失常。《行露》反言'出争我讼'。"又曰："《行露》之讼，贞女不行。"韩说曰："《传》曰：'夫行露之人，许嫁矣。然而未往也。一物不具，一礼不备，守志贞理，守死不往。君子以为得妇道之宜，故举而传之，扬而歌之，以绝无礼之求，防污道之行乎！"三家之说，皆以本事解释，即一场婚姻争讼。诗作叙述此事，传达男女婚姻，必须经过礼仪过程。《毛诗正义》引服虔说："古者一礼不备，贞女不从"，"正用三家义"。③又有《蝃蝀》一诗，《毛序》言"止奔"，三家则言"刺奔"。④又如《葛藟》一诗，齐说曰："葛藟蒙棘，华不得实。谗言乱政，使恩壅塞。"王先谦以为"鲁、韩无异议"。⑤

三家诗与毛诗的同异关系如何呢？三家诗相同，却与毛诗有异。如《氓》一诗，齐说曰："氓伯以婚抱布自媒，弃礼急情，卒罹悔忧。"王先谦以

---

① 谭德兴：《汉代诗学研究》，贵州人民出版社，2003年，第34页。
② 《诗三家义集疏》卷二，第84页。
③ 《诗三家义集疏》卷三，第91页。
④ 《诗三家义集疏》卷三，第245~246页。
⑤ 《诗三家义集疏》卷四，第326~327页。

为"鲁、韩无异义"①。《毛序》："刺时也。宣公之时,礼义消亡,淫风大行,男女无别,遂相奔诱。华落色衰,复相弃背。或乃困而自悔,丧其妃耦,故序其事以风焉。美反,正刺淫泆也。"更多者,则是三家说同,亦与毛诗相通。如《淇奥》一诗,王先谦通过考证,以为"鲁与毛同,齐无异议也"。于是,这首诗的解释,从《毛序》所言:"美武公之德也。有文章又能听其规谏,以礼自防,故能入相违周,美而作是诗也。"②就王先谦根据零星片段辑佚而得的三家诗义来看,与晚出的毛诗相同者有一百来首。三分之一的相同,说明汉代四家解诗师承有别,然而基本倾向应该一致。王先谦本人论断:三家遗说"同出一原",故而能"重规叠矩",即多见互通相似之说。此说得到皮锡瑞的赞同。尽管洪湛侯以为这一论断"无异于把三家并为一家,亦多未妥"③,却无法忽视汉代四家解诗有着相同的道德阐释关怀。

　　毛诗传承到西汉末年④,学者日多。经郑玄笺注,传习毛诗者更为众多。西晋时代,外戚王肃提倡毛诗之学。据《隋书经籍志》来看,他著有《毛诗注》二十卷、《毛诗义驳》八卷、《毛诗问难》二卷、《毛诗奏事》一卷,驳难郑《笺》。大势所趋,三家诗渐次失传。《隋书·经籍志》称:"《齐诗》魏代已亡,《鲁诗》亡于西晋。《韩诗》虽存,无传之者。"今有《韩诗外传》一书流传,除此之外虽经历代学者辑录,所存仅为一鳞半爪。作为晚来却能"一统江湖"的《毛诗》,地位的奠定恐怕就是在与三家诗相同的基础上进一步阐发吧。

　　到东汉末期,"淫奔"一词用于《诗经》学中。《毛传》中有三首诗"序"言男女淫奔:

---

① 《诗三家义集疏》卷三,第 290 页。

② 《诗三家义集疏》卷三,第 265 页。

③ 洪湛侯:《诗经学史》,第 129 页。

④ 谭德兴已经指出王莽政权有利于毛诗得势的三个因素,值得参考。(《汉代诗学研究》,贵州人民出版社,2003 年,第 41~42 页)

《蝃蝀》。止奔也。卫文公能以道化其民。淫奔之耻。国人不齿也。

《大车》。刺周大夫也。礼义陵迟。男女淫奔。故陈古以刺今。大夫不能听男女之讼焉。

《东方之日》。刺衰也。君臣失道。男女淫奔。不能以礼化也。

此外,《桑中》等诗言"刺奔",同样是此意。不仅如此,三家诗义应该相同,都认为该诗"刺"奔。《毛诗序》以为这四首诗作,皆希望通过讽刺男女违背伦理的结合,停"止"此类行为。如何实现呢?毛诗之中,"刺"为诗之"风"义的基本内涵。正是如此,诸如《雄雉》《匏有苦叶》等,皆"刺"卫宣公淫乱之事。《雄雉》的《序》说:"刺卫宣公也。淫乱不恤国事,军旅数起,大夫久役,男女怨旷,国人患之而作是诗。"《匏有苦叶》言:"刺卫宣公也。公与夫人并为淫乱。"《小序》以为"卫文公能以道化其民淫奔之耻,国人不齿也"①,即令民知晓何为耻辱之事,从而能够改过自新。毛诗《大序》有言:

> 一曰风,二曰赋,三曰比,四曰兴,五曰雅,六曰颂。上以风化下,下以风刺上,主文而谲谏。言之者无罪,闻之者足以戒。故曰风。②

"风"的实现,分为"化""刺"两种途径,指向言论的上行和下效的社会关系。一般而言,"刺"主要关注舆情的上达,即民通过歌诗来令统治者警醒。如《卫风·墙有茨》,诗《序》即言"卫人刺其上也"。又如《君子偕老》"刺卫夫人也。夫人淫乱,失事君子之道"。然而联系到后文,"化""刺"恐为互文。如《谷风》小《序》就说:"刺夫妇失道也。卫人化其上,淫于新昏而弃其旧室。夫妇离绝,国俗伤败焉。"③化、刺两者,统合为实现风俗上的淳美。

---

① 《毛诗传笺》卷二,第48页。
② 《毛诗传笺》卷一,第1页。
③ 《毛诗传笺》卷一,第50页。

那么《毛诗》言美刺者还有哪些？有趣的是邶、鄘、卫三风 39 首诗作，在《毛序》的解释中，全部跟"卫"有关。如《邶风》第一首《柏舟》，小《序》说："卫顷公之时，仁人不遇，小人在侧。"《绿衣》《燕燕》《日月》皆为"卫庄姜"的自我伤悼之诗。接下来，从《凯风》开始，诸如《雄雉》《匏有苦叶》《谷风》《静女》《新台》《墙有茨》《君子偕老》《桑中》《鹑之奔奔》等十首诗作"刺"卫国上层"淫风流行"，导致社会风化腐败。《邶》《鄘》《卫》中，亦有"美"者，如《蝃蝀》《相鼠》《干旄》三首，赞美"卫文公"及其群臣。

《王风》中有《葛藟》"王族刺平王"、《大车》"刺周大夫"。

《郑风》21 篇中有《将仲子》《叔于田》《大叔于田》"刺庄公"，《清人》"刺文公"，《羔裘》"刺朝"，《女曰鸡鸣》"刺不说德也，陈古义以刺今，不说德而好色也，《有女同车》《山有扶苏》《萚兮》《狡童》"刺忽也"，《丰》《东门之墠》《溱洧》"刺乱也"，《子衿》"刺学校废也"。相对于淫奔而言，"男女相弃"则更为严重。

齐风中有《还》《卢令》"刺荒"，《著》"刺时"，《东方之日》"刺衰"，《东方未明》"刺无节"，《南山》《甫田》《载驱》"刺襄公"，《敝笱》"刺文姜"，《猗嗟》"刺鲁庄公"。

魏风之诗有，《葛屦》《汾沮洳》"刺褊"，《园有桃》《十亩之间》"刺时"，《伐檀》"刺贪"，《硕鼠》"刺重敛"。

唐风中有，《蟋蟀》"刺晋僖公"，《山有枢》《扬之水》《椒聊》"刺晋昭公"，《绸缪》"刺晋乱"，《杕杜》《羔裘》《鸨羽》"刺时"，《无衣》"刺晋武公"，《有杕之杜》"刺晋武"，《葛生》《采苓》"刺晋献公"。

秦风中有，《蒹葭》"刺襄公"，《黄鸟》"哀三良也。国人刺穆公以人从死，而作是诗也"，《晨风》"刺康公"，《无衣》"刺用兵也。秦人刺其君。好攻战亟用兵。而不与民同欲焉"，《权舆》"刺康公也"。

陈风之诗有，《宛丘》"刺幽公也。淫荒昏乱。游荡无度焉"《东门之池》"刺时也。疾其君子淫昏。而思贤女以配君子也"《东门之池》"刺时也。疾其君子淫昏。而思贤女以配君子也"。《墓门》"刺陈佗也。陈佗无良师傅。以至于不义。恶加于万民焉"。《月出》"刺好色也"。《株林》"刺灵公也。淫乎夏姬。驱驰而往。朝夕不休息焉"。《泽陂》"刺时也。言灵公君臣淫于其国。男女相说。忧思感伤焉"。

上述十三《国风》之诗,在《毛诗》的解释系统中,大部分诗作皆属讽"刺"之作。"刺"的内容,既有指向具体人物尤其是统治者的,亦有指向某种社会风气的。在这些讽刺的内容中,男女之间的关系,可谓一个常见而持久的主题。通观诸诗小《序》,言及"淫"时,意思多为"乱",但跟"男女相悦"紧密相关。有趣的是,《卫风》之诗多跟"淫奔"有关,而《郑风》则多指向讽"刺"郑君。这跟后来朱熹《诗集传》注意揭发"郑国男女相弃"的旨趣略有差异。

讽"刺"或"美刺"说,强调诗作的道德批判意义。问题随之而来,"刺"往往会有一个对象,似乎预设有"刺"这个行为的发出者。在汉代四家的解释中,"作者"问题逐步浮出水面。"小序"指向创作时的内心追求。如:

《邶风·绿衣》序言"卫庄姜伤己也。妾上僭,夫人失位,而作是时也"①。《燕燕》"卫庄姜送归妾也"。《日月》"卫庄姜伤己也。遭州吁之难。伤己不见答于先君。以至困穷之诗也"。《终风》"卫庄姜伤己也。遭州吁之暴。见侮慢而不能正也"。《击鼓》"国人怨"卫州吁"勇而无礼也"。《雄雉》"国人"患"男女怨旷"而"作是诗"。《谷风》"国人化其上"。《式微》"黎侯寓于卫,其臣劝以归也"。《旄丘》"黎之臣"。《泉水》"卫女思归""作诗以自见"。《新台》"国人恶"卫宣公"纳伋之妻""而作是诗也"。《二子乘舟》"国人伤而思""卫宣公之二子""作是诗也"。

《鄘风》中《柏舟》"共姜自誓也"。《墙有茨》"国人"疾"公子顽通乎君母"。《鹑之奔奔》"卫人""刺卫宣姜"。《蝃蝀》"国人不齿""淫奔之耻"。

_____

① 《毛诗传笺》卷一,第37页。

《卫风》中《硕人》"国人"悯"庄姜"。《竹竿》"卫女思归"。《芄兰》"大夫刺惠公""骄而无礼"。《河广》"宋襄公"思"母"。《木瓜》"卫人思""齐桓公","欲厚报之"。

《郑风》中"国人宜姜武公"。《叔于田》"国人说"叔。《遵大路》"国人思望"。《有女同车》"国人刺之"。《褰裳》"国人思大国之正己也"。《南山》"大夫遇是恶,作诗而去之"。

《齐风》之《园有桃》"大夫忧其君国小而迫"。

《唐风》之《山有枢》"国人作诗以刺之"。

《秦风》之《黄鸟》"国人刺穆公以人从死,而作是诗也"。

《桧风》之《羔裘》"大夫作是诗也"。《隰有苌楚》"国人疾其君之淫恣,而思无情欲者也"。

这些动作行为主体,既有具体的某位历史人物,也有"国人""大夫"之类身份模糊的人物。有了具体作诗之人,阐释者就能找到作诗的缘由,从而将诗作放到特定的历史语境中。换句话说,"美"与"刺"皆有一定具体指向,构造着诗篇创作语境,从而有着作者和读者预设。需要指出,对"诗人"的揭发,开始自战国时代的孟子,称"为诗者"。他在评论诗《鸱鸮》句"迨天之未阴雨,彻彼桑土,绸缪牖户,今此下民,或敢侮予"时,引述孔子之言:"为此诗者,其知道乎能!治其国家,谁敢侮之!"[1]

至司马迁《史记·周本纪》中,三次提及"诗人"一词。如述公刘之事,"周道之兴自此后。故诗人歌乐,思其德"。又说:"诗人道西伯,盖受命之年称王而断虞芮之讼。"最后说:"懿王之时,王室遂衰,诗人作刺。"[2]美与刺皆有,诗作有所赞赏和批评,即有一定本事,便存在一个"诗人"。董仲舒《春秋繁露》引《大雅·大明》诗句"天难谌斯,不易维王",说"王者不可以不

---

① 《孟子注疏》卷三《公孙丑上》,《十三经注疏》,第 2690 页。

② 《史记》卷四《周本纪》,第 147~178 页。

知天。知天,诗人之所难也,天意难见也"。班固记载董氏有言:"至于宣王,思昔先王之德,兴滞补弊,明文武之功业,周道粲然复兴,诗人美之而作,上天佑之,为生贤佐,后世称诵,至今不绝。"[1]他回溯前辈学人所言,评价司马相如的文学成就,引述司马迁的说法:

> 司马迁称《春秋》推见至隐,《易本》隐以之显,《大雅》言王公大人而德逮黎庶,《小雅》讥小己之得失,其流及上。所言虽殊,其合德一也。相如虽多虚辞滥说,然要其归引之于节俭,此亦《诗》之风谏何异?"[2]

有诗人,便有作品指向的对象,这一点似乎成为汉代诗学的基本观念,可从《汉书》记载的人物言论略知一二。班固记载杜邺言"昔诗人所刺,《春秋》所讥,指象如此,殆不在它",明确说明当时学者,相信诗作有讽刺对象,故而读者要关注《诗经》"刺"的内容。又说班固叙述韩婴诗学,"婴推诗人之意,而作《外传》数万言,其语颇与齐、鲁间殊,然归一也"。至东汉时期,言诗者多言"诗人",如鲁丕称学者需要"览诗人之旨意,察《雅》《颂》之终始,明舜、禹、皋陶之相戒"[3]。

"诗人"观念的盛行,带来阐释的转向,阐释者注重揭发作品的指向。在汉代《诗经》学的视野中,《国风》被阐释为道德批判的文本,以致讽"刺"说流行。在这些道德批评中,最为常见者恐怕为回应孔子所言之"淫"。在整个毛诗的阐释中,"小序"仅有《小雅·宾之初筵》言及上层贵族"淫"而招致诗人作诗讽刺:

> 卫武公刺时也。幽王荒废,媟近小人,饮酒无度,天下化之。君臣

---

① 《汉书》卷五六《董仲舒传》,第 2499~2500 页。
② 《汉书》卷五七《司马相如传》,第 2609 页。
③ 《后汉书》卷二五《鲁丕传》,第 883 页。

《诗》《书》《礼》《乐》:宋明儒学的性道神化

上下,沉湎淫液。武公既入而作是诗也。①

这里,"淫"的含义应该为过度饮酒。除此之外,讽刺"淫"乱者皆集中到《风》诗部分的诗作。

表2 《风》中讽刺"淫"乱者的诗句

风	篇名	序
召南	野有死麕	恶无礼也。天下大乱,强暴相陵,遂成淫风。被文王之化,虽当乱世,犹恶无礼也。
邶风	凯风	美孝子也。卫之淫风流行,虽有七子之母,犹不能安其室。故美七子能尽其孝道以慰其母心,而成其志尔。
	雄雉	刺卫宣公也。淫乱不恤国事,军旅数起,大夫久役,男女怨旷,国人患之而作是诗。
	匏有苦叶	刺卫宣公也。公与夫人并为淫乱。
	谷风	刺夫妇失道也。卫人化其上,淫于新昏而弃其旧室,夫妇离绝,国俗伤败焉。
鄘风	君子偕老	刺卫夫人也。夫人淫乱,失事君子之道,故陈人君之德。服饰之盛,宜与君子偕老也。
	桑中	刺奔也。卫之公室淫乱,男女相奔,至于世族在位,相窃妻妾,期于幽远,政散民流,而不可止。
	蝃蝀	止奔也。卫文公能以道化其民,淫奔之耻,国人不齿也。
	氓	刺时也。宣公之时,礼义消亡,淫风大行,男女无别,遂相奔诱。华落色衰,复相弃背。或乃困而自悔,丧其妃耦,故序其事以风焉。美反正,刺淫泆也。
王风	大车	刺周大夫也。礼义陵迟,男女淫奔,故陈古以刺今。大夫不能听男女之讼焉。
郑风	溱洧	刺乱也。兵革不息,男女相弃,淫风大行,莫之能救焉。
齐风	鸡鸣	思贤妃也。哀公荒淫怠慢,故陈贤妃贞女,夙夜警戒相成之道焉。
	东方之日	刺衰也。君臣失道,男女淫奔,不能以礼化也。
	南山	刺襄公也。鸟兽之行,淫乎其妹,大夫遇是恶,作诗而去之。
	敝笱	刺文姜也。齐人恶鲁桓公微弱,不能防闲文姜,使至淫乱,为二国患焉。

风	篇名	序
	载驱	齐人刺襄公也。无礼义,故盛其车服,疾驱于通道大都,与文姜淫播其恶于万民焉。
陈风	宛丘	刺幽公也。淫荒昏乱,游荡无度焉。
	东门之枌	疾乱也。幽公淫荒,风化之所行,男女弃其旧业,亟会于道路,歌舞于市井尔。
	东门之池	刺时也。疾其君子淫昏,而思贤女以配君子也。
	株林	刺灵公也。淫乎夏姬。驱驰而往。朝夕不休息焉。

以上二十首诗作之《序》,所言"淫"乱基本上都跟男女婚恋相关。《桑中》之《序》言"卫文公能以道化其民,淫奔之耻,国人不齿也"、《氓》之《序》言"美反正,刺淫泆也"、《东门之池》一诗《序》言"疾其君子淫昏,而思贤女以配君子也",说明"美刺"的基本原理,希望通过揭露邪恶之事,启发国君或国人知晓礼义。这一点,恐怕就是所坚持的风教观念的体现,即创作主体希望运用诗作实现道德启蒙的功用。如此而来,阐释者引导人们跳过诗作语言,绕道进入语言背后的创作者内心,回到人类价值的实现和守护上来。人与人,借由文字中包含的"情"与"音",实现相互之间的沟通。即便地位悬殊的君主与国人之间,也可通过诗中传达的美、恶,实现跨越上下等级的讽刺与"感化"。

小《序》中的"教化理念",一方面为儒家礼教观念的继承延续,另一方面为汉代经学的发挥推进。教化施行,无须法制,依靠君主或统治者的德性文明。褚少孙补《史记·三王世家》说:"传曰'蓬生麻中,不扶自直;白沙在泥中,与之皆黑'者,土地教化使之然也。"[1]又司马迁《五帝本纪》说:颛顼"静渊以有谋,疏通而知事,养材以任地,载时以象天,依鬼神以制义,治气以教化,絜诚以祭祀"[2]。又有《儒林传序》引述公孙氏之语:"教化之行

---

① 《史记》卷六〇《三王世家》,第 2560 页。
② 《史记》卷一《五帝本纪》,第 14 页。

也，建首善自京师始，由内及外。"①这些论述，皆将教化施行的效果，一方面归结为人心的感化，一方面归结到当权者品行的道德与否，试图以此来约束上层贵族的权势。

"化"，为汉代经学最为重要的政治文化概念之一。《史记》有关公孙弘的话为班固《汉书》所继承。班固《儒林传序》说："及高皇帝诛项籍，引兵围鲁，鲁中诸儒尚讲诵习礼，弦歌之音不绝，岂非圣人遗化好学之国哉？"②武帝时，公孙弘上书言：

> 制曰："盖闻导民以礼，风之以乐。婚姻者，居室之大伦也。今礼废乐崩，朕甚愍焉，故详延天下方闻之士，咸登诸朝。其令礼官劝学，讲议洽闻，举遗兴礼，以为天下先。太常议，予博士弟子，崇乡里之化，以厉贤材焉。"谨与太常臧、博士平等议，曰：闻三代之道，乡里有教，夏曰校，殷曰庠，周曰序。其劝善也，显之朝廷；其惩恶也，加之刑罚。故教化之行也，建首善自京师始，繇内及外。今陛下昭至德，开大明，配天地，本人伦，劝学兴礼，崇化厉贤，以风四方，太平之原也。③

这一段给汉武帝的建议中，有多处涉及"化"。武帝此次召见，还有九十六岁的辕固生。从《汉书》的记述，可以发现"化"一词为当时较为重要的政治"术语"。如地节三年（前67）下诏说："盖闻有功不赏，有罪不诛，虽唐虞犹不能以化天下。"④同年十一月又下诏说："并举贤良方正以亲万姓，历载臻兹，然而俗化阙焉。"⑤同时，"化"也是一个重要的文化学的术语。

又有《王商传》记载，蜀郡张匡说王商"失道之至，亲戚畔之，闺门内

---

① 《史记》卷一二一《儒林列传》，第3763页。
② 《汉书》卷八八《儒林传序》，第3589页。
③ 《史记》卷一二一《儒林列传》，第3763页。
④ 《汉书》卷八《宣帝纪》，第248页。
⑤ 《汉书》卷八《宣帝纪》，第250页。

乱,父子相讦,而欲使之宣明圣化,调和海内,岂不缪哉!"①又如《循吏列传·序》称:"是时循吏如河南守吴公、蜀守文翁之属,皆谨身帅先,居以廉平,不至于严,而民从化。"②又言:"孝武之世,外攘四夷,内改法度,民用凋敝,奸轨不禁。时少能以化治称者,唯江都相董仲舒、内史公孙弘、兒宽居官可纪。"③在接下来的记述中,班固说:"文翁,庐江舒人也。少好学,通《春秋》,以郡县吏察举。景帝末,为蜀郡守,仁爱好教化。"④又说"霸力行教化而后诛罚,务在成就全安长吏"⑤。又卷六五《东方朔传》引东方朔的话:"盖圣人教化如此,欲自得之;自得之,则敏且广矣。""化"与"教化",皆强调通过"文"的方式来改变民风民俗。卷八六《王嘉传》引王嘉上书之言:"居是国也,累世尊重,然后士民之众附焉,是以教化行而治功立。"⑥卷八一《匡衡传》中,匡衡所言"教化"较为详尽:

　　臣闻教化之流,非家至而人说之也。贤者在位,能者布职,朝廷崇礼,百僚敬让。道德之行,由内及外,自近者始,然后民知所法,迁善日进而不自知。是以百姓安,阴阳和,神灵应,而嘉祥见。《诗》曰:"商邑翼翼,四方之极;寿考且宁,以保我后生。"此成汤所以建至治,保子孙,化异俗而怀鬼方也。今长安天子之都,亲承圣化,然其习俗无以异于远方,郡国来者无所法则,或见侈靡而放效之。此教化之原本,风俗之枢机,宜先正者也。⑦

　　① 《汉书》卷八二《王商传》,第3372~3373页。
　　② 《汉书》卷八九《循吏传·序》,第3623页。
　　③ 《汉书》卷八九《循吏传·序》,第3623页。
　　④ 《汉书》卷八九《循吏传·文翁传》,第3625页。
　　⑤ 《汉书》卷八九《循吏传·黄霸传》,第3631页。
　　⑥ 《汉书》卷八六《王嘉传》,第3489页。
　　⑦ 《汉书》卷八一《匡衡传》,第3331页。

匡衡"说诗解人颐"①，为当时人们推重，为官论政时，援引《诗经》之学的现象较为突出，故有学者撰文讨论匡衡的"诗说"。②匡衡曾建议："放郑声，进雅颂，举异材，开直言，任温良之人，退苛薄之民，然后大化可成，礼让可兴也。"与郑卫之声相对，匡衡提倡《周南》《召南》："臣窥考国风之诗，《周南》《召南》被贤圣之化深，故笃于行而廉于色。"确实，元帝、成帝时代迎来"儒教极盛时代"③，翼奉、匡衡、谷永和刘向等学者，引述《诗经》学说的现象较为突出，证明汉代《诗经》学为政教言论提供着论述的支撑。有此转向，《诗经》的阐释与政教的话语相结合，将阐释视角调整到"教化"实现上来，令音乐文学的审美娱乐文本成为承载政治功用的传播意识形态的工具。

　　"化"能实现的条件，为"上行下效"理想。上述几例，班固皆言"化"自上德而下行。正是如此，《汉书》所记有数处用到"德化"一词。如卷八《宣帝纪》记载，本始元年春正月，"遣使者持节诏郡国二千石谨牧养民而风德化"④。如卷一二，记述汉平帝元始五年(5)，"羲和刘歆等四人使治明堂、辟雍，令汉与文王灵台、周公作洛同符。太仆王恽等八人使行风俗，宣明德化，万国齐同。皆封为列侯"⑤。卷五一《贾山传》记述贾山上书说："臣闻山东吏布诏令，民虽老羸癃疾，扶杖而往听之，愿少须臾毋死，思见德化之成也。"⑥又如卷七八《萧望之传》记述萧氏上疏曰："陛下哀悯百姓，恐德化之不究，悉出谏官以补郡吏，所谓忧其末而忘其本者也。"⑦这些都表明在西汉时代的政治话语中，"德化"之行可谓一种重要的术语，成为君臣都能重视的政治品格。就连《安世房中歌》第八首也说："雷震震，电耀耀。明德乡，治本约。

---

①　《汉书》卷八一《匡衡传》，第3331页。

②　如［日］加藤实：《关于西汉诗经学说的发展——匡衡的诗说和刘向的诗说》，《第三届诗经国际学术研讨会论文集》，天马图书有限公司，1998年，第128页。

③　皮锡瑞：《经学历史》，中华书局，2004年，第102页。

④　《汉书》卷八《宣帝纪》，第239页。

⑤　《汉书》卷一二《平帝纪》，第358页。

⑥　《汉书》卷五一《贾山传》，第2330页。

⑦　《汉书》卷七八《萧望之传》，第3273页。

治本约,泽弘大。加被宠,咸相保。德施大,世曼寿。"①皇家音乐欣赏,同样强调德治的施行,能改变乡野风俗。

如果有人行为非常,逾越礼仪,则会破坏国家政教形象,招来批评。《王商传》里,太中大夫张匡批评王商"不尽忠纳善以辅至善","失道之至,亲戚畔之,闺门内乱,父子相讦,而欲使之宜明圣化,调和海内,岂不谬哉!"②有卷六六《杨恽传》评价传主:"家方隆盛时,乘朱轮者十人,位在列卿,爵为通侯,总领从官,与闻政事,曾不能以此时有所建明,以宣德化,又不能与群僚同心并力,陪辅朝廷之遗忘,已负窃位素餐之责久矣。"③又卷八二《傅喜传》记述傅太后又自诏丞相御史大夫曰:"高武侯喜无功而封,内怀不忠,附下罔上,与故大司空丹同心背畔,放命圮族,亏损德化,罪恶虽在赦前,不宜奉朝请,其遣就国。"④国家形象与大臣行为密切相关,因此败坏"德化"效用者,自然会受到惩罚。班固本人显然喜欢运用"德化"一语,《文帝纪·赞》称赏说:"专务以德化民,是以海内殷富,兴于礼义,断狱数百,几致刑措。"⑤此处文字,或承袭司马迁《史记》所载。⑥两汉前后两位史家恐怕代表着当时人们对"德化"政治的共同追求,方才赞赏文帝运用执政,体谅民疾,宽恕罪臣,故而朝廷、四野感怀,实为一种"德化"政治。

这一政治诉求,与当时《诗经》学相表里,反映儒者的相关阐述,注重美刺的社会关切,对后世《诗经》学的发展,产生了深远影响。他们既奠定了文本基础,也为以后很长一段时间里的阐释倾向定调。只是汉儒提倡"化",德行教化靠着贵族的德行良品,人们拿双眼来观看效仿,似乎不需要学习诗作,学者必须找到一种理论来为《诗经》学的展开提供理论支撑。

《诗》《书》《礼》《乐》:宋明儒学的性道神化

---

① 《汉书》卷二二《礼乐志》,第 1049 页。
② 《汉书》卷八二《王商传》,第 3373 页。
③ 《汉书》卷六六《杨恽传》,第 2895 页。
④ 《汉书》卷八二《傅喜传》,第 3382 页。
⑤ 《汉书》卷四《文帝纪》,第 134 页。
⑥ 《史记》卷一〇《孝文本纪》,第 542 页。

为何读者学习诗篇能受到感染呢？汉儒开始从人心情感的共通方面来继续探寻。"思无邪"之说的重新发明，即是从这一内在思潮中浮现出来的理论命题。

第三节 "思无邪"如何可能：诗歌教化功能的理论建设

先秦时代，《管子》曾多次讨论教化问题，即目标为端正士人、女子的行为，《经言》说："凡牧民者，使士无邪行，女无淫事。士无邪行，教也；女无淫事，训也。教训成俗，而刑罚省数也。"要实现这一目标，需要君臣共同努力，即《短语》中说："君以利和，臣以节信，上下无邪矣。"《水地》又言："宋之水轻劲而清，故其民闲易而好正。是以圣人之化世也，其解在水。故水一则人心正，水清则民心易。一则欲不污，民心易则行无邪。是以圣人之治于世也，不人告也，不户说也，其枢在水。"《管子》多次强调教化开展，民俗醇厚，需要"主无邪辟之行，蔽欺之患"，上有德性，下方才有正行。维系教化开展的核心要素，当然绝非"人"，而是有德之行。这一点，恰为中国古代"三皇五帝"之类学说的重要指向，"模仿"成为"教化"开展的基础人类学前提，所以《韩非子》说："尧明于不失奸，故天下无邪。"这些论述，皆将"无邪"视为教化的结果。

仅靠行为上的模仿，有着时空限制，儒家需要突破。《孟子》敏锐抓住此点，倡言"经"典的传习，说"君子反经而已矣。经正则庶民兴。庶民兴，斯无邪慝矣"①。对比当时诸子，孟子的倡言诚可谓思想史上的巨大突破。他讨论的前提，恰好继承了孔子对"似而非""佞""紫""郑声"等的厌恶。看来,要追寻《诗经》教化功能实现的内在理据的充实完善,得回到孔子对"思无邪"的讨论上来。

孔子作为儒家思想的正式开创者,有关《诗经》的论断,成为后世人们长期围绕讨论的话题,更成为中国古代诗学的基本命题。《论语》中,孔子曾要"小子""学诗","可以兴,可以观,可以群,可以怨",做到"迩之事父,远之事君,多识于鸟兽草木之名"。①通过学习《诗经》,人们能加以运用、端正行为、排遣内心,成为一个有礼之人。为何能实现呢?《论语》中说,"克己复礼为仁"②。《诗经》篇章如何为宋明理学家提供这样的途径呢? 这就引出孔子的另外一个著名论断,即"《诗》三百,一言以蔽之,曰:思无邪"③。此说不仅属于《论语》解释史上的难点问题,同样成为《诗经》学理论发展中的重要概念。

"思无邪"三字见于《鲁颂·駉》,经孔子引述后,影响十分深远,后世训解歧见迭出。如"思"一字,到底为"助词"还是"动词",历来就有争议。"无邪"为诗作之特性,还是读者之读解,迄今仍无定论。据程树德《论语集释》考述,唐代李白持第一种观点,认为《诗》三百篇"始于《风》,止乎礼义,先王之泽也,故终无邪一言,《诗》之断也"④。

根据《史记》《汉书》和《后汉书》来看,汉代人们已经意识到教化中"无邪"的内涵问题。然而,就《诗三家义集疏》所辑文献来看,汉儒解释《诗经》时尚未将"思无邪"导入说诗理论体系中。上文已经提及,汉代元成之际,匡衡长于论诗,注重阐发《诗经》的教化功能。为了实现这一主张,匡衡建议排斥"郑卫"之诗。换句话说,"郑卫"之诗中描述的行为,绝非德化可以依赖,合乎伦理礼仪方才可以垂范天下,引导风俗归于淳厚。他们的论述,

《诗》《书》《礼》《乐》:宋明儒学的性道神化

---

① 《论语注疏》卷一七,《十三经注疏》,第 2525 页。

② 《论语注疏》卷一二,《十三经注疏》,第 2502 页。

③ 《论语注疏》卷二,《十三经注疏》,第 2461 页。

④ 《论语集释》卷三,第 66 页。

自有汉代政治话语的关切,实现"教化"的作用机制,缺少足够深入的探究。

"无邪"一词,战国时代已有运用。除却上述《管子》《韩非》所言,还有如《战国策》卷一九《赵策》记载赵灵王派遣王孙绁告公子成:"寡人闻之:事利国者行无邪,因贵戚者名不累。"这一故事,《史记》卷四三《赵世家》亦有引述,说:"夫服者所以便用也,礼者所以便事也。圣人观乡而顺宜,因事而制礼,所以利其民而厚其国也。"①至西汉时代,司马迁曾数用"无邪"一语。《史记·商君列传》引述杜挚曰:"利不百不变法,功不十不易器。法古无过,循礼无邪。"②《史记》卷八七记述李斯上书胡亥:"若此则谓督责之诚则臣无邪,臣无邪则天下安,天下安则主严尊,主严尊则督责必,督责必则所求得,所求得则国家富,国家富则君乐丰。"③"无邪"的含义,多为守礼忠诚。这一点,与《乐书》所言一致:"中正无邪,礼之质也。"④强调"礼"的本质,为人的行为"中正"、没有偏离。

在汉代政治文化里,"无邪"成为评价人物品行的用语。如《后汉书》卷二六记载有关宋汉的"策"文:"太中大夫宋汉,清修雪白,正直无邪。"⑤《汉书》中,"无邪"也被说成"无邪心"。如卷三六《刘向传》说元帝初,刘向"使其外亲上变事",有言:"禹、稷与皋陶传相汲引,不为比周。何则? 忠于为国,无邪心也。故贤人在上位,则引其类而聚之于朝。"⑥《汉书》卷六三《戾太子据传》,记述壶关三老茂上书说刘据"以为无邪心"⑦。这两例中,"无邪心"一词被用来评价人物"心理"世界的正直忠诚。

上文已经指出,从汉代三家开始,讲《诗》者跳过音乐属性,注重揭发

---

① 《史记》卷四三《赵世家》,第 2167 页。
② 《史记》卷六八《商君列传》,第 2695~2696 页。
③ 《史记》卷八七《李斯列传》,第 3086 页。
④ 《礼记正义》卷三八,《十三经注疏》,第 1537 页。
⑤ 《后汉书》卷二六《宋汉传》,第 906 页。
⑥ 《汉书》卷三六《刘向传》,第 1945 页。
⑦ 《汉书》卷六三《戾太子据传》,第 2745 页。

《诗经》文本的内容及其教化功能。在《韩诗外传》中,已讨论"思无邪"的含义,即以"无私"来言"无邪",颇近道家的"无为"思想。[①]就文义来看,仍未将"无邪"与整个《诗经》文本相联系。有学者已经指出,从汉代到六朝,《诗经》学有一个转向,即"从经解到义疏"[②]。其实,从汉代开始,将注意力转移到文本上来的经学家,已然开始注意诗篇的内在意蕴,尤其是道德层面的淑世价值。傅亮《感物赋》说:"坟素杳以难暨,九流纷其异封。领三百于无邪,贯五千于有宗。考旧闻于前史,访心迹于污隆。岂夷阻之在运,将全丧之由躬。游翰林之彪炳,嘉美手于良工。辞存丽而去秽,旨既雅而能通。虽源流之深浩,且扬榷而发蒙。""领三百于无邪",表明南朝刘宋时代的讨论中,领会"无邪"成为阅读《诗经》的目标。换句话说,当时人们已经认识到《诗经》的教化功能,为启发读者领悟"无邪"。至唐代成伯玙继续司马迁所言,以为:"古诗三千余篇,孔子去其繁重,可通于义者采而录之。"此说表明《诗经》中的诗篇,皆有"义"可寻。具体而言,"远自稷契之功,次取殷周之盛,次陈幽厉之缺。始于衽席,故用关雎为首。奄有邦家,而收牧马之类"。孔子"删定三百一十有一篇,合于宫商,书之玉版,乐正雅颂,各得其所"。他又引范宁所言:"夫四国所陈,臣下所献,出自百家,辞生鄙俚,岂能尽善。若不刊正,无裨国风。"尽管如此,落实到内容,"诗者,温柔敦厚之教,曰'思无邪'"。

范宁之说,源自《礼记·经解》所言:"孔子曰:'入其国,其教可知也。'其为人也,温柔敦厚,《诗》教也。"[③]《诗大序》有具体阐释,认为诗歌的功用为:"先王以是经夫妇、成孝敬、厚人伦、美教化、移风俗。"原因何在? 在诗序作者看来,"诗者,志之所之也,在心为志,发言为诗。情动于中而形于言,言之不足故嗟叹之,嗟叹之不足故永歌之,永歌之不足,不知手之舞之

① 韩婴著、许维遹校释:《韩诗外传集释》卷三,中华书局,2009年,第105页。

② 洪湛侯:《诗经学史》,第234页。

③ 《礼记正义》卷五〇,《十三经注疏》,第1609页。

足之蹈之也"。情感发生，依赖环境刺激，于是"情发于声，声成文谓之音。治世之音安以乐，其政和；乱世之音怨以怒，其政乖；亡国之音哀以思，其民困"。"诗"能反映情感，折射人们对环境的观照，以此为基础恰可进行沟通，交流社会人群的各种看法。功能之所以能实现，因"诗有六义"，即风、雅、颂、赋、比、兴六种内涵。诗作的这些内涵中，风、雅、颂最关教化：风，"上以风化下，下以风刺上"；雅，"言王政之所由废兴也"；颂，"美盛德之形容，以其成功告于神明者也"。《大序》的作者，应该意识到先儒将诗作编辑到一起，依据情感观照的内容进行分类，于是有了风、雅、颂，人们通过这些诗作交流的情感有别，甚至出现变风、变雅。只是作者没有意识到，逻辑出现漏洞，既已言六义，为何仅聚焦到风、雅、颂，缺少对赋、比、兴的明确解释。这些解释，仅将"诗教"实现的理据放到上下之间"情感"的交流影响，缺少对诗作感染力的进一步揭露。

毛传对此恐怕有所感知领会，阐释诗篇时抛开"六义"中的风、雅、颂、赋和比，而注意揭示诗作之"兴"。对此，刘勰《文心雕龙·比兴篇》指出：

> 诗文宏奥，包韫六义。毛公述传，独标兴体，岂不以风通而赋同，比显而兴隐哉？故比者，附也；兴者，起也。附理者切类以指事，起情者依微以拟议。起情故兴体以立，附理故比例以生。比则畜愤以斥言，兴则环譬以记讽。[1]

此处所论表明人们很早就注意到毛传注重揭发"兴"义，从而想要探寻这样做的缘由。刘勰认为赋、比的含义容易明白，"兴"则比较"隐微"，需要处处加以解释。对此，后文将继续探讨。毛传的做法，吸引着历代学者的关注，南宋时代王应麟《困学纪闻》就说：

---

[1] 《文心雕龙注》，第601页。

鹤林吴氏论诗曰："兴之体,足以感发人之善心。毛氏自《关雎》而下总百十六篇,首系之兴,《风》七十,《小雅》四十,《大雅》四,《颂》二,注曰'兴也',而比、赋不称焉。"①

吴氏发现毛传中有一百一十六篇诗,注为"兴"的原因就在于能"感发人之善心",将诗作教化功能的实现归结到"人心"上来。

　　毛传中,对"兴"义加以阐发者仅二十六篇,更常见的是仅仅言"兴也"。如《鹿鸣》前二句下,毛传说:"鹿得萍,呦呦然鸣而相呼,恳诚发乎中,以兴嘉乐宾客,当有恳诚相招呼以成礼也"②。鹿鸣之声,以及鹿之间的招呼行为,"兴"着"嘉乐"和"宾客",其中有一种隐喻修辞或思维。又如《小雅·白华》首句下注曰:"兴者,喻王取于申,申后礼仪备,任后妃之事,而更纳褒姒,褒姒为孽,将至灭国。"③诚如洪湛侯所言,"还有十多篇采用'若'、'如'、'喻'、'言'、'犹'等字,来表示兴的意思"④,基本指出诗中意象与人事之间的类比比喻象征关联。

　　郑玄笺注,承继毛传,进一步将"兴"解释为"譬喻"。所谓"笺",即发明隐微之意,故郑玄的宗旨为:"注诗宗毛为主,毛义若隐略则更表明,如有不同,即下己意,使可识别。"⑤他的笺注在遵从毛传的基础上,采纳三家之说,从而具备博通的特点。晚清皮锡瑞评价郑笺说:"汉时经有数家,家有数说,学者莫知所从。郑君兼通今古文,沟合为一,于是经生皆从郑氏,

---

① 王应麟:《困学纪闻》卷三,第84~85页。

② 《毛诗传笺》卷九,第207页。

③ 《毛诗传笺》卷九,第224页。

④ 洪湛侯:《诗经学史》,第184页。

⑤ 《毛诗正义》引郑玄《六义论》,第269页。

不必更求他家。"①作为汉代《诗经》学的"小一统"的代表,郑玄笺注取得较为显著的地位。落实到具体阐释上,郑笺表明隐略最为重要,体现到对"兴"的解释上,多将"兴"解释为"譬喻"。《关雎》一诗首句,毛传说:

> 兴也。关关,和声也。雎鸠,王雎也,鸟挚而有别。水中可居者曰洲。后妃说乐君子之德,无不和谐,又不淫其色,慎固幽深,若关雎之有别焉,然后可以风化天下。夫妇有别则父子亲,父子亲则君臣敬,君臣敬则朝廷正,朝廷正则王化成。②

毛传从美刺出发,认为"关关雎鸠"可以"兴""后妃说乐君子之德",做到"慎固幽深"。郑笺解释道:"兴,虚应反,譬喻之名。"③《葛覃》一诗首句,毛传言:"兴也。覃,延也。葛所以为绨绤,女功之事烦辱者。施,移也。中谷,谷中也。萋萋,茂盛貌。"郑笺补充此说:"葛者,妇人之所有事也。此因葛之性以兴焉。兴者,葛延蔓于谷中,喻女在父母之家,形体浸浸日长大也。叶萋萋然,喻其容色美盛。"④又如《卷耳》首句,毛传言:"忧者之兴也。"郑玄笺注说:"器之易盈而不盈者,志在辅佐君子,忧思深也"⑤,补充说明诗句为何能让人联想到忧思上来。诸如此类,皆表明郑玄将"兴"进一步坐实为修辞技法譬喻。至此,可能为音乐的一种形式,已经完全转变为语言文字技巧。譬喻说的出现,恐怕正是扬雄《法言》《太玄》倡导玄理思维的反映,引导着人们关注《诗》暗含的万物相通的道理及由此而存在的道德理性思维。从歌舞表演的熏陶、文学内容的感染,毛、郑阐释"兴"义,进一步将内容的重要意义加以凸显和揭发,为文学的"教化"功能提供了更为坚

---

① 皮锡瑞:《经学历史》,第 142 页。
② 《毛诗传笺》卷一,第 3 页。
③ 《毛诗传笺》卷一,第 3 页。
④ 《毛诗传笺》卷一,第 5 页。
⑤ 《毛诗传笺》卷一,第 7 页。

实的理论支撑。就此而言,《毛诗传笺》看似为汉代章句之学的延续,实则为中国古代《诗经》学乃至文学理论的一次飞跃,即从此踏上真正意义上文学功能的理论建构之路。

汉代以后,战乱频仍,王室支持缺失,学者无处安放书籍。加之玄学兴起,学人要么喜欢谈玄论道,要么陷入王郑之争,《诗经》学很少能有所发明"诗教"的义理。清代焦循总结这段时间的经学传统说:"正始以后,人尚清谈。迄晋南渡,经学盛于北方。大江以南,自宋及齐,遂不能为儒林立传。梁天监中,渐尚儒风,于是《梁书》有《儒林传》,《陈书》嗣之,仍梁所遗也。"①孔颖达编《毛诗注疏》,以刘焯《毛诗义疏》和刘炫《毛诗述义》为稿本,统合前代论述。孔氏所撰《序》,继续申发论述《大序》所言,然而内中有一些新的发展。

首先,开篇即言:"诗者,论功颂德之歌,正僻防邪之训。虽无为而自发,乃有益于生灵。"此"诗",绝非仅仅指《诗经》,而是宽泛意义上的文学体式,具有相当的理论高度,导向普遍意义上的诗歌阐释。其次,孔颖达说:"六情静于中,百物荡于外,情缘物动,物感情迁",以情性论(或缘情说)来阐发诗作内容的正邪:"若政遇醇和,则欢娱被于朝野;时当惨黩,亦怨刺形于咏歌。作之者所以畅怀舒愤,闻之者足以塞违从正"。此说,进一步陷入追寻诗歌命意之路。再次,叙述《诗经》传承史,认为"时经五代,篇有三千,成康没而颂声寝,陈灵兴而变风息",孔子"厘正遗文,缉其精华,褫其烦重,上从周始,下暨鲁僖。四百年间,六诗备矣",又说"汉氏之初诗分为四,申公腾芳于鄢郢,毛氏光价于河间;贯长卿传之于前,郑康成笺之于后",交代自己选择的缘由以及注释。仅就这一篇序言来看,孔颖达所代表的唐代《诗经》学,已有一些推进,注重讨论诗人"作诗"心理和读者接受心理机制。

---

① 焦循:《雕菰楼集》卷一二《国史儒林文苑传议》,江氏聚珍版丛书,第1页。

诚如皮锡瑞所言，"汉学重在明经，唐学重在疏注"，孔颖达等人的注疏，恰为《诗经》学承前启后的关键时期。①寻根溯源，就《诗经》学内部来看，如何将诗作的感染力揭发出来，应该充分考虑到六朝时代的玄学为文学阐释带来的贡献。这方面最具代表性的作品之一，当属刘勰的《文心雕龙》。《明诗》篇中说："诗者，持也，持人情性。三百之蔽，义归无邪。"②它从《诗经》学出发，将诗作的基本功能的"持人情性"，等同于"无邪"，恰好是文学思想领域摆脱经学的束缚，将阐释落实到的诗文内容上来，故而对《诗经》学原有的一些概念作出更为深入的揭示。刘勰于《明诗》之外，特设《比兴》一篇，发挥"兴"义。他说："观夫兴之托谕，婉而成章，称名也小，取类也大。关雎有别，故后妃方德；尸鸠贞一，故夫人象义。义取其贞，无从于夷禽；德贵其别，不嫌于鸷鸟；明而未融，故发注而后见也。"③诚如《比兴》篇说："诗文弘奥，包韫六义，毛公述传，独标兴体。"《毛传》似乎对"兴"情有独钟，"比""赋"缺席。刘勰特地拈出"比"，说："岂不以风通而赋同，比显而兴隐哉？故比者，附也；兴者，起也。附理者，切类以指事，起情者，依微以拟议。起情故兴体以立，附理故比例以生。比则畜愤以斥言，兴则环譬以记讽。"钟嵘《诗品·总论》部分，"比兴"外加入"赋"，说："诗有三义焉：一曰兴，二曰比，三曰赋。文已尽而意有余，兴也；因物喻志，比也；直书其事，寓言写物，赋也。宏斯三义，酌而用之，干之以风力，润之以丹彩，使味之者无极，闻之者动心，是诗之至也。"正是如此，钟嵘认为单用一种"诗义"，要么"意深"而"词踬"，要么"意浮"而"芜漫"。钟嵘所言，已开后世"赋比兴"和"风雅颂"分开来讲的传统。

从《诗经》学跳开，转入文学本身，人们对"比兴"和"思无邪"的讨论就会更为开放和抽象，从比、兴的手段出发来界定其含义。作为仪式过程中

---

① 皮锡瑞：《经学历史》，第186页。
② 《文心雕龙注》，第65页。
③ 《文心雕龙注》，第601页。

配合乐曲而施展的行为，逐步转到文学技巧或文学效果上。这一点，在唐代诗格中最为明显，如《文镜秘府论》所引《诗式》之"六义"：

> 一曰风。天地之号令曰风。上之化下，犹风之靡草。行春令则和风至，行秋令则寒风杀。言君臣，不可轻其风也。
>
> 二曰赋。赋者，错杂万物，谓之赋也。
>
> 三曰比。比者，直比其身，谓之比假，如"关关雎鸠"之类是也。
>
> 四曰兴。兴者，指物及比其身说之为兴也，盖托喻谓之兴也。
>
> 五曰雅。雅者，正也。言其雅言典切，谓之雅也。
>
> 六曰颂。颂者，赞也。赞叹其功，谓之颂也。①

此说，与孔颖达的正义所言有一定出入，带有强烈的诗人创作技巧关怀。此外，《诗中密旨》"诗有六义"、《诗议》"六义"，解释略与《毛诗正义》有异。如前者说："兴四。兴者，立象于前，然后以事喻之。"后者说："四曰兴。兴者，立象于前，后以人事谕之，《关雎》之类是也。"综观古今有关"六义"的论述，"赋""比""风""雅""颂"的定义较为一致，"兴"一词则颇为复杂。此类论说，表明中国古代文学批评逐步摆脱经学命题的约束，踏上面向更为广泛的"诗歌"的理论言说之路。

回到《诗经》学内部，儒家学者一直关切如何继承已有命题来阐发学习文本的重要意义。直到北宋时代，"思无邪"仍然吸引学者加以阐释，以揭发阅读《诗经》的重要意义。苏轼曾有发明，认为"凡有思者皆邪也"②，故而孔子乃断章取义。此说或继承自《韩诗外传》之道家"无为""无私"之论。持后一种观念者非常多，如宋代程颐就说："《诗》三百，出于国史，固未能

《诗》《书》《礼》《乐》：宋明儒学的性道神化

---

① ［日］遍照金刚：《文镜秘府论》，人民文学出版社，1975年，第55~57页。
② 苏轼：《论语说》卷一，《苏东坡全集》第7册，中华书局，2021年，第3801页。

不思而得，然而皆止礼义，以其所思无邪而已。"①此说得到杨时、吕祖谦等人的赞同。传承至朱熹，进一步发挥，认为"凡诗之言，善者可以感发人之善心，恶者可以惩创人之逸志。其用归于使人得其情性之正而已"。比朱熹晚一辈的南宋杨简，作为陆九渊弟子，借用心学理论来阐释"思无邪"。他认为："人心自善、自正、自无邪"，"取三百篇中之诗而歌之咏之，其本有之善心，亦未始不兴起也"。具体而言，"孔子所取，取其无邪，无邪即道心"。②

如果郑、卫之声淫，孔子为何要保留这些诗篇？又如何能言"思无邪"？这些矛盾抵牾，为历代《诗经》阐释制造着麻烦。郑、卫之诗，内容是否淫乱，古代学者已有怀疑。即便主张淫诗说的朱熹，在《诗集传》中也说："郑、卫皆淫声，然卫诗三十有九，淫奔才四之一。卫诗二十一，淫奔不翅七之五。卫犹为男悦女，郑皆为女惑男。郑人犹多刺讥惩创之意，郑人无复羞愧悔悟之萌，故夫子独以郑声为戒。"③且不论王夫之《四书稗疏》所言，"郑"之国有新旧，孔子所言是诗之内容还是诗之音乐形式，本身就值得细究，后世论述多有混乱者。如陈启源《毛诗辑古篇》直接说："朱子以'郑声淫'一语可断尽《郑风》二十一篇，此误也。"④此说可能误解了朱熹原意，却抓住了《诗集传》注解《卫风》《郑风》时的倾向。《毛诗》中《卫风》二十一篇，其中《将仲子》《山有扶苏》《萚兮》《狡童》《褰裳》《东门之墠》《风雨》《子衿》《扬之水》《出其东门》《溱洧》等，内容皆为"淫女"或"淫奔"。注释者希望读者明白此类诗作涉及男女非礼，而"思"求"无邪"。

南宋吕祖谦《吕氏家塾读诗记》一开篇，即引孔子"思无邪"的论断，说明该书认为《诗经》乃孔子删定，最基本的关注为诗人传达的诗教。吕氏引谢氏曰：

① 程颐：《周易程氏传》，九州出版社，2011年，第288页。
② 杨简：《慈湖诗传》，《儒藏精华编》第25册，第689页。
③ 朱熹：《诗集传》卷四，第72页。
④ 陈启源：《毛诗辑古篇》卷五，文渊阁《四库全书》本，第85册，第399页。

君子之于诗,非徒诵其言,又将以考其情性;非徒以考其情性,又将以考先王之泽。盖法度礼乐虽亡,于此犹能并与其深微之意而传之,故其为言,率皆乐而不淫,忧而不困,怨而不怒,哀而不愁。①

谢良佐评价《绿衣》《击鼓》等诗,"言天下之事,美盛德之形容,固不待言而可知也。其与忧愁思虑之作,孰能优游不迫也,孔子所以有取焉。作诗者如此,读诗者其可以邪心读之乎?"②

"思无邪"成为朱熹和袁燮、杨简等人颇为重视的内容,进而形成自己的理论关切,多集中讨论"淫诗"问题。正因为阐释者从"诗人"角度来解释,往往会涉及创作心理的追寻,故而会有"淫诗"之说。王柏《诗疑》提倡"学礼",无法从理论上为"淫诗"回护,便一口气开出"三十一篇"建议删除的诗。③

王氏之说,继承朱熹。《诗集传》中,朱子将三十篇诗定位"淫诗"④,王柏继承而列入二十六篇,余下《木瓜》《扬之水》《采葛》《叔于田》四篇。朱熹所定如次:《静女》《桑中》《氓》《有狐》《木瓜》《大车》《丘中有麻》《将仲子》《叔于田》《遵大路》《有女同车》《山有扶苏》《萚兮》《狡童》《褰裳》《丰》《东门之墠》《风雨》《子衿》《扬之水》《出其东门》《野有蔓草》《溱洧》《东方之日》《绸缪》《东门之枌》《东门之杨》《防有鹊巢》《月出》《泽陂》。其中朱熹明确指出为淫诗者有十六首:

一、《静女》:此淫奔期会之诗也。

---

① 吕祖谦:《吕氏家塾读诗记》卷一,《儒藏精华编》第25册,第19页。

② 《吕氏家塾读诗记》卷一,第19页。

③ 包括《野有死麕》《静女》《桑中》《氓》《有狐》《丘中有麻》《将仲子》《遵大路》《有女同车》《山有扶苏》《萚兮》《狡童》《褰裳》《东门之墠》《丰》《风雨》《子衿》《野有蔓草》《溱洧》《绸缪》《晨风》《东方之日》《大车》《葛生》《东门之池》《东门之枌》《东门之杨》《防有鹊巢》《月出》《株林》《泽陂》。

④ 洪湛侯:《诗经学史》,第392页。

二、《桑中》：卫俗淫乱，世族在位，相窃妻妾，故此人自言将采唐于沫，而与其所思之人，相期会迎送如此也。

三、《采葛》：盖淫奔者托以行也。故因以指其人，而言思念之深，未久而似久也。

四、《将仲子》：此淫奔者之辞。

五、《遵大路》：淫妇为人所弃，故于其去也，揽其袪而留之曰：子无恶我而不留，故旧不可以遽绝也。

六、《有女同车》：此疑亦淫奔之诗也。言所与同车之女，其美如此，而又叹之曰：彼美色之孟姜，信美矣，而又都也。

七、《山有扶苏》：淫女戏其所私者曰：山则有扶苏矣，隰则有荷华矣。今乃不见子都，而见此狂人，何哉？

八、《萚兮》：此淫女之辞。言萚兮萚兮，则风将吹女矣。叔兮伯兮，则盍倡予，而予将和女矣。

九、《狡童》：此亦淫女见绝，而戏人之词。言悦己者众，子虽见绝，未至于使我不能餐也。

十、《褰裳》：淫女语其所私者曰：子惠然而思我，则将褰裳而涉洧以从子。子不我思，则岂无他人之可从，而必与子哉！"狂童之狂也且"，亦谑之之辞。

十一、《东门之墠》：识其所与淫者之居也。室迩人远者，思之而未得见之词也。

十二、《风雨》：淫奔之女言当此之时，见其所期之人，而心悦也。

十三、《子衿》：此亦淫奔之诗。

十四、《扬之水》：淫者相谓，言扬之水，则不流束楚矣。终鲜兄弟，则维予与女也矣。岂可以他人离间之言而疑之哉？彼人之言，特诳女耳。

十五、《出其东门》：人见淫奔之女，而作此诗。以为此女虽美且众，而非我思之所存。不如己之室家，虽贫且陋，而聊可以自乐也。

十六、《溱洧》：郑国之俗，三月上巳之辰。采兰之上，以被除不祥。于是士女相与戏谑,且以芍药相赠,而结恩情之厚也。此诗淫奔者自叙之词。

除此,朱熹看到部分诗作有男女约会、相见的诗作:

一、《东门之杨》:此亦男女期会,而有赴约不至者,故因其所见以起兴也。

二、《月出》:此亦男女相悦而相念之辞。言月出则皎然矣,佼人则僚然矣。安得见之而舒窈纠之情乎?是以为之劳心而悄然也。

三、《丰》:妇人所期之男子已俟乎巷,而妇人以有而不从,既则悔之,而作是诗也。

四、《野有蔓草》:男女相遇于野田草露之间,故赋其所在以起兴。

五、《东门之池》:此亦男女会遇之词。

朱熹当然明白《诗经》乃古代之"歌",如前文所述《吕氏家塾读诗记》,吕祖谦特地引述谢良佐"歌曲"之论。然而,他如此坚决地将阐释目标集中到"诗"作上来,恐怕有着强烈的文字含义的追求,以便从中揭发"淫乱"内容,希望读者能知晓正确的男女伦理。相对于小序,朱熹进一步扩大了"淫诗"的数量。

朱熹"郑诗淫"之说,受到后世人们的批评。明代杨慎说:

> 《论语》"郑声淫",淫者,声之过也。水溢于平曰淫水,雨过于节曰淫雨,声滥于乐曰淫声,一也。郑声淫者,郑国作乐之声过于淫,非谓郑诗皆淫也。后世失之,解郑风皆为淫诗,谬矣。乐记曰:流辟邪散,狄成涤滥之音作,而民淫乱。狄与逖同,逖成言乐之一终甚长淫泆之意也。逖成者,若古之曼声,后世之花字,今俗所谓劳病腔之类耳。①

杨慎坚持回到经典的元初语境中解释"淫",强调原意为"作乐之声",却忽略了朱熹解释《诗经》的思想归依。朱子想要通过揭发诗作之"淫",令人明

① 杨慎:《升庵经说》卷一三,丛书集成初编本,第204页。

确知晓道理后做出选择。他认为"人生而静","感于物而动",产生"欲"后便有所"思",行之言语咏叹,"此诗之所以作"。人非圣贤,内心感物,存在正邪,昭穆以后的诗作,渐失正声。孔子应运而生,删定用以"诗之所以为教"。十五国风中诗作有邪正,二《南》"亲被文王之化以成德","皆有以得其性情指正",其余则"有邪正是非之不齐"。[①]圣人需要人们"学诗","本之二南以求其端,参之列国以尽其变;正之于雅以大其规;和之于颂以要其止"。换句话说,《诗经》中存有淫诗,意欲启发读者知晓乱世之下,人心所感为淫乱奸邪。读者"讽咏以昌之,涵濡以体之,察之情性隐微之间,审之言行枢机之始",知晓修身、治乱的大道理。朱熹赞扬《诗经》的教化功能,读者从中可获得"修身及家平均天下之道"。这一点,朱熹曾在解释《关雎》章时明确指出:"独得声气之和,有不可得而闻者。虽若可恨,然学者姑即其词而玩其理,以养心焉,则亦可以得学诗之本。"质言之,朱熹认为,学习《诗经》的终极目标为"养心"。

《诗经》作为儒家经典流传到汉代,与声乐分离已成事实,《诗》学逐步忽略音乐属性,将论述视点转换到"诗歌文本"上来,注意解释作品的内容,逐步引发对创作者的考察。"诗人"这个概念,源自战国时代,汉儒大加讨论,从而能将作品放到一定社会情境中。三百来篇诗作,涉及社会生活的诸多层面,启发解释者用"正、变"二元论的观念来看待作品。《诗大序》就是此思路的集中体现,遂有"治世"和"乱世"之音声的区别。孔子眼中"一言以蔽之""思无邪",歧变而成"正邪"之分,令阐释者踏上多元演绎的道路。为了赋予文本经学崇高地位,儒家学者启发读者关注文本内容的正义,从而将教化功能当成阐释的重要目标:一方面顺着孔子提出的某些命题继续探讨,另一方面从读者角度来论述《诗经》的教化功能实现,启发人们关注作品具备的仁义道德。理论体系日益充盈、完善,文学文本承担着

---

① 朱熹:《诗集传序》,《诗集传》,第 1 页。

"教化"功能,继续维持着经典的重要地位。

《诗经》教化功能的实现,立足作品内容的正邪,彰显着诗人对社会生活的态度。考察汉代四家诗的训解,均较为注重对"美刺"的阐发。赞赏与鄙薄,摆明诗人对待作品内容生成环境,尤其是社会政治状况的态度,引导读者明白诗人与环境之间存在互动。要产生美、正之作,需要统治阶层有德有节,否则就会受到国人或诗人的讽刺。这是因为,统治阶级肩负重担,恰如草望风而靡,国民模范学习,风俗教化就会变得淳美。对于国民来说,正邪行为最为重要的方面为婚姻合礼,故而自汉代解释者开始注意提醒读者部分国风诗作有淫奔内容。男女婚恋,实自天然,情性论进入《诗经》学,试图为诗作教化功能的实现提供理论支撑。

以上两点,可谓汉唐《诗经》学家的巨大贡献,即逐步从声音作品转到文字文本和关注诗人创作时的社会环境,开始区分内容正邪诗作的教化功能。《毛诗》作为这方面的代表,揭发诗人的美刺指向,将"兴"从仪式过程中的行为解释为艺术中的"譬喻"思维,引导读者注意诗作的象征意味,抽象联系到人心天理的大道理上,为宋代新儒学人物进一步以"诗"阐发《诗经》铺平了道路。

第四章 以"诗"解《诗》：
人情与物理的阐释学意义

　　从东汉时期开始，解《诗》者逐步开始无法知晓古代乐歌的音乐特性。辗转到了唐代，解释者逐步抛开音乐特性，而回到"诗"本性上来解释，从而运用自己的聪明才智，怀疑、批判毛氏系列注释文字。这个过程，以宋儒为甚。作为亲历者和个中人，朱熹描述这一过程为："《诗》自齐、鲁、韩氏之说不传，而天下之学者尽宗毛氏。毛氏之学，传者亦众，而王述之类，今皆不存。则推衍毛说者，又独郑氏之笺而已。唐初诸儒为作疏义，因讹踵陋，百千万言，而不能有以出乎二氏之区域。至于刘侍读、欧阳公、王丞相、苏黄门、河南程氏、横渠张氏始用己意，有所发明。虽其浅深得失有不能同，然自是之后，三百五篇之微词奥义，乃可得而寻绎，盖不待讲于齐、鲁、韩氏之传，而学者已知《诗》之不专于毛、郑矣。"①朱熹高度肯定宋人的贡献，以为能发明文本的"微词奥义"。那么宋代《诗经》学如何超越前人论述，证明自己的价值以完成自身的"救赎"呢？

---

　　① 《吕氏家塾读诗记》，《儒藏精华编》第 25 册，第 17 页。

第一节　劝善:《吕氏家塾读诗记》《诗集传》的共同追求

作为今存《诗经》阐释最为悠久的传统,《毛诗》的传、序和郑玄之笺,成为后世《诗学》家最为基本的参考。汉代《诗经》学此一脉,转向文字文本,关注诗作内容的正邪,希望阐发出"教化"功用,逐步朝向诗人创作来揭发作品的内在意蕴。这一点极大推动着经学内部对作品文字内容的探究。传承至唐代中期,迎来韩愈、成伯玙等人的质疑和挑战,到了北宋欧阳修、刘颁等人,更是扬言求诗本义,开启以己意解诗的大幕。北宋时代欧阳修、王安石、苏辙、程颐等,皆能大胆怀疑前代经说。诚如《四库全书总目》卷十五言:

> 诗《序》之说,纷如聚讼。以为《大序》子夏作,《小序》子夏、毛公合作,首郑玄《诗谱》也。以为子夏所序诗即今《毛诗序》者,王肃《家语注》也。以为卫宏受学谢曼卿作诗序者,《汉书·儒林传》后也。以为子夏所创,毛公及卫宏又加润益者,《隋书·经籍志》也。以为子夏不序诗者,韩愈也。以为子夏惟裁初句以下出于毛公者,成伯玙也。以为诗人所自制者,王安石也。以小序为国史之旧文,以大序为孔子作者,明道程子也。以首句即为孔子所题者,王得臣也。以为毛传初行尚未有序,其后门人互相传授各记其师说者,曹粹中也。以为村野妄人所作昌言排击而不顾者,则倡之者郑樵、王质,和之者朱子也。①

此处所列宋代学者,对《毛诗》传下来的诗序,皆有所讨论和怀疑,以致观

---

① 《四库全书总目》卷一五《诗序》,第119页。

点聚讼纷纭。此外，宋代亦有一批学者，坚守"疏不破注"的经学传统，采信小序所言。其中，最具代表性的人物有吕祖谦、袁燮等人，他们皆吸收毛氏文本系统的言说。其中，对《序》采用坚持态度，略有区别：袁燮为经筵讲义，需要考虑知识传统，注重遵从先儒的学说；吕祖谦作为家塾教学，考虑知识积累，需要广征博引来权衡各家学说。

过往学者多重视聚焦吕祖谦尊崇毛传和《诗序》的思想。这固然为《吕氏家塾读诗记》（以下简称《读诗记》）的一个鲜明特征。只是回到南宋，人们评论的关切点略有不同。如陈振孙《直斋书录解题》称："博采诸家，存其名氏。先列训诂，后陈文义，剪截贯穿，如出一手。有所发明，则别出之。《诗》学之详正，未有逾于此书者。"[1]这是着眼于书中称引参考情况，表明该书学风扎实。陈氏所言甚是，吕氏注释中提及、引述前人或当时人言论，有五十余种，堪称完备详富。魏了翁作《后序》，则称赞该书能"发明诗人躬自厚而薄责于人"之旨，重点说明该书阐释时的教化内蕴，亦即遵从诗《序》与否并非重要，能阐明诗作及编书者意旨才是关键。这一点，值得进一步阐发。

在后世解释传统中，吕氏《读诗记》往往作为朱熹《诗集传》的参照者，或朱熹《诗》学前后变化的载体，而吸引学者研讨。[2]如四库馆臣说："朱子与祖谦交最契，其初论诗亦最合。此书中所谓朱氏曰者，即所采朱子说也。后朱子改从郑樵之论，自变前说，而祖谦仍坚守毛郑。"正是如此，吕祖谦死后朱熹为吕氏《读诗记》作序，称："少时浅陋之说，伯恭父误有取焉。"朱子自述说，"既久自知其说有未安，或不免有所更定。伯恭父反不能不置疑其间"，他"窃惑之，方将相与反复其说，以求真是之归，而伯恭父已下世"。[3]朱子之学，地位日渐丰隆，学者多尊崇，乃至成为科举考试的标准。然而四

① 陈振孙：《直斋书录解题》卷二，上海古籍出版社，1987年，第39页。
② 马志林：《从〈吕氏家塾读诗记〉所引到〈诗集传〉的更定——简论朱熹〈诗经〉学发展变化》，《诗经研究丛刊》，第28辑。
③ 《四库全书总目》卷一五《吕氏家塾读诗记》，第124页。

库馆臣看到，"迄今两说相持，嗜吕氏书者终不绝"①，持久有人学习继承，恰好说明吕氏之著具有特殊魅力。

今吕氏《读诗记》，宋淳熙元年(1174)甲午始编，共三十二卷。其中卷一《纲领》部分，引述孔子论诗言语，来为整部书张本。这些言论，绝非按照《论语》《周礼》中顺序依次引入，而是经过精心排列组合，形成新的理论体系。正所谓"六经注我"，引述经典，往往能说明注释者的别有用心。首先，用以论述该书《纲领》，即《诗经》的本质、功能和阅读原则。一上来，吕祖谦引孔子言："《诗》三百，一言以蔽之，曰：'思无邪'。"吕祖谦引述谢良佐所言，强调孔子存诗，"作诗者"用心"无邪"，读者同样须"无邪"之心来读。对此，前文已有阐发。不仅如此，吕祖谦马上引《述而》篇之"子所雅言，《诗》《书》，执礼，皆雅言也"，意欲凸显"圣人"言行之渊源，即程颐声称"皆孔子素所常言也"，凸显学《诗》恰为圣人之教。②吕祖谦显然是要提醒读者，《诗经》绝非仅仅为文学文本，其首要特质为承载教化功能的儒家经典。

那么如何能领略教化思想呢？吕氏引孔子所言："兴于《诗》，立于礼，成于乐"，具体交代自己的阐释策略和注解倾向。最值得称道者，他引述《礼记》上古学制，辅之程颐的观点，将"兴于《诗》"解为学之开端，极大拔高《诗经》文本的价值，为学者期于圣人境界的开端。这样论述之后，吕氏引述孔子的两个著名观点：

> 诵《诗》三百，授之以政，不达；使于四方，不能专对，虽多，亦奚以为？
>
> 小子何莫学夫《诗》？《诗》可以兴，可以观，可以群，可以怨；迩之事父，远之事君；多识于鸟兽草木之名。

吕氏引述《论语》中话，来证明孔门以《诗》为教。孔鲤过庭而受教的故事，恰好说明圣门十分重视。不仅如此，《论语》中记述孔子与弟子之间的对话，会引用《淇奥》文句来进行传教。就程颐解释来看，孔子认为读《诗》之后，"便达于政，能专对四方"①。程颐门人谢良佐，继承二程之学，从性情论来论述学《诗》的重要意义：

> 《诗》吟咏情性，善感发人，使人易直子谅之心易以生，故可以兴；
> 得情性之正，无所底滞，则阅理自明，故可以观；心平气和，于物无竞，
> 故可以群；优游不迫，虽怨而不怒也，无鄙倍之心，故可以怨。②

显然吕氏和谢氏，皆以道学理论体系，讨论"诗"之本质，进而论述其功用。正是因为诗作"吟咏情性"，长于"感发人"，令人心生"直""谅"之心。读者与诗作之间的交流，绕开文字的表面形式，而是面向诗人的写作之心。吕氏引张氏之言，进一步强调寻找诗人之情志，需要做到平易而避免偏狭，即"求诗者贵平易，不要崎岖求合。诗人之情温厚平易老成。今以崎岖求之，其心先狭隘，无由可见诗人之情本。乐易只为时事，拂其乐易之性，故以诗道其志"③。又言："诗全是人之情性，先得诗人之心，然后观玩易入。凡书皆然。大抵圣人语言尽由德性中出，故须先得其心，则咏其言易以入也。"理解诗意的先决条件，为寻得诗人之用心，便能触及诗人创作的关怀。有此眼光，吕本中引述张载之语，认为："乐府皆浅近，只是流连光景、闺门夫妇之意，无有及民忧、思大体者。"

接着，通过引述《尚书》"诗言志"为起，强调"诗"最开始与"声"结合。吕祖谦为了进一步揭示"诗乐"同源本性，引《周礼》《仪礼》《礼记》和《左传》所记仪式用乐之事。道学家们学识渊博，想要通过考古来回复先秦礼

---

① 《吕氏家塾读诗记》卷一，《儒藏精华编》第25册，第19页。
② 《吕氏家塾读诗记》卷一，《儒藏精华编》第25册，第20页。
③ 《吕氏家塾读诗记》卷一，《儒藏精华编》第25册，第20页。

乐典章制度。如北宋元祐时期吕和叔《寄刘几寿书》说：

> 某近与乡人讲习乡饮乡射之礼，惟乡乐音节不明。虽传得胡安定所定雅音谱，有《周南》《召南》《小雅》十数篇，而犹阙《由庚》《由仪》《崇丘》《南陔》《白华》《华黍》《骓虞》七篇。[1]

与当时部分士大夫一样，吕氏曾寻思利用流传下来的古代乐曲，尝试通过操演试验来恢复古代礼乐传统。怀古与向道之心，面向《诗经》时一起交集起来，形象地揭示出道学家意欲回复"三代"的抱负追求。[2]时代邈远，古代乐歌已经亡失，无法满足当下社会生活的需要。今天，隔着千来年时光，透过文字记载，仍能感受到当时学者略带沮丧的心情。

接着吕祖谦通过辑录资料，来言说"删次"问题。欧阳修认为"孔子未删之前，周大师乐歌之次第"为："周南、召南、邶、鄘、卫、王、郑、齐、豳、秦、魏、唐、陈、曹。"[3]那么孔子为何要安排成今天的诗歌顺序呢？张载以为，"二南之后次卫，卫后王，此有意"，要用"卫"来分别正风和变风。这份讲究，成就所谓"四始"。吕本中引程颐之言，说"风本乎一人而成乎国俗，谓之风""发于正理而形于天下，谓之雅""称美盛德与告其成功谓之颂"。风、雅有正变，"周南、召南陈正家之道，以风天下人伦之端，王道之本，风之正也"。有此系统，程颐认为，各风皆有一定意义，且作出细致的分析。

之后，吕祖谦要交代"大小序""六义""风雅颂"等诗学核心命题。程颐认为："学诗而不求序，犹欲入室而不由户也"，又云"只于大序中求"。[4]这是一种尊序思想，即便欧阳修也说孟子"去诗世近而最善言诗"，"推其所

① 《吕氏家塾读诗记》卷一，《儒藏精华编》第25册，第26页。
② 余英时：《朱熹的历史世界》的第一章曾系统清理宋代士大夫政治文化生活"回向三代"的追求和表述（生活·读书·新知三联书店，第184~198页）。
③ 《吕氏家塾读诗记》卷一，《儒藏精华编》第25册，第27页。
④ 《吕氏家塾读诗记》卷一，《儒藏精华编》第25册，第12页。

说,诗义与今序意多同,故后儒异说为诗害者,常赖序文为证"。①那么六义呢?程颐认为,"六义诗之义",学诗分"六义"就是"知诗之体"。有关六义的解释,基本取《大序》、郑玄之笺。有关"风雅颂"的解释同样以《大序》和郑玄笺注为准。他引孔颖达对正变的解释如下:

> 王道衰,诸侯有变风。王道盛,诸侯无正风。王道明盛,政出一人,诸侯不得有风。王道既衰,政出诸侯,故各从其国,有美刺之别也。正经述大政为大雅,述小政为小雅。有大雅小雅之声。王政既衰,变雅兼作。取大雅之音歌,其政事之变者谓之变大雅。取小雅之音歌,其政事之变者谓之变小雅。故变雅之美刺,皆由音体有小大,不复由政事之小大也。颂者美盛德之形容,以其成功告于神明者也,惟周颂尔。商颂虽是祭祀之歌,其祭先王之庙,述其功德,非以成功告神。鲁颂颂僖公功,才如变风之美者尔,又与商颂异也。②

在孔颖达解释中,风雅颂皆有正变,风诗之中二《南》以外为变,大小雅涉及"政事之变"皆为"变",颂中鲁颂为"变"。

最后,引述各家所言交代《读诗记》的"章句音韵""卷帙""训诂传授"及"条例"。从条例来看,吕氏运用"集说""集传"之法。尤袤"淳熙壬寅(九年,1182)重阳后一日"《后序》称赏《读诗记》这一体例,说吕祖谦有感于"后世求诗人之意于千百载之下,议论纷纭,莫知折衷",遂"取诸儒之说,择其善者,萃为一书,间或断以己意,于是学者始知所归一"。③尤袤认为,吕祖谦编书的终极关怀为"先王所以厚人伦,美教化,君子之所以事君事

---

① 欧阳修:《诗本义》卷一,《四部丛刊》三编本,第10页。
② 《吕氏家塾读诗记》卷一,《儒藏精华编》第25册,第30页。
③ 尤袤:《后序》,《吕氏家塾读诗记》,《儒藏精华编》第25册,第652页。

父"，用《诗经》启迪人们一窥"圣学之门户"。①

我们知道，吕祖谦和朱熹在寒泉精舍曾商量编辑《近思录》一书，选录周敦颐、张载、二程等人言论 622 条，分道体、为学、致知等十四类，将道学家有关本体论到修行论的思想系统传达简明。吕祖谦《读诗记》首卷，运用此法，故而可以看成宋代道学一脉对《诗经》诸多问题的基本观念的集中呈现，尤其是采纳张载、程颐、杨时和朱熹之言甚多。正是如此，陈振孙《直斋书录解题》对《读诗记》颇为推崇："博采诸家，存其名氏，先列训诂，后陈文义，剪截贯穿，如出一手。己意有所发明，则别出之。诗学之详，正未有逾于此书者也。"②质言之，吕氏《读诗记》堪称北宋至南宋中期道学家说《诗》的代表性作品之一。

吕祖谦综采诸家，仍有自己的想法，想用《读诗记》暗中启发读者回归情性之正。曾为眉山贺春卿刊《读诗记》撰写《后序》的魏了翁对此书推崇有加，曾要模仿其体例编辑经学典籍。魏氏《后序》言："今观其所编《读诗记》，于其处人道之常者，固有以得其性情之正。其言天下之事，美盛德之形容，则又不待言而知至于处乎人之不幸者。其言发于忧思怨哀之中，则必有以考其情性，参总众说。凡以厚于美化者，尤切切致意焉。"该文继续申发，认为吕祖谦启发读者：

> 凡以天理民彝自有不可者，吾知尽吾分焉耳矣。使其由此悔悟幡然、惟善道之归，则固我所欲也。不我以也。我固若是小丈夫哉。悻悻然忿忮鄙恪发于词色，去之惟恐不亟也。虽然，是特诗中一义耳。而是义也，触类而长之，又不止是。今东莱于此，皆已反复究图所以为学者，求端用力之要、深切著明已矣。③

---

① 尤袤：《后序》，《吕氏家塾读诗记》，《儒藏精华编》第 25 册，第 653 页。
② 陈振孙：《直斋书录解题》卷二，第 39 页。
③ 魏了翁：《吕氏读诗记·后序》，《重校鹤山先生大全文集》卷五一，《四部丛刊》本，第 6 页。

读者若能"味其所以言,而有以反求诸己","尽得于兴观群怨之旨,而歆动鼓舞有不能者矣"。这一点,恰为吕氏编撰《读诗记》的缘起。当时学者,肯定吕氏此言,如金地王若虚即说吕氏"力戒后学诵习而终身刻意者,《读诗记》《大事记》二书而已"[①]。

解说《周南》时,吕祖谦首引《论语》中孔子教育孔鲤之言,凸显"二《南》"对于"人"的成长的重要意义。又引《仪礼·燕礼》《大序》《诗谱》等文献,说明"二《南》"的音乐属性、篇章内容和产生地域。末了引程颐所言"《周南》《召南》如乾坤",极端夸大两组作品的地位,目的恐怕正在于引导读者关注其中蕴含的"正道"。《读诗记》经过多年反复修订,直至淳熙八年(1181)七月吕氏去世,《读诗记》仍未完全定稿。吕祖俭所写《圹记》说该书"参取毛郑众氏之说,而间出己意。其后更加刊定,迄于《公刘》之首章"[②]。著述过程非常谨慎,故而多有所发明。具体来看有如下几点:

首先,标举正变。《读诗记》为了醒目,直接在目录上标明:"正风"之下又二南,其余为"变风";"正小雅"下又"鹿鸣之什""南陔之什"的全部及"彤弓之什"的《彤弓》《菁菁者莪》,其后为"变小雅",自《六月》;"正大雅"下又"文王之什"全部和"生民之什"《卷阿》及其以前的作品,《民劳》以后为"变大雅"。三《颂》未及修订,故而目录没有标明。

正变之说,是汉代《诗》学,尤其是毛诗一脉的重要概念。孟子曾言"王泽竭而《诗》不作",已将诗作产生与政治环境相关联。至《大序》将变风、变雅的产生,归结到"王道衰"。郑玄《诗谱序》进一步申发,认为文武之时,"风有《周南》《召南》,雅有《鹿鸣》《文王》"。接着"成王、周公致太平,制作礼乐,而有颂声兴焉"。这些为"《诗》之正经"。自后"王稍更陵迟",孔子收录,"谓之变风、变雅"。这种观念,实乃一种历史的政治批判,将文学作品的产生完全归结到"社会背景"。

---

① 王若虚:《滹南遗老集》卷三一,《四部丛刊》本,第4页。
② 吕祖谦:《东莱集·附录》卷一,文渊阁《四库全书》本,第1150册,第448页。

吕祖谦的正变论,正是承接《毛诗》、郑玄等人而来,引陆德明《释文》说:"从《关雎》至《驺虞》二十五篇,谓之正风。"①"从邶讫豳,十三国,并变风也。""从《六月》至《无羊》十四篇,是宣王之变小雅"。如何分别诗作的正与变呢? 显然,阐释者有着浓厚的历史意识,自觉将诗作放到相应历史环境中去。如释"变风",引多家所言来讲述政衰之后的诗人反应。释《邶风》时,引《诗谱》所言,叙述尤其是郑玄《诗谱》,详述邶鄘卫三国兴衰历史,从而阐述"变"之兴起:"当周夷王时,卫国政衰,变风始作。作者各有所伤,从其国本而异之,为邶卫之诗焉。"②如释"变小雅",他引郑玄《诗谱》、皇甫谧之说,"宣王三十三年,王伐鲁,诸侯从此而不睦,盖周衰自此而渐也"。首篇"变小雅"《六月》,尽管他本人不置一词,却引述多家,将《六月》本事揭示出来,即记述宣王某年"六月北伐"。又如"变大雅",吕氏没有做出专门解释。对于首篇《民劳》,吕氏采信《序》言"召穆公刺厉王"之说。这些解说,皆将诗作放到历史背景中,关注诗歌创作的本事,从而形成《读诗记》解诗方面的一个重要特征。

　　其次,诗史互释。姚永辉曾撰《论吕祖谦〈吕氏家塾读诗记〉中的"诗史互释"》讨论此点,认为"吕书"中呈现出多种方式,"有以史释《诗序》者,有以史释词义、以史释诗句之义者、有以诗质疑史书之误者、借诗论史者"③。大略而言吕祖谦的"诗史互释",可分解为"以史释诗""以诗证史"和"借诗论史"三个方法。

　　将诗作放置到历史背景中理解,有着悠久的历史,汉代诗学"美刺说"的理论基础,恐怕就是追寻诗人的生活社会环境。《毛诗》之《序》,多将诗作与特定时代事件相联,为郑玄、陆德明和孔颖达等人发扬,形成《诗》学中"论世"的悠久传统。吕祖谦尊《序》、引郑玄《诗谱》之论,自然会继承这

①　《吕氏家塾读诗记》卷一,《儒藏精华编》第 25 册,第 39 页。
②　《吕氏家塾读诗记》卷四,《儒藏精华编》第 25 册,第 72 页。
③　《诗经研究丛刊》2005 年第 1 辑,第 65 页。

一点,甚至会加深。如《关雎》《葛覃》,乃至《鹊巢》等篇,《序》言"后妃之德",吕氏引杨时之论,坐实"文王之妃",进一步将诗作的时代确定下来。①为了理解诗意,吕氏希望能知晓每一历史细节。如《羔裘》一诗,吕氏感叹诗中描写的服装已"无所考","观诗者亦得其大意,不必委屈琐细,拘于礼文"。②细味这句话,潜台词恐怕是为了理解诗作,希望能知晓诗作关涉的每一个历史细节。如他释《六月》诗中"日月为常,交龙为旗"等,联系"古之军制",辩驳郑玄以为"所服之号",就是充分掌握历史细节而得出合理解释。又如《车攻》第三章,言"搏兽于敖",特地引郑玄和孔颖达的解释后,自己解释"敖"的地理环境,还原周宣王在此"搏兽"的政治目的。③不仅如此,如果要从内容方面深入理解诗作,必须知晓诗中抒情主人公的心理机制。如《黄鸟》一诗第二章说:"宣王之末,民有失所者,意他国之可居也。及其至彼,则又不若故乡焉,故思而欲归",仔细揣摩特定历史情境中抒情主人公的内心世界,从而顺利解释三章结构安排的合理妥当。④

吕祖谦曾说:"看《诗》即是史"⑤,自然会有"以诗证史"的倾向。我们知道,唐末孟棨《本事诗》曾提出杜甫诗作乃"诗史"之说。⑥宋代诗评家,多以"诗史"目杜诗,以为诗人运用诗生动展示了唐代的社会风貌。吕祖谦以此眼光阅读《诗经》,感觉能从中发现周代社会由盛而衰的变迁历程。在《车攻》末尾,他说:"欲明文、武之功业者,观诸"《车攻》《吉日》描述的"搜狩之礼""足矣"。⑦又如《鸿雁》一诗,他认为展示了"当时君臣,其于民恻怛深

① 《吕氏家塾读诗记》卷三,《儒藏精华编》第 25 册,第 57 页。

② 《吕氏家塾读诗记》卷二,《儒藏精华编》第 25 册,第 45 页。

③ 《吕氏家塾读诗记》卷一九,《儒藏精华编》第 25 册,第 325 页。

④ 《吕氏家塾读诗记》卷二〇,《儒藏精华编》第 25 册,第 341 页。

⑤ 《东莱集》外集卷六,文渊阁《四库全书》本,第 1150 册,第 436 页。

⑥ 孟棨:《本事诗》:"杜(杜甫)所赠二十韵,备叙其事,读其文,尽得其故迹。杜逢禄山之难,流离陇,毕陈于诗,推见至隐,殆无遗事,故当时号为诗史。"(《历代诗话续编》,中华书局,1985 年,第 15 页)

⑦ 《吕氏家塾读诗记》卷一九,《儒藏精华编》第 25 册,第 330 页。

厚"，故而能有宣王"中兴"。又如，他从《庭燎》一诗看到"宣王将朝而屡问其志，虽勤然未能安定凝止，跃然有喜事之心焉，斯其所以不能常也"。这些解释，都将诗作看成反映了历史结局的事实记述。

通过将诗作放到历史语境来考察，解释者很容易会顺次探索古今成败的缘由，吕祖谦在解释部分诗作时就有此倾向。他重视历史经验的总结，故而有时会借其他历史事件来解说自己阐发出来的道理。他喜欢触类引申，联系历史事实，来说明自己的观点。《读诗记》一方面引用他人论述，一方面则喜欢对诗意进行引申发挥。如说《樛木》篇时，联系"汉之二赵，隋之独孤，唐之武后，其祸至于亡国"，反衬后妃应该如何"乐"得君子。[1]又如《祈父》一诗，他认为"读是诗，见宣王变古制者二焉"，即"以宿卫之士从征役"和破坏"有亲老而无它兄弟""当免役征"的"成法"。整首诗作是"责司马，不敢斥宣王"。吕氏马上援引越王勾践伐吴前对军士说："有父母耆劳而无昆弟者，以告。"对比之下，吕氏以为，这说明了周从厉王到平王四代君主为何日渐衰微的关键。再如《小弁》最后一章，引述唐代故事为证。德宗将废太子立为舒王，李泌进谏劝阻引此章"君子无易言，耳属于垣"。吕氏进一步揭示诗作主旨为："推本乱之所由生，言语以为阶。"[2]显然，此类论说远超诗作内容，解释者只是借题发挥自己的历史观念，实为以诗探寻社会道理。[3]

最后，借诗言理。有学者已经指出，吕祖谦有"以理说诗"的倾向。[4]确实，上文已经揭示，吕祖谦喜欢透过诗作，探究政治盛衰的基本原因，就是一种讲求道理的体现。吕祖谦总括诗篇大义时，喜欢讲一番大道理。如在《卷耳》篇中他说"夫妇一体也，位虽不同而志不可不同"，后妃向善则"王

---

① 《吕氏家塾读诗记》卷一，《儒藏精华编》第 25 册，第 30 页。
② 《吕氏家塾读诗记》卷二〇，《儒藏精华编》第 25 册，第 362 页。
③ 《吕氏家塾读诗记》卷二〇，《儒藏精华编》第 25 册，第 338 页。
④ 杨延：《从以理说诗看〈吕氏家塾读诗记〉的宗毛倾向——兼论〈吕氏家塾读诗记〉的学术成就》，《诗经研究丛刊》第十九辑，2011 年第 1 辑，第 330 页。

者"就能良好。从《关雎》篇末所言天理,转而讨论人际伦理,颇有点"齐家治国平天下"的意味。"凡圣共一区",道理乃天下人的道理,王、后何尝能超越于它。借着解《采苹》一诗,吕祖谦说:"自天子之后妃,至于大夫之妻,共由一道,因其所处之广狭,而有敛舒焉。"①境遇万千,每个人的生活缤纷多彩,何尝能逃出道理的笼罩呢。

　　道理玄远,人情可知,如《终风》一诗,吕祖谦从"母子之间,恩意本易复",来解释"愿言则怀",原来"母子之间,感通本无间"。②《诗经》中的作品,涉及人类生活的诸多方面,可谓西周至春秋末期社会的百科全书。吕祖谦意识到此,故而能将诗作中总结的"道理",用历史事实来佐证。比如,上文所言《卷耳》之后妃,如果失德结果会如何呢? 借着讲《樛木》篇,吕祖谦以为后妃德性缺失,就会导致破家亡国。引导读者知晓天理人道,恐怕是《读诗记》的基本关切之一。

　　与吕祖谦《读诗记》编定同时,朱熹正在编辑《诗集传》。淳熙四年(1177),《诗集传》初稿完成,多据《诗序》立说,吕祖谦多所采纳,题为"朱氏曰"。有关朱、吕二人之间的异同,历来受人注意,明末顾起元为《读诗记》作序曾列出四点:

　　　　文公取夹漈郑氏诋諆《小序》之说,多斥毛、郑而以己意为之序;成公则尊用小序且谓毛诗率与经传合为独得其真,其异一也。

　　　　文公释思无邪谓劝善惩恶究乃归正,非作诗之人皆无邪;成公则直谓诗人以无邪之思作之云耳,其异二也。

　　　　文公以桑中、溱洧即是郑卫,二雅乃名为雅;成公则谓二诗并是雅声,彼桑间、濮上圣人固已放之,其异三也。

　　　　文公以二南房中之乐、正大小雅朝廷之乐,商颂周颂宗庙之乐,

---

① 《吕氏家塾读诗记》卷三,《儒藏精华编》第 25 册,第 60 页。
② 《吕氏家塾读诗记》卷四,《儒藏精华编》第 25 册,第 79 页。

桑中溱洧之伦不可以荐鬼神御宾客；成公则谓凡诗皆雅乐也，祭祀聘享皆用之，惟桑濮郑卫之音乃世俗所用，元不列于三百篇数，其异四也。①

诚如洪湛侯所评，这些评论，"大致都已说到"两家的主要分别。吕祖谦认为，"鲁、齐、韩、毛，师读既异，义亦不同。以鲁、齐、韩之以尚可见者较之，独《毛诗》率与经传合"，故而遵从毛《诗》之说。朱熹则受郑樵的影响，完全抛弃《毛诗序》。自苏辙仅保留《大序》以来，宋代学者对诗《序》颇为怀疑。吕祖谦似乎有点逆流，保留诗《序》，再取舍参考各家解说。如对《诗大序》有着详细的解释，而朱熹《诗集传》则径直删去，以成一家之说。对此，朱子曾有自述，称"某向作诗解文字，初用小序，至解不行初，亦曲为之说"②。后来干脆放弃，"及去了小序，只玩味诗词，却又觉得道理贯彻"③。这便是一种"文学"读解法，尽量以文字文本为依据。

吕祖谦认为，完全抛弃汉儒传注"而求新说"，"此极害事"。④前述已经揭示，吕祖谦揭示变风、变雅，皆承郑玄、陆德明等人而来。这一点，与后来完成定稿的《诗集传》对待前代训解的态度有着巨大差别。如在有关"兴"的解释中，吕祖谦引述郑玄、孔颖达、陆德明、王安石和程颐等人的观点，多言"譬喻"之意。且引朱熹之言："因所见闻，或托物起兴，而以事继其声，《关雎》《樛木》之类是也。"⑤此类解释，多偏向认为"兴"为一种思维方式或心理动机。朱熹后来给出的解释更为简明，说"兴者，先言他物以引起所咏之词也"⑥，完全落实到文学阐释上来，忽略对原初语境的考察，含义似乎更为狭窄偏激。

---

① 朱彝尊：《经义考新校》卷一百七《诗》，上海古籍出版社，2010年，第2000页。

② 《朱子语类》卷八〇，第2084页。

③ 《朱子语类》卷八〇，第2085页。

④ 《东莱集·外集》卷六，文渊阁《四库全书》本，第436页。

⑤ 《吕氏家塾读诗记》卷一，《儒藏精华编》第25册，第20页。

⑥ 《诗集传》卷一，第2页。

然而朱、吕之间有着大量相通之处。尽管吕氏所引乃朱氏 47 岁前的看法，多与后来相异，然大致方向没有太多变化。朱熹《诗集传》引"东莱吕氏"所言，凡三十来条。如解《君子偕老》，朱熹就引吕氏对篇章的解释：首章之末云"子之不淑，云如之何"，责之也；二章之末云"胡然而天也，胡然而帝也"，问之也；三章之末云"展如之人，之媛也惜之也"，正是"辞益婉而意益深"。①互引现象，表明他们互相欣赏对方的观点。

两人之间的相通，首先体现在解释方法上，都属"以诗解《诗》"。朱熹《诗集传》概述《关雎》大意说：

> 为此诗者得，其性情之正，声气之和也。盖德如雎鸠挚而有别，则后妃性情之正，固可以见其一端矣。至于寤寐反侧，琴瑟钟鼓，极其哀乐而皆不过其则焉，则诗人性情之正，又可以见其全体也。独其声气之和，有不可得而闻者，虽可恨，然学者姑即其词而玩其理，以养心焉，则亦可以得学诗之本矣。②

尽管朱熹意识到孔子所言包含音乐属性，然而现实则只能阅读文本，故而他希望读者能看到"诗"和"诗人"两个对象，以及二者之间的内在关联。如此一来，读者需透过文字探寻到作者的用心，进而明白世界万象背后的道理，令内心充实豁朗。在《诗集传》中，朱熹非常重视揭露诗歌作者，如认为《葛覃》《卷耳》为"后妃所自作"，故而常言"诗人"为何以及如何作诗，如《桃夭》第一章为"诗人因所见以起兴，而叹其女子之贤，知其必有以宜其室家"。③确如钱穆曾有允当评价，说他"能以文学家的眼光读《诗》……解

---

① 《诗集传》卷三，第 38 页。
② 《诗集传》卷一，第 3 页。
③ 《诗集传》卷一，第 6 页。

脱了经学的束缚,而回归到理学家的义理"①。朱熹希望读者能从"诗中"读出大道理来。

吕祖谦同样有此动机,在《读诗记》中引述杨时之话,张扬"体会"的欣赏方法。杨氏说:

> 诗全要体会。何谓体会?且如《关雎》之诗,诗人以兴后妃之德,盖如此也,须当想象雎鸠为何物。知雎鸠为挚而有别之禽,则又想象关关为何声。知关关之声为和,则又想象在河之洲是何所在。知河之洲为幽闲远人之地,则知如是之禽其鸣声如是、而又居幽闲远人之地,则后妃之德可以意晓矣。是之谓体会。②

"体会"最为核心的意思,恐怕是要读者设身处地,想象诗人创作时所见。这样的读解方法,是强调关注诗作文字内容而非仪式功能,以寻求创作的缘由和心理。落实到具体的解释,吕氏将《关雎》一诗分为三章,探讨创作构思的内在逻辑,颇有点文章赏读的意味。至于全诗要旨,吕氏开始自我发挥,以为《关雎》一诗言"后妃之德",譬喻"坤德也"。吕氏进一步引申说:"唯天下之至静,能为配天下之至健",颇有点玄思色彩,故而"万化之原,一本诸此"。相对朱熹而言,吕祖谦步子迈得更大,希望读者能从一首短短的《关雎》中体悟到宇宙妙理。

在朱、吕二人的解释中,"诗人"一词可谓比比皆是,恰好说明所用视角的类似。他们明知《诗经》为周代礼乐经典,然而仅有文本内容可以探讨学习,故而阐释的重心有二:一是寻绎诗人作诗之心,二是探索诗人的道德关怀。这一点,集中体现在对郑、卫之诗的解读上。在讲《卫风·桑中》一

---

① 钱穆:《朱子新学案》第4册,三民书局,1971年,第65~66页。

② 《吕氏家塾读诗记》卷一,《儒藏精华编》第25册,第25页。

诗时,吕祖谦认为,《诗经》中有一种"劝"善之诗:

> 桑中、溱洧诸篇,几于劝矣。夫子取之何也?曰:诗之体不同。有
> 直刺之者,新台之类是也;有微讽之者,君子偕老之类是也;有铺陈其
> 事不加一辞而意自见者,此类是也。或曰后世狭邪之乐府冒之以此诗
> 之序,岂不可乎?①

吕氏概括的三类"劝"诗,内容恐怕都涉嫌"狭邪"。这就需要回答一个古老
的问题:为何要选入此类诗作呢?他援引孔子所言"思无邪",以为"诗人以
无邪之思作之,学者亦以无邪之思观之,闵惜惩创之意隐然自见于言外"。
从音乐角度而言,回到春秋时代,"雅、郑不同部","桑间濮上之音",为"郑
卫之乐","世俗之所用"。"桑中、溱洧诸篇作于周道之衰,其声虽已降于烦
促,而犹止于中声。"从文艺角度而言,"其辞虽近于讽一劝百,然犹止于礼
义"。他引范氏言《鹑之奔奔》"卫诗至此,而人道尽、天理灭"②。恶的展示,
实为呼唤善心,甚至需要《相鼠》一类疾恶如仇的痛责呵斥。

有趣的是,朱、吕二人皆引述程颐、杨时等人所言。解《蝃蝀》时,吕祖
谦引程颐所言:

> 人虽有欲,苟惟欲之从则人道废,而入于禽兽矣。女子以不自失
> 为信,所谓贞信之教。违背其父母,可谓无信矣,命正理也。以道制欲,
> 则能顺命。③

朱熹《诗集传》解释《蝃蝀》,同样引述程颐此言,要读诗之人明白"天理之

---

① 《吕氏家塾读诗记》卷五,《儒藏精华编》第 25 册,第 107 页。
② 《吕氏家塾读诗记》卷五,《儒藏精华编》第 25 册,第 107 页。
③ 《吕氏家塾读诗记》卷五,《儒藏精华编》第 25 册,第 107 页。

正"，"以道制欲，则能顺命"。①朱熹对《诗序》所作解释中，注意解释诗作教化人心的功能，说：

> 夫子所谓"思无邪"者又何谓邪？曰：《大序》指《柏舟》《绿衣》《泉水》《竹竿》之属而言，以为多出于此耳，非谓篇篇皆然。而《桑中》之类，亦止乎礼义也。夫子之言正为其有邪正美恶之杂，故特言此以明其皆可以惩恶劝善，而使人得其性情之正耳。非以《桑中》之类，亦以无邪之思作之也。

朱熹认为，《诗经》中的诗篇，绝非仅有"正"，亦有"邪"，需要读者"思无邪"，方能得"性情之正"。两人这一共同倾向，可从《诗集传》对《陈风》的总括引吕祖谦得到直观体现：

> "变风"终于陈灵。其间男女夫妇之诗一何多邪！曰：有天地然后有万物，有万物然后有男女，有男女然后有夫妇，有夫妇然后有父子，有父子然后有君臣，有君臣然后有上下，有上下然后礼义有所错。男女者，三纲之本，万事之先也。正风之所以为正者，举其正者以劝之也。变风之所以为变者，举其不正者以戒之也。道之升降，时之治乱，俗之污隆，民之死生，于是乎在。录之烦悉，篇之重复，亦何疑哉！②

从天地万物，到人事男女，吕氏所见，体系完备、逻辑严明，辅以排比修辞，读来令人动容。看来，朱、吕二人尽管有所分别，但是基本关切一致，皆立足文本解释，甚至以诗言诗，希望从中揭示天理人心的大道理，以实现教化功能。这一套道理，为《诗经》学的解释提供了"宇宙论、本体论"的论述

① 《诗集传》卷三,第42页。
② 《诗集传》卷七,第110页。又见《吕氏家塾读诗记》卷一三,《儒藏精华编》第25册,第229页。

《诗》《书》《礼》《乐》：宋明儒学的性道神化

支撑，引导学者将学习《诗经》当成一种"存天理、灭人欲"的"道德实践"。①

吕祖谦身后，南宋末期的严粲，承《读诗记》作《诗缉》三十六卷。淳祐戊申（八年，1248）自序说："二儿初为《周南》《召南》，受东莱义，诵之不能习。余为缉诸家说，句析其训，章括其旨，使之了然易见。"他教导孩子用吕氏著作，表明他基本肯定《读诗记》的做法，却有自己的想法："小序"首句为"国史所题"，值得保留；之后"说诗者之辞"为"后序"，不采纳者甚多，②体例与吕氏相同，如卷一将《大序》分为十六节，讨论如下问题：一，关雎之化；二，名风之义；三，诗出于人情之真；四，声音与政通；五，诗贯幽明；六，先王用诗以化天下；七，论六义；八，风之正变；九，变风变雅之所以作；十，独论变风；十一，风雅之别；十二，大小雅之别；十三，论颂；十四，论四始；十五，二南分系；十六，关雎之义。这些论述多有新意，如说大小《雅》之悲，为"体之不同"，因为"优柔委曲，意在言外者，风之体也。明白正大，直言其事者，雅之体也。纯乎雅之体者为雅之大，杂乎风之体者为雅之小"。落实到具体诗篇的寻解，体例基本跟吕氏相同，采纳各家之说，多见"诗记"，即《读诗记》，故而解释诗意时多有继承。遇有疑难，以己意训解，甚至能运用统计方法。③如严粲在讲《卷耳》时说："经有三'周行'，《卷耳》《鹿鸣》《大东》也。"④又如《菁菁者莪》第一章"既见君子，乐且有仪"句下说"今考诗中'既见君子'重言二十有二，见于九诗：《汝坟》《风雨》《唐·扬之水》《车邻》《出车》《颊弁》《隰桑》及本诗"，"皆述喜之之情"。这种文本内部横向比照的方法，能够抓住语词的意义关联，得出贴近这部书的更为合理的解释。不仅如此，严粲作为诗人，颇能知晓诗人用心，以及相异情境下语词的含义有别，故而做到细致入微。四库馆臣评价说："深得诗人本意，至于音训

---

① 陈来：《宋明理学》，华东师范大学出版社，2004年，第11页。

② 严粲：《诗缉》卷一，听彝堂嘉庆庚午本，第9页。

③ 这一点，洪湛侯《诗经学史》曾有详细讨论和中肯评价（见第359页）。

④ 严粲：《诗缉》卷一，听彝堂嘉庆庚午本，第22~23页。

疑似、名物异同,考证尤为精核。宋代说诗之家,与吕祖谦书并称善本,其余莫得而鼎立。"①严氏本人也是非常得意,称"诗之兴几千年于此矣,古今性情一也。人能会孟氏说诗之法,涵泳三百篇之性情,则悠然见诗人言外之趣。毛郑以下且束之高阁此书覆瓿可也"②。

严粲走的仍然是一条"以诗解《诗》"的道路,多用"诗人"这一概念,表明自己想要寻解的方向,也会用到"以诗证诗"的方法,为作品提供相应的社会语境。然而相较于《诗集传》《读诗记》重视"道理人情"的揭发,作为面向童蒙的读本,严粲更倾向于知识的传播和习得,每每只是点到为止,不作过多生发。如他在讲《桑中》大意时说:"或以《桑中》为淫奔者所自作,则非。所谓止乎礼义矣,当从国史所题以为刺也。"尽管他非常尊重《读诗记》并加以引用,但阐释指向确与其有较大差异。

第二节　寻诗:王质《诗总闻》的阐释理路

中国古代经学发展至北宋,发生巨大转变,疑古之风劲吹,商榷汉唐先儒,甚至怀疑经典文本,产生多家"新"说。③至庆历以后,刘敞、欧阳修和王安石等人推动疑古新潮,《诗经》学迎来重大转折。南宋朱熹(1130—1200)作为此学术风潮的"个中人",曾言:

> 《诗》自齐、鲁、韩氏之说不传,而天下之学者尽宗毛氏。毛氏之学传者亦众,而王述之类,今皆不存。则推衍毛说者,又独郑氏之笺而

已。唐初诸儒为作疏义，因讹踵陋，百千万言，而不能有以出乎二氏之区域。至于本朝刘侍读、欧阳公、王丞相、苏黄门、河南程氏、横渠张氏始出己意，有所发明。虽其浅深得失有不能同，然自是之后，三百五篇之微词奥义乃可得而寻绎，盖不待讲于齐、鲁、韩氏之传，而学者已知《诗》之不专见于毛、郑矣。①

"疑经""废序"可谓此一潮流的基本动向。与朱熹《诗集传》同时稍晚，王质（1135—1189，字景文，号雪山）《诗总闻》即为三家"废诗序"的代表性作品。②

自宋至清，虽有学者称述及四库提要之类评价，学者多重视郑樵与朱熹的论述，而忽视了王氏的诸多创见。近二十年来学界始有专文讨论，如李家树对《诗总闻》的成书背景、体例、内容大要及其文学观进行梳理阐发。③接着，郝桂敏初步考察了《诗总闻》的编排与体式特点、论诗宗旨与小序之间的关系和注释特点三个方面的问题。④又有洪湛侯将王质放到"注意到《诗》的文学特点"一章来讨论，以为他解诗"常能从文学角度入手，与汉唐人从训诂入手，每有不同"，"带给人一些新的气息"。⑤徐雁平围绕"因情求意"来说明，则更为深入地解析了王氏解释《诗经》的内在关怀，对前三人略显片面与零散的论述有了超越。⑥又有叶洪珍的硕士论文，试图"通过对王质《诗总闻》文本的细读精思，对《诗总闻》进行翔实地分析和阐述，给予它公允的评价"，论述全面却失之过浅。⑦这些研究不断推进，然有关《诗总闻》阐释的某些特质尚留有较大讨论空间，如书中阐释学具有严密

---

① 朱熹：《〈吕氏家塾读诗记〉后序》，《儒藏精华编》第25册，第17页。
② 《四库全书总目》卷一五《诗总闻》，第122页。
③ 李家树：《〈诗经〉专题研究》，太白文艺出版社，2001年，第57页。
④ 郝桂敏：《王质和他的〈诗总闻〉》，《沈阳师范学院学报》，2001年第4期。
⑤ 洪湛侯：《诗经学史》，第397~400页。
⑥ 徐雁平：《王质〈诗总闻〉中的"因情求意"》，《南京大学学报》，2003年第2期。
⑦ 叶洪珍：《王质〈诗总闻〉考论》，新疆师范大学，2007年。

体系,而过往研究多未能清理明晰。有感于此,现聚焦《诗总闻》的阐释实践,希望能进一步摸清该书的内在理论特色。

《诗总闻》二十卷,独创"闻"之体例,"取诗三百篇,每章说其大义。复有闻音、闻训、闻章、闻句、闻字、闻物、闻用、闻迹、闻事、闻人之别。又问为总闻。而闻南、闻风、闻雅、闻颂,冠于四始之首"①。具体而言,首先,在南、风、雅和颂之前,以"闻"的方式来总括阐述其含义;其次,对每一首诗分章解释,随机附录闻音、闻字等补充训诂语词;最后,每首诗作皆以"总闻"加以概述阐发诗作大意,颇有笺注意味。由于前人对此讨论已多,这里将重点回到该书阐释《诗经》的方法上来。

王质解诗继承欧阳修"本义"传统,行文中直接点明参考"欧阳氏"。如释"宛丘",引"欧阳氏:'今地形则然'"。②又《雨无正》第一章,王质言"欧阳氏"曾疑之。③至于参考其他宋人论述,则多以旧说或有人说来代指。④这都表明了王质解说的直接学术渊源。欧阳氏主张"先儒于经不能无失,而所得固已多矣。尽其说而理有不通,然后以论正之"⑤,强调面对前人解释,既要虚心看到优长和发明,也要大胆怀疑是否合理、畅达。四库馆臣评价《诗本义》说:

> 修作是书,本出于和气平心,以意逆志,故其立论未尝轻议二家,而亦不曲徇二家。其所训释,往往得诗人之本志。⑥

正是看到欧阳氏的阐释立足"诗"作,四库馆臣承认:"文士之说诗,多求其

---

① 《四库全书总目》卷一五《诗总闻》,第 122 页。
② 王质:《诗总闻》卷七,《丛书集成》本,第 121 页。
③ 《诗总闻》卷一九,第 121 页。
④ 《诗总闻》卷一二,第 198 页。
⑤ 吴充:《行状》,《欧阳修全集》,中华书局,2001 年,第 2693 页。
⑥ 《四库全书总目》卷一五《毛诗本义》,第 121 页。

意;讲学者之说诗,则务绳以理。互相掊击,其势则然。"①确实,由于阐释主体学养传统、关注对象有别,擅长文学之人往往注重诗章旨意,而理学家们多借由解诗来生发道理。《诗本义》略偏向"文学一路",每篇诗作之后往往用"诗本义"来解释"诗"之"本义"。如释《何人斯》:

> 古今世俗不同,故其语言亦异。所谓鱼梁者,古人于营生之具,尤所顾惜者。常不欲他人辄至其所,干诗屡见之。以前后之意推之,可知也。②

古今世俗变换、语言歧义,故而后人"推诗",须进入文本前后推求。这一体例,应该启发王质以"总闻"来探讨诗篇大意。他继承欧阳修求"诗本义"的思想,"寻诗"成为一个常见"术语"。如解《野有死麕》一诗:

> 寻诗,亦正礼,亦正男女,俱无可议者。旧说以为不由媒妁诱道也。所谓道者,即媒妁也。以为不以雁币,虽定礼有成式,亦当随家丰俭。夫礼惟其称而已,此即礼也。文王之化,何厚薄于男女。贞女不受陵于暴男,固为美也。暴男敢肆陵于贞女,抑何暴耶。此与序行露之诗,皆所不晓。③

诸如此类甚多,如《郑风·将仲子》之诗"总闻"说:"寻诗,乃以父母不欲为辞此事。"④又《郑风·大叔于田》之诗"总闻"言:"公子吕所谓请除之,无生民心子封,所谓可矣,厚将得众。寻诗,有此理。"⑤又《郑风·清人》之诗"总

---

① 《四库全书总目》卷一五《毛诗本义》,第 121 页。
② 欧阳修:《诗本义》卷八,《四部丛刊》,第 2 页。
③ 《诗总闻》卷一,丛书集成初编本,第 20 页。
④ 《诗总闻》卷四,丛书集成初编本,第 70 页。
⑤ 《诗总闻》卷四,丛书集成初编本,第 71 页。

闻"说:"寻诗,军容士气可见,高克之心,亦可见三军之意。"①又《魏风·陟岵》之"总闻"说:"毛氏父尚义、母尚恩、兄尚亲。寻诗,子、予季、予弟之辞,皆亲也。"②这几例皆明言依据诗歌本身文意来寻解。

那么,如何来"寻"诗呢? 王质多次强调需要"细推"方能得到诗意。在《原例》之"闻章"和"闻用"中,皆言"以意细推"的方法。在《关雎》之"总闻",谈及有人怀疑孔子"哀而不伤"之"哀"当为"衷",王质郑重指出:"今于此诗从容讽咏,则孔子之意略见,况得其声耶。"③立足诗作本身,即可推求作者或编者之意,此乃孟子所言"以意逆志"的阐释实践。④对此,陈日强序言已有强调,称"以意逆志,自成一家,真能瘳瘵诗人之意于千载之上,斯可谓之穷经趣矣"⑤。注重"本文",可谓《诗总闻》的底色,在《原例》之"闻迹"中,王质强调"先绎本文,徐及他载";在"闻事"中强调"先平心精意,熟玩本文,深绎本意"。这些都表明,王质十分重视回归诗作本身,避免过多牵强附会,以便能追寻本来之"意"。

立足文本的诗意阐释,便会对他人解释有所取舍,势必怀疑乃至扬弃《小序》。《有女同车》之"总闻"即运用"寻诗"之法来辩证《小序》所言:"所见亲迎之礼,彼美之貌,似是与妇成礼,而非……此专拾其说,不惟寻诗不见,而亦与左氏不合,当是因姜姓为齐女,遂以郑忽附之,识者更详。"⑥《匏有苦叶》一诗"总闻"说:"《尔雅》……虽云兴于中古,隆于汉氏,细推止是汉儒相发明,以实训注,然亦非一人所为,所以多迕。"⑦阐释者依据诗歌本身来推求,可以寻到真切含义,进而能寻得字音、意义,以致质疑《尔雅》和

① 《诗总闻》卷四,丛书集成初编本,第72页。
② 《诗总闻》卷五,丛书集成初编本,第96页。
③ 《诗总闻》卷五,丛书集成初编本,第96页。
④ 王质相信孔子删诗之说,故《诗总闻》多言"圣人"存诗。
⑤ 陈日强:《〈诗总闻〉原序》,第1页。
⑥ 《诗总闻》卷四,丛书集成初编本,第76页。
⑦ 《诗总闻》卷二,丛书集成初编本,第32页。

《诗》《书》《礼》《乐》:宋明儒学的性道神化

《小序》所言。再如《东门之墠》的"总闻"称"寻诗，不见奔状，当作去声，犹言急投也"，从而怀疑《小序》和郑玄笺注所言刺"奔"之说。①

"文学"成为王质解释的基本眼光，从而能揭发诗作的音韵、章法和意蕴。从体例来看，"闻音""闻句"等，便会涉及叶韵、句法和章法等文学技巧的解释。如解释《小雅·巷伯》时，依据叶韵规律来判断、调整诗作分章。又如解释《桃夭》一诗，认为"诗举物，多花而后实，实而后叶"，"亦句法当尔"，着重凸显诗作句法之理。章法布局方面，《小雅·楚茨》一诗的章法，从如何"起辞"到"续辞"至"结辞"，都有详细讲解。这些都表明，王质尊重《诗经》中篇章的"诗作"属性。

王质将《诗经》篇章当成"诗"来解释，以至会引杜甫、陶渊明、班婕妤等人诗作为证。如《卷耳》之"闻物"释卷耳便说："杜氏所谓'登床半生熟，下箸还小益'"。又《兔罝》之"闻物"：取虎不一，用阱、用矢、用绳。见杜氏所谓："猛虎凭其威，往往连遭急缚。雷吼徒咆哮，枝撑已在脚。"此外尚有《击鼓》第一章下释意引杜诗"苦哉边地人，一岁三从军"、《硕鼠》之"总闻"引杜诗"城中斗米换衾裯，相许宁论两相直"、《蟋蟀》引杜诗"人生欢会岂有极，毋使霜露沾人衣"。《唐风·绸缪》引杜诗"今夕复何夕，共此灯烛光"等，多引一句而证。相较而言，《女曰鸡鸣》之"总闻"引杜甫《送王冰》："自陈剪髻鬟，鬻市充杯酒。上云天下乱，宜与英俊厚。回窈窕数公，经纶亦俱有。"不仅诗意，甚至还会通过引证来说明章法，如释《黍稷》之第四章引述说："杜氏《逸诗》句法，与此相似，极可玩味。"此类以后人之诗来释《诗经》，而忽视文学体式巨大变化，恐怕会有点不伦不类，王质坚持运用这样的方法进行阐释，恰好表明他更重视"诗"本身的相通，而非盲从前人解释。

"寻诗"就意味着落实到"诗"作本身，进而考察诗人的生命状态和创

---

① 《诗总闻》卷四，丛书集成初编本，第79页。

作情境。恰如赫施曾指出,阐释学有个无法回避的现实:文本来自作者的创作,为一切意义的开始。①孟子提出"以意逆志",具体解释历来有争论,或说通过诗意来获得作者之"志",或言以读者理解之意来接近赋诗者之"志"。王质倾向前者,自信通过推求诗人创作时面对的自然环境,能求得诗人创作缘起以把握诗作本义。如解《魏风·伐檀》曰:"睹河之清,感君子之洁。当是在清河、清漳附近。大率诗人触境而后兴辞,河本浑而以为清,或者即委曲解释,此谈诗之弊也。"②回到作者的创作现场,把握诗人感兴之由,可令"谈诗"之人抛开"委曲"附会。关注"诗人""作诗者",成为《诗总闻》阐释的基本指归。如解释《齐风·卢令》:"此当是旁观而为之夸誉也。能以仁为首辞,则作此诗者必有识者也。"③王质将阐释心思花到创作上来,克服古今时空隔膜,掌握诗人的创作情境,成为阐释的关键。

这恰好与欧阳修解诗注意古今互通的理念一脉相承。欧阳氏看到古今有差异,然而其间有道"理"相通。如解释《汝坟》说:"大夫之妻自伐薪,虽古今不同,其必不然。理不待论,则郑说之失可知矣。"④古今一理相通,自可理直气壮批评郑玄笺注的失误。阐释《青蝇》之时,他将此思想发挥到极致,声称"蝇之为物,古今理无不同,不知昔人何为有此说也。今之青蝇所污甚微,以黑点白犹或有之,然其微细不能变物之色"⑤。又如解释《角弓》时说:"张之则来,弛之则去,古今通。"⑥《文王》一诗,欧阳修同样声称"有命自天,此古今之常理"⑦。不唯"理"古今相同,人情往往古今相通。如解《皇矣》一诗时,欧阳修指出:"度、明、类、长、君、顺、比七者,皆古今常

---

① [美]赫施:《阐释的有效性》,王才勇译,生活·读书·新知三联书店,1991 年,第 16~17 页。
② 《诗总闻》卷五,丛书集成初编本,第 98 页。
③ 《诗总闻》卷五,丛书集成初编本,第 90 页。
④ 《诗本义》卷一《汝坟》,第 8 页。
⑤ 《诗本义》卷九《青蝇》,第 1 页。
⑥ 《诗本义》卷九《角弓》,第 4 页。
⑦ 《诗本义》卷一〇《文王》,第 1 页。

言。"正是如此,欧阳修论《玄鸟》一诗指出:"古今虽相去远矣,其为天地人物,与今无以异也。"①天地有常,人情、事物相同,这颇有点历史静态论的色彩,却也表明阐释者依据的理论具有强烈的"理"学意味。

王质深受欧阳修影响,看到《诗经》阐释中的古今悬殊带来的挑战,故而在"原例"中即说"凡鸟兽草木,是古物无异今物,但称谓差殊"。器物相同,道理相通,以此出发,考察诗人历史情境。如《草虫》之"总闻"说:"古风俗简,滋味薄,筋力劳。采蕨、采薇非端寄兴也。草木之实,饮食所资,虽妇人皆然,况男子习熟以为当然尔。"②又如《摽有梅》之"总闻"言:"古仲春会男女。仲春为正时,季春为末时。仲夏为过时。然节气犹有涉。四月而属三月者,亦为春也。梅实初存者,十之七,其次所存者,十之三。至取以筐。"③王氏的知识世界中,季节、草木、饮食、物候古今相同,以致人之生活习惯相似。

王质注重对地理环境的考察,从中发现诗作的一些旨意。如《十亩之间》联系魏国的地理风貌,认为该诗书写当地桑农的"促迫"气象。④又如《唐风·椒聊》第二章下言:"西北妇人大率以厚重文美,东南妇人以轻盈为美,故美女多归燕赵,此称硕大者,盖其风俗也。"为了证明自己所言,王质接着说:"尝见北方士女画图,皆厚重中有妍美态,与东南迥不同也。大率观汉蜀与吴越,即南北约略可见也。"⑤当时人们无法回北方中原,王质用汉中、巴蜀等地方来取譬。

回到古代历史情境,就能找到诗作写作背景。如《邶风·柏舟》之"总闻"曰:"古列国通疆,皆可之。然有所不忍,与何必怀此都异意。此人盖爱

① 《诗本义》卷一三《玄鸟》,第 13 页。
② 《诗总闻》卷一,丛书集成初编本,第 14 页。
③ 《诗总闻》卷一,丛书集成初编本,第 19 页。
④ 《诗总闻》卷五,丛书集成初编本,第 97 页。
⑤ 《诗总闻》卷六,丛书集成初编本,第 104 页。

君亲上者也。"①最为突出者,为《伯兮》之"总闻"曰:

> 蓬至秋则根脱,遇风则乱飞。萱草盛夏则吐花,深夏则凋。伐郑之
> 役,在秋,故皆举秋物寄意。背树而立,叹美草之已萎、不可复荣。恐君
> 子万一不幸也。当是已知王败绩,潘氏:彼诗人之攸叹。②

通过考察历史事件的具体时节,解释者似乎看到创作情境,甚至做到历历
在目,可设想诗人"背树而立"的感喟。看来,王质以为知晓历史情境,读者
就能知道诗"意",解诗者需要重构历史情境,以便能发现诗人创作可能受
到的刺激及其反应。

孔子曾经感叹文献总会有不足征的时候。王质已经发现,即便大量利
用当时能够找到的古器物资料③,仍会遇到古代历史事实无从考据的窘境。
确实,斗转星移之间,古代诗人创作之时的情境,已然无法追索。如《秦风·
渭阳》一诗,面对疑云密布的文字,王质只能说:

> 后之观诗者,于文既无所考,于《序》又不可全凭,惟精思细推至无
> 可奈何而后已。然事实虽亡,物情犹在,则亦未至于甚,无可奈何也。④

寻解诗意,总会遇到"无所考"的困境,此时便需要"精思细推"。这说明王
质的历史观念:历史境况有别,即便事实已经无从索解,仍有"物情"存在,

《诗》《书》《礼》《乐》::宋明儒学的性道神化

---

① 《诗总闻》卷三,丛书集成初编本,第43页。

② 《诗总闻》卷三,丛书集成初编本,第59页。

③ 在《诗总闻》中,王质曾多次利用当时《金石录》之类资料记载的"古彝器"来考古,如《闻
南》二中便提及"周卲宫(亦谓之师保宫)"来证明"周、召官也"之说。解释《大雅》《颂》中诗篇,王质
引述"古彝器",尤为常见。如卷一八释《大雅·江汉》第五章"文人",言"此文人召虎先世也,古彝器
多称文",接着引述"宰辟父敦""宝敦""师设敦""龚伯尊敦""牧敦"等。

④ 《诗总闻》卷六,丛书集成初编本,第118页。

故而能依靠推得诗意。如《王风·君子于役》之第二章后说："鸡牛羊皆在郊所豢养者也。今田野人家向暮多如此。"①阐释者运用当今风俗来推测古代状况。

历史已然过去，古代如何总需要根据文献和今存事物来推断，王质注重以今释古。如《兔罝》中释"罝，网也。今俗呼罝网"②。又如《采苹》之"总闻"曰："祭祀之菹，少用陆菜多用水蔬。陆菜非粪壤不能腴茂，而水草则托根于水，至洁，故馈食多用陆，祭食多用水。"③还有以今理来推断过去之事，如《王风·扬之水》之"总闻"，发现"诗有三扬之水、三羔裘、两黄鸟、谷风"，"非相祖述也。有此曲名，故相传为之。如乐府一种名，而多种辞，虽不同而声则同也。今诸曲亦然"。④此类以今释古，王质多次运用。如《东方之日》第二章解释说："即，就也。发，起也。履践也。凡足所就所起之地，皆履践之，俗谓一步踏一步也。"⑤对此种方法的自信，导致出现勉强以后世现象来推知古代历史，如《魏风·硕鼠》有"三岁贯女"一句，王质将"三岁"联系当时官员"三年为任"，说"三载考绩自舜法如此"，"周制"应该如此。⑥又如《齐风·著》之"总闻"称："当是贵势端事服饰，稍亏礼文，故女子有望辞。三进三见易服乎？疑辞而鄙辞，此女子必有识者也。今东人下流相语，皆以而杀声，玩易之意。"⑦他看到诗中每一章皆有三次语气助词"乎而"，联想到当时社会东边方言多用"而"结尾表达玩笑轻慢之意，故而将全诗解释为"讽刺"之作，颇显得牵强附会。相较而言，《毛序》言"刺时也。时不亲迎"、吕祖谦和朱熹言"亲迎"等解释，虽略显"牵强"，仍具有一定合理意

---

① 《诗总闻》卷四，丛书集成初编本，第64页。
② 《诗总闻》卷一，丛书集成初编本，第9页。
③ 《诗总闻》卷一，丛书集成初编本，第15页。
④ 《诗总闻》卷四，丛书集成初编本，第65页。
⑤ 《诗总闻》卷五，丛书集成初编本，第87页。
⑥ 《诗总闻》卷五，丛书集成初编本，第99页。
⑦ 《诗总闻》卷五，丛书集成初编本，第86页。

义。如何面对后代没有相似现象的窘况呢？解释《麟之趾》之"闻物"曰："当是此时见此物，故发为辞。诗人未有无见而强起兴者。今人不复见麟，遂谓古人搜物取象，此以己心度古心也。"①确实，今天无法见到的事物和现象，保不准过去曾有存在。

如何以今释古呢？上文已经涉及的方法，立足古今知识和道理层面，可以处理较为实在的对象，构拟起诗人创作时的外在历史语境。若要寻找诗作来源，尚需了解诗人创作时的心理和情思，以便能寻绎来自作者安排的诗志。这可谓中国古代一种指向诗人的悠久阐释传统。孟子曾提出"知人论世"这一中国古代著名的阐释学原则，希望读者借由文本的理解而走进作者世界，跨越时空局限与"善"士交友。

后代阐释者自然无法起作者于泉下，王质面对古代作品，用"今人"之"情"来揣摩推导。在《王风·中谷有蓷》之"总闻"他直接指出："今古虽异，人情不远也。"②在他看来，古人之心，恐怕与今人之心有通之处。"今人"怎么样，成为王质阐释中的起点和利器。如《柏舟》第四章释"寤辟有摽"一句云："辟，开也。摽，拊也。开其襟而拊心也。今人愤闷者，犹然。"③又如释《蝃蝀》之"莫之敢指"，提及"今人犹言不可指，指则手生肿也"，表明古风犹存，而人心亘古相似。最为明显者，当属《日月》一篇第四章所言："言诗凡无所愬者，多归天，次归日月，次归父母，不能堪者，多归死。今人犹有此态。"④以今天的人事来推断古代之事，必须立足古今"人情"相通，在《中谷有蓷》一诗的"总闻"中，王质更是直接指出"今古虽异，人情不远也"⑤。

这一点同样继承了欧阳修的阐释理念。欧阳氏以"人情"来推求"诗本

----

① 《诗总闻》卷一，丛书集成初编本，第 12 页。

② 《诗总闻》卷四，丛书集成初编本，第 65~66 页。

③ 《诗总闻》卷三，丛书集成初编本，第 43 页。

④ 《诗总闻》卷二，丛书集成初编本，第 27 页。

⑤ 《诗总闻》卷四，丛书集成初编本，第 66 页。

义",论《出车》时说:"诗文虽简易,然能曲尽人事,而古今人情一也。求诗义者,以人情求之,则不远矣。然学者常至于迂远,遂失其本义。"①沟通古今、读者诗人之间的桥梁为人情,顺此能接近"诗义",背离此法则迂回迷失。《诗总闻》同样高扬"人情"之说。如《谷风》之"总闻"说:"大率论古,当以人情推之。"②这些皆根据人情来畅想古代,成为王氏寻诗的基本方法。

立足"人情",王质以"推导"为实践,做出不少令人耳目一新的解释。如《凯风》为:"令人贤妇也。七妇未必皆不贤,而其子怜其母,故责其妇也。"③又如《郑风·女曰鸡鸣》之第一章下言:"当是君子与朋友有约,夫妇相警以晓,恐失期也。"④"当"字鲜明表明阐释者的注重"推理"寻诗。诗末"总闻"有言:"当是君子喜结客,妇人又好客,惟恐君子不得良友也。"⑤若遇"诗序"与"人情"相违,就会提出来以示批驳。在《郑风·溱洧》一篇中,王质批评旧说时言:"揆以人情,未必如此。相遇相谑之际,正世俗所谓奔路者也。"⑥从而强调诗作内容为"奔路"。

人情之中,反复常见者最具说服力,故王质多拈出"常情"加以阐述。如《泉水》之"总闻"说:"不见父母终之意,但言女子有行,与父母兄弟相远,此常事,亦常情也。"⑦又如《邶风·北风》之"总闻"说:"常情重迁,虚叹辞,非不欲徐而不可不急,只且皆叹声。屡叹者,深不欲去之意也。"⑧"常"字的运用,表明阐释者的求真意识,阐释既可指向作品的意旨,也可探索古今人生的道理。

继续王质的"人情"相通理念推导,恐怕古今诗人自无例外。在《竹竿》

---

① 《诗总闻》卷六,丛书集成初编本,第7页。
② 《诗总闻》卷二,丛书集成初编本,第33页。
③ 《诗总闻》卷二,丛书集成初编本,第30页。
④ 《诗总闻》卷四,丛书集成初编本,第74页。
⑤ 《诗总闻》卷四,丛书集成初编本,第75页。
⑥ 《诗总闻》卷四,丛书集成初编本,第83页。
⑦ 《诗总闻》卷二,丛书集成初编本,第37页。
⑧ 《诗总闻》卷二,丛书集成初编本,第39页。

一诗第一章,注释说:"今人寓物适意、泛舟垂纶,亦其常情。前人多见于吟咏之间。"①诗人之间存在相似,故而王质释诗还引用他人之诗文来强化阐述。如《绿衣》一诗的"总闻"云:"知古今多称古人者,言古有此,今当之也。班氏:'绿衣兮白华,自古兮有之'。"②此处即引用班婕妤《自悼赋》之句来加以证明。又如《鄘风·竹竿》之"总闻"说:"此去家妇人犹在卫,故不离淇水也。举目不见,举足难至,虽近亦以为远,所谓寸步千里,前人亦常见吟咏之间。"③参证具有重要意义,只有掌握足够多的诗作,方能深入明白诗人的用意。《东门之枌》第二章,王质说:"世传杜诗不读万卷书、不行一万里不可以观,而况古诗包罗万宇,上下数千年,诚未易轻易也。"王质更重视"诗"本身的相通,希望由博入约、汇通百代。如此,诚如前文已言,王质多引用杜甫之类后代诗作来加以论证。如释《唐风·绸缪》第一章"今夕",言:"今夕何夕,难逢忽遇之意也。后人多用,杜氏所谓'今夕复何夕,共此灯烛光'。然男子则易为妇人将如之何? 此必旁观者为辞,非抉摘其阴私,盖有所怜也。"④

　　以此往下细推,王质便要探索"诗"之本质问题。在《邶风·蝃蝀》之"总闻"中,王质申发道:"大率诗发于众,情出于众,辞难拘以定律也。"⑤在王质看来,"诗"出自"众"人之"情",故而能随时变化、随境迁徙。情之所起,诗作即出之,诗人没有特定性别、身份和时代,诗作内容可谓千状万态。如解《郑风·风雨》说:"妇于夫,多称君子。当是秋时,将旦而闻鸡,此妇人之情,所难处者也。方有所思而递见,故有兴悦愈疾之辞。"⑥阐释者通过聚焦诗句含义,推断人情物理,进而来追寻诗之主旨,而立足人之"情",可谓阐

---

① 《诗总闻》卷三,丛书集成初编本,第57页。
② 《诗总闻》卷二,丛书集成初编本,第25页。
③ 《诗总闻》卷三,丛书集成初编本,第57页。
④ 《诗总闻》卷六,丛书集成初编本,第104页。
⑤ 《诗总闻》卷三,丛书集成初编本,第48页。
⑥ 《诗总闻》卷四,丛书集成初编本,第80页。

释实践的核心。

　　抛开小序言诗的王质没有完全忘记孔子删诗之说，多以"圣人存之"来回应说明"思无邪"之意。如《陈风·月出》篇，王质以为"圣人存之者，著微舒君臣之分，虽恶母子之义，甚正也"①。又如在《旄丘》一诗"总闻"中，王质驳正《小序》之说，言："圣人必不以此无理之事存之，何以励为亲戚，且为臣子者也！"②又有《山有枢》《巧言》两诗，言"圣人存之"。四处"存之"，皆表明王质相信孔子删诗之说。圣人为何"存诗"呢？王质在《新台》一诗的"总闻"中郑重指出："圣人存诗，所以训世也。"于是，他展开引申：

> 圣人曰："诗可以兴，可以观，可以群，可以怨。迩之事君，远之事君。"审尔，则此等之诗，诚不可于君臣父子之间言之，则圣人所以为世训者，乃如此。往或进讲，及拱手不启口，既而以其实对云："有不可言于君父之前者，自此凡此类，悉不讲，遂以为常"，恐非圣人本意，而相承为诚然。

如此者尚有数处，如《相鼠》一诗"总闻"说："恶之欲其死，圣人以惑处之，岂肯存以为训也。"《考槃》一诗，王质说有"圣人忠厚之本意"。《氓》一诗"总闻"，认为该诗"此妇人之合，虽非正，然犹求媒。虽犯礼，然犹记善言……失行之妇人，如此可悯而不可绝，况其终有悔辞。此圣人所以存之。大率圣人所存，多近忠厚也"。《野有蔓草》一诗"总闻"，有着相似的表述，说"大率始无耻而终有惭，圣人多怜之，凡存诸诗，皆非斥绝者也"。此外《山有枢》《无衣》等诗，都会谈及"圣人存之"的用意。《月出》一篇"总闻"，王质认为该诗之所以"存之"。《雨无正》《巧言》等诗，也有此类阐述，希望将自己的解释，放到儒家礼乐诗教关怀的大背景中。

---

　　① 《诗总闻》卷六，丛书集成初编本，第127页。
　　② 《诗总闻》卷二，丛书集成初编本，第35~36页。

理也好，人情也罢，皆为后世之人推断。恰如前人已经言及，王质之说与朱熹之说颇有异同（很有趣的一个现象是，王质几乎没有引述程颐和吕祖谦的观点）。如《邶风》之《柏舟》《燕燕》《鹑之奔奔》《二子乘舟》,《郑风》之《狡童》《将仲子》《有女同车》《青青子衿》之类，皆与朱熹异类。王质解释诗作，努力克服一己之见，广泛参考前人论述，诸如小序、毛氏诂训、郑玄笺注、孔颖达疏、欧阳修本义、苏辙集传、王安石诗义和吕氏诗说，皆有取舍考虑。邱汉生辑校《诗义钩沉》时曾说："南渡以后，三经新义和字说作为官书完全罢废。但学者仍作为经注的一种进行学习。而称道它的渐少，有人提到，亦必须加上贬词，或予嘲讽。从此遂逐渐湮没。"①如果邱先生看到王质《诗总闻》引用"新义"，恐怕不会发出这样的判断吧。②

第三节　初心：袁燮、杨简《诗经》学的思想内核

秦汉以降，中国古代学术思想的主线，即紧紧贴合着经学的演进路径向前发展。《诗经》学的发展，与时代学术风气相表里。孔颖达《毛诗正义》,即采纳六朝诸多学者论述，吸收部分玄学思想，补充汉代学者论述中的疏漏。至两宋，道学兴起，深远地影响了《诗经》学的发展方向。在义理之学内部，理论视野和论述方式有别，主要有以朱熹为代表的理学系统及以陆氏兄弟为代表的心学言说。南宋《诗经》学，受两者影响，旨趣有所分野。杨简的《慈湖诗传》、袁燮的《毛诗经筵讲义》和舒璘的《诗学发微》,即为南宋"心学"路向《诗经》学的代表，与朱熹《诗集传》的取径有别，颇具特色。③过

　　① 邱汉生：《序》,王安石著，邱汉生辑校：《诗义钩沉》,中华书局，1982年，第5页。
　　② 据《诗义钩沉》"例言"，共自吕祖谦《吕氏家塾读诗记》、朱熹《诗集传》、严粲《诗缉》、段昌武《毛诗集解》和杨简《慈湖诗传》等《诗经》学著作及王安石《临川先生文集》等十种书辑录（第1页）。
　　③ 三书流传情况，学者已有考述，如刘毓庆《历代诗经著述考（先秦—元代）》(中华书局，2002年）。简言之，三书皆已散佚，但杨简和袁燮著作有四库馆臣据《永乐大典》辑录重编本。

往研究,较为重视杨氏而忽略袁氏,诸如《诗经》学史之类的著作,甚至宋代《诗经》学的专题研究,亦鲜有提及。今存《毛诗经筵讲义》对47篇《国风》加以绎解①,但该书"身份"特殊,顾名思义乃"崇政殿说书时撰进之本"②,授课对象为南宋皇帝宁宗赵扩。就《四库全书总目》来看,中国古代《诗经》学中,有此著述缘起而能流传至今者,可谓凤毛麟角,而袁氏著作一枝独秀。③袁燮如何运用自己的学术思想,试图借着疏注讲解古代诗篇,影响帝王的精神世界?带有如此关怀,出现哪些阐释特点?为《诗经》讲解,带来何等新变?此类问题,学界已有部分学者加以讨论,但尚有需要厘清之处,甚至此次讲义发生于何时各家论述皆未确切。④不仅如此,袁燮该书还系统阐述了自己的心学思想,可与《絜斋集》中的论述相呼应,乃南宋陆氏心学发展的重要文本,而中国哲学史领域的研究尚未能给予足够重视,论述尚需深入。⑤为此,现尝试考述袁燮讲义的阐释理路,重点探究两种关怀在阐释实践中的交融关系,希望能凸显心学一脉解释《诗经》的某些理论倾向。

袁燮(1144—1224),字和叔,号絜斋,明州庆元府鄞县(今浙江宁波)人。其生于宋高宗绍兴十四年(1144),孝宗乾道二年(1166)入读太学,淳

---

① 全书散佚,四库馆臣仅从《永乐大典》辑存,皆为《国风》,依次编为四卷。见《四库全书总目》卷一五,中华书局,1965年,第124页。

② 据王应麟《玉海》,此次经筵讲义为宋宁宗"嘉定九年(1216)",内容限于《国风》,即"二南"和"列国变风"。(见《玉海》,广陵书社,2016年,第554页)

③ 宋代从仁宗朝开始经筵侍讲《诗经》。(吴国武《北宋经筵讲经考论》,《国学学刊》,2009年第3期)其后,讲者日多,著作迭见,诸如乔执中《毛诗讲义》、廖刚《毛诗讲义》等,皆为经筵讲读的产物。

④ 与节文题目密切相关者,有黄忠慎《心学与政治之间——袁燮〈絜斋毛诗经筵讲义〉析论》(《台大中文学报》,第53期,2016年3月)。笔者本节内容草成于2013年,为整理《絜斋毛诗经筵讲义》之前言,曾与师友交流,当时即已拟今之题,且论说内容和重点与黄先生文有所差异,敬请读者明鉴。

⑤ 今有范立舟、於剑山:《南宋甬上四先生研究》(人民出版社,2014年),可谓中国哲学研究视野里袁燮思想研究的代表性成果,然很少从《絜斋毛诗经筵讲义》中的论述来展开讨论。近来,范立舟《南宋"甬上四先生"的〈诗经〉文献及其思想特质释论》对此方有所补充阐发(《地方文化研究》,2015年第4期,第1~7页)。

熙辛丑(八年,1181)进士及第,调任江阴尉。①绍熙五年(1194),宁宗嗣位,召为太学正,党禁兴起,因非议去职。嘉定元年(1208),召为宗正簿、枢密院编修官、权考功郎、太常少卿。次年,知江州。嘉定四年(1211),提举江南西路常平、权隆兴府(今江西南昌)事。两年后,召为都官郎官,兼国史编修、实录检讨官。嘉定七年(1214),迁秘书少监兼司业,进国子监祭酒,见诸生而言反躬切己之学。嘉定九年(1216),权礼部侍郎,升同修国史,实录院修撰,进侍讲,犹兼祭酒。嘉定十一年(1218),除礼部侍郎兼侍读,与主和朝臣不和,罢官归乡。嘉定十六年(1223),起知温州,旋以年事高辞,升直学士,奉祠如初,官至太中大夫。嘉定十七年(1224)八月二十八日卒。"公官自改秩十二迁为太中大夫,爵自鄞县男,再进为伯,食邑自三百户至九百户。"②同年八月,理宗即位,以显谟阁学士加秩二等致仕,赠龙图阁学士光禄大夫,官其后。绍定六年谥正献,学者称曰"絜斋先生"。絜斋,义为"洁净斋戒",出《文选·宋玉·登徒子好色赋》:"寤春风兮发鲜荣,絜斋俟兮惠音声",刘良注云"言见春发万物之荣,乃絜斋戒以待惠和之音。"《汉书·张禹传》说:"择日絜斋露著,正衣冠立筮。"《后汉书·明帝纪》说:"长吏各絜斋祷请,冀蒙嘉澍。"就此而言,不难看出袁燮的一些学风和思想倾向:关注存养功夫。

袁氏为四明世家大族,袁燮之父文,著有《名贤碎事》《瓮牖闲评》。③据

---

① 《建炎以来朝野杂记》之《史文惠荐十五人》:"史文惠自经筵将告归于小官,中荐江浙之士十五人,有旨并令赴都堂审察与内外升擢差遣,一时选也。所荐乃:薛象先、杨敬叔、陆子静、石应之、陈益之、叶正则、袁和叔、赵静之、张子智,后皆擢用之,其不至通显者六人而已。"案:史浩光宗绍熙五年(1194)卒,宁宗赐谥文惠。

② 真德秀:《显谟阁学士致仕赠龙图阁学士开府袁公行状》,《西山先生文集》卷四七,文渊阁《四库全书》本,第 1174 册,第 752 页。

③ 《清容居士集》卷三〇《海盐州儒学教授袁府君墓表》说:维袁氏,四明大族,縣处州太守讳毂,试开封府第一,登嘉祐四年进士第。佐苏文忠守杭,文忠为同年生,后赠光禄大夫。生仓部郎中讳灼,得罪,政和以归。生赠朝奉讳垧,朝奉生通议大夫讳文。通议生龙图阁学士赠少师讳燮,尝以礼部侍郎,专史事,谥正献,天下称为絜斋先生(文渊阁《四库全书》本,第 1203 册,第 406 页)。

袁燮所作《先公行状》及《叔父迪功郎监潭州南岳庙行状》《叔父承议郎通判常德府行状》，袁氏家族世业儒学，多精擅《诗》《书》，方法倾向"朴学"。① 这为袁氏日后经筵讲义《诗》《书》《中庸》等奠定基石。袁氏多次劝人读书，要万卷之后，方能融会贯通，故推崇"平生根柢学，万卷胸中蟠"②。今观袁氏留下的对策文书中，涉及知识面颇广，而所论皆能有根有底。

袁燮生时，四明文教兴盛，其与沈焕、舒璘、杨简并称为"明州淳熙四先生"，为当时浙东四明学派的代表人物之一，曾主讲于城南书院。袁燮讲学，必启发诸生"反躬切己，忠信笃实"，"其教多以明心为言，盖有见于当时学者陷溺功利，沉锢词章，积重难返之势，必以提醒为要"。③袁燮年高位重，可谓南宋时期的著名理学人物。朱熹《答滕德粹》曰："四明多贤士，可以从游，不惟可以咨决所疑，至于为学修身，亦皆可以取益。熹所识者：杨敬仲、吕子约，所闻者沈国正、袁和叔，到彼，皆可从游也。"④袁燮身后，有著名理学家真德秀(1178—1235)为他写行状。袁氏著作有《絜斋集》二十四卷、《絜斋后集》十三卷、《絜斋家塾书钞》(今本十二卷)和《絜斋毛诗经筵讲义》(今本四卷)等。后人袁士杰辑有《袁正献公遗文钞》。

袁氏学术思想，渊源陆象山，系心学一脉。袁氏生时，正值南宋道学大家朱熹(1130—1200)、张栻(1133—1180)、吕祖谦(1137—1181)、陆九渊(1139—1193)等人将道学运动进一步推向前进的发展时期。当袁燮进入太学，陆九龄为学录，开始接触陆氏学术，见陆九渊之"发明本心之指，乃师事焉"⑤。

陆氏义理之学，可概括为心即理，强调心与理通，称"盖心，一心也；

① 袁燮：《絜斋集》卷一六，《丛书集成》本，中华书局，1985年，第271页。

② 《絜斋集》卷二三，《送李左藏三首》其一，第374页。卷二四《送楼尚书赴诏》，亦言："愿公努力扶皇极，展尽胸中万卷余"。

③ 黄宗羲：《宋元学案》卷七五《絜斋学案》，中华书局，1986年，第2528页。

④ 朱熹：《答滕德粹》，《晦庵集》卷四九，《朱子全书》第22册，第2278页。

⑤ 《袁燮传》，《宋史》卷四〇〇，中华书局，1979年，第12147页。

理,一理也,至当归一,精义无二,此心此理,实不容有二"①。又说:"万物森然于方寸之间,满心而发,充塞宇宙,无非此理。"②理相当于心之本体,内涵为"仁",即"仁即此心也,此理也。求则得之,得此理也;先知者,知此理也;先觉者,觉此理也;爱其亲者,此理也;敬其兄者,此理也;见孺子将入井而怵惕恻隐之心者,此理也"③。所谓"此"者,当下直寻,却又普遍适用,陆九渊认为,"东海有圣人出焉,此心同也,此理同也;至西海、南海、北海有圣人出,亦莫不然。千百世之上有圣人出焉,此心同也,此理同也。至于千百世之下有圣人出,此心此理,亦无不同也"④。超越时空,超越个体,理心同一,是曰"天人同"。⑤

落实到存养功夫,陆氏呼吁人们寻找"此心",反对多欲,说:"夫所以害吾心者何也? 欲也。欲之多,则心之存者必寡;欲之寡,则心之存者必多。故君子不患乎心之不存,而患乎欲之多寡,欲去则心自存矣。"⑥欲与心相对,人们的修行,指向自我克服欲望,否则就会患病。陆氏教人,"人心有病,须是剥落。剥落得一番,及一番清明,后随起来,又剥落,又清明,须是剥落得尽方是"⑦。陆氏曾言自己学问的切入点,为"不过切己自反,改过迁善"⑧。修为一事,即去除多欲,让心健康,达到至善。⑨

袁燮继承陆氏学问,同样强调"心"。学生如何看待老师的学术思想?陆氏殁后二十年,即嘉定五年(1212)九月,作为门人,袁燮为陆氏文集作序,指出

---

① 陆九渊:《陆九渊集》卷一二,中华书局,1978 年,第 159 页。

② 《陆九渊集》卷三五,第 423 页。

③ 《陆九渊集》卷一,第 3 页。

④ 《陆九渊集》卷三六,第 483 页。

⑤ 当然,陆氏此心概念,是否有个人与群体之别? 陆氏曾言:"千古圣贤若同堂合席,必无尽合之理。然此心此理,万世一揆也。"(《陆九渊集》卷三四《语录上》,第 405 页)

⑥ 《陆九渊集》卷三二,第 380 页。

⑦ 《陆九渊集》卷三五,第 458 页。

⑧ 《陆九渊集》卷三四,第 400 页。

⑨ 陆氏学说中的矛盾和粗疏,明代王阳明曾有提及,学界亦多讨论。只是,非本文题旨,姑置不论。

陆氏强调"此心此理,贯通融会",故其学之核心为:"学问之要,得其本心而已。心之本真,未尝不善,有不善者,非其初然也。"①落实到修行,需要提防人"欲"遮蔽,回复到"本心"状态。确实,陆氏一生学问,大致不外"自始知学,讲求达道,弗得弗措,久而寝明,又久而大明,此心此理,贯通融会,美在其中,不劳外索"②。袁氏醉心陆九渊学说,称陆九渊之学为"北辰、泰岳"③。

能从陆氏问学,可谓袁氏一生感到幸运的事。袁氏认为:"先生之言悉由此出,上而启沃君心,下而切磨同志,又下而开晓黎庶。及其他杂然著述,皆此心也。"④二十年间,袁氏谨记老师教导,"字字切己",故刊布文集,感叹自己"亲承师训,向也跂望圣贤,若千万里之隔。今乃知与我同本,培之溉之,皆足以敷荣茂遂,岂不深可庆"⑤。由于杨时、袁燮等人传递陆氏之学,朱氏之学无法传入四明一带。宋代王应麟发现,"朱文公之学行于天下,而不行于四明。陆象山之学行于四明,而不行于天下"⑥。由此可见,袁燮等人对老师学说的坚守和阐发相当深入而持久。

袁氏之学,其子袁甫概括云:"谓学问大旨,在明本心。吾之本心,即古圣之心,即天地之心,即天下万世之心。彼昏不知,如醉如梦,一日豁然清明洞彻。圣人即我,我即圣人。"⑦此可谓陆氏之学的精要,以"心"出发统合时空差异,强调"理"的普世地位。正是如此,袁燮常言"心",如天心、民心、众心等,文集、讲义中比比皆是。

袁燮承陆九渊之学,引领人们发明本心,诚可谓陆学之继承发挥,故袁甫直接指出:"先君子之学,源自象山,明白光粹,无一瑕疵,可谓不失本

① 《陆九渊集》卷三六,第519页。
② 《陆九渊集》卷三六,第520页。
③ 《絜斋集》卷八,第108页。
④ 《絜斋集》卷八,第108页。
⑤ 《絜斋集》卷八,第108页。
⑥ 方回:《送家自昭晋孙自庵慈湖山长序性存子》,《桐江续集》卷三一,文渊阁《四库全书》本,第1193册,第651页。
⑦ 《絜斋家塾书钞原序》,《絜斋家塾书钞》,文渊阁《四库全书》本,第57册,第629页。

心矣。"①确实，袁燮自己曾强调"圣贤以为发，古今同一辙"②，学术大旨无出陆九渊之体系范围。

袁氏带着此类思想解读经典。上文引述袁甫《絜斋家塾书钞原序》，已然表明袁燮解释《书》的旨归。四库馆臣提要该书，更是直接指出："燮传陆九渊之学，故是书大旨在于发明本心，畅其师说。"③对于《诗经》的解释，袁氏同样运用此策略。

《絜斋毛诗经筵讲义》中，解说诗篇之先，每以"臣闻"引出一段话，摆明基本思想观念，作为自己解释的起点和框架。如解释《汉广》时，袁燮以"臣闻"引出自如下观点：

> 人生天地之间，所以超然独贵于群物者，以存是心焉尔。心者，人之大本也。是心苟存，虽至微之人，足以取重于当世。是心不存，虽贵为王公，其又奚取焉。④

古今相通、凡圣共心，诗人创作用心，自可把握。天下人之心，即"人情"，乃人们所共有。人与人之间，通过诗篇可以交流"此心"，乃心学一派解释《诗经》的核心关怀。

以"心"为基石，袁燮继而用"人情"来探究诗篇本旨。如解释《桃夭》篇，他认为，"诗人称人情之相安者，未尝不以'宜'言之"⑤。在解释《考槃》篇时，袁燮认为，"贤者抱志不浅，其君疏而摈之，不得有所展布，怨而不释，人情之常也"⑥。在解读《螽斯》篇时，他称"子孙众多，人君莫大之福也，

《诗》《书》《礼》《乐》：宋明儒学的性道神化

---

① 《絜斋家塾书钞原序》，第 629 页。
② 《送赵大冶晦之》，《絜斋集》，第 376 页。
③ 《四库全书总目》卷一一《絜斋家塾书钞》，第 93 页。
④ 《絜斋毛诗经筵讲义》，周春健校注：《宋人经筵诗讲义四种》，华夏出版社，2016 年，第 63 页。
⑤ 《絜斋毛诗经筵讲义》，《宋人经筵诗讲义四种》，第 56~57 页。
⑥ 《絜斋毛诗经筵讲义》，《宋人经筵诗讲义四种》，第 109 页。

则百斯男、子孙千亿,皆见于诗人之咏歌,则蕃衍之庆,岂非人情之所甚欲哉"①。这两例中,"人情"概念乃"心"之表现,具有先验特性,超越个体、时空,沟通古今作者与读者,无须逻辑论证,反而是言语之间带有"亲切"意味。

"欲"乃个体之情,非天下之"人情",导致与他人、天地隔膜,尤其是男女之欲,需要克服。如解读《凯风》篇时,他指出:"男女,人之大欲。当淫风流行之时,渐染恶习,与之俱靡,此人情之所不能免也。"②《女曰鸡鸣》篇中,他又说:"夫妇之间,尤人情之所易溺者乎。道不足以制欲,志不足以帅气,惑于淫姣而不溺焉者,鲜矣。"③不仅如此,耽于安乐,也是一种欲。解释《陟岵》篇时,他强调,"安佚者,人情之所甚欲。行役者,人情之所甚惮也"④。

就袁氏心学之眼看来,"人生而善,天之性也"。秉此天性之人,"有正而无邪,有诚而无伪,有厚而无薄,有天理之公而无人欲之私,所谓本心也"⑤。借着讲《樛木》篇,他强调,"天下之患,莫大于有己。有己之心胜,则待物之意薄。设藩篱,分畛域,截然判而为二。朝思夕虑求足其欲,而自一身之外,莫之或恤矣,何其不仁哉"⑥。他强调,"本心"就需要人们"克己",方能无"贰"。否则,受"欲"遮蔽,离本心渐远。对此,《絜斋毛诗经筵讲义》申发甚多,如《柏舟》篇说小人"知有私而已,不知有公也。朝思夕念,不过于爵位之崇、禄廪之厚,以足夫一己之欲。欲心日炽,则凡可以阿媚其君者,无所不为。君有过焉,不敢言也"⑦。有无己心私欲,小人、君子立分。本心受私欲遮蔽,何来本心无二!于是,袁燮强调修心就是"明心",让自己摆脱名利纠缠,逐步靠近天理,讲解《日月》时指出:

---

① 《絜斋毛诗经筵讲义》,《宋人经筵诗讲义四种》,第55页。
② 《絜斋毛诗经筵讲义》,《宋人经筵诗讲义四种》,第91页。
③ 《絜斋毛诗经筵讲义》,《宋人经筵诗讲义四种》,第121页。
④ 《絜斋毛诗经筵讲义》,《宋人经筵诗讲义四种》,第135页。
⑤ 《絜斋毛诗经筵讲义》,《宋人经筵诗讲义四种》,第95~96页。
⑥ 《絜斋毛诗经筵讲义》,《宋人经筵诗讲义四种》,第52~53页。
⑦ 《絜斋毛诗经筵讲义》,《宋人经筵诗讲义四种》,第79~80页。

修行有一言而可以尽修身齐家之道者,曰此心之明而已。人惟一心不明则昏,明则是非可否。皆天理之正。

袁燮看到,修行的目的就是要成为君子、圣人。要达成这样的境界,需要获得本心。他在《谷风》篇中以"臣闻"方式论述此点:"所贵乎君子者,无他事焉,惟不失其本心而已。"在《风雨》篇中,袁燮进一步补充说明:"所贵乎君子者,不失其本心而已。天与人,以此心至精至明,虽更历万变,而秉彝之懿未始少亏,斯可谓之君子矣。"天、人同心,自为"德"性的基本起点,故袁燮强调立志,对此《北门》篇有所论述,认为"人不可无志。志在修身者,其德必日进;志在立事者,其业必日广。仕者所以行其志也"①。天地之"本心",人当秉持操守,即便是国君亦要立志。

人们需要"古人纯一不已之心"②,克服私欲,寻回无邪之本心。正是如此,诗人创作时若未受"人欲"遮蔽,"诚实"面对自己之"心""情",创作的诗篇即可有"无邪"之美。顺此思路,心学人物解诗,"思无邪"为重要命题,需要处处揭示。③落实到《诗经》,袁燮讲解《诗序》时,强调"诗三百篇"一言以蔽之为"思无邪",而"无邪"含义为:"取其直己而发,粹然一出于正。"④"一"成为贯穿《诗经》篇章的核心要素,故"风雅虽变,而思之无邪,则一而已矣"。虽有"正""变"之名,只要"一"的贯穿,皆可谓之"无邪"。

朱熹解释"思无邪",称"凡诗之言,善者可以感发人之善心,恶者可以惩创人之逸志,其用归于使人得其情性之正而已"⑤。朱熹从诗之功用出

---

① 《絜斋毛诗经筵讲义》,《宋人经筵诗讲义四种》,第104页。

② 《絜斋毛诗经筵讲义》,《宋人经筵诗讲义四种》,第66页。

③ 《四库全书总目》卷一五提要杨简《慈湖诗传》二〇卷,称"是书大要,本孔子'无邪'之旨,反复发明"(第123页)。

④ 《絜斋毛诗经筵讲义》,《宋人经筵诗讲义四种》,第45~46页。

⑤ 《四书章句集注》,中华书局,1983年,第53~54页。

发，来说明"思无邪"，即能让人通过阅读诗歌，而能趋善避恶。①袁氏言"情性之正"，或源自朱熹《诗集传》，然二者之间的区别甚大。袁燮通过"心学"系统，认为"无邪"乃诗中本有，强调诗有"无邪"之思，朱熹则强调，诗有"善""恶"，能启人"思"之无邪。袁燮展开"义理"论述，认为"寂然不动之谓性，有感而发之谓情。性无不善，则情亦无不善。厥名虽殊，其本则一"②。由情、性的这一联结出发，袁燮以为，"性善"则"情"善。正是如此，袁燮认为：

> 大序之作，所以发挥诗人之蕴奥，既曰"吟咏情性"，又曰"发乎情，民之性也"。合二者而一之，毫发无差。岂非至粹至精？同此一源，不容以异观耶。大序所谓"礼义"，即孔子所谓"无邪"也。③

袁燮顺着毛诗大序"讲"，将"礼仪"与"无邪"统合，强调"先王盛时，礼乐教化，薰蒸陶冶，人人有士君子之行"，"发而为诗，莫非性情之正"，"流风遗俗，久而不泯"。④有"正"之基础，"虽更乎衰世，而气脉犹存，此变风之作，所以皆止于礼义，而归诸先王之泽也"。先王之礼乐教化，可引导人心皆归于"正"途，读"诗"的收获为感受先王教诲，可让读者寻回心之无邪。袁燮对"诗"之用，有着自己的见解：

> 诗人作之以风其上，太师采之以献诸朝，以警君心，以观民风，以察世变。一言一句，皆有补于治道。人君笃信力行，则可以立天下风化之

---

① 王柏《诗疑》评价说："文公说诗，以为善者兴起人之善心，恶者惩创人之逸志，以此法观后世之诗，实无遗策。何者？盖其规抚恢广心志融释，不论美恶，无非为无受用之益，而邪思不萌，以此法观诗，可也。观书，亦可也。虽观史，亦可也。"（王柏：《诗疑》，《丛书集成》本，第12页）

② 《絜斋毛诗经筵讲义》，《宋人经筵诗义四种》，第45页。

③ 《絜斋毛诗经筵讲义》，《宋人经筵诗义四种》，第47页。

④ 《絜斋毛诗经筵讲义》，《宋人经筵诗义四种》，第45页。

本,公卿大夫精思熟讲,则可以感人君心术之微,诗之功用如此。①

这样的推理过程,可谓有理有据,但也颇有点循环阐释的意味。行文至此,袁氏还要解决一个问题,即彼时彼地的诗,如何值得今天人们阅读?作者认为,"此情此性,古今无间",故今人"能求其端倪,得其精粹,挈斯世于礼义之域而不失其情性之正,则吾之泽即先王之泽"。②袁燮通过解释"思无邪",系统论述了《诗经》的社会功用,即阅读"诗"篇,可接续古代"先王"时代之"正"。

落实到具体的阐述,袁燮想要通过此类论述,引导读者相信"先王之泽"可以实现,亦即重视礼仪教化的伦理道德功能。摆脱"人欲"遮蔽,达到"此心清明",就是"贤人君子"。然而,道理幽微,恐非人人明白。袁燮认为,应该让人明白此心。他借着讲解《子衿》篇,郑重指出:

> 人生天地间,所以异于群物者,以知有义理而已。义理,人心之所同,皆可以为善。然无以讲明之,则终日昏昏,沦于恶习,与蠢然无识者殆无以异。

袁燮进一步强调教化的意义。那么教育内容如何?借讲《鸡鸣》,他指出:"人无常心,由天理而行,则是心常明,为人欲所蔽,则是心必昏。男女之欲,人情之所不能免也。"③看来,袁燮认为,应该引导人们克服欲望的遮蔽,回复到"本心"状态。为做到此点,最为重要的手段,为"礼仪"。他说:"礼者,人之大防,所以检柅此心,不敢放逸也。故书曰:'以礼制心。'礼之制人,犹堤之防水,不以堤为固,而骤决之,则溃裂四出,大为民害矣。"他

---

① 《絜斋毛诗经筵讲义》,《宋人经筵诗讲义四种》,第45页。
② 《絜斋毛诗经筵讲义》,《宋人经筵诗讲义四种》,第46页。
③ 《絜斋毛诗经筵讲义》,《宋人经筵诗讲义四种》,第128页。

想从《泉水》篇中引发出这样的论述，希望国君亦能有所遵循。

这恰为《论语》中孔子曾强调的"克己复礼"的学理化注脚。然而袁燮看到，对自己过于苛"严"，需要"琴瑟友之，以寓其所乐"。如此，"不偏于严"，做到"严以警其怠，和以通其情"。[1]孔子曾言："兴于诗，立于礼，成于乐。"袁燮继承此说，强调教化中通"情"达"理"的重要意义。论述可谓完备圆融而详尽细致，既有学理论述又有修行实践，最终导向强调礼乐教化的重要意义。这跟他面对的特定阅读对象有关，即要提醒"人君"认识自己的职责。

解读经典，既有学术传统的引导，又会受解说语境的影响。袁燮《絜斋毛诗经筵讲义》，实为对讲义记录，讲者需要说大意，字义疏解成为次要工作，故全书用力最大者，实乃对篇章大意的解说，训诂名物者涉及绝少。此一点恰好符合陆九渊"六经注我，我注六经"的主张。[2]这也构成整个《絜斋毛诗经筵讲义》的主要内容。南宋人评云："袁燮讲诗'二南'，于先王正始之本，后妃辅佐之道，所以自身而家，自家而天下者，敷衍厥旨，深寓规儆之意，只列国变风，有关君德治道者，委曲开陈，托其义以讽。"[3]诚然，与宋代欧阳修、苏轼、郑樵、朱熹等人异径，非为学术商量而求"理"，袁燮遵从《毛诗》，强调大、小序的重要地位，揭发篇章的用"心"所在。

经筵讲义的内容，受听众对象的约束。特定的授课对象，让袁燮讲授《毛诗》时，注意塑造理想帝王形象。在序言中，袁燮即凸显"先王之泽"，强调帝王教化的重要意义，鼓励君主成为明君，而非庸常之主。袁氏循循善诱，希望国君从学习《诗经》开始，郑重指出："国风、雅、颂，诚万世人主之学，所以缉熙于光明，岂可不服膺古训。日进此道，而深造夫古人之堂奥哉。"原因在于：

---

① 《絜斋毛诗经筵讲义》，《宋人经筵诗讲义四种》，第128页。
② 《陆九渊集》卷三四，第399页。
③ 《玉海》卷二六，第554页。

知一国之风俗其本在一身，则吾所以检其身者，当如何？表曲则影敧，源浊则流污，吾有所未至，则一国之俗皆将沦胥于恶矣。可不自警乎？等而上之所关愈大，王政有废兴，乃四海九州治乱安危之所从出也。其又可忽乎？[①]

正是如此，作为国君，需要"兢兢业业，不敢荒宁。如朽索之驭，如春冰之履，庶乎其可矣"。袁氏需要自己的特殊"学生"，能够认识到"盛德成功"，乃"古人广大之规模"。就国君而言，古人特指能行礼仪教化的"先王"。国君须能做"古之圣君"，"兢兢业业，不敢荒宁。惟人纪是修，惟民极是建，凡所以善其心者，无一日敢忘要其效验，必至于比屋可封，人人有士君子之行，始无愧于代天司牧之职"[②]。

袁燮从《兔罝》中解读出，社会结构应该"贵而贤，贱而不肖，天下之常理也；贤者役人，不肖者役于人，亦天下之常势也"。于是，"一家仁，一国兴仁，一家让，一国兴让"。以此治理，人们回复"古人之心"，"至于和平，则风俗粹美"，毕竟"人心未易感也，而感人深者，其惟盛德之君子乎"。他认为，要通过礼仪教化方式来治理国家，引导人们的思想行为。在《还》篇中，袁燮郑重指出："一国之风俗，国君为之也。上倡其下者谓之风，下从其上者谓之俗。"这样的解释，显然与毛诗大序有出入，却能够凸显国君崇德的重要意义。

落实到具体诗篇，袁燮坚持从中寻找模范"君王"，树立君王做"古人"之心志。由此思路讲解《卷耳》，袁燮认为，诗言"心有所期"，郑重指出："古之人君，耻以中常自处，而必欲成大有为之事业，斯可谓人君之志也。"[③]他以为，"志"为人心之期待，故心存广远则能成就大，鼓舞国君能够锐意进

① 《絜斋毛诗经筵讲义》，《宋人经筵诗讲义四种》，第48页。
② 《絜斋毛诗经筵讲义》，《宋人经筵诗讲义四种》，第59页。
③ 《絜斋毛诗经筵讲义》，《宋人经筵诗讲义四种》，第50页。

《诗》《书》《礼》《乐》：宋明儒学的性道神化

取。凡人之情，"朝夕思念不出乎蕞尔形体之微。苟利于己，经之营之，无所不至，岂复为当世计乎"，而诗中后妃"嗟我怀人"，"体群臣者"之心，希望得到贤臣，"吾君所资以共治"。①

人君之志，即作为天下之主，需要有仁人之心。袁燮解释《樛木》，就从中发掘和阐述了这样的观念：

> 天下之患，莫大于有己。有己之心胜，则待物之意薄。设藩篱、分畛域，截然判而为二，朝思夕虑求足其欲，而自一身之外莫之或恤矣。何其不仁哉！昔者孔子论为仁之道，本于克己。盖惟能克去己私，则物我浑融，他人之利害休戚犹己之利害休戚也。是谓之仁。仁者，人心也。人之本心，岂有此疆尔界之别哉。己欲立而立人，己欲达而达人，至公至平，本无间隔。②

袁燮看到，国君"一身"，所系甚多。国君拥有仁爱之心，能考虑天下之人的利益，否则就有轻待之意。在《北风》篇中，袁燮强调："人君之为政，莫善于宽仁，莫不善于威虐。宽仁则民爱之，威虐则民畏之爱之。"③陆九渊多言"私"，絜斋强调"己"，将个体与朝廷的对举，凸显"公"的价值和地位。国君有仁爱，可推行礼乐教化，而非刑法苛律。公心，意味着"正"，无所偏私。在《木瓜》篇中，袁燮就进一步指出，国君有正心"德"行，具备"感人"的条件，即能实现"天下和平"。④

通过讲解《毛诗》，为君主传递帝王之道，可谓袁燮的基本关怀。在《都官郎官上殿札子》中，袁燮阐述"治道"，称"一言以蔽之曰，此心之精神而

---

① 《絜斋毛诗经筵讲义》，《宋人经筵诗讲义四种》，第51页。
② 《絜斋毛诗经筵讲义》，《宋人经筵诗讲义四种》，第53页。
③ 《絜斋毛诗经筵讲义》，《宋人经筵诗讲义四种》，第105页。
④ 《絜斋毛诗经筵讲义》，《宋人经筵诗讲义四种》，第113页。

已"。①建议君主"内于心,其皆与天无间"②。如此,"天下有一日不可不明者,正道也;天下有一日不可不用者,正人也"③。国君有正心,能维护正义,需要有正心的贤人君子坚持推广,故袁燮多次建议皇帝能任用贤能,在《讲义》中也是反复提及。他在《旄丘》篇首说:

> 孟轲亦云祸福无不自己求之者。何谓福国之? 安荣是也。何谓祸国之? 危辱是也。选拔贤俊,惠恤黎元,与治世同道,斯安荣矣。惟奸憸是用,惟暴虐是作,与乱世同事,斯危辱矣。

国君的重要政治举措,即要选贤任能。同理,《考槃》篇专门劝谏国君任用贤能:"国之所恃以安强者,以得贤也。"④君子小人能得到区分,国君还得学会"听讼",辨别人心之善恶。从《絜斋集》来看,袁燮上书言政,亦曾多次劝谏君王能注重人才选拔,做到选贤举能。

结合宋代当时的实际情况,袁燮鼓励君主力图恢复。诚如四库馆臣所言:"于振兴恢复之事,尤再三致意。"⑤十年前"开禧北伐"失败,极大地打击了南宋君臣的斗志,袁燮在讲授过程中注意激发君主斗志,借着讲《击鼓》篇指出:

> 兴师动众,争地争城,兵锋一交,肝脑涂地,甚可畏也。其可轻用也哉。然有国有家者,非兵无以宣威灵、制强暴,故亦不得已而用之。外御其侮者,为固圉;而举以仁伐不仁者,为救民。而举兵出有名,故罔不吉。何者? 人心固以为当。

---

① 《絜斋集》卷一,《丛书集成》本,第 1 页。
② 《絜斋集》卷一,《丛书集成》本,第 3 页。
③ 《絜斋集》卷一,《丛书集成》本,第 7 页。
④ 《絜斋毛诗经筵讲义》,《宋人经筵诗讲义四种》,第 109 页。
⑤ 《四库全书总目》,《絜斋毛诗经筵讲义》,第 109 页。

《诗》《书》《礼》《乐》:宋明儒学的性道神化

话语尽量客观,联系当时实际,主张修兵御侮,可谓此段言论的观念。至《芄兰》篇,袁燮鼓励"人君刚强",指出:"人君之德,莫大于刚健;人君之患,莫甚于柔弱。刚健则日进无疆,足以有为于当世;柔弱则安于苟且,不能少见于事业。智愚相去,岂不远哉!"①在《扬之水》篇中,袁燮仍然强调:"人君有刚德,则朝廷无过举。"所谓刚德,即建议君主能自我振作,"以道制欲,凭己志帅气","励精求治,自强不息",抵御各种利欲左右,根据善恶自可裁决。

借诗言政的典型,当属对《黍离》一诗的解释。袁燮首先以"臣闻"提出一个普遍的道理:"王业之方盛,人皆欢乐而咏歌之;王业之既衰,人皆愁苦而哀伤之。"接着说周衰迁东都,周大夫"过之,思先王之盛","不堪其忧也"。最后,袁燮借题发挥:

> 我国家建都于汴,既九朝矣。宗庙宫阙,于是乎在。靖康之祸,鞠为禾黍,非能如东周之在境内。神皋未复,敌久据之,往时朝会之地,今为敌人之居,此天地之大变。国家之大耻也,使周大夫生于今日,过其故都,其悲忧惨戚之情,当有如何哉。②

袁燮进一步强调"当朝"面对国辱,比东周之时还惨,进而想要刺激君主振作,希望"圣主诚能反其所为,卧薪尝胆以复仇刷耻自期,则大勋之集,指日可俟也"。最后他还要叮咛一番,"惟圣主亟图之"③。袁燮借着讲解诗篇,意欲实现自己的现实关怀,由此可谓昭然。

袁燮借《絜斋毛诗经筵讲义》阐发自己系统的学术思想,建构起从本体论到功夫论的系统哲学。他以"心"学为基础,系统阐发《诗经》的内蕴和

---

① 《絜斋毛诗经筵讲义》,《宋人经筵诗讲义四种》,第112页。

② 《絜斋毛诗经筵讲义》,《宋人经筵诗讲义四种》,第116页。

③ 《絜斋毛诗经筵讲义》,《宋人经筵诗讲义四种》,第35页。

功能,导向礼乐教化的实现,以便能启迪君主奋发图强。如此论说学理及论证,颇为充分圆融,将《诗经》的"礼乐"教化功能做出巧妙而又令人信服的阐述。相较他同学杨简《慈湖诗传》解诗围绕"思无邪"来展开,袁燮解诗中时将自己的"心学"理论作了充分、明晰的论说。换句话说,《絜斋毛诗经筵讲义》不仅为"诗学"阐释著作,更是袁燮学问的集中呈现,乃宋代思想史的重要文献。"开禧北伐"失败后,袁燮等能亲近宋宁宗的学人,看到整个社会的萎靡不振,遇到经筵讲学的机会,便会鼓动君主闻鸡起舞、力图恢复。

真德秀的袁燮行状言,袁燮入太学从陆九龄学,同学有"同里沈焕、杨简、舒璘"①。联系杨简写《慈湖诗传》、舒璘著《诗礼讲解》、沈焕传讲《礼记》,可以大胆推断"四明四先生"皆通诗、礼。或许,此乃宋代"心学"一派阐释《诗经》学的优长。今就残存之杨简《慈湖诗传》来看看"同学"之间的异同。在《絜斋毛诗经筵讲义》之前,杨简已有《慈湖诗传》,袁氏会否受到同学影响呢?

杨简解诗,"大要本孔子无邪之旨,反复发明"②。与其同时的楼钥也说杨氏"发明无邪之思、一贯之旨,天人同心、大道至平"③。确实,就今存《慈湖诗传》残篇来看,该书基本围绕《论语》中孔子所言"思无邪"和"一以贯之"等论断展开反复解说。在"自序"中,杨简说:"《易》、《诗》、《书》、《礼》、《乐》、《春秋》,其文则六,其道则一,故曰'吾道一以贯之'。"④

杨简讲解《诗经》时,以"心"学为理论支撑,主张"《诗》三百,一言以蔽之,曰:'思无邪'"。又说:"至道在心,奚必远求。人心自善、自正、自无邪、

① 真德秀:《显谟阁学士致仕赠龙图阁学士开府袁公行状》,《西山集》卷四七,文渊阁《四库全书》本,第 1174 册,第 748 页。案:后《宋史·袁燮传》采纳此说。

② 《四库全书总目》卷一五《慈湖诗传》,第 123 页。

③ 楼钥:《答杨敬仲论诗解书》,《攻媿集》卷六七,《丛书集成》本,第 893 页。案:据此文,按之楼钥生平事迹,《慈湖诗传》至少早出三年。

④ 杨简:《慈湖诗传自序》,《慈湖诗传》,《儒藏精华编》第 25 册,第 693 页。

《诗》《书》《礼》《乐》:宋明儒学的性道神化

自广大、自神明、自无所不通。"①还说："此无邪之心，人皆有之，而不知起，不知其所自用，不知其所以终，不知其所归。"②有此本有之善"心"，阅读《诗经》时会得到兴发：

> 取三百篇中之诗而歌之咏之，其本有之善心，亦未始不兴起也。善心虽兴，而不自知不自信者，多矣。舍平常而求深远，舍我所自有而求诸彼。学者苟自信其本有学礼焉，则经礼三百、曲礼三千，皆我所自有而不可乱。是谓立。至于缉熙纯一、粹然和乐、不勉而中、无为而成，虽学有三者之序，而心无三者之异，知吾心所自有之，六经则无所不一、无所不通。有所感兴而曲折万变，可也；有所观于万物不可胜穷之形色，可也；相与群居相亲相爱相临相治，可也；为哀为乐为喜为怒为怨，可也；迩事父，可也；远事君，可也；授之以政，可也；使于四方，可也。无所不通，无所不一，是谓不面墙。有所不通，有所不一，则阻则隔。道无二道，正无二正，独曰周南召南者，自其首篇言之，亦其不杂者。③

正是如此，杨简认为三百篇，"孔子所取，取其无邪，无邪即道心"④。希望人们能通过阅读《诗经》而兴发本有之善心，回归于正、道。借着解释《氓》诗，他更是宣称"三百篇平正无邪之妙，昭如日月矣"⑤。

如此，需要区分有邪、无邪之心。他说"三才无二道，道在人心，人心即道，故曰道心"与天地混融一体，人心归至"无邪"，此乃"通天地神人"，"一而已矣"，⑥并指出：

---

① 《慈湖诗传·自序》，《儒藏精华编》第 25 册，第 693 页。
② 《慈湖诗传·自序》，《儒藏精华编》第 25 册，第 693 页。
③ 《慈湖诗传·自序》，《儒藏精华编》第 25 册，第 693~694 页。
④ 《慈湖诗传》卷一，《儒藏精华编》第 25 册，第 722 页。
⑤ 《慈湖诗传》卷五，《儒藏精华编》第 25 册，第 777 页。
⑥ 《慈湖诗传》卷一六，《儒藏精华编》第 25 册，第 1057 页。

一者在人为心,心无所不通,为孝,为顺,为谦和,为众善。是心、神,人之所通,其机一动,其应如响,故圣贤和于朝,民人和于野,诸侯和于外,四夷和于远。①

只是人心会随环境变换,"及是心因物有迁,意动情流,为傲慢,为悖厉,为危乱矣"。换句话说,"动乎意,流乎邪,故失之,故与天地睽隔"②,自然远离天道:

> 吾心不动乎意,则无逸。无逸,则无私。无私,则与人心同矣,与天道亦同矣。天人形若有异,道无异。人心即道,故曰道心。不动乎意,常虚常明,何思何虑。安汝止,是谓精一,是谓帝则,是则无声无臭者。此惟自省自则者知焉。③

看来,人只要"动意",就会有私,便是有邪。

杨简如此解说,面临一个巨大挑战,即前人已发现内容多"淫"邪之诗,何能"兴发"人们的"无邪"? 综合来看,他采用三种阐释策略:一是揭示部分诗作有"无邪之心"。如《葛生》一诗,小序说:"刺晋献公""好攻战,则国人多丧",杨简说:"卫宏不知夫妇之道正大,故外推其说,以及于君焉。既失诗人之情,又失先圣之旨。"④二是将内容设定为"淫"诗,解释为"讽刺"之作,从而表明诗人内心有所持正。在解说《谷风》时,他说:"是诗刺邪,所思无邪。"⑤他解释《新台》诗为"是诗深恶淫邪,是谓思无邪"⑥。《鄘

---

① 《慈湖诗传》卷一一,《儒藏精华编》第 25 册,第 895 页。
② 《慈湖诗传》卷一六,《儒藏精华编》第 25 册,第 895 页。
③ 《慈湖诗传》卷一六,《儒藏精华编》第 25 册,第 1035 页。
④ 《慈湖诗传》卷八,《儒藏精华编》第 25 册,第 843 页。
⑤ 《慈湖诗传》卷三,《儒藏精华编》第 25 册,第 741 页。
⑥ 《慈湖诗传》卷三,《儒藏精华编》第 25 册,第 751 页。

风·桑中》之诗,小序言讽刺"卫之公室淫乱,男女相奔",杨简承继此说认为此诗"非淫者之辞,乃刺者之辞"①。三是两者之间的综合取舍。如解释《将仲子》时,他就说:"人心本善本正。人心即道,故曰道心。因物有迁,意动而昏,始乱始杂。然其本心之正,亦间见互出于日用云为之间。三百篇多此类。天下是非二途而已矣。是者是道,非者非道。"②杨简解释《绸缪》为"诗人叙其恶而刺之"③。他解释《月出》篇为:"虽称言美好,而非善之也。乃诗人鄙辞。《序》曰刺好色,是也。"④总之,杨简想要指出:"三百篇一旨也,有能达是,则至正至善之心,人所自有,喜怒哀乐无所不通,而非放逸邪僻,是谓寂然不动,感而遂通天下之故。"⑤

　　运用上述三个阐释策略,杨简指出:"学者往往疑三百篇当有深义,圣人所谓'无邪'者,必非常情所谓'无邪',是不然,圣言坦夷,无劳穿凿。'无邪'者,无邪而已矣,正而已矣,无越乎常情所云也。"⑥杨简认为:"三百篇盖多平正无他,虽无深旨,而圣人取焉,正以庸常平夷之即道也。"⑦"庸常"之说,实乃针对卫宏等汉儒而言,以致杨简基本将"小序"抛在一边。这恰好与袁燮接着"小序"讲形成鲜明的对比。杨简认为"小序"乃东汉卫宏作,离孔子甚远,无法代表或传承孔门的诗歌理念,故而解释时常有攻击、排斥和批驳。如解释《魏风·葛屦》时,他就说:"卫宏不知道,率为赘辞,徒惑后学。"⑧杨简抛弃"小序",还有一个借口,即卫宏不懂诗人之情,故而失去诗之本义。阐释《湛露》时,杨简开篇便言:"毛诗序之大患,患在每诗辄异其

　　① 《慈湖诗传》卷三,《儒藏精华编》第25册,第751页。
　　② 《慈湖诗传》卷六,《儒藏精华编》第25册,第794页。
　　③ 《慈湖诗传》卷八,《儒藏精华编》第25册,第839页。
　　④ 《慈湖诗传》卷九,《儒藏精华编》第25册,第862页。
　　⑤ 《慈湖诗传》卷三,《儒藏精华编》第25册,第730页。
　　⑥ 杨简:《论诗》,《慈湖遗书》卷八,《杨简全集》第8册,浙江大学出版社,2016年,第2027页。
　　⑦ 《慈湖诗传》卷七,《儒藏精华编》第25册,第812页。
　　⑧ 《慈湖诗传》卷七,《儒藏精华编》第25册,第823页。

义。"①通过反驳卫宏等汉儒故作高深,恰好要将诗之本旨引向日常平庸之道,带领读者领会"百姓日用而不知"的道理。

无邪之心,即可"依于仁",回复"礼"。借着解读《周南·汉广》,他说诗意为"不敢犯礼之心","此不敢犯礼之心,即正心,亦道心,亦天地鬼神之心。彼不知道者必以为粗近之心,非精微之心,吾则曰:此即不勉而中、不思而得之心,孔子曰:'下学而上达,知我者其天乎? '知此者奚止千无一、万无一? "②正是如此,杨简希望人们通过吟咏来回复无邪之心。这是因为"道心融融,此人心所同,千古所同,天地四时之所同,鬼神之所同"③。借着讲《关雎》,杨简郑重指出:"思无邪之眼,世之所知;思无邪之实,世所未知。如其未知,但诵咏《二南》之诗,自然道心兴起,不知手之舞之、足之蹈之。"④又说"当是孔子之所诲告,不欲明言所作之人以支离人心,欲后世诵咏三百篇之诗,知皆正辞正情,足以感发人所自有之正心"⑤。概言之,杨简认为《诗经》,能"复吾心之本一也,发明德性"⑥。

杨简进一步申发"兴于诗,立于礼",希望能通过诵咏诗篇感发"爱敬贤德之心",以回复无邪正道。只是值得注意的是,毛诗多言音、乐。《大序》强调"情发于声,声成文谓之音。治世之音安以乐,其政和。乱世之音怨以怒,其政乖"⑦。《秦风·车邻》的小序说:"有车马礼乐侍御之好焉。"⑧且孔子也说"成于乐",皆将诗歌与声乐相关联。今存《慈湖诗传》和《絜斋毛诗经筵讲义》,都是立足诗义来说教,几乎未见有关声音的深入探讨。

---

① 《慈湖诗传》卷十,《儒藏精华编》第25册,第908页。
② 《慈湖诗传》卷一,《儒藏精华编》第25册,第711页。
③ 《慈湖诗传》卷一,《儒藏精华编》第25册,第711页。
④ 《慈湖诗传》卷一,《儒藏精华编》第25册,第695页。
⑤ 《慈湖诗传》卷一,《儒藏精华编》第25册,第696页。
⑥ 《慈湖诗传》卷一七,《儒藏精华编》第25册,第1072页。
⑦ 《毛诗正义》卷一,《十三经注疏》,第270页。
⑧ 《毛诗正义》卷六,《十三经注疏》,第368页。

　　无论袁燮还是杨简，心学家解释《诗经》，都围绕孔子《论语》中的论述来展开。诸如"思无邪""兴于诗，立于礼，成于乐""吾道一以贯之"等，成为他们阐释《诗经》时的核心问题。顺着孔子所言，借由《诗经》阐释建立起来的诗学理论，强调阅读诗作的功效，可以实现以"礼"为人。严格按照孔子言论来进行阐释，可谓宋代心学或理学《诗经》学的基本面貌。如此，在他们注解古老文本的背后，有着一个理论系统作为支撑。这一点，相对于欧阳修开创的"诗本义"传统，用"人情物理"来沟通"古今"差异，心学更具有形上思维的特色，很好地回答了古今诗作能够互通的原理。然而有一个有趣的现象，即他们都选择性地忽略了孔子所言"成于乐"，忘记强调诗与"乐"之间的内在关联。在《论语》中，孔子言"兴于诗，立于礼，成于乐"，强调三者之间的内在关联。汉儒解释《诗经》时，同样注意"诗"与"乐"之间的内在关联。看来，从汉儒到宋儒，尽管知晓《诗经》的音乐属性，却无法回到原初语境，只能退而求其次"以诗解诗"，探寻诗人创作的心理。心学家继续推进此一思路，运用本体论上的"心"这个概念，来将创作者之"心"、读者之"心"统合来解。"心"同感共理，为诗作道德说教，找到更为圆融的说解，颇能贴切说明文学感染力的形成内在机制。

　　汉儒之后，宋代《诗经》学继续聚焦文本自身，从中揭发"经"的"教化"属性。诸如"诗人""本义"等概念，自欧阳修、刘颁等人提出，受到人们的广泛采纳，成为以后《诗》学的关键命题。面对丰富的说《诗》遗产，宋儒相信自我立足博学之上的辨正发明，对《毛诗》阐释传统采取"质疑"眼光，由此诞生颇具个性的著作。隐然有三种学统：一是欧阳修、苏辙、王质、王柏等人，寻求"诗"本义，以当时诗人创作的作品来观察和讨论《诗经》中诗作的创作缘由，颇有部分学人所概括的文学阐释的特色；二是二程、谢良佐、吕祖谦、朱熹、辅广等，名物训诂以外，考察诗作产生的历史语境，注意揭发诗作美刺所蕴含的道德批判精神，引导读者知晓人情物理，呈现出"理"学思想脉络；三是陆九渊、袁燮、杨简等，以"心"学眼光阐释诗作，探讨诗人创作的"心"理,揭发古今同感的审美机制,进而论述以诗为教的可能性。恰如陈来在《宋明理学》所暗示,从文学到理学再到心学,宋儒对《诗》学某些命题的探究更为深入细致,尤其是对"思无邪"的实现可能性的论述,理论上呈现出日渐圆融的倾向。

"求理"可谓贯穿宋学的基本关怀。这三个脉络的阐释,基本能博采众家、就诗论诗,或辩正《毛传》《郑笺》和《孔疏》等训解,或与当代学人商量,皆要落实到"妥帖"。朱熹著《诗集传》,历时二十来年,前后反复推敲,他自述说:"向作解诗文字,初用《小序》,至解不行处,亦曲为之说;后来觉得不安,第二次解者,虽存《小序》,间为辨破,然终是不见诗人本意,然后方尽去《小序》,便自可通,于是尽涤荡旧说,诗意方活。"作为宋代《诗学》最具代表性的作品,《诗集传》运用集中众长的方式言说,坚持"大率古人作诗,与今人作诗一般,其间亦有感物道情,吟咏情性,几时尽是讽刺他人",恰为大多宋代学人揭示篇章大意更令人信服的缘由,当然比汉儒一味强调"美刺"更符合诗篇产生的原初语境。不仅如此,为了寻求"诗人本意",宋儒注意广采博收,联系历史记载,希望回到诗人创作的现场,故而揭发出来的篇章大义和回到现场的关怀,既克服章句训解的琐细,又具有亲切动人的优长。

第五章　宋代理学视阈下的《尚书》诠释

　　《尚书》是集中而典型体现古代中国政治思想的经典文本。熊十力论云：“《书》以道事，庄生此言，深得孔子删《书》之旨。孔子自明其修《春秋》之意云：‘载之空言，不如见之行事深切著明。’其删定《尚书》，亦是此意，盖借古帝王之行事，以发挥其所怀抱之理想，非如后世史家只是记事而已。”[①]与此同时，我们也可以发现关于人性论与修养论的述说，给予宋代理学家一定的启示。[②]“王惟庸罔念闻，伊尹乃言曰：‘先王昧爽丕显，坐以待旦。旁求俊彦，启迪后人，无越厥命以自覆。慎乃俭德，惟怀永图。若虞机张，往省括于度，则释。钦厥止，率乃祖攸行，惟朕以怿，万世有辞。’”[③]才智之人、恭俭之德对政治治理的重要性是不言而喻的。“王未克变，伊尹曰：‘兹乃不义，习与性成，予弗狎于弗顺。营于桐宫，密迩先王其训，无俾世迷。’王徂桐宫，居忧，克终允德。”[④]在这里，商王太甲的人性迷失与克己

---

　　① 　熊十力：《论六经·中国历史讲话》，中国人民大学出版社，2006年，第92页。

　　② 　文中所引《尚书》，既涵括梅赜《古文尚书》，也涵括伏胜所传《今文尚书》，因孔颖达作《五经正义》，《古文尚书》亦纳为经典，唐宋以降，士人目识口诵，无不心悦诚服。自清阎若璩《尚书古文疏证》出，始摧破千年之谜案，还《尚书》本来之面目。（范立舟、臧俊改：《阎若璩〈尚书古文疏证〉的学术价值及其思想史意义》，《人文杂志》，2011年第3期）

　　③ 　孔安国传、孔颖达正义：《尚书正义》卷八《太甲上》，上海古籍出版社，1997年，第164页上。

　　④ 　《尚书正义》卷八《太甲上》，第164页中。

允德过程,与后世宋代理学的心性修养说教,就存在内在的契合点。而所托伊尹的教诲"修厥身,允德协于下"①,更是与宋儒工夫论有极大的思想关联。"慎厥身,修思永"②,北宋中叶始,《大学》《中庸》逐渐从《礼记》中剥离出来,成为独立的篇章,二程以此为现实之思想资源,对《大学》之"三纲领""八条目"作出了全新的解读,它们既是儒家在新时代的个体道德修养之不二路径,也是伦理与政治的复合交融,是政治思想与实用治理思路最重要的基本原则。而《中庸》则揭橥之"性""道""教"的汇通,"诚者自成也,而道自道也。诚者物之终始,不诚无物。是故君子诚之为贵。诚者非自成己而已也,所以成物也。成己,仁也;成物,知也。性之德也,合外内之道也,故时措之宜也"③。通过这样的表述,个体的道德修养与精神之终极关怀实现了在现世的内在沟通,渗透到知识群体与精英人物的精神世界中。

在此大背景下,两宋理学对《尚书》的解读同样渗入心性之学的内涵,力图把心性之学与政治思想绾为一体。熊十力谓:"我国先哲向来以尽性为学。性者,宇宙里生生不息的真理。在人则为性。尽者,吾人日用践履之间,释率循乎固有真实的本性,而不以私欲害之,故说为尽。由此,故学问即是生活而非以浮泛的知识为学。"④若就理想人格之圣人而言,"圣者,尽性之称。天性真实,万善具足,不以私欲害之,使本性之善完全呈现,故云尽性"⑤。政治人物成就此等品格,就意味着"原来吾人的生命,与宇宙的大生命,不可分为两片。吾人正在于此自强不息的工夫上,认识自己的本性。万人念念自强,念念不息,念念是真实的力量流行。即凡应事接物,一切无有苟且,无有虚诳,无有迷乱。如此则何功不成,何事不办"⑥。从这个角度

《诗》《书》《礼》《乐》：宋明儒学的性道神化

一八二

---

① 《尚书正义》卷八《太甲中》,第 165 页。
② 《尚书正义》卷三《皋陶谟》,第 138 页。
③ 朱熹:《中庸章句》,《四书章句集注》,第 33~34 页。
④ 《论六经·中国历史讲话》,第 155 页。
⑤ 《论六经·中国历史讲话》,第 185 页。
⑥ 《论六经·中国历史讲话》,第 131 页。

看，无论是宋明理学对儒学的创造性转化和创新性发展，还是儒学一以贯之的内圣外王主张都不可能割裂内圣与外王的内在沟通与交融路径而偏废一端。李泽厚以为，从孔子到孟子，儒学即显现出"内圣"与"外王"由离异而走向对立，"以继承孟子自许的宋明理学，便是如此。它极大地也是片面地发展了这一倾向，使'内圣'成为可以脱离甚至必须脱离'外王'而具有独立自足的价值和意义。在孟子那里，外在功业虽已居于从属地位，却仍然很重要。孟子本人便有巨大的事功抱负，还大讲'乐以天下，忧以天下'以及各种具体的'仁政''王道'等等。但自宋儒以后，'内'却不但日益成为支配、主宰和发生根源，而且甚至成为惟一的理论内容了"①。李泽厚具体论证道："第一，它强调'内'是本，'外'是末，必须先'内'后'外'，必须先'正心诚意'，然后才可能谈'治平'。第二，有'内'自有'外'，只要能做到'正心诚意'，自然就会'国治'民安。'外'或'治平'是'内'或'修身''正心'之类的直线的延长或演绎。以致最后发展到第三，一讲'外'就错，只要'内圣'就可以作'圣人'。"②恐怕并没有真切地把握儒学发展的深刻逻辑，因为至少作为新时期儒学新形态的理学不会在基本思路上背叛自己的祖

---

① 李泽厚:《经世观念随笔》,《中国古代思想史论》,人民出版社,1985 年,第 269 页。

② 李泽厚:《经世观念随笔》,《中国古代思想史论》,第 269 页。类似的观点,事实上在周予同那里就出现了。周予同说:"'宋学派'所以产生,一方面固由于训诂末流的反动,一方实被佛学的'本体论'所引起。'宋学家'在表面上虽自称为孔、孟道统的继承者;而实际他们所用力的,不是热情地去拯救社会,而是理智地去思考本体。"[周予同:《"汉学"与"宋学"》,朱维铮编:《周予同经学史论著选集(增订本)》,上海人民出版社,1996 年,第 327 页]周予同又通过宋学与先秦儒家的比较,得出自己的意见:"宋学之所号召者曰儒学,而其所以号召者实为佛学;要言之,宋学者,儒表佛里之学而已。盖原始之儒家,留意于修齐治平之道,疲精于礼乐刑政之术,虽间有仁义中和之谈,要不越日常道德之际。及至宋代之理学,始进而讨究原理,求垂教之本原于心性,求心性之本原于宇宙,故儒家之特色为实践的、情意的、社会的、伦理的,而理学之特色则为玄想的、理智的、个人的、哲学的,二者殊不相同。至理学之所以异于儒家者,则完全受佛学之激刺与影响。"如此,理学不仅是儒学史上之大变异,同时具备极其醒目的内卷化特点。[周予同:《朱熹》,朱维铮编:《周予同经学史论著选集(增订本)》,第 114 页]

先。至于蒋庆所认为的那样,儒学有心性之学与政治儒学两大传统,原本是相辅相成,各尽其用,后来"宋明以降,心性儒学偏盛,政治儒学式微,其结果内圣有余外王不足,外王开不出而内圣亦终将走向枯寂"①。更是关注于自己的有关"政治儒学"的陈说而忽略了不少思想史的真实。倒是海外汉学家有论云,"道学"(即理学)涉及关键性的儒家理论层次:一为哲学思辨,二为文化价值,三为现实政论。三者相互促进,不可分割。②如果说,宋代理学关于心性层面的理论建构多落实在对《大学》《中庸》的领悟和解读上的话,其对现实的政治批判与政治理想的终极建构则多落实在《尚书》与《周礼》的领悟与解读之上。后两部典籍对宋儒政治哲学的建构作用与指导政治生活之运行的理论意义均十分重大。在北宋皇帝的经筵上《尚书》《周礼》与《论语》《礼记》一样,都是获得反复讲说的经典,对规训皇权也起到一定的作用。就如刘力耘所指出的那样,北宋对《尚书》的重视,"折射出传统中国经学作为士大夫日常政治实践的面向"③。"论道"不是目的,"行道"才是,"'论道'继而'行道'才是经学的真正指归,也是北宋经学新风尚,儒学复兴背后的现实关怀"④。

---

① 蒋庆:《政治儒学:当代儒学的转向、特质与发展》,生活·读书·新知三联书店,2003 年,第96 页。

② [美]田浩:《朱熹的思维世界》,陕西师范大学出版社,2002 年,第12 页。

③ 刘力耘:《作为士大夫政治实践的宋代经学——范纯仁〈尚书解〉解读》,《文史哲》,2019年第1 期。

④ 刘力耘:《作为士大夫政治实践的宋代经学——范纯仁〈尚书解〉解读》,《文史哲》,2019年第1 期。

第一节　《尚书》与儒学复兴

　　刘复生认为，北宋中期上承中晚唐的未竟事业，有一次波澜壮阔的"儒学复兴"运动，宋代士人打破了固守义疏章句的作业方式和思想牢笼，用直抒胸臆的样式，发明蕴藉于儒家经典的微言大义[①]，而欲把握并阐释儒家思想的真切意蕴，则舍经典判读外别无他途。故而包括对《尚书》之阅读、理解、接受、分析与阐扬，就构成了新儒学思潮（即所谓的儒学复兴运动）的重要而不可或缺的组成部分。"宋学"是儒家传统文化吸纳隋唐以来多元文化精华而在新时期经过创造性整合转化出来的一个新的学术思想派别，它的基本特质是向义理的纵深处进行探索，力求突破前代儒家过于注重章句训诂之学的学风，故而是以后者为特质的"汉学"的对立物。不过，"宋学"并非仅仅是一种与"汉学"迥然不同的新学风，而是中国传统社会成熟且庞大的学术文化体系，它以一种"包举宇内，囊括天下"的气概，上承两汉，下启明清，钱穆云："治近代学术者当何自始？曰：必始于宋。何以为始于宋？曰：近世揭橥汉学之名以与宋学敌，不知宋学，则无以评汉宋之是非。"[②]又说："而汉学诸家之高下浅深，亦往往视其所得于宋学之高下浅深以为判。道咸以下，则汉宋兼采之说渐盛，抑且多尊宋贬汉，对乾嘉为平反者。故不识宋学，即无以识近代也。"[③]这便是说，"宋学"绝非仅是宋人之学，而是近世中国之主流学术文化，是对北宋以降人心政俗影响至深至巨。近代文化巨子严复曾说："若欲究人心政俗之变，则赵宋一代历史最

---

① 刘复生：《北宋中期儒学复兴运动》，文津出版社，1991年。

② 钱穆：《中国近三百年学术史》，商务印书馆，1996年，第1页。

③ 钱穆：《中国近三百年学术史》，第2页。

宜究心。中国之所以为今日之现象者，为善为恶姑且不论，而为宋之所造就者，十八九可言。"①宋学的勃兴，刺激了作为宋学主要表现形式的理学的诞生。作为儒学变革之后的一种新思想形态的宋代理学，使传统儒学具有了更强的穿透力和说服力，传统儒学所提供的原则才得以提升为全民族共同认可的价值体系，成为一种非常牢固坚实的价值信仰，进而植根于华夏民族的文化心理之中。同时其对中国各类学术样式与思想体系形成了强大的融摄力，在中国文化的价值坐标上占有醒目的位置。陈寅恪言："吾国近年之学术，如考古、历史、文艺及思想史等，以世局激荡及外缘薰习之故，咸有显著之变迁。将来所止之境，今固未敢断论。惟可一言蔽之曰：宋代学术之复兴，或新宋学之建立是已。"②"新宋学"，必将是合"汉学"与"宋学"于一体，绍"考据"与"义理"于一身的新型学术文化样式，也必将在中华民族伟大复兴的道路上起到精神引领的作用，精光浩气，永世长存。

钱穆又论："故言宋学精神，厥有两端：一曰革新政令，二曰创通经义，而精神之所寄则在书院。革新政令，其事至荆公而止；创通经义，其业至晦庵而遂。而书院讲学，则其风至明末之东林而始竭。东林者，亦本经义推之政事，则仍北宋学术真源之所灌注也。"③如此，宋学精神流风余韵之所播撒，嘉惠于中国文化者深矣广矣。

盛唐刘知几云："夫《尚书》者，七经之冠冕，百氏之襟袖，凡学者必先

① 严复：《严复集》第三册，中华书局，1986 年，第 668 页。
② 陈寅恪：《邓广铭宋史职官志考证序》，《金明馆丛稿二编》，生活·读书·新知三联书店，2001 年，第 277 页。
③ 钱穆：《中国近三百年学术史》，第 7 页。

精此书，次览群籍，譬夫行不由径，非所闻焉。"①作为史家巨擘，刘知几极重《尚书》，以为"古往今来，质文递变，诸史之作，不恒厥体。榷而为论，其流有六：一曰《尚书》家，二曰《春秋》家，三曰《左传》家，四曰《国语》家，五曰《史记》家，六曰《汉书》家"②。是乃拔擢《尚书》为诸家第一之位次。其理由则在于："《尚书》家者，其先出于太古。《易》曰：'河出《图》，《洛》出书，圣人则之。'故知《书》之所起远矣。至孔子观书于周室，得虞、夏、商、周四代之典，乃删其善者，定为《尚书》百篇。孔安国曰：'以其上古之书，谓之《尚书》。'《尚书·璇玑钤》曰：'尚者，上也。上天垂文象，布节度，如天行也。'王肃曰：'上所言，下为史所书，故曰《尚书》也。'推此三说，其义不同。盖《书》之所主，本于号令，所以宣王道之正义，发话言于臣下，故其所载，皆典、谟、训、诰、誓、命之文。至如《尧》《舜》二典，直序人事，《禹贡》一篇，惟

---

① 刘知几撰、蒲起龙通释：《史通通释》卷四《内篇·断限》，王煦华整理，上海古籍出版社，2009年，第90页。按："七经"之说，起于东汉。《熹平石经》，以《诗》《书》《礼》《易》《春秋》《公羊》《论语》为七经。王国维指出："汉石经经数，据《后汉书·灵帝记》《卢植传》《儒林传序》《宦者传》，皆云五经；《蔡邕传》《儒林传·张驯》下则云六经；《隋书·经籍志》云七经。其目，则《洛阳记》（《后汉书·蔡邕传》注引）举《尚书》《周易》《公羊传》《礼记》《论语》五种；《洛阳伽蓝记》举《周易》《尚书》《公羊》《礼记》四种；《隋·志》则有《周易》《尚书》《鲁诗》《仪礼》《春秋公羊传》《论语》七种（据拓本）；宋时存《诗》《书》《仪礼》《公羊传》《论语》五种（据残石）。此先儒所谓五、六、七经之不同，不可得而详者也。"王说当以《隋书·经籍志》为是。参见王国维：《观堂集林》卷二○《魏石经考一》，河北教育出版社，2001年，第592页。范晔：《后汉书》卷三五《张纯传》李贤注："七经谓《诗》《书》《礼》《乐》《易》《春秋》及《论语》也。"北宋刘敞《七经小传》则作《书》《诗》《周礼》《仪礼》《礼记》《春秋公羊传》与《论语》。参见刘敞：《七经小传》，《四部丛刊》景宋本。南宋的两部私家目录之双璧晁公武《郡斋读书志》与陈振孙《直斋书录解题》对《七经小传》评价甚高。《郡斋读书志校证》卷四《七经小传》："所谓七经者，《毛诗》《尚书》《公羊》《周礼》《仪礼》《礼记》《论语》也。元祐史官谓庆历前学者尚文辞，多守章句注数之学，至敞始异诸儒之说。后王安石修经义，盖本于敞。"孙猛校证，上海古籍出版社，1987年，第143页。《直斋书录解题》卷三《七经小传》："前世经学大抵祖述注疏，其以己意言经，著书行world，自敞倡之。惟《春秋》既有成说，《诗》《书》《三礼》《论语》见之《小传》。又《公羊》《左氏》《国语》三则附焉，故曰七经。"（徐小蛮、顾美华点校，上海古籍出版社，1987年，第82页）

② 《史通通释》卷四《内篇·六家》，第1页。

言地理,《洪范》总述灾祥,《顾命》都陈丧礼,兹亦为例不纯也。"①观此之论,刘子玄也不过是在以史论史,将《尚书》作为往圣前贤言论文告之汇集而作为史述之一种形式看待而已。至宋儒则不然,北宋儒者以义理说经,既开辟了经学研究的新纪元,也为理学之崛起扫清了通道。对存世儒家经典作出新的诠释,以因应时代的内在需求。胡瑗高足刘彝答神宗之问"胡瑗与王安石孰优"云:"臣师胡瑗以道德仁义教东南诸生,时王安石方在场屋中修进士业。臣闻圣人之道,有体、有用、有文。君臣父子,仁义礼乐,历世不可变者,其体也。《诗》《书》、史、传、子、集,垂法后世者,其文也。举而措之天下,能润泽斯民,归于皇极者,其用也。国家累朝取士,不以体用为本,而尚声律浮华之词,是以风俗偷薄。臣师当宝元、明道之间,尤病其失,遂以明体达用之学授诸生。夙夜勤瘁,二十余年,专切学校。始于苏、湖,终于太学,出其门者无虑数千余人。故今学者明夫圣人体用,以为政教之本,皆臣师之功,非安石比也。"②此便是钱穆对"宋学"精神的诠释之一,即在于"明体达用"。"汉学派的精神在'通经致用',宋学派的精神在'明体达用',两派学者均注重在'用'字,这就是'儒学'的精神,即是'经学'的家法。至于书本子的训释与考据,亦学者所应有的工作,惟非学者主要之急务。"③于是《尚书》就成为北宋诸儒训释经义、阐发古圣先贤微言大义并用以进行政务指导的思想工具。只不过除王安石等少数人之外,他们大多强调"明体",强调对经学义理阐扬和由此涵养的德性高于、早于经术的政治实践的运用过程。

胡瑗试图建构基于"皇极"范畴的儒家本体大厦。《四库全书总目》指出:"瑗生于北宋盛时,学问最为笃实,故其说惟发明天人合一之旨,不务

----

① 《史通通释》卷四《内篇·六家》,第2页。

② 黄宗羲原著、全祖望补修:《宋元学案》卷一《安定学案》,陈金生、梁运华点校,中华书局,1986年,第25页。

③ 钱穆讲、刘大洲记:《汉学与宋学》,《磐石杂志》,1934年第2卷第7期。

新奇。如谓天锡《洪范》为锡自帝尧，不取神龟负文之瑞。谓五行次第，为箕子所陈，不辨《洛书》本文之多寡。谓五福六极之应，通于四海，不当指一身而言，俱驳正注疏，自抒心得。又详引《周官》之法，推演八政，以经注经，特为精确，其要皆归于建中出治，定皇极为九畴之本，辞虽平近，而深得圣人立训之要，非谶纬术数者流所可同日语也。"①邓国光指出，《尚书·洪范》篇所述之"皇极"，乃是后世经学义理之核心要义，《洪范》以其对儒家道统与治统紧张关系的调和功能，缓解了两者之间的紧张关系，以一种新的"忠诚"样态获得了统治者的青睐，他说："《洪范》学既因得宠于治统而寄存，发展至唐、宋，又重新配合时代的意识形态而更新调整。自南北朝后，阴阳五行之学已渐失去社会势力，佛学这种全新的治心之学日渐被社会接受。相对于精微的佛学，阴阳五行便显得粗糙、幼稚。《洪范》学在自我调整的过程中，转移侧重点，把重心从'休'、'咎'之征的天人感应的一端转移至'皇极'的一端。唐、宋两代人君倾情于《洪范》学的焦点都集中于'皇极'的问题上。佛学重视心识，认为世上一切不真实的存在，都是'心'之所造，'治心'是对佛学的简单概括。《洪范》学汲取了治心的原则，转入讲求心法的'皇极'之学。这种把注意力从外在自然的异象倾斜到帝王用心的至隐微处，可见调整波幅的巨大。"②理学在排拒佛教与超越经学的双重应战中崛起，佛教重心识，大千世界乃心之所造；而儒学则坚定以义理为本的立场，奠定了以《洪范》为本的经学诠释样式。胡瑗视儒家之道为内圣外王之道，"夫君子之道，积于内则为中庸之德；施于外则为皇极之化"③。积于内的心性修养与发于外的事功效力有着同等的重要性，而"皇极"也具有掌控全盘的价值，不仅仅拘囿于外王事功。"圣人之作，光明盛大，与天地合

---

① 《四库全书总目》卷一一《洪范口义》，中华书局，1965年，第90页上。

② 邓国光：《经学义理》，上海古籍出版社，2011年，第451页。

③ 胡瑗：《周易口义》卷一上经《乾》，文渊阁《四库全书》本，上海古籍出版社，1987年影印本，第8册，第176页。

德,万物莫不遍烛。夫天地感应而生万物,圣人感应而用天下之贤,共成天下之业,敷为皇极之教,而天下万物莫不观睹之也。"①"朝廷明盛,行政施令,为皇极之化,故有元大之吉。"②如此,"皇极"既是最高之形上本体,也是政理之全部;涵摄全部伦理纲常的本体论与指导实际事务的政治论融而为一,具备"皇极"意蕴的"君子之人","始能治其心,明其性,饰其身,至此可以为仁,可以为义,为礼,为智,处于富贵,富贵得其宜,居于贫贱,贫贱得其道,以至为将,为相,为公卿,无所施而不可,无有疑惧而动心者"。③"用之天下则天下治,用之一国则一国安,施之一家则一家肃,进退出处,皆得其宜,而无有过咎。"④可以这么说,胡瑗所理解和诠释的"皇极"已经接近作为形上之"道"与二程的"天理",只是对"皇极"这个概念的运用暂时局限在政治与社会论的范畴之内。胡瑗认为:"道者,自然之谓也。以数言之,则谓之一;以体言之,则谓之无;以开物通务言之,则谓之通;以微妙不测言之,则谓之神;以应机变化,则谓之易。总五常言之,则谓之道也。"⑤"圣人既能顺其简易之道,顺其万事之理,使君臣、父子、夫妇、长幼各得其序,则天地之位皆由此矣。"⑥如此,"道"与"理"在胡瑗看来几乎可以等而言之,均是最高人伦范畴。但是"皇极"之意涵则与此最高范畴有微妙之差异。一方面,"皇极"即是"大中之道":

> 皇,大;极,中也。言圣人之治,天下建立万事,当用大中之道。所谓道者,何哉?即无偏无党,无反无侧,无有作好,遵王之道;无有作恶,遵王之路是也。使天下贤者,则不过愚则跂而及之,平平然,荡荡

① 胡瑗:《周易口义》卷一上经《乾》,文渊阁《四库全书》本,第8册,第187页。
② 《周易口义》卷五上经《离》,文渊阁《四库全书》本,第8册,第312页。
③ 《周易口义》卷四上经《贲》,文渊阁《四库全书》本,第8册,第284页。
④ 《周易口义》卷四上经《贲》,文渊阁《四库全书》本,第8册,第284页。
⑤ 《周易口义》卷一一《系辞上》,文渊阁《四库全书》本,第8册,第466页。
⑥ 《周易口义》卷一一《系辞上》,文渊阁《四库全书》本,第8册,第455页。

然,而使民无倾危之过者,皇极之义也。故一门之内,得其中则父义,母慈,子孝,兄友,弟恭。朝廷之内得其中,则君义,臣忠,四海无淫朋之人。一乡一党则无遗亲,此皇极之道行也。故皇极行则五行不相侵,五事不相徇,八政以之成,五纪以之明,三德以之平,卜筮以之灵,庶征以之顺,五福来臻,六极不至矣。然皇极独不言数者,何也?盖皇极者,万事之所祖,无所不利,故不言数。以此观之,包括九畴,总兼万事,未有不本于皇极而行也,故处于中焉。①

这个不偏不倚的"大中之道"是"王道"的别称。胡瑗抛弃了汉唐经学以"天""帝"释"皇极"的做法,改而用义理释"皇极",它不仅成为胡瑗思想体系的最高概念在政治思想中的运用,也成为胡瑗政治思想的最后依据。以"皇极"为中心的《洪范》九畴是治国之常经,人君之大法:

> 夫王者,体五行以立德,谨五事以修身,厚八政以分职,协五纪以正时,建皇极以临民。义三德以通变,明稽疑以有为,念庶征以调二气,彝伦攸叙,是谓至治之世。五福被于民,彝伦攸斁,是为至乱之世。六极伤于民。夫五行者,水、火、金、木、土,在天则为五星,在地则为五行,在人则为五事。王者五事皆谨,则五常不失其道。五行皆顺其性,五星不失其明。五事,谨之致也。厚八政,则食以足;务稼穑,则货以通;有祭祀以事鬼神,司空以平土地,司徒以均教化,司寇以正刑罚。宾所以明礼,师所以为法。协五纪,则四时不差;建皇极,则民履中道。义三德,则驭下有方;明稽疑,则与众同欲。如是,则君子在位,小人在野,君臣上下,交相和同,蛮夷戎狄,无不宁谧,然后可以验于庶征也。②

---

① 《洪范口义》卷上,文渊阁《四库全书》本,第54册,第455~456页。
② 《洪范口义》卷下,文渊阁《四库全书》本,第54册,第482页。

在这里，"五福""六极"的主宰者不是人格化的超自然的存在物，而是作为观念实体的"皇极"。此观念实体的"皇极"与儒家具体的治理之道也具备内部的互通性。"德者，内则得之于心，外则得其理，故谓之德。德有三者：即正直、刚、柔是也。世之平康，则用正直之德治之；世有强悍不顺，则用刚德治之；世之和顺，则用柔德治之。此三德者，圣人既由中道而治天下。"①"皇极则见圣人之道，三德则见圣人之权。"②胡瑗希望君王都能深刻地领悟和牢固地把握"皇极"。《洪范》"五事"其实就已经指明了君王所应该具备的素质：

> 一曰貌，二曰言，三曰视，四曰听，五曰思。貌曰恭，言曰从，视曰明，听曰聪，思曰睿。恭作肃，从作乂，明作哲，聪作谋，睿作圣。③

《洪范》说话的对象就是天子，"五事"从天子的角度上讲，都是关系治理天下苍生的大本大法。"思"方能"睿"，"睿"方能"圣"。"圣"固然是最高道德与能力水准的显现，它反映在政事治理的得当与否上，但归根到底这种显现是依据人君是否照"皇极"行事来判断的：

> （天子作民父母，以为天下王）此于皇极之终，又大其皇极之义。人君可不加意哉！夫天生蒸民，有欲无主乃乱，于是命其君而司牧之，民不能自衣，君为劝其蚕而使衣；民不能自食，君为劝其耕而使食；民不自安，君为营栋宇以居之；民不知仁义，君为设庠序以教之。是天子之于兆民，不啻若父母之于赤子，恩爱之甚也。然则天子既为民父母，

---

① 《洪范口义》卷上，文渊阁《四库全书》本，第54册，第456页。

② 《洪范口义》卷上，文渊阁《四库全书》本，第54册，第456页。

③ 孔安国传、孔颖达疏：《尚书注疏》卷十二《洪范》，阮元校刻：《十三经注疏》，中华书局，1980年，第188页下。

以为天下之所归往,如何而治,舍皇极之道不可也。故大中之道行,天下无叛道之士,四海无违教之民,皆知礼义,皆为君子也。皇极之道废,则天下未必皆康,四海未必皆安,人党偏者有之,人怨旷者有之,以是观之,欲一民无不得其所欲,一物无不受其赐,舍中道何以哉? 故尧、舜以此道而能为二帝,禹、汤以此道而能为三王,周公思兼三王,致成王于有道,孔子不得其位,则著之于《六经》。不得志者,则可以卷怀于一身;得志者,则可扩充于天下。夫欲极天地之彝伦,治国家之大法,而将登太平之域者,惟用皇极而后可。①

何兆武说:"理学家把客观世界彻底地伦理化了,硬把人为的社会伦理关系等同为客观世界所固有的本性;然后又反过来论证人间的社会伦理关系就是这个世界本性的体现。封建前期的'天'转化为封建后期的'理';天意的色彩被冲淡了一些,道理的色彩突出了一些。"②胡瑗的"皇极"就扮演着这样一种角色。作为一个抽象概念,却承担起政治世界主宰者的作用,政治的合法性与政策措施的正当性、儒家政治成色的纯洁性都需要"皇极"来做最后的判决。它既是天人共奉的抽象原理,也是君王治国理政所应遵循的不二路径。对于违背"皇极"规范的人一定会受到严惩。"若其为君不能守君之职,为臣不能尽臣之节,亦不惟致百谷灾伤,招咎征而已,所以招天下之乱。"③"五纪乱则时令差,皇极倾则王道塞,三德乖则政治废,稽疑逆则众心异。夫然则小人在位,君子在野,上下交相侵陵,蛮夷戎狄,扰于中国,故有咎征者,悖五事之应也。"④胡瑗的"皇极"首先是一个作为世界本源的本体论概念,其次也是一种思想与道德的概念,世界本应是一

---

①　《洪范口义》卷下,文渊阁《四库全书》本,第 54 册,第 471~472 页。
②　何兆武:《宋代理学和宋初三先生》,《史学集刊》,1989 年第 3 期。
③　《洪范口义》卷下,文渊阁《四库全书》本,第 54 册,第 479 页。
④　《洪范口义》卷下,文渊阁《四库全书》本,第 54 册,第 483 页。

个道德的存在,若除去道德的价值,则世界就不再具备应有的意义。再者,胡瑗的"皇极"也具有制度和器物的意蕴。如果排除这种意蕴,则"皇极"就等于是空洞的说教和乏味的言说,对世人产生不了任何有实际作用的影响力,更遑论十足的道德和政治感召力。"大其皇极之义而言之,皇极之敷言,是彝是训者,言圣人立大中之道,于是布之为言,扩而为教,是可为治国之常法,使民可以顺而行之。于帝其训者,天且顺,而况于人乎?天顺之者,即如行皇极则全五福之道,获美验之应,况于人乎?皇极行则人莫不羞其小人之行,而愿纳诸君子之途,则是皇极大矣。"①既然是"治国之常法",就不可能是离群索居式的实体,必然是明君贤相发令施政的指导性原则。与此同时,君王的施政也必须符合"皇极"的内在要求。既然"皇极"的实质内涵是"大中之道",那么君王的动机和行为也必须遵循这个"大中之道"。"王者由五常之性取中而后行者也,刚则不暴,柔则不懦,贤则不过,愚者亦能及,推而施诸天下,使天下之人莫不能由而行之者,圣人之中道也。"②其作业方式是附属于原则和规矩的,前者是后者的合理延伸。其中关系国

---

① 《洪范口义》卷下,文渊阁《四库全书》本,第 54 册,第 471 页。

② 《洪范口义》卷下,文渊阁《四库全书》本,第 54 册,第 467 页。朱熹不同意将"皇极"解作"大中之道",他说:"今人皆以'皇极'为'大中',最无义理。如汉儒说'五事之中',固未是,犹似胜此。盖'皇'者,君之称也。如'皇则受之','皇建其极'之类,皆不可以'大'字训'皇'字。'中'亦不可以训'极','极'虽有'中'底意思,但不可便以为'中'只训得'至'字,如'北极'之'极''以为民极'之'极',正是'中天下而立'之意。谓四面凑合,至此更无去处。今即以'皇极'为'大中'者,更不赏善,亦不罚恶,好善恶恶之理,都无分别岂理也哉!"(黎靖德编:《朱子语类》卷七九《尚书二·洪范》,王星贤点校,中华书局,1994 年,第 2049 页)朱子又言:"今人将'皇极'字作'大中'解了,都不是。'皇建其有极'不成是大建其有中;'时人斯其惟皇之极',不成时人斯其惟大之中!皇,须是君;极,须是人君建一个表仪于上。且如北极是在天中,唤作北中不可;屋极是在屋中,唤作屋中不可。人君建一个表仪于上,便有肃、乂、哲、谋、圣之应。五福备具,推以与民;民皆从其表仪,又相与保其表仪。下文'凡厥庶民'以下,言人君建此表仪,又须知天下有许多名色人,须逐一做道理处着始得。"(黎靖德编:《朱子语类》卷七九《尚书二·洪范》,王星贤点校,第 2046 页)吴震认为,"皇极"的本义当为君王以身作则,为天下道德之楷模之意。(吴雯:《宋代政治思想史上的"皇极"解释——以朱熹〈皇极辨〉为中心》,《复旦学报》,2012 年第 6 期)此层意思,本文亦略有触及。而余英时则认为"皇极"是政治秩序。(参见余英时:《朱熹的历史世界——宋代士大夫政治文化的研究》,生活·读书·新知三联书店,2004 年,第 820 页)

计民生的器物和制度意蕴是不容被忽视的。如果没有"劝其蚕而使衣","劝其耕而使食","营栋宇以居之","设庠序以教之",则"皇极"根本不可能有实质性的意义,则会因为流于空泛而失去思想的价值。抽象的概念思辨及其推演不能替代重视内政之实德及君王个人道德修养之培育与发扬,胡瑗的目光始终投向内圣之道与外王事业的相互一致,个体的伦理精神必须延展于经验世界的全部领域,并在这全部领域得以彰显。如此,其思想的意义才能得以阐扬,观念的价值才会受到全民的接受和发自内心的奉持服膺。

"道统"论乃儒家一向申说之价值传递链条。《论语》中即有"尧曰:'咨!尔舜!天之历数在尔躬。允执其中。四海困穷,天禄永终。'舜亦以命禹。曰:'予小子履,敢用玄牡,敢昭告于皇皇后帝:有罪不敢赦。帝臣不蔽,简在帝心。朕躬有罪,无以万方;万方有罪,罪在朕躬'"[1]。在这里,尧、舜、禹一以贯之的价值传承已跃然纸上,"允执其中"四字也被嵌入在"虞廷十六字"中,成为宋明理学口耳相传的圣学渊薮。《尚书·大禹谟》所阐述的"人心惟危,道心惟微,惟精惟一,允执厥中",成为儒学心性论之立论基石和道统正脉之所在。尽管韩愈《原道》一文正式地揭示出儒家自有的基于学统演播的真理传播脉络——道统,并暗示章句训诂式的儒家经典解释学不会是儒学正宗,儒学的健康样式将一定会是义理阐发型的,它不仅要绍述先秦儒学的传统,而且具备十足的儒家价值的正当性、崇高性和纯洁性,"斯吾所谓之道也,非向所谓老与佛之道也"[2]。其源远流长的历史也绝非佛教所能比拟的。然而其传承链条的稳妥与牢固也存在着不可承受的压力。"尧以是传之舜,舜以是传之禹,禹以是传之汤,汤以是传之文、武、周公,文、武、周公传之孔子,孔子传之孟轲,轲之死,不得其传焉。荀与

① 朱熹:《论语集注》卷一〇《尧曰》,《四书章句集注》,第193页。
② 韩愈:《韩愈文集汇校笺注》卷一《原道》,中华书局,2010年,第4页。

杨也,择焉而不精,语焉而不详。"①在唐宋间复杂的道统系列设计中,孟子以后的传人一直是难以安顿的问题。②经过几代儒家学者的不懈努力,韩愈的道统说才得以接续,并在新时代发扬光大。

北宋理学家接受并光大了韩愈的道统论。"自韩愈为此道统之说,宋明儒兴起,大体皆继承而首肯之。其所以易为人所首肯,因此说指本是一事实,不在韩愈说之之为'说'也(此非是一个人之学说之问题)。唯韩愈说之,有点醒之用耳。"③牟宗三之意,在于指明韩愈之"道统"乃一事实性陈

---

①　《韩愈文集汇校笺注》卷一《原道》,第 4 页。

②　晚唐皮日休认为,继承孟子者是由北朝入隋的王通(文中子),"孟子叠踵孔圣而赞其道,夐乎千世而可继孟氏者,复何人哉? 文中子王氏讳通,生于陈、隋之间,以乱世不仕,退于汾晋,序述《六经》,敷为《中说》,以行教于门人。夫仲尼删《诗》《书》,定《礼》《乐》,赞《易》道,修《春秋》,先生则有《礼论》二十五篇,续《诗》三百六十篇,《元经》三十一篇,《易赞》七十篇。孟子之门人,有高第者公孙丑、万章焉,先生则有薛收、李靖、魏征、李勣、杜如晦、房玄龄。孟子之门人,郁郁于乱世;先生之门人,赫赫于盛时,较其道与孔、孟,岂徒然哉!"(《皮日休文集》卷四《文中子碑》,《四部丛刊》景明本)同时代的司空图也是这种意见,"道,制治之大器也。儒守其器者耳。故圣哲之生,受任于天,不可斫之,以就其时。仲尼不用于战国,致其道于孟、荀而传焉,得于汉成四百年之祚。五胡继乱,极于周、齐,天其或者生文中子,以致圣人之用,得众贤而廓之,以俟我唐,亦天命也。故房、卫数公皆为其徒,恢文武之道,以济贞观治平之盛,今三百年矣"。(《司空表圣文集》卷五《文中子碑》,《四部丛刊》景旧钞本)北宋初,韩愈被安放在道统序列之中,"宋初三先生"之一的孙复说:"自夫子殁,诸儒学其道,得其门而入者鲜矣。惟孟轲氏、荀卿氏、扬雄氏、王通氏、韩愈氏而已。彼五贤者,天俾夹辅于夫子者也。天又以代有空阔、诞谩、奇险、淫丽、谲怪之说,乱吾夫子之道,故不并生,一贤殁,一贤出,羽之翼之,垂诸无穷,此天之意也,亦甚明矣。"(《孙明复小集·上孔给事书》,文渊阁《四库全书》本,上海古籍出版社,1987 年影印本,第 1090 册,第 172 页)石介也是这种认识,"道大坏,由一人存之。天下国家大乱,由一人扶之。周室衰,诸侯乱,道大坏也,孔子存之。孔子没,杨、墨作,道大坏也,孟子存之。战国盛,仪、秦起,道大坏也,荀况存之。汉祚微,王莽篡,道大坏也,杨雄存之。七国弊,王纲隳,道大坏也,文中子存之。齐、梁以来,佛、老炽,道大坏也,吏部存之"。(《徂徕石先生文集》卷八《救说》,中华书局,1984 年,第 84 页)至北宋中期,名相韩琦接这种说法,大加褒扬,"余既新夫子之宫,乃绘诸弟子及左氏而下释经诸儒于东西序,又图孟、荀、扬、王、韩五贤于书楼之北壁"。又说:"夫五贤者,圣人之亚,学者之师。"又赞韩愈"独吾文公惟圣是矩,挺然一变而至于古。道古之道,语古之语,学者靡然始师而附。……佛、老乱我中土,驱彼世人,日陷邪蛊,作蠹千祀,其孰敢侮。独吾文公既攻且拒,以身扞之。帝亦云忤,流离炎荒,道行躬苦,否则诸夏,化为夷虏。惟荀与扬,功实未伍。肩孟其谁,不曰吾祖!"(《安阳集》卷二三《五贤赞并序》,明正德九年张士隆刻本)

③　牟宗三:《心体与性体》,上海古籍出版社,1999 年,第 163 页。

《诗》《书》《礼》《乐》：宋明儒学的性道神化

述而非虚构之价值陈述，故言"不在韩愈说之之为'说'"。程颐说其兄明道先生"自十五六时，闻汝南周茂叔论道，遂厌科举之业，慨然有求道之志。未知其要，泛滥于诸家，出入于老、释者几十年，返求诸《六经》而后得之。明于庶物，察于人伦。知尽性至命，必本于孝弟；穷神知化，由通于礼乐。辨异端似是之非，开百代未明之惑。秦、汉而下，未有臻斯理也"①。又说："谓孟子没而圣学不传，以兴起斯文为己任。"②这是在暗示程颢未能在周敦颐处得悟道要领，直至其真切领悟孟子旨意，故而程颢之学上接孟子。南宋也有许多思想家认同这一说法。胡宏说："程明道先生尝谓门弟子曰：'昔受学于周子，令寻仲尼、颜子所乐者何事'，而明道自再见周子，吟风弄月以归。道学之士皆谓程颢氏续孟子不传之学。"③朱熹则首先确立了周敦颐上承孟子道统的说法，并将之绑定为道学正脉：

　　若濂溪先生者，其天之所畀而得乎斯道之传者与！不然，何其绝之久而续之易，晦之甚而明之亟也。盖自周衰，孟轲氏没，而此道之传不属，更秦及汉，历晋、隋、唐，以至于我有宋，圣祖受命，五星集奎，实开文明之运，然后气之漓者醇，判者合，清明之禀，得以全付乎人，而先生出焉。不由师传，默契道体，建图属书，根极领要。当时见而知之，有程氏者，遂扩大而推明之，使夫天理之微，人伦之著，事物之众，鬼

---

　　①　《河南程氏文集》卷一一《明道先生行状》，《二程集》，中华书局，1981 年，第 638 页。

　　②　《河南程氏文集》卷一一《明道先生行状》，《二程集》，第 638 页。

　　③　胡宏：《周子通书序》，《胡宏集》，吴仁华点校，中华书局，1987 年，第 160~161 页。胡宏认定二程（首先是大程子颢）为孔孟之道的赓续者，"自秦焚书坑儒以后，章句系乱，《六经》之义浸微浸昏，重以本朝丞相王安石专用己意训释经典，倚威为化，以利为罗，化以革天下之英才，罗以收天下之中流，故五十年间，经术颓靡，日入于暗昧支离，而《六经》置于空虚无用之地。方其时也，西洛程伯淳、其弟程正叔二先生者，天实生之，当五百余岁之数，禀真元之会，绍孔孟之统，振《六经》之教，然风气仍衰而未盛也。故明道先生早世，先进高第相继以亡，伊川先生以一己之力横制颓波，是以《六经》之文犹有未赞者，而先生已没，然大纲张理者，亦多矣"。（胡宏：《程子雅言后序》，《胡宏集》，吴仁华点校，中华书局，1987 年，第 159 页）

神之幽,莫不洞然毕贯于一,而周公、孔子、孟氏之传焕然复明于当世,有志之士,得以探讨服行,而不失其正,如出于三代之前者。呜乎盛哉! 非天所畀,其孰能与于此!①

朱熹不但以周敦颐接续孟子,而且是坚信"周程授受"说,坚持认为,周敦颐将不绝之学交付给了他的及门弟子二程。"先生之学,自程氏得其传,以行于世,至于今而学者益尊信之。"②"先生之学,实得孔孟不传之绪,以授河南二程先生,而道以大明。"③"先生道学渊懿,得传于天,上继孔、颜,下启程氏,使当世学者,得见圣贤千载之上,如闻其声,如睹其容,授受服行,措诸事业,传诸永久而不失其正,其功烈之盛,盖自孟氏以来未始有也。"④"独以河南两程夫子尝受学焉,而得孔孟不传之正统,则其渊源因可概见。"⑤不论是二程还是周敦颐,作为道统的赓续者,他要承担的任务是对"道"的阐证和弘扬,道之本质是儒家服膺的仁、义、礼、智、信等道德规范,即内在之善。"此尧、舜、禹、汤、文、武、周公、孔子、孟子一线相承之道,其

① 《晦庵先生朱文公文集》卷七八《江州重建濂溪先生书堂记》,《朱子全书》本,第3739页。
② 《晦庵先生朱文公文集》卷七八《隆兴府学濂溪先生祠记》,《朱子全书》本,第3747页。
③ 《晦庵先生朱文公文集》卷八〇《邵州州学濂溪先生祠记》,《朱子全书》本,第3798页。
④ 《晦庵先生朱文公文集》卷八六《奉安濂溪先生祠文》,《朱子全书》本,第4038页。
⑤ 《晦庵先生朱文公文集》卷八一《周子通书后记》,《朱子全书》本,第3856页。在这里,朱熹是确定宋明理学学术史上"周程授受"关系的第一人。而周程授受是否为一事实陈述,自北宋以来一直聚讼纷纭。其说多且杂。而今人对周程授受的清理,当以陈植锷《周程授受辨》(《文献》,1994年第2期)为代表。朱熹之后,亦颇有学者认同周敦颐接续孟子道统的说法,如陈植锷《本堂集》卷四六《题道统三书后》曰:"韩文公谓吾道之统,孟子死不得其传,孰知至周子而后又大光明,有《太极图》《通书》《西铭》在焉。全体大用,与九经表里,学不知此,非学也,而未易言也。然士希贤,贤希圣,圣希天,非学者分外事,二程子一出,便欲学圣人其知此欤。"黄榦《圣贤道统传授总叙说》,更是直接说:"及至周子,则以诚为本,以欲为戒,此又周子继孔孟不传之绪者也。至二程子,则曰:'涵养须用敬,进学则在致知',又曰:'非明,则动无所之;非动,则明无所用',而为四箴,以著克己之义焉。此二程得于周子者也。"(《勉斋集》卷二六,元刻延祐二年重修本)晚宋江万里则有定论:"孔孟之统,千有余年以俟周、程。"(《周元公集》卷一一,江万里:《吉州鹭洲周程书院记》,宋刻本)

本质内容为仁义,其经典之文为《诗》《书》《易》《春秋》,其表现于客观政治社会之制度为礼乐刑政。此道通过此一线之相承而不断,以见其为中华民族文化之命脉,即名曰'道统'。"①

程颐和程颢接续从孟子中断的道统,朱熹则试图以周敦颐接续之,其为凸显濂洛之学的地位、价值与重要意义的目的是一致的。在这里,尧、舜、禹、汤、文、武、周公代表着"内圣"一路的特质,博施济众、设礼乐刑政以治外;孔、孟则强调道德主体的作用,阐发心性之学,讲教化修为以治内。"有了仁,则其所述而不作者一起皆活,一切皆有意义,皆是真实生命之所流注。然则唐虞三代之制度之道与政规之道惟赖孔子之仁教,始能成为活法,而亦惟赖孔子之仁教,始能见其可以下传以及其下传之意义。自其可以下传言,是孔子之所以承继唐虞三代之道德总规与政规者;自其下传之有意义言,乃见其必有一开合以期新的综合构造之再现,所谓重开文运与史运者。是则仁教者乃对于道之本统之重建以开创造之源者也。《诗》《书》《礼》《乐》《春秋》可以述而不作,而仁教则断然是其创造生命之所在,此不可通常著书立说之创造视之也。"②由此,实质为"成德"之教的先秦儒学得以确立。"成德之教中的成人即是孔子的仁教之所开启,此代表孔子生命智慧之方向,……与王者尽制中之礼乐人伦不同也。"③儒家"成德之教"是道德和实践的复合体,它侧重于道德自律,体认本心之善,以自律的实践工夫来完成道德价值,而此种价值又肯定是与自己的精神生命深度相契合的,是先验善性的落实、彰显与完成。两宋理学即继承孔孟这一路径,"圣不圣且无所谓",其看重的正是"自觉地作道德实践,本其本心性体以彻底清澈其生命,此将是一无穷尽之工作,一切道德宗教性之奥义尽在

①《心体与性体》,第 163 页。

②《心体与性体》,第 210 页。

③《心体与性体》,第 13 页。

其中，一切关于内圣之学之义理尽由此展开"①。因此，正是从孔子开始，儒家的"生命智慧"有一个从"王者尽制之外部的礼乐人伦处规定者进而至于圣者尽伦之成德之教来规定"②的转向，而两宋理学则是这个转向的最终完成。

　　高度思辨的理学思想也依托经典而展开，道统论依托的经典就是对《尚书》的领悟和解读。何谓道统？"大中至正、百圣相传，是曰道统。"③尽管《大学》之书"万世道统之书"④，而《中庸》之书也是"自上古圣神继天立极，而道统之传有自来矣"⑤。宋儒意识到："道统之名，不见于古，而起于近世，故朱子之序《中庸》，拳拳乎道统之不传，所以忧患天下后世也。"⑥于是，他们借《尚书·大禹谟》"人心惟危，道心惟微。惟精惟一，允执厥中"，完善了儒家心性理论的建构，架设起道统论的框架结构。这对于儒学历经晚唐五代数十年离乱之世后的重建与复兴有着直接的帮助。朱熹说："其见于经，则'允执厥中'者，尧之所以授舜也；'人心惟危，道心惟微，惟精惟一，允执厥中'者，舜之所以授禹也。尧之一言至矣，尽矣，而舜复益之以三言者，则所以明夫尧之一言，必如是而后可庶几也。"⑦然而，从学术史的角度审视，历史上的儒者都忽视了对"道心""人心"的理论解释，孔颖达在《五经正义》里面阐释云："居位则治民，治民必须明道，故戒之以'人心惟危，道心惟微'。道者，经也，物所从之路也。因言人心，遂云道心。人心惟万虑之主，道心为众道之本。立君所以安人，人心危则难安，安民必须明

　　① 《心体与性体》，第 6 页。

　　② 《心体与性体》，第 13 页。此专题之所论，见陈赟：《仁的思想与轴心时代中国的政教典范》，《学海》，2012 年第 2 期。

　　③ 程端蒙：《性理字训·成德第五》，清同治至民国间刻西京《清麓丛书》本。

　　④ 《石堂先生遗集》卷八《问明德是性是心》，明万历三年薛孔洵刻本。

　　⑤ 朱熹：《中庸章句》，《四书章句集注》，第 14 页。

　　⑥ 王柏：《鲁斋集》卷一一《跋道统录》，民国《续金华丛书》本。

　　⑦ 朱熹：《中庸章句》，《四书章句集注》，第 14 页。

《诗》《书》《礼》《乐》：宋明儒学的性道神化

道。道心微则难明,将欲明道,必须精心。将欲安民,必须一意。故以戒精心一意,又当信执其中,然后可得明道以安民耳。"①他对"道心""人心"的解释显得模糊而又随意,忽视了它们作为众所周知的常识。

直到北宋的程颢、程颐兄弟,才第一次准确地解释了这些概念的真切意涵。"人心私欲,故危殆;道心天理,故精微,灭私欲,则天理明矣。"②"'人心惟危',人欲也;'道心惟微',天理也。'惟精惟一',所以至之;'允执厥中',所以行之。"③"人心,私欲也,危而不安;道心,天理也,微而难得。惟其如是,所以贵于精一也。精之一之,然后能执其中。中者,极至之谓也。"④他们通过这种诠释,揭示出这样的道理:"夫尧、舜、禹天下之大圣也,以天下相传,天下之大事也;以天下之大圣,行天下之大事,而其授受之际,丁宁告戒,不过如此,则天下之理,岂有以加于此哉!自是以来,圣圣相承,若成汤、文、武之为君,皋陶、伊、傅、周、召之为臣,既皆以此而接夫道统之传。"⑤"不过如此"是什么意思呢?意思是说往圣把道统的内涵设定为儒家伦理学说,又把它装进了心性里面,让"道心"成为"道统"传承的内核,而"道统"则成为"道心"的载体。在两宋理学家看来,涵摄纲常伦理内容的理、性、心为理性的、道德的,对社会历史具有正面的价值规范;而人的私欲则被视为反理性的、不道德的,对社会历史具有负面的能量。"人心,私欲也;道心,正心也。危言不安,微言精微。惟其如此,所以要精一。惟精惟一者,专要精一之也。精之一之,始能'允执厥中'。中是极至处。或云:介甫说以一守,以中行。只为要事事分作两处。"⑥"夫心之虚灵知觉,一而已矣,而以为有人心、道心之别者,何哉?盖以其或生于形气之私,或原于性命之正,

① 《尚书注疏》卷四《大禹谟》,《十三经注疏》,第136页中。
② 《河南程氏遗书》卷二四,《二程集》,第312页。
③ 《河南程氏遗书》卷一一,《二程集》,第126页。
④ 《河南程氏粹言》卷二,《二程集》,第1261页。
⑤ 朱熹:《中庸章句》,《四书章句集注》,第14页。
⑥ 《河南程氏遗书》卷一九,《二程集》,第256页。

而所以为知觉者不同，是以或危殆而不安，或精微而难见耳。然人莫不有是形，故虽上智不能无人心，亦莫不有是性；故虽下愚不能无道心，二者杂于方寸之间，而不知所以治之，则危者愈危，微者愈微，而天理之公，卒无以胜乎人欲之私矣。精则察夫二者之间而不杂也。一则守其本心之正而不离也。从事于斯无少间断，必使道心常为一身之主，而人心每听命焉，则危者安，微者著，而动静云为，自无过不及之差矣。"①程朱理学的思想中已显现出这种二元对立的因素。一方面，天理或道心作为推进历史向善发展的力量，将人类社会引入祥和、富裕、有序的境地；另一方面，人心或私欲作为牵引历史向恶演进的力量，将人类社会引入衰乱、贫穷、无序的困境。

在这种精神与肉体的二元对决中，程朱坚信精神能够最终主宰肉体。因为在他们看来，作为天理而存在的绝对精神，俨然能够超出肉欲之外，成为一切神圣、至善的根源，与之相对的肉体，成为被贬损遭克制的罪恶的化身，伦理规范和行为者的坚定信念成为制服这种邪恶的主要武器。程朱理学认为，人心必须受道心的主宰，只有使人心听命于道心，才能使人心危而转安，道心隐而转著。程朱理学对人心道心说的阐述说明：人心、道心说及其说法的渊源——《尚书·大禹谟》，在二程、朱熹学说体系中占有十分重要的地位，是程朱理学的核心范畴，阎若璩也非常清楚地认识到这一点："有宋程朱辈出，始取（虞廷十六字）而推明演绎，日益加详，殆真以为上承尧统，下启孔教者在此。其盖以其所据之地甚尊，而所持之理原确也。"②他们建构了所谓的"三圣传心"说，将理学的崇高、悠久和纯洁推到极致。"道心之微，非精一，其孰能执之？惟道心之微而验之于喜怒哀乐未发之际，则其义自见，非言论所及也。尧咨舜，舜命禹，三圣相授，惟中而

①　《晦庵先生朱文公文集》卷一一《戊申封事》，《朱子全书》本，第589页。
②　阎若璩：《尚书古文疏证》卷二第三十一，清乾隆眷西堂刻本。

已。"①南宋初，刘子翚就有过圣贤传心之论，"夫道一而已。尧、舜之心，不间乎此，视听言动，必有司也；仁义礼乐，必有宗也。尧、舜有传道之名，而无可传之迹。后世圣人，岂喜托虚名而强追逡躅哉！必有受也。《书》曰：'惟精惟一'，此相传之密旨也。昧乎一，则莫知元本；滞乎一，则入于虚妙，悦于谈听而不可用，岂所谓'允执厥中'耶？"②尧舜所传，禹付托之；再经文、武、周公，"三圣又没，邪朋邪诐翼诐，幅裂鼎沸，莫可谁何。孔子出焉，气足以压其声焰，量足以吞其区穴，排异如摧枯拉朽，引同如川流海会，其言有曰'吾道一以贯之'，此祖述尧、舜之妙也"③。"三圣"的心传，以孔子为一个宗汇。林之奇更是直接把"虞廷十六字"说成是"尧、舜、禹三圣人相授受之际，发明其道学之要，以相畀付者"④，他认为："此实圣学之渊源，而诸儒之说各有不同。盖圣人发明其心术之秘以相授受，故其言渊深，又必有圣人复起，默而识之，自得于言意之表，非诂训章句之学可得而知也。"⑤由此可见，圣人心术是暗藏在"虞廷十六字"中，假借"道统"而传承不断。孝宗时的名相史浩也说："惟皇上帝降衷于下民，是以历代圣人执其两端而用其中于民，民既受中以生，非天作之君，作之师，以辅翼之，则其中，安保不迷而失之耶？然则中者，君天下之纲领，而历代帝王受命之符也。"⑥"天地得之而清宁，圣人得之则为天下正。尧、舜、禹之相传者，此也。故曰'惟精惟一，允执厥中'。成汤、伊尹之相得者，此也。故曰'咸有一德'，克享天心。"⑦他们的一个共同点就是成功地把"道统"论转化成为儒家心性论，以心性

---

①　杨时：《杨时集》卷一四《答胡德辉问二十六》，福建人民出版社，1993年，第370~371页。

②　刘子翚：《屏山集》卷一《圣传论·尧舜》，《屏山集校注与研究》，中国书籍出版社，2012年，第1页。

③　《圣传论·尧舜》，《屏山集校注与研究》，第2页。

④　林之奇：《尚书全解》卷四《大禹谟》，文渊阁《四库全书》本，上海古籍出版社，1987年，第55册，第86页。

⑤　《尚书全解》卷四《大禹谟》，文渊阁《四库全书》本，第55册，第86~87页。

⑥　史浩：《尚书讲义》卷三《大禹谟》，文渊阁《四库全书》本，第56册，第192~193页。

⑦　《尚书讲义》卷九《咸有一德》，文渊阁《四库全书》本，第56册，第255页。

论的核心概念和主张填充了"道统"论的空间,使得"道统"论凸显出道德意涵,而且更进一步把这种洋溢着道德意味的"道统"说安装在了上古"三圣"那里,增添了这种学说的悠久历史和崇高价值。"周公得是道于尧、舜、禹、汤、文、武,故兼三王而施四事,实其绪余土苴。其'惟精惟一'之学,则当世传之成王,后世传之孔子,盖成王则见而知之,孔子则闻而知之,是或一道也。"①唯有将儒家心性理论和政治实践的实际效果整合在一起,"道统"才有坚实的立足点和坚强的说服力。到朱熹那里,将"虞廷十六字"与《中庸》绾为一体,使《尚书》的思想对理学思想的支撑更为优化。朱熹说:

> 若吾夫子,则虽不得其位,而所以继往圣、开来学,其功反有贤于尧、舜者。然当是时,见而知之者,惟颜氏、曾氏之传得其宗。及曾氏之再传,而复得夫子之孙子思,则去圣远而异端起矣。子思惧夫愈久而愈失其真也,于是推本尧、舜以来相传之意,质以平日所闻父师之言,更互演绎,作为此书,以诏后之学者。盖其忧之也深,故其言之也切;其虑之也远,故其说之也详。其曰"天命率性",则道心之谓也。其曰"择善固执",则精一之谓也。其曰"君子时中",则执中之谓也。世之相后千有余年,而其言之不异,如合符节。②

"道统"论一方面需要有缜密的授受谱系,另一方面也要有丰富而深刻的哲理内涵。朱熹于是借重"人心""道心"之说张大其心性论,将心性论确定为思想体系的坚硬内核,它既是人能够成圣成贤的先验可能,也是人为善去恶工夫论的抓手。"所谓'人心惟危,道心惟微,惟精惟一,允执厥中'者,尧、舜、禹相传之密旨也。夫人自有生而梏于形体之私,则固不能无'人心'

---

① 史浩:《尚书讲义》卷一九《顾命》,文渊阁《四库全书》本,第56册,第376页。
② 朱熹:《中庸章句》,《四书章句集注》,第14~15页。

矣。然而必有得于天地之正,则又不能无'道心'矣。日用之间,二者并行,迭为胜负,而一身是非得失,天下之治乱安危,莫不系焉。是以欲其择之精而不使人心得以杂乎道心,欲其守之一而不使天理得以流于人欲,则凡其所行,无一事之不得其中,而于天下国家无所处而不当。夫岂任人心之自危而以有时而泯者为当然,任道心之自微而幸其须臾之不常泯也哉。"①朱熹通过这样的梳理,既界定了"人心""道心"的概念,也说明了其来源,更指出了保存"道心"的必要与可行,又沟通了"道心"与天理、人欲及形、气、性、命等理学核心概念的关联性,是通过经典文本《尚书》而对理学思想大厦的有效建构。陈荣捷所谓"《中庸章句序》不特首用'道统'之词,又于道统内容,以哲学思想充实之。从此而后,道统乃成为一哲学范畴。此诚是破天荒之举。纵是武断,不害其为新观念也"②。又说:"以道心人心之十六字诀释道统,使有确定之哲学意义,实为一极有价值之贡献。"③朱熹承继了二程的提法,将"道心""人心"与"天理""人欲"相对接,更大地丰富了理学理论内涵。"道心"作为抽象的道德理念,摆脱了有形的肉体的束缚,作为形而上的最高实体,成为理学本体论的概念。朱熹还暗示,孟子以后,唯有二程和他本人才是这一道统的真正传人。"自是而又再传以得孟氏,为能推明是书,以承先圣之统,及其没而遂失其传焉。则吾道之所寄不越乎言语文字之间,而异端之说日新月盛,以至于老、佛之徒出,则弥近理而大乱真矣。然而尚幸此书之不泯,故程夫子兄弟者出,得有所考,以续夫千载不传之绪;得有所据,以斥夫二家似是之非。"④这样一来,它们宣讲的"道学"一跃而为"道统之学",他坚持认为,上古三代曾经存在过一个由"道统"主宰的秩序,这成为朱熹和后世理学的价值预设和文化信仰,尽管朱熹对

---

① 《晦庵先生朱文公文集》卷三六《答陈同甫(八)》,《朱子全书》本,第1587页。

② [美]陈荣捷:《新道统》,《朱子新探索》,华东师范大学出版社,2007年,第288页。

③ 《朱子新探索》,第288页。

④ 朱熹:《中庸章句》,《四书章句集注》,第15页。

《古文尚书》表示过自己的疑虑①，但并没有由此而否定他寄托于此文本之上的价值与信仰。

总之，"道统之绪，在基本上乃为哲学性之统系而非历史性或经籍上之系列。进一步言之，即道统之观念，乃起自新儒学发展之哲学性内在需要。于是吾人可知新儒学之整个观念，乃建立在理之观念上"②。"朱子于道统传受之序列，表面上似基于权威，而实为一重要哲学性之实质。"③这种"哲学性"说到底就是由"北宋五子"反复论证和承载的"儒家'道之大原出于天'，进而'性于人'，即阐发心性之精微，并开启世人'入德之门'。其着力的显然是'体'，但其实对他们来说，这也即是'用'"④。因此，理学家对原典的回顾、强调与发挥都是立足于自己的时代，都是试图对自己所处时代重大挑战的回应。今人认为，理学"所建构的理学道统论之原型并非韩愈的道统学说，而是来自儒学。也就是说，理学道统说的渊源可以一直追溯到先秦时代"⑤。北宋理学在新的历史条件下，创造性地、全面继承了先秦以来的华夏政教传统，为时代的政治变革和文明复兴指引着行进的方向，始终将"十六字心法"看作尧、舜、禹、汤、文、武、周公历圣授受之法，其所代表的是儒家视同政治典范的三代之治。这种明确而又清晰且不易的政

———————

① 《晦庵先生朱文公文集》卷六五《尚书》，《朱子全书》本，第3148页："今按：汉儒以伏生之书为今文，而谓(孔)安国之书为古文。以今考之，则今文多艰涩，而古文反平易。或者以为今文自伏生女子口授晁错时失之，则先秦古书所引之文，皆已如此，恐其未必然也。或者以为记录之实语难工，而润色之雅词易好，故训、诰、誓命有难易之不同，此为近之。然伏生倍文暗诵，乃偏得其所难，而安国考定于科斗古书错乱磨灭之余，反专得其所易，则又有不可晓者。至于诸序之文，或颇与经不合，而安国之序，又绝不类西京文字，亦皆可疑。独诸序之本，不先经则赖安国之序而可见。"朱熹对《古文尚书》文本真实性的质疑，开启了怀疑《古文尚书》为伪书的大幕，后经多人不间断的努力，至清代阎若璩而告尘埃落定，魏晋间后出《古文尚书》的伪书性质可以宣判。(参见范立舟等：《阎若璩〈尚书古文疏证〉的学术价值及其思想史意义》，《人文杂志》，2011年第3期)

② [美]陈荣捷：《朱熹集新儒学之大成》，《朱学论集》，华东师范大学出版社，2007年，第18页。

③ 《朱熹集新儒学之大成》，《朱学论集》，第18页。

④ 何俊：《论韩愈的道统观及宋儒对他的超越》，《孔子研究》，2000年第2期。

⑤ 陈畅：《理学道统的思想世界》，上海书店出版社，2017年，第3页。

治指向性是前代儒家讲述道统时所不具备的。

第二节 《尚书》与二程洛学

　　有见于唐宋之际中国社会的深刻变化，以及宋代独特的经济与政治特性，20世纪初东亚史学界有"唐宋变革期"理论范式的问世。这种理论范式认为，唐代与宋代在文化上有显著差异，"中国中世和近世的大转变出现在唐宋之际"，唐代是中世的结束而宋代则是中国近世的开始。内藤湖南唐宋变革期学说的论点大略认为：北宋开始，贵族政治衰废，君主独裁代兴。所谓贵族政治，指当时的政治为贵族全体所有，君主不过是贵族的代表而已，政治是君主与贵族的协议体。所谓独裁政治，指国家权力完全归君主一人所有，政治责任亦由君主一人所负。而君主地位的变化极为醒目。在贵族政治时代，君主为贵族阶级之共有物，其政治必须在承认贵族特权的前提下方得实行。近世以后，贵族没落，君主成为臣民全体之公有物，君主地位较贵族政治时代稳定。①钱穆也说，唐代中期以后的中国有两个很大的变化，其一是中国经济和文化中心的南移，其二是社会上贵族门第逐渐衰落，关于后者，他又认为当时出现的新现象有三个方面：①学术文化传播更加普遍（印刷术发达，书院普遍出现等）。而在此以前，学术文化掌握在几个大家族手中。②政治权力解放得更加彻底，出现了白衣卿相的局面。③社会阶级更加消融，以前的士庶界限分明，区分极严，重家世、重门第的风气不再存在。②中国古代社会前期在国家政治生活中据支配地位的门阀世袭阶层到唐末五代已基本崩溃，代之而起的是品官地主。宋代

---

　　①　《概括的唐宋时代观》，原载《历史与地理》第9卷第5号，1910年，今刊载于刘俊文主编：《日本学者研究中国史论著选译》第一卷，黄约瑟译，中华书局，1992年。

　　②　钱穆：《国史大纲》（修订本），商务印书馆，1996年修订第3版。

的品官地主当时通称为"士大夫",是社会上层的中坚,宋代士大夫所表现出来的强烈的主人角色意识和使命感比以往任何时期都更鲜明地体现了"修齐治平"的儒家政治精神,"皇帝与士大夫共治天下"是宋代政治大厦的基本架构。其政治制度与设施均依此架构而展开。

尽管刘子健并不将两宋之际文化转型的性质认同作为"近代初期",并以欧洲近代前夜的一些特征,如大城市兴起、市民阶层形成、市民文化繁荣、手工业发展、贸易发达、纸币出现、文官制度的成熟等为标准抬升南宋的地位。而是更多地关注新儒家文化,是怎样凝结为一种新的文化类型,成为后期中国社会的主流意识形态。[1]因此,宋代以后的中国文化只是在旧的基础上发生新变化,这本身又成为传统的一部分。既然君主专制的局面已经形成,君主的道德观念、思想意识就决定一切,只有让君主皈依和遵循儒家学说"内圣"的要求,才能实施治国平天下的理想。中国的文化逐步转向内。新儒家从原本的特重"外王"事功转向了"内圣"培育,造成了儒者对现实的隔膜与生疏,精神生活逐渐地精巧化、内在化。作为新儒学的理学提供的改变社会的方式,两宋的社会与文化诸种面相,都要从理学的兴发和展开中找到答案。于是,"私天下"语境中的"为与士大夫共治天

---

[1] [美]刘子健:《中国转向内在:两宋之际的文化内向》,赵冬梅译,江苏人民出版社,2002年。

下"就成为主要的张力。①强化了的皇权与慷慨澎湃的士大夫精神之间，如何找到平衡的基点，就成为北宋知识精英需要认真对待并予以学理解决的话题。理学奠基人程颢、程颐运用儒家经典，尤其是《尚书》，很好地解答了这一难题。

朱熹在回顾宋代的经典研究时感慨地说："国初人便已崇礼义，尊经术，欲复二帝三代，已自胜如唐人，但说未透在。直至二程出，此理始说得透。"②又说："若无他（张载、二程）说破，则六经虽大，学者从何处入头？"③在朱熹看来，程氏兄弟在经学史上有开新之功，《尚书》研究也不遑多让。不过就《尚书》研究著作而言，程颢并无专门著作，程颐则有《伊川书说》一卷，乃"正叔之门人记其师所谈四十余篇"④。今通行本《二程集》中还有程颐《书解》一卷。⑤又，程颐平时聚徒讲学，著作多涉对五经的解读。但囿于时间与精力，"曰：'闻有《五经解》，已成否？'曰：'惟《易》须亲撰，诸经则关中诸公分去，以某说撰成之'"⑥。故而宋代典籍目录书有《书传》十三卷，

① "私天下"云尔，来自清初王夫之之所论。"宋兴，统一天下，民用宁，政用乂，文教用兴，盖于是而益以知天命矣。天曰难谌，匪徒人之不可狃也，天无可狃之故常也；命曰不易，匪徒人之不易承也，天之因化推移，斟酌而曲成以制命，人无可代其工，而相佑者特勤也。"这在一定程度上肯定了赵宋王朝代兴的正当性、合法性。然而另一方面，王夫之认为："帝王之受命，其上以德，商、周是已；其次以功，汉、唐是已。《诗》曰：'鉴观四方，求民之莫。'德足以绥万邦，功足以勘大乱，皆莫民者也。得莫民之主而授之，授之而民以莫，天之事毕矣。乃若宋，非鉴观于下，见可授而授之者也。何也？赵氏起家什伍，两世为神将，与乱世相浮沈，姓字且不闻于人间，况能以惠泽下流系丘民之企慕乎？其事柴氏也，西征河东，北拒契丹，未尝有一矢之勋；滁关之捷，无当安危，酬以节镇而已逾其分。"也就是说，赵宋起家的正当性和合法性依据是比较微弱的。那么赵宋王朝又靠什么来维系人心、巩固政权呢？"夫宋祖受非常之命，而终以一统天下，底于大定，垂及百年，世称盛治者，何也？唯其惧也。惧者，恻悱不容自宁之心，勃然而猝兴，怵然而不昧，乃上天不测之神震动于幽隐，莫之喻而不可解者也。"（王夫之：《宋论》卷一，中华书局，1964 年，第 1~2 页）
② 《朱子语类》卷一二九《本朝三·自国初至熙宁人物》，第 3085 页。
③ 《朱子语类》卷九三《孔孟周程张子》，第 2363 页。
④ 晁公武：《郡斋读书志校证》卷一，上海古籍出版社，1990 年，第 59 页。
⑤ 《河南程氏经说》卷二，《二程集》，中华书局，1981 年，第 1032~1045 页。
⑥ 《河南程氏遗书》卷一八，《二程集》，第 239~240 页。

"皇朝吕大临与叔撰"①。应如程颐本说。宋人评述道:"《书》说之行于世,自二孔而下,无虑数十家,而其中显著者,不过河南程氏(颐)、眉山苏氏(轼)、与夫陈氏少南、林氏少颖、张氏子韶(九成,1092—1159)而已。然程氏温而邃,苏氏奇而当,陈氏简而明,林氏博而赡,张氏该而华,皆近世学者之所酷嗜。"②可以说,程颐的《尚书》研究,既是中国经学史和《尚书》学史不可或缺的一环,也是理学学术史的重要组成部分。

程颐的《尚书》研究及其定位,既坚持将《尚书》视同为可信的历史资料的观点,也强调《尚书》为载道之经典。"《尧典》为《虞书》,盖虞史所修;《舜典》已下,皆当为《夏书》。故《左氏传》引《大禹》、《皋陶谟》、《益稷》等,皆谓之《夏书》也。若以其虞时事当为《虞书》,则《尧典》当为《唐书》也。大抵皆是后世史所修。典,典则也。上古时淳朴,因时为治,未立法度典制。至尧而始著治迹,立政有纲,制事有法,故其治可纪,所以有书而称典也。"③这种表述,与清代风靡一时的"六经皆史"说或多或少有内在学理的契合之处。从本质上说,清人所诠释的"六经皆史"建构起两种革命性的意向:一是"六经皆史"就意味着将汉唐以降经学家视若日月高悬天际的儒家经典看作存留并反映上古历史事实的史书,儒家经典的神圣地位由此被解构,至少部分地被解构。这种作业方式本身就具有解放思想的作用。二是"六经皆史"在很大程度上等于化经为史,在拓展史料范围的同时,极大地提升了史学的学术地位,初步具备了现代实证史学的意味。当然,二程对《尚书》的认识,还不至于一下子出现并形成如同清代"六经皆史"说那么深刻的学术含义,但他们也坚持这样的见解:包括《尚书》在内的六经涵摄着神圣的"义理",著作是"义理"的载体,同时也是上古二帝三王神圣事实事迹的载体。"所谓大道,虽性与天道之说,固圣人所不可得而去也。如言

《诗》《书》《礼》《乐》:宋明儒学的性道神化

---

① 《郡斋读书志校证》卷一《书类·书传》,第 60 页。

② 朱彝尊:《经义考》卷八一《夏氏(僎)尚书解》。

③ 《河南程氏经说》卷二,《二程集》,第 1032~1033 页。

阴阳、四时、七政、五行之道,亦必至之要语,非后代之繁衍末术也,固亦常道,圣人所不去也。"①"夫子删《诗》,赞《易》,叙《书》,皆是载圣人之道,然未见圣人之用,故作《春秋》。如曰:'知我者其惟《春秋》乎？罪我者其惟《春秋》乎？便是圣人用处。'"②又说:"且如六经,则各自有个蹊辙,及其造道,一也。"③"看《书》,须要见二帝、三王之道。如二《典》,即求尧所以治民,舜所以事君。"④程颢、程颐兄弟建构了以"天理"为核心的道德思想体系。理学思潮兴起之前,"理"并不具有最高思想范畴的意义,"理"只是具有万物之规则和社会伦理规范的涵义。作为宋代理学奠基人的二程,视融摄人伦纲常的"天理"为自然的普遍法则与人类社会的当然准则。他们所肯认的"理"既是抽象的,又是实在的;既是天地万物的总根源,又存在于一切事物之中;既是事物发展的趋势,又是人类社会的最高准则。"诵《诗》、《书》,考古今,察物情,揆人事,反复研究而思索之,求止于至善,盖非一端而已也。"⑤经典研读的目的就在于探究蕴含于经典本身的义理之学。朱熹说:"伊川见得个大道理,却将经来合他这道理。"⑥就指明程颐的解经与己见之"义理"形成一种相互贯通、相互支撑的关系。

程颢曾经说过:"吾学虽有所受,天理二字却是自家体贴出来。"⑦程颢、程颐建构了以"天理"为核心的伦理思想体系。在二程看来,"父子君臣,天下之定理,无所逃于天地之间"⑧。就意味着,理的主要内容是儒家的伦理规范和纲常学说。以伦理纲常为内涵的"天理"是天之所命、表现于人

---

① 《河南程氏经说》卷二,《二程集》,第 1032 页。

② 《河南程氏遗书》卷二三,《二程集》,第 305 页。

③ 《河南程氏遗书》卷一八,《二程集》,第 193 页。

④ 《河南程氏遗书》卷二十四,《二程集》,第 312 页。

⑤ 《河南程氏粹言》卷一,《二程集》,第 1191 页。

⑥ 《朱子语类》卷六七《易三》,第 1653 页。

⑦ 《河南程氏遗书》卷一二,《二程集》,第 424 页。

⑧ 《河南程氏遗书》卷五,《二程集》,第 77 页。

身上的"性",所以二程有著名的"性即理也"的命题,认为人的内在的道德本性就是天理,道、理、性、命,本是一物,只不过从不同的角度看,才有几个不同的称呼:"天之付与之谓命,禀之在我之谓性,见于事业之谓理。"①"在天为命,在义为理,在人为性,主于身为心,其实一也。"②通过这样的论述,二程确认涵摄儒家纲常伦理学说的理、性、心为理性的、道德的、对社会历史具有正面效应的价值规范;而人的私欲则被视为反理性的、不道德的、对社会历史具有负面效应的价值规范:"人心私欲,故危殆;道心天理,故精微。灭私欲,则天理明矣。"③程颢、程颐所建构的超越性、神圣性的"天理"论,既打通了此种崇高本体与人的内在德性的联系,也为社会与人群设计并安排了最合理、美好的秩序。如此一来,人群的崇高价值不需要从超越性的本体价值中去寻找,而只需要到人的世界中去发现。因此,人们如果在世间建立了有秩序的社会,保证每个人都能够成其为人,则"天理"就在当下的政治实践中显现出来,而这种有秩序的社会的建立,端赖于政治家的善良动机和道德良心,政治家肯定需要有一个向内发现自己的"天命之性"、向外扩充自己的道德良知的过程,当政治家将内蕴于自己人性深处的"天理"活泼泼地呈现出来的时候,国家与社会秩序的获得与人群利益的极大增进,就会成为不言而喻的事实。

二程感慨地说:

天之生民,必有出类之才起而君长之,治之而争夺息,导之而生养遂,教之而伦理明,然后人道立,天道成,地道平。二帝而上,圣贤世出,随时有作,顺乎风气之宜,不先天以开人,各因时而立政。暨乎三王迭兴,三重既备,子、丑、寅之建正,忠、质、文之更尚,人道备矣,天运周

《诗》《书》《礼》《乐》：宋明儒学的性道神化

---

① 《河南程氏遗书》卷六,《二程集》,第91页。
② 《河南程氏遗书》卷一八,《二程集》,第204页。
③ 《河南程氏遗书》卷二四,《二程集》,第312页。

矣。圣王既不复作，有天下者虽欲仿古之迹，亦私意妄为而已。事之缪，秦至以建亥为正；道之悖，汉专以智力持世，岂复知先王之道也。①

《尚书·大禹谟》谓："人心惟危，道心惟微，惟精惟一，允执厥中。"孔安国传曰："危则难安，微则难明，故戒以精一，信执其中。"②孔颖达疏："民心惟其危险，道心惟甚幽微，危则难安，微则难明，汝当精心，惟当一意，信执其中正之道，乃得人安而道明耳。又为人君，不当妄受用，人语无可考验之言勿听，受之不是，询众之谋。勿信用之，言民所爱者，岂非人君乎？民以君为命，故爱君也。言君可畏者，岂非民乎？君失道则民叛之，故畏民也。众非大君，而何所奉戴，无君则民乱，故爱君也。君非众人，无以守国，无人则国亡，故畏民也。君民相须如此，当宜敬之哉。"③圣人与天理为一，是人伦的最高象征，他们的天理本心即亘古不朽的宇宙之生生本体。二程认为，圣人在历史上发挥着无与伦比的巨大作用。首先，人类社会赖圣人而存在，圣人为民兴利除害，泽及后世：

> 古之时，民居少，人各就高而居，中国虽有水，亦未为害也。及尧之时，人渐多，渐就平广而居，水泛滥，乃始为害。当是时，龙门未辟，伊阙未拆，砥柱未凿，尧乃因水之流滥而治之，以为天下后世无穷之利。④

> 圣人极言颐之道，而赞其大。天地之道，则养育万物；养育万物之道，正而已矣。圣人则养贤才，与之共天位，使之食天禄，俾施泽于天下，养贤以及万民也，养贤所以养万民也。夫天地之中，品物之众，非

---

① 《春秋传序》，《二程集》，第 583 页。
② 《尚书注疏》卷四《大禹谟》，《十三经注疏》，第 136 页上。
③ 《尚书注疏》卷四《大禹谟》，《十三经注疏》，第 136 页中。
④ 《河南程氏遗书》卷六，《二程集》，第 89~90 页。

养则不生。圣人裁成天地之道,辅相天地之宜,以养天下,至于鸟兽草木,皆有养之之政,其道配天地,故夫子推颐之道,赞天地与圣人之功曰:颐之时大矣哉![1]

程颐借用《尚书》的资源认为,圣人之所以能够如此,首先是因为他们具备义理之正。"'钦明文思安安',以此四德行放勋之事。钦,敬慎;明,聪明;文,文章;思,谋虑。有此四者,故其所为,能得义理之至当。上'安',其所处也;下'安',得其理也;谓其所为放勋之事,皆安于义理之安。"[2]又说:"《序》言尧德,故云'聪明文思';此言其立事,故云'钦明文思',施各有所宜也。立事则钦慎为大,举德则聪明为先,各因其宜。单言明则包聪。"[3]圣人既然获"理"之全体,就负有养育万民的责任,实现这一任务,则必须通过养育贤才来完成。以二程的政治理想论,圣人与王者应该是合而为一的。"大人,以德言则圣人;以位言则王者。"[4]"君臣上下皆有明德而处中正,可以化天下成文明之俗也。"[5]显然,这里的"君"等于圣人,"臣"等于贤才,但关键的还是圣人:

> "允恭克让,光被四表,格于上下。"既言其有"钦明文思"之德,故所以能立事成勋,安于义理之安;又言其"允恭克让",所以"光被四表,格于上下"。……惟圣人至公无我,故虽功高天下而不自有,无所累于心。盖一介存于心,乃私心也,则有矜满之气矣。故舜称禹功,能天下莫与争而不矜伐,乃圣人之心也。故尧、舜允而恭,克而

① 《周易程氏传》卷二《颐》,《二程集》,第 833 页。
② 《河南程氏经说》卷二《书解》,《二程集》,第 1034 页。
③ 《河南程氏经说》卷二《书解》,《二程集》,第 1034 页。
④ 《周易程氏传》卷二《离》,《二程集》,第 850 页。
⑤ 《周易程氏传》卷二《离》,《二程集》,第 850 页。

《诗》《书》《礼》《乐》:宋明儒学的性道神化

让。夫虽允虽克,足以立事成功而已,未足以光被四表而格上下也;必事当于彼,而钦慎于此,能高于己而让弗自有,此天下所以感悦信服也。①

　　圣人修己以敬,以安百姓,笃恭而天下平。惟上下一于恭敬,则天地自位,万物自育,气无不和,四灵何有不至,此体信达顺之道,聪明睿智皆由是出。②

圣人最善于捕捉与本性贯通和融化为一体的形而上之道"天理",并通过"敬"意感化天下之人,率领天下之人走上平和理性的坦途。由此,圣人不但践履博施济众、养育万民的神圣天职,而且起礼乐、制法度,以造就和谐的社会秩序:

　　礼之本,出于民之情,圣人因而道之耳。礼之器,出于民之俗,圣人因而节文之耳。圣人复出,必因今之衣服器用而为之节文。其所谓贵本而亲用者,亦在时王斟酌损益之耳。③

　　乐随风气,至《韶》则极备。若尧之洪水方割,四凶未去,和有未至也。至舜以圣继圣,治之极,和之至,故《韶》为备。④

在这里,"圣人之公心"起到了至关重要的作用。"人心,人欲;道心,天理。"⑤"人心私欲,故危殆。道心天理,故精微。灭私欲则天理明矣。"⑥圣人之心,

①　《河南程氏经说》卷二,《二程集》,第 1034~1035 页。
②　《河南程氏遗书》卷六,《二程集》,第 81 页。
③　《河南程氏遗书》卷二五,《二程集》,第 327 页。
④　《河南程氏外书》卷八,《二程集》,第 400 页。
⑤　《河南程氏外书》卷二,《二程集》,第 364 页。
⑥　《河南程氏遗书》卷二四,《二程集》,第 312 页。

自然是"道心"与"公心"。"心,道之所在;微,道之体也。心与道,浑然一也。对放其良心者言之,则谓之道心;放其良心则危矣。"①"圣人之公心,如天地之造化,生养万物,而孰尸其功?故应物而允于彼。复何存于此也?故不害钦慎之神能,亦由乎理而已,故无居有之私。天下见其至当而恭,能高而让,所以中心悦而诚服也。盖一出于公诚而已。惟其志至诚,故能光显及于四远。"②萧公权云,理学皆以仁道为政治之根本,而以正心诚意为治术之先图,二程亦因袭之,以"仁"之宇宙人生观论治。③"天理"之全,博施济众、养育万民之能,均来自圣人之心。"心"与仁,与诚,都具有内在紧密的联系。在程颢看来,"仁心"与"仁性"一样,都是作为宇宙万物的创造根源及道德实践的先天根据的"天理",它是超越的而又内在的终极存在和人的道德实践的终极依据。这种超越的而又内在的终极存在,需要直觉式的"心"去感悟和捕捉,是政治家施行政治治理的前提条件,也是古代圣人曾经示范过的政治样式。圣人的公心才是"由乎理"的仁心和诚心。"圣人一言一动,无不合于天理如此。"④程颢大谈:"先圣后圣若合符节,非传圣人之道,传圣人之心也;非传圣人之心也,传己之心也。己之心,无异圣人之心,广大无垠,万善皆备,欲传圣人之道,扩充此心焉耳。"⑤程颢识仁、体仁,绝对不仅仅在于论证个人的成圣成贤,提升个人的道德境界,自然是程颢伦理学说中的核心环节,但是在这里,政治家的识仁、成仁,乃是作为"仁者"以天地万物为一体,自我的成就、自我的实现与天地万物紧密相连,与之息息相关,成己成物就意味着修己与治人、内圣与外王融为一体,政治家的成德成圣,从而达到的万物一体的道德境界,在于博施济众,在

---

① 《河南程氏遗书》卷二一,《二程集》,第 276 页。

② 《河南程氏经说》卷二,《二程集》,第 1035 页。

③ 萧公权:《中国政治思想史》,辽宁教育出版社,1998 年,第 465 页。

④ 《河南程氏遗书》卷二四,《二程集》,第 312 页。

⑤ 《晦庵先生朱文公文集》卷七○《记程门诸子论学同异》引程颢语,《朱子全书》本,第 3392 页。

于兼济天下，程颢的主要意思是强调政治家在政策推出和意图贯彻过程中必须出于良好的动机。"'濬、哲、文、明、温、恭、允、塞'，八事。濬，渊弘。哲，睿智。文，文章。明，聪明。温，粹和。恭，恭敬。允，信当。塞，充实。八者以形容其圣德。凡称圣人，取其德美之焕发者而称之，系其人所取，不必同也。如称尧则曰'钦明文思安安'，称仲尼则曰'温良恭俭让'，要之皆圣人之德美，称之足以见其圣人耳。"①良好的施政动机与出发点，是良治与善政的基石。

二程心目中理想政治的操持者是圣人，理想政治的典范则是王道政治，王道政治是他们政治思想最重要的理论建构。王道政治的内涵，与儒家一以贯之的内圣外王理念有着内在的紧密联系。内圣目的性地指向外王，外王经验性地证明内圣。没有内圣蕴意的外王是虚假的，没有外王覆盖的内圣是空洞的。因此，在程颢这里，内圣首先体现在对天理的涵摄上。"王道与儒道同，皆通贯天地，学纯则纯王纯儒也。"②"万物皆只是一个天理。己何与焉？至如言'天讨有罪，五刑五用哉！天命有德，五服五章哉！'此都只是天理自然当如此。人几时与？与则便是私意。有善有恶。善则理当喜，如五服自有一个次第以章显之。恶则理当恶，彼自绝于理，故五刑五用，曷尝容心喜怒于其间哉？舜举十六相，尧岂不知？只以他善未著，故不自举。舜诛四凶，尧岂不察？只为他恶未著，那诛得他？举与诛，曷尝有毫发厕于其间哉？只有一个义理，义之与比。"③"人心，私欲也；道心，正心也。"④执政者必须时刻克除种种感性欲念的冲动，保持道德理性之心的纯净。他们极为推崇道德理性，空前地树立了人伦主体的庄严性，认为"王者之政"是天理、道义与公心的体现，"霸者之政"则是人欲、私利与私心的体

①　《河南程氏经说》卷二，《二程集》，第 1040 页。

②　《河南程氏外书》卷一一，《二程集》，第 411 页。

③　《河南程氏遗书》卷二上，《二程集》，第 30 页。

④　《河南程氏遗书》卷一九，《二程集》，第 256 页。

现。这样,理欲之辨、义利之别、王霸之异相互之间就形成了一个完整的对应式的结构,仁与义从一种对个人的伦理要求扩展为一种政治思想的核心概念,政治领袖尤其要率先垂范,对私欲实现有效的限制,增进全民福祉,将国家引入祥和、富裕、有序的境地,是维系政治合法性的纽带。二程政治思想就此而言,有着显著的二元对立的观念。一方面,天理或道心作为推进政治与历史向善发展的力量;另一方面,人心与私欲是作为牵引政治与历史向恶的境域沦陷的动力。在这种精神与肉体的二元对决中,二程坚信精神能够最终主宰肉体。因为在二程看来,作为天理存在的绝对精神,俨然能够超出肉体之外,成为一切神圣、至善的根源,与之相对立的肉体,则是被贬损、遭克制的罪恶的化身,伦理规范和行为者的坚定信念是制服邪恶的武器:

> 甚矣,欲之害人也!人之为不善,欲诱之也。诱之而弗知,则至于天理灭而不知反。故目则欲色,耳则欲声,以至鼻则欲香,口则欲味,体则欲安,此皆有以使之也。然则何以窒其欲?曰思而已矣。学莫贵于思,唯思为能窒欲。①

二程的政治思想与此前一千五百年来的儒家政治思想一样,其整体精神就是沿着并贯彻着如何培育政治领袖的德性的道路而来的。程颐就认为:"治道在于立志、责任、求贤。"②"知、仁、勇三者,天下之达德,学之要也。"③这里的"立志",就是明确地提出要把国家的政治行为托付给贤明的领袖。柏拉图认为,通常情况下的人们只习惯于感性现象的认知,而领袖

《诗》《书》《礼》《乐》:宋明儒学的性道神化

---

① 《河南程氏遗书》卷二五,《二程集》,第319页。
② 《河南程氏遗书》卷一一,《二程集》,第126页。
③ 《河南程氏遗书》卷一一,《二程集》,第126页。

则需要有一次灵魂的转向,即摆脱对于感性现象的单纯认知,转向关注永恒的理念世界。这样政治领袖才能够掌握有关正义的知识,锻造出"哲学王"。毫无疑问,赋予理想城邦以现实性的关键之处就在于秉持终极真理的"哲学王"成为领袖,或者是政治领袖通过教育的启迪成为哲学家。①"当一个国家最最像一个人的时候,它是管理得最好的国家。"②现实秩序来源于不朽的精神生命中的理性,良善的政治与社会秩序就应当与精神理性的秩序相一致,体现理性的和具备智慧美德的人理所应当地占据统治地位,在这样一个国度,对人的理性与智慧美德的推崇指向一个最终的目的——整体的和全部的和谐。故而,塑造智慧并自觉维护理性的秩序就是政治治理的关键所在。程颢、程颐认为,政治家"立志"的基本含义是要确立体现"天理"的伦理意志。"夫以一夫之身,立志不笃,则不能自修,况天下之大,非体乾刚健,其能治乎? 自昔人君,孰不欲天下之治? 然而或欲为而不知所措,或始锐而不克其终,或安于积久之弊而不能改为,或惑于众多之论而莫知适用,此皆上志不立故也。"③"天下之治乱,系乎人君仁不仁耳。"④在这种简单化的断语的背后,蕴含着极其精湛的"权力之善"与权力合法性内在契合程度的思考。所谓的"权力之善",是一种权力拥有者在对权力的运用时能够贯彻执行有利于人民和国家的利益的政治现象,是权力与道德相结合而出现的体现政治价值的"善",要做到这一点,最重要的在于贬损政治权力与生俱来并时刻出现的工具理性的过度使用,追求正义与秩序,在良知的主持下,实现良制和良治,这项任务,呼吁沉睡于权力内部的道德的苏醒,通过领袖道德人格的彰显以彰显权力之善。

---

① [古希腊]柏拉图:《理想国》,郭斌和、张竹明译,商务印书馆,2002 年,第 214~215 页。
② 《理想国》,第 197 页。
③ 《河南程氏文集》卷五,《二程集》,第 521 页。
④ 《河南程氏外书》卷六,《二程集》,第 390 页。

二程之政论，"皆以仁道为政治之根本，而以正心诚意为治术之先图"①。既知仁为天地之大德，人与天地为一体，则修身之要在于"识仁"，推而广之，一切行事皆以此为本，程颢所谓以诚敬存仁，则吾心之仁即与先圣无间。而所谓的"仁道"，为人类修身之准则，也是政治生活之准则。"每一事物皆有其理。国家社会之组织，亦必有其理。本此理以治国家则国家治。不本此理以治国家则国家乱。故此理即所谓治国平天下之道也。"②程朱理学以格物致知为知识论之重心，以正心诚意、修身齐家为道德论之重心，以治国平天下为政治论之重心，然而三个重心各有侧重，如何连接三者，则实有逻辑上的问题。③于是，儒家又有"治道"之说，以作为治国的理念与具体举措。程氏兄弟也是一样，对治国之"术"，他们也有一系列缜密而完整的设想：

> "慎徽五典，五典克从。"尧既命之以位，而舜敬美其五常之教。五典谓父子有亲，君臣有义，夫妇有别，长幼有序，朋友有信也。五者人伦也，言长幼则兄弟尊卑备矣，言朋友则乡党宾客备矣。孔氏谓父义、母慈、兄友、弟恭、子孝，乌能尽人伦哉？夫妇人伦之本，夫妇正而后父子亲，而遗之可乎？孟子云："尧使契为司徒，教以人伦。"五者人伦大典，岂舜有以易之乎？五典克从，则左氏所谓无违教也。④

这里的意思是说，君王的美德和和谐的家庭关系是善政的开始，事实上同样也是善政的主要内涵。善政不是贩卖良治，善政有一系列的丰富内容。程颢认识到的北宋国家最应该解决的十大政治与经济难题——"师傅"

① 萧公权：《中国政治思想史》，辽宁教育出版社，1998年，第465页。
② 冯友兰：《中国哲学史》，华东师范大学出版社，2000年，第269页。
③ 萨孟武：《中国政治思想史》，东方出版社，2008年，第373页。
④ 《河南程氏经说》卷二《书解》，《二程集》，第1040页。

《诗》《书》《礼》《乐》：宋明儒学的性道神化

"六官""经界""乡党""贡士""兵役""民食""四民""川泽""分数"。①吕振羽认为：一方面，"师道、官制、'三纲五常'为中心的教化，封建主的土地占有制、农奴兵役制、重农抑商的父家长的农业经济、等级从属的身份制即'礼制'，都是'非有古今之异'的永恒不变的东西。后世不遵行这种成规，所以'纪纲不正'"②。然而另一方面，众多的现实政治问题又迫使他们不得不作出符合时代的思考，而不是简单地从复古的方案中寻找现成的答案。程颐解释《尚书》云：

> "克明俊德，以亲九族；九族既睦，平章百姓；百姓昭明，协和万邦，黎民于变时雍。"前言尧之德，此言尧之治。其事有次序，始于明俊德。俊德，俊贤之德也，尧能辨明而择任之也。帝王之道也，以择任贤俊为本，得人而后与之同治天下。天下之治，由身及家而治，故始于以睦九族也。……盖言得贤俊而为治，治之始，自睦九族为先，故以次序言之也。③

> 王国百姓既已昭明伦理而顺治矣，则至于四方万国，皆协同和从。天下黎庶于是变恶从善，化成善俗而时雍。④

秩序是良治的前提，也是良治的表现形式。要使两者形成良性互动的关系，重要的在于要在全社会建立拟宗族化的体系架构，要使得人与人之间的关系都达到宗族一般的紧密组合。不过儒家步武先圣，独尊三代，崇隆德治，但也并不绝对排斥强制性规训力量对社会的管控作用。孔、孟在这方面已经表述过很多。二程也意识到，如果没有一定的法律法规匡范、规

---

① 《河南程氏文集》卷一《论十事札子》，《二程集》，第452~454页。
② 吕振羽：《中国政治思想史》，人民出版社，1955年，第456页。
③ 《河南程氏经说》卷二《书解》，《二程集》，第1035页。
④ 《河南程氏经说》卷二《书解》，《二程集》，第1035页。

训人民的日常行为，则泛滥成灾的私欲就会给社会公序良俗造成难以弥补的灾难。因而德法兼治，以德为先，既是应该的，也是必需的。"圣王为治，修刑罚以齐众，明教化以善俗，刑罚立则教化行矣，教化行而刑措矣，虽曰尚德而不尚刑，顾岂偏废哉？"①"治国齐家以至平天下者，治之道也；建立纲纪，分正百职，顺天揆事，创制立度，以尽天下之务，治之法也。法者，道之用也。"②"'象以典刑'，象罪之轻重，立为常刑。'鞭作官刑'，治官之刑也，小过不用正刑。'扑作教刑'，凡教皆用，不必指在学校。'流宥五刑'，情之有宜矜贷，则流于远以宽宥其刑。五刑分其远近。'眚灾肆赦，怙终贼刑。'眚，过也，谓过失入于罪者。灾，害也，谓非人所致而至者。肆，缓也，今语有纵肆宽缓之义。赦，除释之也。眚者肆之，灾者赦之也。虽罪非固犯，失由于人，故必致法，矜其情而缓之耳。灾非由人，宜加恤也，故直赦之。怙恃其恶，与终固其非者，凶恶之民也，故残害之以刑，使不得为人害也。"③儒家思想及其文化精神之实践，也不会只局限在道德伦理的层面，一定会渗入政治生活的场域。二程对经学的研究也是这样，反复声明："居今之世，则当安今之法令；治今之世，则当酌古以处时。制度必一切更张而后可为也，亦何义乎。"④"立治有体，施治有序，酌而应之，临时之宜也。"⑤因此，道为本，经为末，通经为致用的思想得以确立。"天下之事，无一定之理，不进则退，不退则进。时极道穷，理当必变。"⑥每一个时代的法律，体现着统治阶级的意志，是维护特定社会关系及其伦理规范的工具。"法者，道之用也。"⑦法律是国家意志的体现，是"天理"的命令，具体的条文则依据

---

① 《河南程氏粹言》卷一，《二程集》，第 1212 页。
② 《河南程氏粹言》卷一，《二程集》，第 1219 页。
③ 《河南程氏经说》卷二，《二程集》，第 1043 页。
④ 《河南程氏粹言》卷一，《二程集》，第 1216~1217 页。
⑤ 《河南程氏粹言》卷一，《二程集》，第 1214 页。
⑥ 《河南程氏粹言》卷一，《二程集》，第 1220 页。
⑦ 《河南程氏粹言》卷一，《二程集》，第 1219 页。

各个时代的实际情形因时而变,无一定之成法。"万物皆只是一个天理,己何与焉? 至如言'天讨有罪,五刑五用哉! 天命有德,五服五章哉!'此都只是天理自然当如此。人几时与?"①所以,因时制宜、因地制宜的法律作为治理手段是断然需要维系的。"'流共工于幽州,放驩兜于崇山,窜三苗于三危,殛鲧于羽山,四罪而天下咸服。'史官载述舜之制刑,因叙其所用刑也。四罪盖肇十有二州之前。大抵流放统谓之流,故曰'流宥五刑',而于流之中有轻重之称。流者,去远之也,如水流去;放者,屏斥之;窜者,投置之。以罪之轻重、地之善恶远迩为差。殛,则诛死之也。四者,自轻及重而言。殛鲧必于羽山者,非时适在彼,则恶之彰著,或败功害事于彼耳。"②二程重视法度在政治治理上的效用,并竭力从经典中(包括《尚书》中)寻找理论依据。

国家的兴与衰,社会的治与乱,二程认为,其最关键的还不在于法度的制定与有效贯彻,而在于参与治理的人才数量与质量状况如何。"天地生一世人,自足了一世事,但恨人不能尽用天下之才,此其不能大治。"③在成文法和治理者之间,二程总是执着地选择后者,"善言治天下者,不患法度之不立,而患人材之不成。善修身者,不患器质之不美,而患师学之不明。人材不成,虽有良法美意,孰与行之?"④究实而论,政治是否得当的关键不在于制度设施的形式完整与内容充实与否,而在于是否得人:

> 四岳,尧之辅臣,固贤者也。尧将禅帝位,固宜先四岳,不能当,复使之明扬在下之可当者,宜其得圣人也。后世多疑以为岳可授,则盍授之? 不可,授则何命之也? 夫将以天下之公器授人,尧其宜独为之

---

① 《河南程氏遗书》卷二,《二程集》,第30页。
② 《河南程氏经说》卷二,《二程集》,第1044页。
③ 《河南程氏遗书》卷一,《二程集》,第2页。
④ 《河南程氏遗书》卷四,《二程集》,第69页。

乎？故先命之大臣百官，以至天下，有圣过于己者，必见推矣。递相推让，卒当得最贤者矣。事之次序，理自当然。①

人才匮乏，严重地制约着有效治理的展开。职是之故，二程认为，政治的当务之急与根本出路在于开辟一条稳固而又持续的人才选拔通道，而此种人才又必须是以德为本的。无德之人务必铲除：

> 或曰：共工、鲧之徒，尧既知其恶矣，何不去也？曰：彼所谓大奸者，知恶之不可行也，则能隐其恶，立尧之朝，以助尧之治，何因而去之也？及将举而进之，则尧知其不可，盖用过其分则其恶必见。如王莽、司马懿，若使终身居卿大夫之位，必不起篡逆之谋，而终身为才能之臣矣。鲧居尧朝，虽藏方命圮族之心，饰善以取容，故举朝莫知其恶，是其恶未尝行也；及居治水之任，则其恶自显矣。盖治水，天下之大任也，非其至公之心，能舍己从人，尽天下之议，则不能成其功。岂方命圮族者所能乎？故其恶显，而舜得以诛之矣。②

政治之"善"与"恶"，取决于朝廷与地方之上治理者贤人的多与寡，这是一条铁律，不可以推诿给神秘的超自然力量，因为那不仅毫无说服力，而且是一种对客观事实的扭曲解释。"善言治者，必以成就人才为急务。人才不足，虽有良法，无与行之矣。欲成就人才者，不患其禀质之不美，患夫师学之不明也。师学不明，虽有美质，无由成之矣。"③在二程的心目中，贤人的得势与否与政治治理的关系当然是一种正比的关系。

君主的地位与作用固然是独一无二的，然而天下之事务是如此的纷

---

① 《河南程氏经说》卷二，《二程集》，第1038页。
② 《河南程氏经说》卷二，《二程集》，第1039页。
③ 《河南程氏粹言》卷一，《二程集》，第1210页。

繁复杂，一人当然难以应付，所以需要大量贤人的辅助。贤人的辅助是成就外王事业不可或缺的要素：

> "允厘百工，庶绩咸熙。"自"乃命羲、和"以下，言尧设官分职，立正纲纪，以成天下之务。首举其大者，是察天道，正四时，顺时行政，使人遂其生养之道，此大本也。万事无不本于此。天下之事，无不顺天时，法阴阳者，律度量衡皆出于此，故首举而详载之。其他庶事，无不备言，故统云"允厘百工"，言百工之职各分命之也。各授其任，使行其治，是信使治也。允厘，信治也。百工各信治其职，故庶工皆和。史载尧治天下之事，尽于此矣。①

二程"取其贤能而进用之"的贤人政治思想，带有浓郁的人治色彩，这是不可否认的事实。然而他们所理解的人治，并不体现在超越权力运作规则的权力滥用上，也不意味着要听从个人利益、个人感情或情绪的驱使，将权力变为权力拥有者寻租的手段，以至于权力异化。二程理解的人治也绝对不会是血缘政治或权力的家族化，因为这与他们的"尚贤"主张格格不入。人治也不同于权力的部门化，因为作为天下公器的权力，被运用于某一类别的领域的利益，在理论上不许可，在实际上由于权力的相互牵制也很难操作。人治也不认同权力的人情化，因为那同样是对公器的滥用。同样，人治也不认同权力的私有化和商品化。人治的本质是德治，它体现着一种对道德的执着认同。

---

① 《河南程氏经说》卷二，《二程集》，第 1037 页。

第三节 《尚书》与二程后学:以杨时为中心的考察

吕大临(1040—1090)、谢良佐(1050—1103)、游酢(1053—1123)、杨时(1053—1135)被后人统称为"程门四先生"或"程门四弟子"。①在此四人里,寿永且存世著作较多者,端首当数杨时。

杨时,字中立,南剑州将乐县(今属福建省三明市)人。"幼颖异,能属文。稍长,潜心经史。熙宁九年,中进士第,时河南程颢与弟颐讲孔、孟绝学于熙、丰之际,河洛之士翕然师之。时调官不赴,以师礼见颢于颍昌,相得甚欢。其归也,颢目送之曰:'吾道南矣'。"②程颢殁后,又转投程颐门下,其年已届四十。"一日见颐,颐偶瞑坐。时与游酢侍立不去,颐既觉,则门外雪

① 《宋史》卷四二八《谢良佐传》:"谢良佐字显道,寿春上蔡人。与游酢、吕大临、杨时在程门号'四先生'。"事实上,南宋胡寅就将游酢、谢良佐和杨时相提并称,说"定夫游公酢,显道谢公良佐也,与杨公中立,皆程门高弟"。(胡寅:《斐然集》卷二五《先公行状》,中华书局,1993年,第558页)朱熹则说:"谢(良佐)、游(酢)、杨(时)、尹(焞)、侯(仲良)、郭(忠孝)、张(绎),皆门人也。程门高弟,不止此数人,如刘质夫(绚)、李端伯(籲)、吕与叔(大临)诸公,所造尤深,所得尤粹。"《朱子语类》卷一一一《程子门人》:"看道理不可不子细。程门高弟如谢上蔡、游定夫、杨龟山辈,下梢皆入禅学去。"在这里,吕大临似乎或多或少被程朱后学忽视了,原因固然很多,其中之一就是吕氏原本问学张载,张载故后拜入程颐门下。明代彭大翼编类书《山堂肆考》卷一百零三《人品·名士》也直接"四先生"连称:"谢良佐与游酢、杨时、吕大临号程门四先生。"黄宗羲原著、全祖望补修的《宋元学案》卷二五《龟山学案》也认定"程门四先生"之说。

② 《宋史》卷四二八《杨时传》,第12738页。

深一尺矣。"①"关西张载尝著《西铭》,二程深推服之,时疑其近于兼爱,与其师颐辨论往复,闻理一分殊之说,始豁然无疑。"②也就是说,在短暂的困惑之后,杨时确立了理学的价值信仰,并由此终身未逾。

"视听言动必由礼焉,此一身之则也。为君而止于仁,为臣而止于敬,为父而止于慈,为子而止于孝,此君臣父子之则也。夫妇有别,长幼有序,朋友有信,此夫妇、长幼、朋友之则也,则得之矣。"③这段文字来自朱熹撰《四书或问》所引杨时《三经义辨》。王安石创制新学,自撰《周官新义》,王雱、吕惠卿撰《诗义》《尚书义》,合称《三经新义》,曾是熙宁变法事业的理论依据,所谓"立政造事,以新一代之治。于是广亲亲之道,以睦九族;尊经术之士,以作人材;弛力役以便民,通货财而阜国。时散薄敛,以行补助之政;严修保伍,以为先事之防;兴水土之利而厚农桑"④。又于熙宁八年(1075)颁行天下学校,用以作为取士教材,所谓"古者一道德以同俗,故士有揆古人之所为以自守,则人无异论。今家异道,人殊德,士之欲自守者,又牵于末俗之势,不得事事如古,则人之异论可悉弭乎? 要当择其近于礼

---

① 《宋史》卷四二八《杨时传》,第 12738 页。又,《河南程氏外书》卷一二:"朱公掞来见明道于汝,归谓人曰:'光庭在春风中坐了一个月。'游、杨初见伊川,伊川瞑目而坐,二子侍立。既觉,顾谓曰:'贤辈尚在此乎? 日既晚,且休矣。'及出门,门外之雪深一尺。"按:关于程门立雪的故事,许多学者认为是假借佛教故事。侯妍君的《程门立雪与禅宗立雪断臂故事辨正》(浙江大学 2018 年硕士学位论文)对此作了系统的叙述与分析,否定了"程门立雪"作为事实之存在。游嘉瑞《"程门立雪"辨正》(《福建省社会主义学院学报》,2015 年第 4 期)肯定了故事作为事实层面的存在,但重点凸显游酢的地位和作用。申绪璐的《道南一脉考》(《中国哲学史》,2012 年第 4 期)则肯定事实之存在,但经过缜密的分析,认为不在元祐八年(1093)杨时 40 岁时,而是在元祐三年(1088)杨时 36 岁时。事实上,张岱年曾对程门立雪故事的真实性提出过质疑,参见《辨程门立雪》,《群言》,1992 年第 8 期。任继愈《从程门立雪看儒教》(《群言》,1993 年第 2 期)则强调静坐作为理学修养工夫的重要性,否定有"立雪"的事实存在。

② 《宋史》卷四二八《杨时传》,第 12738 页。

③ 朱熹:《四书或问·孟子或问》卷一一,文渊阁《四库全书》本,第 197 册,第 568 页。

④ 王称:《东都事略》卷八《本纪八》,文渊阁《四库全书》本,第 382 册,第 72 页。

义而无大谴者取之耳"①。作为王安石新学及其变法事业的反对者,杨时在理论上针对《三经新义》作出全面的反驳和批判。②杨时作为二程后学,恪守师说,他们心目中的"理",不单是指自然的普遍法则和人类社会的当然准则,也同样是指事物的必然法则和社会的道德原则。理的主要内容是儒家的伦理规范和纲常学说。以伦理纲常为内涵的"天理"是天之所命、表现于人身上的"性",所以二程有著名的"性即理也"的命题,认为人的内在的道德本性就是天理,道、理、性、命本是一物,只不过从不同的角度看,才有几个不同的称呼:"天之付与之谓命,禀之在我之谓性,见于事业之谓理。"③"在天为命,在义为理,在人为性,主于身为心,其实一也。"④上引杨时的那段话,也同样将人的行为和动机一并纳入"理"的规范之中。与理学主流之洛学相一致,本体论与工夫论构成杨时思想的核心内涵,而政治论则是其思想体系对公共社会及其相应秩序的合理延展。

杨时认为,构成世界的本质存在只能是这个"理"。"朝廷做事,若要上下、小大同心同德,须是道理明。盖天下只是一理,故其所为必同。"⑤实际政治事务体现出来的"理"与作为人的行为依据的"理"和构成世界本原的"理"是同一个精神实体。"理"进入每一件事物,成为其主宰者。"《诗》曰:'天生烝民,有物有则。'凡形色具于吾身者,无非物也,而各有则焉。反而求之,则天下之理得矣。由是而通天下之志,类万物之情,参天地之化,其

① 王安石:《临川集》卷七五《与丁元珍书》,《四部丛刊》景明嘉靖本。
② 关于杨时《三经义辨》的研究,大致上可以参考彭国翔的《杨时〈三经义辨〉考论》(彭国翔:《近世儒学史的辨正与钩沉》,中华书局,2015 年,第 1~22 页)。朱学博则有《杨时〈三经义辨〉辑考》(《古籍整理研究学刊》,2017 年第 5 期),还有《杨时:〈三经义辨〉新考——兼论其对王安石〈三经新义〉驳正》(《孔子研究》,2017 年第 6 期)。这些研究从文献学层面梳理了杨时《三经义辨》的相关事实,并在一定程度上揭示和肯定了《三经义辨》对研究杨时思想的重要性及其在理学史上之地位。
③ 《河南程氏遗书》卷六,《二程集》,第 91 页。
④ 《河南程氏遗书》卷一八,《二程集》,第 204 页。
⑤ 杨时:《杨时集》卷一三《语录四》,福建人民出版社,1993 年,第 334 页。

则不远矣。"①"物"是"其然者","理"是"所以然者"。不仅如此,"明则有礼乐,幽则有鬼神,幽明本一理,故所以感之者,亦以一理。圣人以神道设教而天下服,所谓神道诚意而已。诚意,天德也"②。这是说"理"通管幽明两界,成为绝对的世界主宰者。为论证"理"的确定性和绝对性,杨时也动用了《尚书》的资源。他说:"仁人之安宅也,义人之正路也,大人之事,居仁由义是也,二者不可偏废。夫有不忍人之心者,仁也,以为义忍,则正与仁相反矣,无是理也。"③仁与义,构成"理"的两项基本内涵。抛却儒家具体价值观的"理"是不存在的。"杨龟山曰:孟子曰:'有物必有则。'盖曰有物矣,则物各有则焉。近取诸身,百骸五脏,达之于君臣、父子、夫妇、长幼、朋友,皆物也,而各有则。视、听、言、动,必由礼焉,此一身之则也。为君而止于仁,为臣而止于忠,为父而止于慈,为子而止于孝,此君臣、父子之则也。夫妇有别,长幼有序,朋友有信,此夫妇、长幼、朋友之则也。所谓五典之民则者,此言尽之矣。《书》载舜之命契,曰:'汝作司徒,敬敷五教,在宽'。而孟子亦曰:'人之有道也,饱食煖衣,逸居而无教,则近于禽兽。圣人有忧之,使契为司徒,教以人伦,父子有亲,君臣有义,夫妇有别,长幼有序,朋友有

---

① 《杨时集》卷一八《答李杭》,第 439 页。

② 《杨时集》卷一一《语录二》,第 282 页。

③ 林之奇:《尚书全解》卷三六《君陈》引杨时《三经义辨》,文渊阁《四库全书》本,上海古籍出版社,1987 年影印本,第 55 册,第 748 页。林之奇(1112—1176)得"大东莱先生"吕本中之传。《宋史》卷四三三《林之奇传》:"林之奇字少颖,福州候官人。紫微舍人吕本中入闽,之奇甫冠,从本中学。时将试礼部,行次衢州,以不得事亲而反。学益力,本中奇之,由是学者踵至。"北宋中后期,王安石的《三经新义》就是学术与教育所尊崇的主流思想和价值标准。杨时曾极力抵御之。林之奇继承了杨时的传统,企图从学术思想层面摧毁王安石的《三经新义》及所代表的价值理念。《宋史》卷四三三《林之奇传》说:"会朝廷欲令学者参用王安石《三经义》之说,之奇上言:'王氏三经,率为新法地。晋人以王、何清谈之罪,深于桀、纣。本朝靖康祸乱,考其端倪,王氏实负王、何之责。在孔、孟书,正所谓邪说、诐行、淫辞之不可训者。'"于是,林之奇特意撰成《尚书全解》四十卷,对王安石《三经新义》中的《尚书义》进行了全面的解构。《四库全书总目》卷一一,经部一一《尚书全解》说:"辨析异同,贯穿史事,覃思积悟,实卓然成一家言。"书中不少地方引杨时《三经义辨》或龟山先生曰,当源自杨时无疑。

信。弘敷五典,式和民则,盖不过如契而已矣。'"①"则"中含"理",蕴含于具体的事物之中,体现在人们对事物的理解和实践之中。这便是程朱理学"理一分殊"命题的具象解释。在伦理关系上,统一的道德原则表现为不同的具体行为规范。在政治关系上,统一的政治原则表现为不同的义务关系。

在心性论上,杨时也继承了二程"去人欲"之说。"人各有胜心。胜心去尽,而惟天理之循,则机巧变诈不作。若怀其胜心,施之于事,必以一己之是非为正。其间不能无窒碍处,又固执之不移,此机巧变诈之所由生也。"②"胜心",这是一个来自佛教的词汇。《无量寿经》曰:"等心、胜心、深心。"净影疏曰:"所行务上,名为胜心。"其实就是"欲心"。"欲心"是不可能臻于圣人之域的。"圣人本无胜物之心"③,涤荡人欲,自然只剩下天理之意。收束人心需要"操心"。"问:'操则存',如何? 曰:'古之学者,视听言动无非礼,所以操心也。至于无故不彻琴瑟,行则闻佩玉,登车则闻和鸾,盖皆欲收其放心,不使惰慢邪僻之气得而入焉。故曰:不有博弈者乎? 为之犹贤乎已。夫博弈,非君子所为,而云尔者,以是可以收其放心尔。'"④"或问'操心'。曰:《书》云:'以礼制心',所谓操也。如颜子'克己复礼',最学者之要。若学至圣人,则不必操而常存。扬雄言:'能常操而存者,其唯圣人乎? '此为不知圣人。"⑤杨时引《尚书·仲虺之诰》:"王懋昭大德,建中于民,以义制事,以礼制心,垂裕后昆。"来强调"心"(意念)修养的重要性。要用"直",也就是"正直"的意涵来培育君子之心。"君子之治心养气接物应事,唯直而已,直则无所事矣。"⑥而"仁"则是"心"的主要内容。"此三人者(微子、箕子、比

① 林之奇:《尚书全解》卷三八《君牙》引杨时语,文渊阁《四库全书》本,第55册,第790页。
② 《杨时集》卷一二《语录三》,第309页。
③ 《杨时集》卷一〇《语录一》,第215页。
④ 《杨时集》卷一一《语录二》,第267页。
⑤ 《杨时集》卷一一《语录二》,第269页。
⑥ 《杨时集》卷一一《语录一》,第254页。

干)各得其本心,故同谓之仁。"①

在工夫论上,杨时投入过很大的精力,对理学修养论多有开拓和深化。他以"明善"为目的接入格物致知说,又最终将其归入"反身而诚"的内求路径。他以《尚书》为思想资源,阐发道:"惟至诚能通天下之志,诚而不疑,其类自合。时人心危疑,惟公身任之而不疑,故十夫予翼,此'勿疑,朋盍簪'之谓也。"②这里的历史背景是西周初期周公在平定东方诸国的叛乱中,向各诸侯国表达了希望大家同心同德,顺应天意,协同平叛的愿望。而团结人心,戮力同心的前提则是周公的至诚无妄的善意。与此同时,杨时也承认知识论在提升道德自觉中的作用。"学始于致知,终于知止而止焉。致知在格物,物固不可胜穷也,反身而诚,则举天下之物在我矣。"③"古之圣人,自诚意正心至于平天下,其理一而已,所以合内外之道也。"④"反身者,反求诸身也。盖万物皆备于我,非自外得,反诸身而已。反身而至于诚,则利人者不足道也。"⑤在这里,一方面,格物说有着明确的知识论指向;另一方面,格物致知的目的并非在于单纯的求知,而在于"明善"。而所谓的"明善"则是成就高尚的人格,达到崇高的精神境界。"诚"是达到此种精神境界的最重要、最关键的手段。"自修身推而至于平天下,莫不有道焉,而皆以诚意为主。苟无诚意,虽有其道,不能行也。故《中庸》论天下国家有九经,而卒曰:'所以行之者一。'一者何? 诚而已。盖天下国家之大,未有不诚而能动者也。然而非格物致知,乌足以知其道哉?《大学》所论诚意、正心、修身、治天下国家之道其原,乃在乎物格推之而已。"⑥这样,个人的修

① 王天与:《尚书纂传》卷一八《微子第十七》引杨时语,文渊阁《四库全书》本,上海古籍出版社,1987 年,第 62 册,第 730 页。
② 陈栎:《书集传纂疏》卷四下《大诰》,文渊阁《四库全书》本,上海古籍出版社,1987 年,第 61 册,第 349 页。
③ 《杨时集》卷二六《题萧欲仁大学篇后》,第 613 页。
④ 《杨时集》卷二六《题萧欲仁大学篇后》,第 613 页。
⑤ 《杨时集》卷一六《与杨仲远其三》,第 406 页。
⑥ 《杨时集》卷二一《答学者其一》,第 502 页。

养工夫就同"治国平天下"的政治实践绾为一体。程颐说:"故人力行,先须要知。非特行难,知亦难也。《书》曰:'知之非艰,行之惟艰。'此固是也,然知之亦自艰。譬如,人欲往京师,必知是出那门,行那路,然后可往。如不知,虽有欲往之心,其将何之? 自古非无美材能力行者,然鲜能明道,以此见知之亦难矣。"①在肯定知先行后的基础上,强调知行合一的重要意义。在生活践履和政治实践层面,知行合一有着同样的重要性。杨时也是一样。他说:"夫道若大路,行之则至。故孟子曰:'尧、舜之道,孝悌而已矣。'其为孝悌,乃在乎行止、疾徐之间,非有甚高难行之事,皆夫妇之愚所与知者。虽舜、颜不能离此而为圣贤也,百姓特日用而不知耳。"②因此,在践履知行合一的道路上,圣人也为我们树立起标杆。"夫学者学圣贤之所为也,欲为圣贤之所为,须是闻圣贤所得之道。若只要博通古今为文章,作忠信愿悫不为非义之士而已,则古来如此等人不少,然以为闻道则不可。"③学圣人就是学道。学不闻道,等于未学。"今时学者,平居则曰:'吾当为古人之所为。'才有事到手,便措置不得。盖其所学,以博通古今为文章,或志于忠信愿悫,不为非义而已,而不知须是闻道故应如此。由是观之,学而不闻道,犹不学也。"④学圣人的关键,当得其"道心",杨时结合《尚书》说:

> 道心之微,非精一,其孰能执之? 惟道心之微而验之于喜怒哀乐未发之际,则其义自见,非言论所及也。尧咨舜,舜命禹,三圣相授,惟中而已。⑤
>
> 《书》云:"惟精惟一,允执厥中。"执中之道,精一是也。夫中者,不偏之谓也。一物不该焉,则偏矣。《中庸》曰:"喜怒哀乐之未发谓之

---

① 《河南程氏遗书》卷一八,《二程集》,第 187 页。
② 《杨时集》卷一四《答问·答胡德辉问十四》,第 365 页。
③ 《杨时集》卷一二《语录三》,第 314 页。
④ 《杨时集》卷一二《语录三》,第 314 页。
⑤ 《杨时集》卷一四《答问·答胡德辉问》,第 371 页。

中。"但于喜怒哀乐未发之时,以心验之,时中之义自见,非精一乌能执之? ①

只有领悟"道",把握"中",才能优入圣域。不过,圣人绝对不仅仅满足于一己心性的提升,更在于博施济众事业的发皇。于是,杨时阐发了自己的政治思想,其中也运用到《尚书》的思想资源。

如前所述,理学的理论层次涉及三个方面的内容:哲学思辨、文化价值、现实政论。三者相互支撑,是一个不可分割的整体。②王道政治思想与政治价值是构成理学政治思想的内核, 这一点程朱理学一系也不例外。"王道"来自《尚书·洪范》:"无偏无党, 王道荡荡; 无党无偏, 王道平平; 无反无侧, 王道正直。"理想政治的操持者是圣人,理想政治的典范则是王道政治,王道政治是二程、杨时政治思想最重要的理论建构。在杨时看来,圣人执政,最大的益处就是公平。"古之人所以大过人者无他,善推其所为而已。'老吾老,以及人之老;幼吾幼,以及人之幼',所谓推之也。孔子曰'老者安之,少者怀之',则无事乎推矣。无事乎推者,理一故也。理一而分殊,故圣人称物而平施之,兹所以为仁之至,义之尽也。何谓称物? 亲疏远近各当其分,所谓称也。何谓平施? 所以施之,其心一焉,所谓平也。"③他的老师程颐曾经说过,"君仁莫不仁,君义莫不义。天下之治乱,系乎人君仁不仁耳。离是而非则生于其心,必害于其政,岂待乎作之于外哉!"④"良善动机"是立国施政的前提条件,政策措施的制定和实施,是为一个人的,还是为一个特定群体的?还是为绝大多数人的?这些问题是关乎治理效能和治理结果的最重要、最需要探究的话题。杨时认为,圣人政治的第一优势就

---

① 《杨时集》卷二〇《答胡康侯其一》,第 475 页。
② [美]田浩:《朱熹的思维世界》,第 12 页。
③ 《杨时集》卷一六《答伊川先生》,第 402 页。
④ 《河南程氏外书》卷六,第 390 页。

在于圣人得天下大公至正。"胜己之私之谓克,克己所以胜私欲而收放心也。虽收放心,闲之为艰,复礼所以闲之也。能常操而存者,天下与吾一体耳,孰非吾仁乎?"①这既是为学之端,也是施政之始。儒家的圣人观,充斥着实用理性的内涵,也充斥着伦理道德的意绪。圣人具备着睿智,"儒者论圣人,以为前知千岁,后知万世,有独见之明,独听之聪,事来则名,不学自知,不问自晓,故称圣则神矣。若蓍龟之知吉凶,蓍草称神,龟称灵矣"②。圣人完美地体现着人的价值,洋溢着人性的光辉。在政治上,圣人政治价值的确立者和裁判者,政治的内在标准与价值尺度都掌握在圣人的手中,他是"先王"事业的不可动摇的继承者,赋予这种事业以崇高的意义,规定了政治所应当遵循的方向和应当追求的目标。他既是伦理秩序的建构者,也是政治秩序的建立者和捍卫者。"可以赞天地之化育,则可以与天地参矣。"③杨时对圣人的理解,沿袭了前秦以来的儒家传统,他对圣人的政治功能作出了全面的肯定:

> 古之圣人以天下为心,其于居食之际,非徒若是而已。食而饱,必思天下之有未饱者;居而安,必思天下之有未安者。当禹之时,烝民未粒,故菲饮食,虽欲求饱,有未暇也。民未得平土而居,故卑宫室,过门不入,虽欲求安,有不可得也。圣人之以天下为心者盖如此。后之为天下者,可不监之哉!④
>
> 古之圣人,为能反求之于身,则无伦之富,万物备焉,无待于外也,而礼在其中矣,而何好之足云乎?人君唯能以徇物为戒,以古圣人

① 朱熹:《论孟精义·论语精义》卷六下,文渊阁《四库全书》本,上海古籍出版社,1987年影印本,第198册,第268页。

② 王充:《论衡·实知篇》,《诸子集成》第7册,中华书局,1985年,第252页。

③ 朱熹:《中庸章句》,《四书章句集注》,第32页。

④ 《杨时集》卷五《经筵讲义·论语·君子食无求饱章》,第90页。

为法,动容周旋,无非礼者,则上下辨而民志定,而忧天下之不治,未之有也。①

夫道止于中而已矣。圣人经世立法,非固贬损,以中人为制,道固然也。故尧、舜、禹三圣相授,皆曰'允执厥中'而已。盖立法失中,其过与不及,皆非圣人之道也。②

杨时的圣人论,将圣人披上了"理想人格"与"道德境界"的内涵,"圣人"是尽善尽美的化身。与此同时,"圣人"作为"王者",天然地承担着"治国平天下"的政治角色。圣人是"德""智"的化身,尤其是对前者的强调,这在宋代理学中得到了特别的关注,杨时也是一样,圣人之所以为圣人,是因为"天生聪明,时乂。所谓天生者,因其固然而无作之谓也。无所作聪明,是谓宪天聪明。宪天云者,任理而已矣。故伊尹曰:'视远惟明,听德惟聪。'知此然后可与论人君之聪明矣③。一方面,圣人的德性圆满自足;另一方面,圣人的才智超凡入圣。杨时不认同将"外王"功业从圣人意境中剥离的做法,因为那样,就会有损于圣人的形象与功用。内圣外王一定是一个整体。而外王事业的主要实际内涵是"惠民":

惟天地万物之母,惟人万物之灵,亶聪明作元后,元后作民父母。夫盈天地之间,皆物也,而人居一焉。人者,物之灵而已。天地子万物,其生养之具,皆天之所以惠民也。元后继天而为之子,其聪明足以父民,民之父母也。其子民也,授之常产,使寒而衣,饥而食,盖天而惠民者也。④

---

① 《杨时集》卷五《经筵讲义·论语·贫而无谄章》,第91页。
② 《杨时集》卷六《神宗日录辨(一)》,第93页。
③ 《杨时集》卷一〇《语录一》,第246页。
④ 《杨时集》卷五《经筵讲义·尚书·惟天惠民节》,第81页。

"圣人不能专凭其是圣人即能做事,但可以专凭其是圣人,即能做王。而且严格地说,只有圣人,最宜于做王。所谓王,指社会的最高底首领。"①对圣人之"德性"的充分肯定,不意味着不承认或否定圣人的"功业",圣人的政治成就是证明其存在价值的表征。因为不把"内圣"的个人行为转化为"外王"的社会行为,"外王"事业就不会获取社会性的成功,也就很难取得人民的普遍认同,而这样一来,政治权力的合法性问题又会凸显出来。因此,杨时主张圣人(人君)要切实地为人民负起责任。"古人于民,若保赤子。为其无知也,常以无知恕之,则虽有可怒之事,亦无所施其怒。无知则固不察利害所在,教之趣利避害,全在保者。今赤子若无人保,则虽有坑阱在前,蹈之而不知。故凡事疑有后害,于民所见未到者,当与他做主始得。"②人君除去"正心",还要"视民如伤"。圣人的缺位,就意味着实用理性的缺位。杨时对圣人的推崇,从根本上说是对实用理性和道德理性的推崇:

> 夫爵、刑,天之所以命有德、讨有罪,虽人君不得而私焉。《书》曰:"天聪明自我民聪明,天明畏自我民明威。"则人君所以奉天者,亦因诸民而已。民之所弃,天实讨之。③
>
> 夏王弗克若天,流毒下国,则自绝于天矣。天所以佑命成汤,降黜夏命也。然汤放桀,封其后于杞,非剿绝之,降黜而已。④

圣人是伦理道德的化身,是真、善、美高度统一的自由人格,圣人被赋予博施济众的职责,以养育万民作为其神圣使命。杨时强调圣人的政治地位与政治功能,自然也强调贤人(才)的作用,强调贤人(才)在政治治理过程中

---

① 冯友兰:《三松堂全集》第5卷,河南人民出版社,2001年,第137页。

② 《杨时集》卷一二《语录三》,第293页。

③ 《杨时集》卷一《上钦宗皇帝其二》,第15页。

④ 《杨时集》卷五《经筵讲义·尚书·惟天惠民节》,第81页。

的角色地位。"问：'舜之时，在廷之臣多矣。至传禹以天下，而禹独推皋陶，何也？'曰：'舜徒得此两人而天下已治故也。禹总百揆，而皋陶施刑，内外之治举矣。古者兵刑之官合为一，观舜之命皋陶，蛮夷猾夏，是其责也。则皋陶之职，所施于外者为详。故皋陶虽不可以无禹，而禹亦不可以无皋陶。是以当舜之欲传位，禹独推之，余人不与焉。'"①圣人经营的事业没有贤人的参与和赞助，其成功的可能性很小，甚至贤人都可以起到力挽狂澜的作用。"若有伊尹之志，其素行足信，何为不可？但观蜀先主当时以其子属诸葛孔明曰：'嗣子可辅，辅之，如不可辅，君自取之。'备死，孔明操一国之权，当时军国大务、人材进退，唯孔明是听，而蜀之人亦莫之疑也。盖孔明自非篡弑之人，其素行足信也。"②要形成一种使君子(贤人)脱颖而出的政治机能与社会文化风气，唯有如此，才能迎来治世。一个社会不可能没有道德败坏的小人，政治集团的组成人员也不可能都是纯洁无瑕的君子。"'德惟一，动罔不吉；德二三，动罔不凶。'所谓吉人者，以其德惟一也；所谓凶人者，以其德二三也。盖诚则一，不诚则矫诬妄作，故二三。此吉凶所由分也。"③关键就在于，良善之政可以并一定能够排除小人。"夫人君昵比小人，则谗谀日进，而法家拂士，众所共嫉也，分而为朋，则其祸必至于相灭。愿治之君，可不戒之哉！"④

　　杨时承继儒家政治哲学之精义，也将贤人政治看作是有效政治治理的不二路径。"礼义""德教"的推动主体，当然只能是圣贤。制度的存亡、条令的有无、法规的缜密与荒疏，只是问题的一面，而且是表面，深层的根基是人心的善恶。体制是政治成败的外因，人的有力领导才是真正的内因。"自古愿治之君，惟在慎一相。盖宰相，人主之心膂也。台谏，耳目也。百执

---

①　《杨时集》卷一一《语录二》，第 274 页。

②　《杨时集》卷一一《语录二》，第 277 页。

③　《杨时集》卷五《经筵讲义·尚书·吉人为善节》，第 79 页。

④　《杨时集》卷五《经筵讲义·尚书·惟受罪浮于桀节》，第 82 页。

事,股肱也。心膂之谋虑不深,耳目之视听不明,股肱之宣力不强,而能安其身者,未之有也。臣窃谓君臣相与之际,尤当以诚意为主。一有不诚,则任贤不能勿贰,去邪不能勿疑,忠邪不分,鲜克以济。昔在仁祖时,韩琦为谏官,论四执政,一日而尽去之。有唐陈师合,言人主不可假宰相以事权,太宗曰:'是欲间吾君臣也。'遂逐之,故贞观、嘉祐之治,几至三代,此任贤去邪之效也。"①贤人政治范式,应该深入贯彻到地方治理中去,唯有如此,才能达至长治久安的效果。"窃以郡县,王室之屏藩,而守令,士民之师帅。尊卑虽异,任责则同,一非其人,众受其弊。顾兹百里之重寄,实惟万室之具瞻。军国调度之须,所取非一,兵民什一之会,其职非轻。严之以法,则众离而不亲;抚之以宽,则事弛而不集。苟非岂弟(恺悌)之君子,曷庇困穷之小民?古谓其难,今尤慎择。矧夫极治之盛际,固多间出之英材。刃发新硎,莫匪庖丁之手;人胥易使,率皆言偃之风。"②与圣人一样,贤人与君子同样是道德教育培养的结果,同样具有伟大的模范型的人格魅力。"知合内外之道,则颜子、禹、稷之所同可见。盖自诚意、正心推之,至于可以平天下,此内外之道所以合也。故观其意诚心正,则知天下由是而平;观其天下平,则知非意诚、心正不能也。兹乃禹、稷、颜回之所以同也。"③制度失去优良的人的操控与把握,很容易滑向制度设计的反面,礼法不仅都会失效,而且会违背制度设计的初衷,反噬制度自身。统治者一旦变质,再好的制度也会腐朽,王朝随之崩溃。应该说,这样的认识,与现代思想之间,并非不存在内在的相似性和关联性。麦金太尔曾经尖锐地指出,如果个体美德的培育完全被忽视,完全被社会成员置之不理,那么所谓的正义的规则和相关制度又是"谁之正义"呢?④因为人治并不是"个人的无法统治"的代名

---

① 《杨时集》卷一《上渊圣皇帝》,第 2 页。

② 《杨时集》卷二三《谢太守》,第 545 页。

③ 《杨时集》卷一〇《语录一》,第 251 页。

④ [美]阿拉斯戴尔·麦金太尔:《谁之正义?何种合理性?》,万俊人、吴海针、王今一译,当代中国出版社,1996 年,第 507~515 页。

词，如果能够实现"明智者"的统治，法治就是低一层级的了。人治政治理念并不是要排斥任何形式的法律，相反，他重视法律的作用，他反对统治者和政府漠视法律、凌驾于法律之上，但是任何成文法的落实都需要有素质的人来完成。"民之于上，不从其令，而朝廷惟以言谕之，宜其以为虚文而莫之听也。今天下非徒不从上令，而有司亦不自守成法。观官吏所奉行，惟奉行朝廷之意而已，若皆守法，则法亦自足以致治。"①"舜在侧微，尧举而试之。慎徽五典，则五典克从；纳于百揆，则百揆时序；宾于四门，则四门穆穆。"②法度和对法度的自觉遵循，同样可以取得良治的效果，然而"任何社会系统，无论其法律多好或多高尚，最终还是要以好的人为基础。今天世界上一些最无人道、压迫性最强的国家与最文明的国家一样，都同样有漂亮地写在纸上的宪法和法律。从来没有一个好的政治体制仅仅是靠写出来的或是规定出来的。相反，它取决于生活在其中的人，取决于执行这一制度的人。在每一个街头角落，在每一天的日常生活中的人。如果人们互相憎恨，互不信任，或力图相互利用，如果他们贪婪而又恶毒，那么这些法律和规则就无法得到有效的实施。它们成了一个不可能完成的任务，只不过是一些空洞的条文，提高人的素质是当务之急"③。本质上是人本主义的政治思想是儒家理想主义政治思想的重要组成部分，在传统社会的经济结构与政治制度下有着极其顽强的生命力。儒家的人治并不否定法律和各种规章制度的作用，而是着重强调，在健全外在的规范性制度的同时，更重要的是需要高素质的人来保证制度的落实，甚至相对而言制度不那么健全，但只要有高素质的人，同样能够取得完美的政治治理的效果。因此，这种人本主义政治思想所提倡的"人治"说核心就在于人本身。它主

---

① 《杨时集》卷一二《语录三》，第 307 页。
② 《杨时集》卷一三《语录四》，第 346 页。
③ ［美］亚伯拉罕·马斯洛著、［美］爱德华·霍夫曼编：《洞察未来：马斯洛未发表过的文章》，许金声译，华夏出版社，2004 年，第 160 页。

张要按照人之为人的道理来"治人",不能离开人本身的目的去另外寻求"治人"的道理。

王安石变法是影响两宋政治生活及政治生态首屈一指的大事件,对荆公新学及其事业,杨时作了全面的否定,对新法的政治思想与政治实践,进行了彻底的批判和清算。作为洛学南传的承担者,杨时全盘接受了二程的观点。二程曾言:"然在今日,释氏却未消理会,大患者却是介甫之学。"①"如今日,却要先整顿介甫之学,坏了后生学者。"②"浮屠之术,最善化诱,故人多向之。然其术所以化众人也,故人亦有向有不向者。如介甫之学,他便只是去人主心术处加功,故今日靡然而同,无有异者,所谓一正君而国定也。此学极有害。以介甫才辨,遽施之学者,谁能出其右?始则且以利而从其说,久而遂安其学。今天下之新法害事处,但只消一日除了便没事。其学化革了人心,为害最甚,其如之何!故天下只是一个风,风如是,则靡然无不向也。"③经过北宋后期的多次政治反复,杨时对荆公新学看法更深。"熙宁之初,大臣文六艺之言以行其私,祖宗之法纷更殆尽。元祐继之,尽复祖宗之旧,熙宁之法一切废革。至绍圣、崇宁抑又甚焉,凡元祐之政事著在令甲,皆焚之以灭其迹。自是分为二党,缙绅之祸至今未殄。臣愿明诏有司,条具祖宗之法,著为纲目,有宜于今者举而行之,当损益者损益之,元祐、熙(宁)、(元)丰姑置勿问,一趋于中而已。"④这里杨时反复强调的"中",就是"尧、舜曰'允执厥中',孟子曰'汤执中',《洪范》曰'皇建其有极',历世圣人由斯道也"⑤。什么是"中"?如何"执中"?当然有大量可供讨论的话题,不过,有一点是可以肯定的,那就是王安石及其所从事的事业远离了"中"的要求。"蔡京用事二十余年,蠹国害民,几危宗社,人所切齿,

① 《河南程氏遗书》卷二上,《二程集》,第38页。
② 《河南程氏遗书》卷二上,《二程集》,第38页。
③ 《河南程氏遗书》卷二下,《二程集》,第50页。
④ 《宋史》卷四二八《杨时传》,第12739页。
⑤ 《宋史》卷四二八《杨时传》,第12739页。

而论其罪者,莫知其所本也。盖京以继述神宗为名,实挟王安石以图身利,故推尊安石,加以王爵,配飨孔子庙庭。今日之祸,实安石有以启之。"①

对于王安石的代表作《三经新义》,杨时也认为不仅在学理上不够纯粹,而且在政治实践上完全暴露出它对儒家政道的背离。"安石挟管、商之术,饬六艺以文奸言,变乱祖宗法度。当时司马光已言其为害当见于数十年之后,今日之事,若合符契。其著为邪说以涂学者耳目,而败坏其心术者,不可缕数。"②"夫王氏之学,其失在人耳目,诚不待攻。"③在二程与其后学眼中,王安石新学之所以不能成为主流意识形态,不能占据官方主导的学术文化主流,是因为新学"不知道"。"言有不中理,皆不知道者也。"④新学的"不知道"表现在许多方面,首先表现在学术思想的"杂驳"上,不合儒家的正统性和纯粹性。"夫儒、佛不两立久矣。此是则彼非,此非则彼是。又佛之去中国,不知其几千万里,正孟子所谓'鴃舌之人'也。王氏乃不会其是非邪正,尊其人,师其道,是与陈良之徒无以异也,而谓知道者为之乎?夫所贵乎知道者,谓其能别是非、审邪正也。如是非邪正无所分辨,则亦乌在其知道哉?然以其博极群书,某故谓其力学,溺于异端以从夷狄,某故谓其不知道。"⑤洛学将"正心"看作"平治天下"的开端,杨时认为,王安石不坚持这一点,说明他的思想游离于儒家之外。"古人修身齐家治国平天下,本于诚吾意而已。《诗》《书》所言,莫非明此者。但人自信不及,故无其效。圣人知其效必本于此,是以必由也。"⑥"观王氏之学,盖未造乎此,其治天下,专讲求法度。如彼修身之洁,宜足以化民矣,然卒未逮。"⑦杨时承继洛

---

① 《宋史》卷四二八《杨时传》,第 12741 页。

② 《宋史》卷四二八《杨时传》,第 12741 页。

③ 《杨时集》卷一七《答吴国华其一》,第 415 页。

④ 《杨时集》卷一七《答吴国华其一》,第 416 页。

⑤ 《杨时集》卷一七《答吴国华其一》,第 417 页。

⑥ 《杨时集》卷一一《语录二》,第 278 页。

⑦ 《杨时集》卷一一《语录二》,第 278 页。

学传统,特别注重"合内外之道"。天、地、人之道一以贯之,天人合一而非相离。在二程看来,荆公新学之不纯,就在于它强化了"天人之别"。"问:'介甫言尧行天道以治人,舜行人道以事天,如何?'曰:'介甫自不识道字。道未始有天人之别,但在天则为天道,在地则为地道,在人则为人道。如言《尧典》,于舜、丹朱、共工、驩兜之事皆论之,未及乎升黜之政。至《舜典》,然后禅舜以位,四罪而天下服之类,皆尧所以在天下,舜所以治,是何义理?四凶在尧时,亦皆高才,职事皆修,尧如何诛之?然尧已知其恶,非尧亦不能知也。及尧一旦举舜于侧微,使四凶北面而臣之,四凶不能堪,遂逆命,鲧功又不成,故舜然后远放之。'"①天人一体,天人合一,是符合儒家天道观并且构成儒学政治理论的基石,王安石不承认这一点,等于是自别于儒家阵营之外。程颢《定性书》还反对"以内外为二本",王安石《字说》却解释"心"有"中心""外心"之异。杨时认为:"心无中外,以忠为中心,无是理也。"②"用心之有内外耳,非心有内外也。"③"荆公自谓能不以外物累其心,故其言每以是为至。盖以其未尝知天道故也。"④杨时指出,这恰恰说明王安石不知天道。"诚者,天之道也,非外物不能累其心者所能尽也。告子之不动心,岂利欲能昏之哉?然而未尝知义也,未尝知义,非明也。"⑤基于孟子性善论的传统,杨时坚守仁政之说。"《书》曰:'德惟善政。'孔子曰:'为政以德。'离道德而为政事,非先王之政事也。"⑥政治领导人只有通过持续的道德砥砺和人格魅力的提升,方能巩固其政治权力的合法性和实施政策的合理性。

因此,在儒家"人治"政治理念里,政治权威首先也就体现在道德权

① 《河南程氏遗书》卷二二上,《二程集》,第282页。
② 《杨时集》卷七《王氏字说辨(七)》,第130页。
③ 《杨时集》卷七《王氏字说辨(七)》,第131页。
④ 《杨时集》卷六《神宗日录辨(七)》,第101页。
⑤ 《杨时集》卷六《神宗日录辨(七)》,第100页。
⑥ 《杨时集》卷六《神宗日录辨(十三)》,第109页。

《诗》《书》《礼》《乐》:宋明儒学的性道神化

威。往圣前贤的理想政治之所以能够获得实现,就是因为落实了以上这些原理。"尧之时,天下犹未平,洪水横流,泛滥于中国,孟子谓'尧独忧之,举舜而敷治焉'。而安石乃曰:'尧晏然不以为虑',不知何所据而然也?以忧恤百姓为不知天之所为,则文王视民如伤,其不知天甚矣。夫民穷而主不恤,下怨而上不知,盖土溃之势也。保丁卖袄以置弓箭,甚者断指以免丁,其致怨可知矣。而导其君以为不必恤,不亦误乎?"①杨时所追求的政治理想,与传统儒家一样,终极目的是构建"父子有亲,君臣有义,夫妇有别,长幼有序,朋友有信"的政治共同体,这种政治共同体首先是洋溢着温情的道德共同体,它并不否定人的利益与愿望,它强调满足人的合理利益与愿望,它坚持由圣贤来操控政治,唯有如此,才能维护共同体的整体和谐,保障每一个人的合理诉求。同时,这种理想政治模式的设计,也会生发出一种对现实政治的强烈批评精神,它构成现实政治的醒目的参照物,现实政治的"污泥浊水"在圣贤政治的参照物前原形毕露,理应被归于扫除之列。从这一方面审视,王安石也是"不知道"的。王安石既然"不知道",则对于具体政治实践的见解错得更加离谱。新法之行,有用人之失:"孔子曰:'举直错诸枉,能使枉者直。'未闻直者可置,使无贰适,惟我所错而已。孟子曰:'尊贤使能,俊杰在位,则天下之士愿立于其朝矣。'未闻能者可罢,使无妄作,惟我所为而已。熙宁之初,贤能不容于朝,纷更祖宗之法,惟我所为而已,用此说也。其为害岂浅哉!使其说行,则其祸天下后世,商君之法,不如是烈矣。"②有政策之失:"先催足常平,而后催税,则税必欠。虽不用枷棒催贷物,必用枷棒催税矣。此乃朝三暮四之说,而民受其弊则一也。私债于法不受理,而兼并之家初非有枷棒催贷物也,已足以困细民,则此固可知矣。"③"不知道",甚至会发生道义上的差池:"昔神宗尝称美汉文惜百金

① 《杨时集》卷六《神宗日录辨(二十三)》,第118~119页。
② 《杨时集》卷七《王氏字说辨(二十五)》,第136页。
③ 《杨时集》卷六《神宗日录辨(二十六)》,第120~121页。

以罢露台，安石乃言：'陛下若能以尧、舜之道治天下，虽竭天下以自奉不为过，守财之言非正理。'曾不知尧、舜茅茨土阶，禹曰'克俭于家'，则竭天下以自奉者，必非尧、舜之道。其后王黼以应奉花石之事，竭天下之力，号为享上，实安石有以倡之也。"①而出现这种差池的原因则是王安石思想对儒家"义利之辨"的混淆。"君子之事君，其说不可惟利之从。苟惟利之从，则人君所见者，利而已。彼有轧吾谋者，其说又利于我，吾说必见屈矣。故不若与之谈道理。道理既明，人自不能胜也。所谓道理之谈，孟子之仁义是也。王、霸之佐，其利义之间乎？一毫为利，则不足为王矣。"②杨时对王安石的某些言行不以为然，认为已经背离了儒学信念。"荆公在上前争论，或为上所疑，则曰：'臣之素行，似不至无廉耻，如何不足信？'且论事，当问事之是非利害如何，岂可以素有廉耻劫人使信已也？夫廉耻，在常人足道，若君子，更自矜其廉耻，亦浅矣。盖廉耻，自君子所当为者。如人守官，曰：'我固不受赃。'不受赃，岂分外事乎？"③王安石的本意是既承认义利之统一，利要建基于义之上；又承认利的相对独立性，承认利所具有的价值，这种价值应该能够增进义的内涵而不是相反。但是二程与杨时则不然，他们严"义利之辨"，以义为先。"当今政事，惟理财最为急务。考之先王，所谓理财者，非尽笼天下之利而有之也；取之有道，用之有节，各当于义之谓也。取之不以其道，用之不以其节，而不当于义，则非理矣。"④

这样，理欲之辨、义利之别、王霸之异相互之间形成了一个完整的对应式的结构，仁与义从一种对个人的伦理要求扩展为一种政治思想的核心概念，政治领袖尤其要率先垂范，对私欲实现有效的限制，增进全民福祉，将国家引入祥和、富裕、有序的境地，是维系政治合法性的纽带。政治

---

① 《宋史》卷四二八《杨时传》，第 12742 页。

② 《杨时集》卷一〇《语录一》，第 229 页。

③ 《杨时集》卷一〇《语录一》，第 239 页。

④ 《杨时集》卷二〇《答胡康侯其八》，第 485 页。

领袖如果要能够分辨是非、明察秋毫，还需要《尚书》所提倡的"聪明"，而这却又是荆公新学所忽视的："或曰：'德而已矣，奚取于聪明？'曰：'徒取其德，或有有德而不聪明者。如此则人得以欺罔之，何以济务？故《书》称尧、舜、禹、汤、文、武，皆言其聪明，为是故也。'"①正是基于上述的看法，杨时推论王安石言行与儒家之道不合，王安石所追求的利不是符合不符合义的问题，而是已经完全脱离了儒家的轨道。"因论荆公法云：'青苗、免役亦是法，然非藏富于民之道。如青苗取息虽不多，然岁散万缗，则夺民二千缗入官。既入官，则民间不复可得矣。免役法取民间钱，雇人役于官，其得此钱用者，盖皆州县市井之人，不及乡民。乡民惟知输而已，而不得用。故今乡民多乏于财也。'"②夺民之产而非藏富于民，就是对儒家"义利之辨"的反动，就等于是"申、商之术"。"熙宁更新法度，以经术造士。世儒妄以私智之凿，分文析字，而枝辞蔓说乱经矣。假六艺之文以济其申、商之术，一有戾己，则流放窜殛之刑随其后。虽世臣元老，概以四凶之罪目之。天下靡然，无敢忤其意者。故佞谀成风，而正论熄矣，士气不振。积至于崇（宁）、宣（和），述其事而流毒滋甚焉。"③杨时政治治理成效与政治统治形态的思想所依托的根据是人性的善恶。"君子之德风，小人之德草"④，统治阶级占统治地位的意识形态就是社会主导性的思想意识，统治者的人性与道德之善加上"聪明"，就是决定国家政治命运的根本性因素。王安石及其事业之所以要从根本上加以否定，是因为王安石从根本上就不认同这一原理。

①　《杨时集》卷一〇《语录一》，第 230 页。
②　《杨时集》卷一二《语录三》，第 303 页。
③　《杨时集》卷二四《南剑州陈谏议祠堂记》，第 561~562 页。
④　何晏集注、何晏注、邢昺疏：《论语注疏》卷十二《颜渊》，《十三经注疏》，中华书局，1980年，第 2504 页。

第四节 《尚书》与苏氏蜀学

三苏父子,学术倾向基本一致。他们博贯经典,兼融百家,识力超绝,议论风发,"上谈性命,下述政理",形成著名的苏氏蜀学。苏氏蜀学是由苏洵开创,苏轼、苏辙兄弟发展成熟的。其中,苏轼学术造诣最深,规模宏阔,气象万千,代表着蜀学的总体风貌和学派特征。在 11 世纪中期,蜀学与荆公新学二程洛学并世而出,各自成说,同属儒家而各有歧异,共宗义理而各具特色。尽管苏轼主要以其不朽的诗文著称于世。但是苏轼本人和他的门人都曾反复强调,他一生中最重要的学术成就并不在文学方面,而是在哲理的创思方面。他总结自己一生的学术成就说:"某凡百如昨,但抚视《易》《书》《论语》三书,即觉此生不虚过。"[1]"三书"是指苏轼一生中最重要的学术理论著作《东坡易传》《东坡书传》和《论语说》。其中的《东坡书传》,寄托着苏轼的哲学与政治思想,与《东坡易传》同是苏氏蜀学的代表性作品。南宋晁公武指出:《东坡书传》鉴于"熙宁以后,专用王氏之说进退多士,此书驳异其说为多"[2]。四库馆臣就此也认为,"今新经《尚书义》不传,不能尽考其同异,但就其书而论,则轼究心经世之学,明于事势,又长于议论,于治乱兴亡,披抉明畅,较他经独为擅长"[3]。因而南宋时朱熹就对此书颇为赞赏,"或问:'《书解》谁者最好?莫是东坡书为上否?'曰:'然。'又问:'但若失之简。'曰:'亦有只消如此解者'"[4]。又说:"《东坡书解》却好,他看

《诗》《书》《礼》《乐》:宋明儒学的性道神化

---

① 苏轼:《苏轼文集》卷五七《答苏伯固四首(三)》,中华书局,1986 年,第 1741 页。

② 晁公武:《郡斋读书志校证》卷一《东坡书传》,孙猛校证,上海古籍出版社,1990 年,第 58 页。

③ 《四库全书总目》卷一一,第 90 页。

④ 《朱子语类》卷七八《尚书一·纲领》,第 1986 页。

得文势好。"①苏轼本人及其后学如此重视其学术成就中阐扬哲理的这一部分内容，以至于认为其他方面的成就都是微不足道的。与苏轼相知最深的苏辙说："遗文粲然，四海所传。《易》《书》之秘，古所未闻，时无孔子，孰知其贤。以俟圣人，后则当然。"②苏门四学士之一的秦观更是认为，世人不重视苏轼的思想创见，只是对其文章推崇备至，这反而是贬低了东坡的道德文章："苏氏之道，最深于性命自得之际，其次则器足以任重，识足以致远，至于议论文章，乃其与世周施，至粗者也。"③苏轼所建构的思想体系，以《东坡书传》和《东坡易传》为基干，会通诸家，以儒为本，追求旷达的人生境界，表现出一种自然主义的倾向。此外，其思想体系也恪守儒家本位主义，对社会伦理与政治治理的纲领与手段提出自己的见解，既推阐自然之理，也显明人事之功，形成了苏轼思想的鲜明特色。

刘力耘说："'经学'最直接的含义，指对特定的数部儒家典籍的训解和阐释。然而，儒家经典在传统中国政治生活和社会思想中特殊的地位与角色，使得学者们在解经时往往带有时代关怀，在经解中投射进理想的政治图景和政治实践指向。"④古代思想家对经典的关注，从来不是单纯的文本释读或学术技术层面的操作方式的展示，而是指向性明确的解释，他的出发点是现实事务中的种种关切。苏轼的《东坡书传》也不例外。

苏轼思想的终极理论关切，是探寻一个廓然无物、幽冥恍惚、难以名状的精神实体。在他看来，观念性的"道"是宇宙万物的本原，便是这个精神实体。他提出了"常道"的概念。⑤既然"道"是宇宙本体，则必是一种超越

---

① 《朱子语类》卷七八《尚书一·纲领》，第 1986 页。

② 苏辙：《栾城后集》卷二〇《祭亡兄端明文》，中华书局，1990 年，第 1100 页。

③ 秦观：《淮海集》卷三〇《答傅彬老简》，《四部丛刊》景明嘉靖小字本。

④ 刘力耘：《作为士大夫政治实践的宋代经学——范纯仁〈尚书解〉解读》，《文史哲》，2019 年第 2 期。

⑤ 苏轼：《东坡书传》卷一《尧典第一》，明刻本。

有形、无任何条件性和局限性但又具有逻辑实证性的普遍绝对。对这种概念及其自然与社会效能的论证，不仅在《东坡易传》里有较为丰富的内容，而且在《东坡书传》里，也有所涉及。"人君以至诚为道，以至仁为德，守此二言，终身不易，尧、舜之主也。至诚之外，更行他道，皆为非道。至仁之外，更作他德，皆为非德。何谓至诚？上自大臣，下至小民，内自亲戚，外至四夷，皆推赤心以待之，不可以丝毫伪也。如此，则四海之内，亲之如父子，信之如心眼，未有父子相图，心眼相欺者，如此而天下之不治，未之有也。"①"自诸侯以及其臣下，皆修明人事而辅常道，故鳏寡无蔽塞之者。"②显然，苏轼的"常道"也包含着特定的伦理内容，离开伦理内容的"道"是不存在的。苏轼认为，"道"体现在人本身者，即为"性"，"道"与"性"是同一层次的范畴，"敢问性与道之辨。曰：难言也，可言其似。道之似则声也，性之似则闻也，有声而后闻邪？有闻而后有声邪？是二者果一乎？果二乎？孔子曰：'人能弘道，非道弘人。'又曰：'神而明之，存乎其人。'性者其所以为人者也，非是无以成道矣"③。在东坡看来，"道"与"性"二而为一，"性"是人之所以为人的根据，离"性"则难以成"道"。形而上之道在人为性，性、道同属超绝言象之本体。唐以后的儒家学者，创造了"道心"这个概念，事实上，"道心"就等同于这个"道"。从司马光开始，将"虞廷十六字"与《中庸》的阐述相结合，"道"与"心"开始了融汇的过程。

君子从学贵于博，求道贵于要。道之要，在治方寸之地而已。《大禹谟》曰："人心惟危，道心惟微，惟精惟一，允执厥中。"危则难安，微则难明，精之所以明其微也，一之所以安其危也，要在执中而已。《中

---

① 苏轼：《苏文忠公全集》续集卷九《上初即位论治道·道德》，明成化本。
② 《东坡书传》卷一九《吕刑》，明刻本。
③ 《东坡易传》卷七《系辞传（上）》，明刻朱墨套印本。

庸》曰："喜怒哀乐之未发谓之中,发而皆中节谓之和。"君子之心,于喜怒哀乐之未发,未始不存乎中,故谓之中庸。庸,常也,以中为常也。及其既发,必制之以中,则无不中节,中节则和矣。是中和一物也,养之为中,发之为和,故曰:"中者,天下之大本也;和者,天下之达道也。"智者,知此者也。仁者,守此者也。礼者,履此者也。乐者,乐此者也。政者,正其不能然者也。刑者,威其不从者也。合而言之谓之道,道者,圣贤之所共用也。①

这样的思路与论证方式,给了后学者以很大的启示。苏轼解释"虞廷十六字"说:"人心,众人之心也,喜怒哀乐之类是也。道心,本心也,能生喜怒哀乐者也。安危生于喜怒,治乱寄于哀乐,是心之发,有动天地、伤阴阳之和者,亦可谓危矣。至于本心,果安在哉?为有耶?为无耶?有则生喜怒哀乐者,非本心矣。无则孰生喜怒哀乐者?故夫本心,学者不可以力求而达者,可以自得也。可不谓微乎?舜戒禹曰:'吾将使汝从人心乎?'则人心危而不可据。使汝从道心乎?则道心微而不可见。"②在这里,苏轼所说的"人心"是表象,是人的喜怒哀乐之心;而"道心"则是本质,是驱动人生成喜怒哀乐之心的本心。从根上说,"人心""道心"本来不容有二,"夫心岂有二哉?不精故也,精则一矣"③。只要能够做到"精一",就能够让"人心"回归"道心"。"子思子曰:'喜怒哀乐之未发谓之中,发而皆中节谓之和。中也者,天下之大本也,和也者,天下之达道也,致中和,天地位焉,万物育焉。'"④这种表述,与司马光的《中和论》非常接近,都是《中庸》的合理延伸,只不过苏轼动用了《尚书·大禹谟》为其思想资源。"夫喜怒哀乐之未

---

① 司马光:《温国文正公文集》卷七一《中和论》,《四部丛刊》景宋绍兴本。
② 《东坡书传》卷三《大禹谟第三》,明刻本。
③ 《东坡书传》卷三《大禹谟第三》,明刻本。
④ 《东坡书传》卷三《大禹谟第三》,明刻本。

发,是莫可名言者,子思名之曰中,以为本心之表著。古之为道者,必识此心,养之有道,则卓然可见于至微之中矣。夫苟见此心,则喜怒哀乐无非道者,是之谓和。喜则为仁,怒则为义,哀则为礼,乐则为乐,无所往而不为盛德之事,其位天地育万物,岂足怪哉!"①如果"人心"没有受到"道心"的规范和约束,则"若夫道心隐微而人心为主,喜怒哀乐各随其欲,其祸可胜言哉。道心即人心也,人心即道心也,放之则二,精之则一。桀、纣非无道心也,放之而已;尧、舜非无人心也,精之而已"②。"精之"的意思就是要让"道心"统率"人心"。只要不让"人心"被自然欲望所管辖,"人心"就不会是邪恶的。所以苏轼关于人性、人心的思考,有一定倾向的自然主义情结,人的自然性与社会性不一定先验地存在张力,水火不容。二程、杨时等人的洛学人性论的思想来源是孟子的"性善论",他们所崇奉的"天理"先验地包含伦理含义,其所言"人性"亦与"天理"相通,也同样地具有纲常伦理为先验属性。

儒家之伦常既是"人性"之内涵,又是"天理"之规定,这样就把伦理学与本体论结合起来,赋予儒家的伦理规范以宇宙本体的地位与权威。苏轼不能说一定强调"人性"的纯粹自然性质,但是并不肯定"人性"中的道德属性来自绝对的精神实体。"舜之所谓道心者,子思之所谓中也。舜之所谓人心者,子思之所谓和也。"③"道心"与"人心"不一定存在张力,在"精一"的工夫论基础之上,可以实现两者的结合。因此,苏轼敢于肯定人性的自然性,"人生而莫不有饥寒之患,牝牡之欲,今告乎人曰:饥而食,渴而饮,男女之欲,不出于人之性,可乎?是天下知其不可也"④。那么善恶之分别从何而起?圣人与凡人的区别究竟何在?是其"心"生来与众不同吗?当然不

① 《东坡书传》卷三《大禹谟第三》,明刻本。
② 《东坡书传》卷三《大禹谟第三》,明刻本。
③ 《东坡书传》卷三《大禹谟第三》,明刻本。
④ 《苏轼文集》卷四《扬雄论》,第111页。

是。"人生而有耳、目、口、鼻、视、听、言、思之具,中有知而外有容,与生俱生者也。今五事先貌而次言,然后有视听,已而乃有思,何也?人之生也,五事皆具而未能用也,自其始孩而貌知恭,见其父母,匍匐而就之,擎跽而礼之,是貌恭者,先成也。稍长而知言语以达其意,故言从者次之。于是始有识别,而目乃知物之美恶耳,乃知事之然否,于是而致其思,无所不至矣。故视明、听聪、思睿者又次之。睿者,达也,穷理之谓也。"①苏轼是从后天的修养工夫着手,区分了凡圣之别、善恶之别。"致思自穷理尽性以至于命,谓之圣,此天理之自然,由匹夫而为圣人之具也。圣人以为此五者之事,可以交天人之际,治阴阳之变。"②在苏轼看来,只要能够在修养工夫上进行本质的提升,由凡入圣的渠道始终是敞开的。"防患于微曰'几','几'则思虑周。无心于物曰'康','康'则视听审。思虑周而视听审,则辅汝者,莫不尽其直也。反而求之,无意于防患,则思虑浅;有心于求物,则视听乱。思虑浅而视听乱,则辅汝者,皆谄而已。"③显然,这样的努力是一贯的、细微的和持续的。"天威可畏也,然可恃以安者,辅诚也。诚则天与之者,可必矣。民归有道,怀有德,其情大略可见也。然不可恃以安者,小人也。故尽心于诚,以求天辅,不可好逸豫,以远小人也。"④"逸豫"是心的松散,心的放纵。"尽心于诚"则是一种严酷的修为工夫,它能够使常心从世俗的卑微琐碎里超拔出来,将常心改造成"道心"。

苏轼说:"某自谪居以来,可了得《易传》九卷、《论语》五卷。今又下手作《书传》。迂拙之学,聊以遣日。"⑤这里的"谪居"是指绍圣四年(1097)七月至元符三年(1100)六月苏轼在任琼州(今海南省海口市境内)别驾,居住于昌化(今海南省昌江黎族自治县昌化镇)期间。"昌化,非人所居,食饮

① 《东坡书传》卷三《洪范第六》,明刻本。

② 《东坡书传》卷三《洪范第六》,明刻本。

③ 《东坡书传》卷四《益稷第五》,明刻本。

④ 《东坡书传》卷一二《康诰第十一》,明刻本。

⑤ 《苏轼文集》卷五二《与王定国(十一)》,第1519~1520页。

不具,药石无有。初僦官屋以庇风雨,有司犹谓不可,则买地筑室。昌化士人,畚土运甓以助之,为屋三间。人不堪其忧,公食芋饮水,著书以为乐,时从其父老游,亦无间也。"①《东坡书传》写于此时,著书的条件是非常艰苦的。但是就是在这样的境遇中,苏轼通过对《书传》的著述,表现出他一向对国家与人民的赤诚之心。"轼究心经世之学,明于事势,又长于议论,于治乱兴亡,披抉明畅,较他经独为擅长。"②他试图通过对《尚书》的释读,阐发自己的政治思想,起到有益于国家政治的目的。

与理学家二程一样,苏轼也倡导"王道"政治:"圣人不以官之众寡论治乱者,以为治乱在德,而不在官之众寡也。"③王道政治的核心关键词是"德",而具体的设官理政等技术细节无关紧要。有无"德"和"德"之深浅厚薄就成为"王道"与"霸道"之歧义所在:"夫三代之君,惟不忍鄙其民而欺之,故天下有故,而其议及百姓,以观其意之所向,及其不可听也,则又反覆而喻之,以穷极其说,而服其不然之心,是以其民亲而爱之。呜呼,此王霸之所为不同也哉。"④"王道"政治的落脚点是"德",其基本形式是实现圣人主导下的德治,这一点,苏轼与二程不存在实质上的分歧。"圣人之德,如日月之光,贞一而无所不及也。"⑤"方周之盛,越裳氏来朝,曰:'久矣。天之无疾风暴雨也。中国其有圣人乎?'方是时,四夷之民,莫不戴王,虽风雨天事,非人力者,亦归德于王。"⑥圣人是这个作为宇宙最高实体的伦理原则——"道"的绝对体现者,他身上洋溢着"德"的光辉。圣人既然体悟到超越性的伦理本质的天道,就自然以纯粹至善的本心来看待世界,其一切创

---

① 《栾城后集》卷二二《亡兄子瞻端明墓志铭》,《苏辙集》,第 1126 页。
② 《四库全书总目》卷一一《东坡书传》,第 90 页。
③ 《苏轼文集》卷六《书义·唐虞稽古建官惟百夏商官倍亦克用》,第 172 页。
④ 《苏轼文集》卷二《书论》,第 55 页。
⑤ 《东坡书传》卷一《尧典》,明刻本。
⑥ 《东坡书传》卷一八《君牙》,明刻本。

造正是以天地万物为心,遵循着天地万物之理。圣人的政治合法性来源于王道,王道又深深地植根于人民的认同与拥戴的土壤。"'驭民若朽索之驭马,不已过乎?'曰:'天下皆有所恃,民恃有司以安其身,有司恃天子之法以安其位。惟天子无所恃,恃民心而已。民心携,则天子为独夫。谓之朽索,不亦宜乎?'"①"不惟以悦民心,亦以悦天命也。"②德是中国传统政治理念的基石。"皇天无亲,惟德是辅。民心无常,惟惠之怀。"③所谓的善政、仁政,就是善良的施政动机与完满的法度的有机结合,并得到人民的高度认可。"尧、舜以德礼治天下,虽有蛮夷寇贼,时犯其法,然未尝命将出师。时使皋陶作士,以五刑、三就、五流、三居之法治之足矣。"④苏轼将圣人设定为当代政治领导人的楷模,将"王道"政治设定为政治秩序与政治规则的楷模,认为当代领导人唯有效法圣人才能实现良善之治。当代领导人应像圣人那样,不但践履博施济众、养育万民的神圣天职,而且起礼乐、制法度,以造就和谐的社会秩序。"刑罚,天所以讨有罪而我用之。"⑤"道有升降,政由俗革,不臧厥臧,民罔攸劝。"⑥"夫道何常之有,应物而已矣。物隆则与之偕升,物污则与之偕降。夫政何常之有,因俗而已矣。俗善则养之以宽,俗顽则齐之以猛。"⑦宽猛都不过是治理的手段,圣人与天相对应,天以春生秋成与圣人以政养万民及以刑肃万民相对应。万物的春生秋成,意味着万物的阳生阴成;万民的政养刑肃,意味着万民的仁育义正。

---

① 《东坡书传》卷六《五子之歌》,明刻本。

② 《东坡书传》卷一三《梓才》,明刻本。

③ 《尚书注疏》卷一七《蔡仲之命》,《十三经注疏》,第 227 页中。《左传·僖公五年》亦有:"臣闻之,鬼神非人实亲,惟德是依。故《周书》曰:'皇天无亲,惟德是辅。'又曰:'黍稷非馨,明德惟馨。'又曰:'民不易物,惟德繄物。'如是,则非德,民不和,神不享矣。神所冯依,将在德矣。若晋取虞,而明德以荐馨香,神其吐之乎?"以德配天的实质含义就在于,无论就意图还是责任而言,政治权力需要落实的仅是人民认可的普遍的善。

④ 《东坡书传》卷二《舜典》,明刻本。

⑤ 《东坡书传》卷三《皋陶谟》,明刻本。

⑥ 《苏轼文集》卷六《书义·道有升降政由俗革》,第 173 页。

⑦ 《苏轼文集》卷六《书义·道有升降政由俗革》,第 173 页。

苏轼讲政治领袖执政的合法性,尽管设置了圣人这种光明俊伟、睿智通达的人格典范,但最后的证实,却还是需要人民的认同。而人民的认同等于是对自身权益获得增进的认同。合法性的定义,在很大程度上则落实或体现为政治权利。"权利是指与他人就有关构成每人份额的部分以及应互守义务的部分达成的谅解。权利在组织起个体之间持续关系的同时,也创造了某种相互的期待,只有得到每个人的赞同才能使之得以实现。"①政治组织和政治领袖作为公共空间的保证人,"既是权利的工具,又是权利的表达。正是这一点给予了政治机构以指挥地位以及它对强制力的垄断。同样也正是这一点将赞同放诸统治权利的核心"②。政治组织对人民的权利关系建立必须以后者的赞同为基本条件,不能先行认定统治是合法的,人民就必须服从,而是应当先征得人民的同意和认同,其统治权利才是合法的。所以,苏轼表面上给政治领导人的权力合法来源披上了一件神圣的外衣:"天人之不相远。凡灾异,可以推知其所自。"③"人君于天下无所畏,惟天可以警之,今乃曰天灾不可以象类求,我自视无过则已矣。为国之害莫大于此,予不可以不论。"④但是就其深层而言,天意的内涵及其倾向性,却是来自人民的授权。"民犹水也。水能载舟,亦能覆舟,物无险于民者矣。"⑤"民至愚而不可欺。凡其所毁誉,天且以为聪明,而况人君乎?违道足以致民毁而已,安能求誉哉?"⑥政治领袖在获得人民认同的同时,要主动地承担政治责任。政治领袖是以承担政治责任的方式拥有统治权力的。"个人的愿望,只有在它表现为服务于整个共同体利益的时候,它在政治

① [法]让-马克·夸克:《合法性与政治》,佟心平、王远飞译,中央编译出版社,2008 年,第14 页。

② 《合法性与政治》,第 15 页。

③ 《东坡书传》卷一一《金縢》,明刻本。

④ 《东坡书传》卷八《高宗彤日》,明刻本。

⑤ 《东坡书传》卷一三《召诰》,明刻本。

⑥ 《东坡书传》卷三《大禹谟》,明刻本。

上才是可以获得承认的：因此这也就是说只有当这个具有目标的人将自己的行为真正地认同为国家的任务，关心对共同体繁荣的确保时，他成功的愿望才真正地获得了具有合法性的政治价值。以至于具有合法性的政治活动是与责任密不可分的。责任所表达的是一种权力，该权力接受了统治权利所强加的限制措施。"[1]克里斯托弗·威尔曼（Christopher Wellman）则以乐善好施的责任（samaritans duty）来回答政治组织的合法性依据与政治责任等问题。国家理应承担一种道德义务，那就是对其人民的"乐善好施"，以换取人民对国家与法律的服从。[2]"古之天者，皆言民也。民不难出其力以食诸侯，以养天子者，岂独以逸乐之哉？将使济己也。此所以为天道也。"[3]"民者，上之所托，所因以为号令赏罚者也。日月不自为风雨寒暑，因星而为节；君不自为号令赏罚，因民而为节。"[4]儒家对政治合法性的论述，比较接近威尔曼的意见。政治合法性的最后依据不是法律意义上的实在法，而是先于实在法存在的、价值上高于实在法的超越性的自然法。基于现实利益的社会心理——"民意"，在政治合法性的天平上具有举足轻重的砝码。显而易见，政治合法性必须由统治者与被统治者"合谋"方能达成"决议"。

　　治国理政还有一项必要的原则，苏轼认为是君主的"无为"，犹如邵雍所言："以道化民者，民亦以道归之，故尚自然。夫自然者，无为无有之谓也。无为者，非不谓也，不固为者也。故能广。无有者，非不有也，不固有者也。故能大。广大悉备而不固为、固有者，其惟三皇乎？是故知能以道化天下者，天下亦以道归焉。所以圣人有言曰：'我无为而民自化，我无事而民

---

① ［法］让-马克·夸克：《合法性与政治》，第 47 页。
② 毛兴贵：《乐善好施的责任、政治合法性与政治义务》，《南京社会科学》，2019 年第 3 期。
③ 《东坡书传》卷八《说命中》，明刻本。
④ 《苏轼文集》卷六《书义·王省惟岁》，第 169 页。

自富,我好静而民自正,我无欲而民自朴。'"①苏轼认为,理想的政治运作状态应该是"上执其要,下治其详,所谓岁月日时无易也"②。"汤惟能如是勉敬厥德,故能配天。天无言无作,而四时行,百物生,王亦如是。老子曰:'王乃天,天乃道。'"③"无为"是最高的政治治理境界与最佳的治理手段,并发挥实际效用。"无为"要求最高领导人不要事必躬亲,不要过度地介入与干预治理程序。"论尧、舜之德者,必曰无为。考之于经,质之于史,尧、舜之所为,卓然有见于世者,盖不可胜计也,其曰无为,何哉?"④那是因为在尧、舜的治下,臣工各司其职,在各自的岗位上尽心尽职,天下自然得以大治。"禹之平水土,稷为之殖百谷,契为之敷五教,伯夷为之典三礼,皋陶为之平五刑,羲和为之历日月。尧、舜果何为哉。"⑤后世的明君贤相也是一样,"文王不兼庶狱,陈平不治钱谷,邴吉不问斗伤,此所为不易者也"⑥。为什么圣王们能够贯彻并实现"无为而治"?因为圣王打造了一种良好的政治生态环境,其特点就是"尚政",也就是简洁、清晰、有效的政治治理,而这种治理的前提(充分)条件是领导人的表率作用——"正也"。这在孔子那里就有了充足的阐述,政治领导人的表率作用在孔子看来是至关重要的。所谓"人心正,由君德正之"⑦,讲的就是这个道理。这种类型的政治治理,需要政治领导人持续努力,起到标杆示范作用。"仁义之性,人所咸有,故言天降也。顺其有常之性,其无常者,喜怒哀乐之变,非性也。能安此道,乃君也。"⑧圣人能够最快捷、最彻底地把自己的这种"仁义之性"显现出

《诗》《书》《礼》《乐》:宋明儒学的性道神化

---

① 邵雍:《皇极经世》卷一一《观物篇五十四》,《邵雍全集》,上海古籍出版社,2015年,第1153页。

② 《苏轼文集》卷六《书义·王省惟岁》,第169页。

③ 《东坡书传》卷七《太甲下第七》,明刻本。

④ 《苏轼文集》卷六《书义·王省惟岁》,第168页。

⑤ 《苏轼文集》卷六《书义·王省惟岁》,第169页。

⑥ 《苏轼文集》卷六《书义·王省惟岁》,第169页。

⑦ 李隆基注、邢昺疏:《孝经注疏》卷六《广要道章第十二》,《十三经注疏》,第2556页中。

⑧ 《东坡书传》卷七《汤诰》,明刻本。

来,贯彻到政治实践中去,所以就可以实现无为政治。无为政治,并不等于否认有所作为,并不否定事功的必要性和正当性,苏轼觉得圣人的政治成就是证明其存在价值的表证。不把"内圣"的个人行为转化为"外王"的社会行为,"外王"事业就不会获取社会性的成功,也就很难取得人民普遍的认同,而这样一来,政治权力的合法性问题又会凸显出来。如何把"内圣"的个人行为转化为"外王"的社会行为,则是苏轼"无为"政治考量的重要问题。"世之方治也,如大川安流而就下。及其乱也,溃溢四出而不可止。水非乐为此,盖必有逆其性者,泛溢而不已。逆之者必衰,其性必复,水将自择,其所安而归焉?古之善治者,未尝与民争,而听其自择,然后从而导之。"①君主的"无为",从本质上讲等于是尊重人民的主体意识,听任人民的自由选择,必须尊重人民对正当的物质利益的追求。其实这种思想在《易传》中也是存在的,"利者,义之和也",圣人"立成器以为天下利"。②因此,苏轼从尊重民众的正当利益,并将追求这种正当利益看作是民众的自然权利出发,倡导最高权力的运作方式应该是"无为"政治,这就体现出苏轼强调的是义利相合,以义制利、见利思义的义利统一的思想,关注的是社会发展和稳定的统一性原则。

---

① 《东坡易传》卷六《涣》,明刻朱墨套印本。
② 关于《易传》的义利思想,可参见孙熙国、许青春的《〈易传〉义利观研究——兼论《易传》之伦理思想》,《周易研究》,1999 年第 4 期。

第六章　经典与政治之间：荆公新学、新法对诗书礼的学术探寻和具体实践

　　王安石的学术与思想被后人称为"荆公新学"，是北宋中后期占主导地位的思想形态。梁启超在《王安石传》中，盛赞荆公之学术"内之在知命厉节，外之在经世致用，凡其所以立身行己与夫施于有政者，皆其学也"①。并讥讽程朱理学之所倚重者，"在身心性命，而经世致用之道，缺焉弗讲。谓但有得于身心性命，而经世致用之道，举而措之矣。其极也，乃至专标《论语》《孟子》《大学》《中庸》，跻而尊诸经之上，而汉以来所谓六艺者，几于束阁"②。梁氏是以王安石新学包举儒家内圣外王之道，而宋儒理学各派濂、洛、关、闽心性之学不过"经述之一端"耳。王安石学说以接续孔孟之道为己任，以内圣外王为基本框架，在恪守儒学价值本位的基础上，融通佛、老，兼采诸子，故而思想规模阔大宏伟，精湛专深，然而其学术特征还是以儒学道德性命之义理为主旨而展开的。"在北宋一代，对于儒家学说中有关道德性命的意蕴的阐释和发挥，前乎王安石者，实无人能与之相比。""应为北宋儒家学者中高踞首位的人物。"③的确，和任何思想的出现一样，

---

① 梁启超：《王安石传》，海南出版社，1993年，第204页。
② 《王安石传》，第204~205页。
③ 邓广铭：《王安石在北宋儒家学派中的地位》，《北京大学学报》，1991年第2期。

荆公新学的产生尽管有极为深刻的社会经济根源,但在理论形式上,它仍要以以往的思想资料作为出发点,其主张无论如何创新,总是依傍六经,从中找到立论的依据。荆公新学所依傍的重要的儒家经典主要就是《周易》《诗经》和《尚书》。

第一节 《三经新义》与王安石的教育理念及政治构想

宋代以"重儒右文"著称于世。北宋期间便有庆历(1041—1048)、熙(宁)(元)丰(1068—1085)、崇宁(1102—1106)三次兴学运动。①庆历兴学之后,经过数次颇具规模的办学,逐步形成了中央以太学、国子监为中心,诸多专科学校相配合;地方以州县学为中心,私学、家学、书院相配合的全国性的系统的办学体系。尤其是地方官学与书院并存,主导着教育事业在政府和民间的双向健康发展,有宋一代的教育呈现出多元纷呈的繁荣局面,对文化事业的促进和社会人才的培育都起到了积极的作用,并对后世产生了深远的影响。寺田刚特别关注庆历年间教育事业的突然爆发及对整个宋代教育的深刻影响,他从兴建学校的状况和教学理念及太学与地方学校教师人才的繁盛和所培养人才的质量的大幅度提升等几个方面论析了庆历兴学对宋代教育与文化的根本性的奠基作用。②的确,无论从中央官学还是从地方官学的发展来看,庆历年间都是具有划时代意义的时期。

---

① 陈植锷在《北宋文化史述论》(中国社会科学出版社,1992年)中,认为北宋共有四次由中央政府主持的大规模的兴学活动,除上述三次外,仁宗天圣(1023—1031)、景祐(1034—1037)年间也出现过大肆办学的高潮。陈氏以为,后人之所以误以庆历为北宋兴学之始,一个重要原因是只注意到太学的兴废而忽视了州郡学校的发展,造成太学与州县学同时建立的印象,给人以太学的振兴带动了州县学校兴盛的错觉,而实际情况恰好相反。详见该书第120~150页。

② [日]寺田刚:《宋代教育史概说》,博文社,1965年,第39~69页。

但是受制于地方财政收入的有限性和地方教育资源的有限性，许多地方的官学教育仍然流于形式，或在实质上还有较大的提升空间。"方今州、县虽有学，取墙壁具而已，非有教导之官，长育人才之事也。唯太学有教导之官，而亦未尝严其选。朝廷礼乐刑政之事，未尝在于学。学者亦漠然，自以礼乐刑政为有司之事，而非己所当知也。学者之所教，讲说章句而已。讲说章句，固非古者教人之道也。"①讲求"礼乐刑政"的经世致用之才严重不足，"天下不可一日而无政教，故学不可一日而亡于天下。古者井天下之田，而党庠、遂序、国学之法立乎其中。乡射、饮酒、春秋合乐、养老劳农、尊贤使能、考艺选言之政，至于受成、献馘、讯囚之事，无不出于学。于此养天下智仁圣义忠和之士，以至一偏之伎，一曲之学，无所不养。而又取士大夫之材行完洁、而其施设已尝试于位而去者，以为之师。释奠、释菜，以教不忘其学之所自，迁徙逼逐，以勉其怠而除其恶。则士朝夕所见所闻，无非所以治天下国家之道。其服习必于仁义，而所学必皆尽其材"②，王安石认为，自古以来"立学"的本意，就在于为治理天下服务。政治领导人如果其目的留意于修明法度，变化风俗，革新政治，大治天下，就必须首先建立并改进学校的各项制度，完善教学的内容，造就为地方和国家服务的管理人才。"一日取以备公卿大夫百执事之选，则其材行皆已素定，而士之备选者，其施设亦皆素所见闻而已，不待阅习而后能者也。古之在上者，事不虑而尽，功不为而足，其要如此而已。此二帝、三王所以治天下国家而立学之本意也。"③学子转换为国家的栋梁之才，也并不存在天堑鸿沟，从素质和能力上，学子已经受到很好的训练。基于这样的认识，王安石在鄞县做知县期间，始终把"立学校"作为地方治理的一件要事来做。他在庆历八年

① 王安石：《王安石全集》卷一《上皇帝万言书》，秦克、巩军标点，上海古籍出版社，1999年，第5页。

② 《王安石全集》卷三四《明州慈溪县学记》，第306页。

③ 《王安石全集》卷三四《明州慈溪县学记》，第306页。

（1048）把鄞县孔子庙改为"鄞县学"，正式开创了宋代鄞县地方教育之先河。[1]他先后两次致书聘请名儒杜醇为师，在信中说："君不得师，则不知所以为君；臣不得师，则不知所以为臣。"[2]又说："天之有斯道，固将公之，而我先得之，得之而不推余于人，使同我所有，非天意，且有所不忍也。"[3]他主张从教、养、取、任等四个方面"陶冶"人才，使"在位者得其才"。熙丰变法中改革科举制度、整顿太学、惟才用人的各种举措，也暗含着鄞县经验，目的同样是造就人才，为国所用。他创立"荆公新学"，根据自己的见解，对儒家的经典，尤其是《诗经》《尚书》《周礼》作了新的解释，编成《三经新义》，作为各级学校的必读教材和科举取士的标准，也是为了这一目的。

对人才的重视，在王安石政治思想里占据着相当重要的地位。"夫材之用，国之栋梁也。得之则安以荣，失之则亡以辱。"[4]从历史上看，人才具备之国度也未必兴旺发达，那是因为有才而国家未必用得其所以致之。"国以任贤使能而兴，弃贤专己而衰。此二者必然之势，古今之通义，流俗所共知耳。何治安之世有之而能兴，昏乱之世虽有之亦不兴，盖用之与不用之谓矣。有贤而用，国之福也。有之而不用，犹无有也。"[5]王安石试图在法"先王之意"的旗号下，来减少阻力，"法其意，则吾所改易更革，不至乎

① 嵇曾筠所撰《(雍正)浙江通志》卷二七《学校·宁波府·鄞县儒学》则说："鄞县儒学在县治西南，成化四明郡志：唐元和九年建庙于县东，宋庆历中王安石宰县，因庙为学。"

② 《王安石全集》卷五《请杜醇先生入县学书》，第51页。

③ 《王安石全集》卷五《请杜醇先生入县学书》，第51页。

④ 《王安石全集》卷三二《材论》，第279页。

⑤ 《王安石全集》卷三二《兴贤》，第282页。

倾骇天下之耳目，嚣天下之口，而固已合乎先王之政矣"①。然而，推进"先王之政"、施行"先王法度"的官员却非常匮乏。所有的法度，无论善恶，最终还必须通过人来治理，这便是"徒法不足以自行"。王安石强调合乎先王本意的法度的建设，但也十分重视人才在建设和推动法度上的重要意义，社会和国家的治理说到底最终要通过人来进行，特别是贤者和智者；社会中的确会产生这样的具有高尚道德和高度智慧的人；社会应当有而且确实有办法将这些贤者和智者选拔出来，赋予他们以决断政治事务的最终权力。包括王安石在内的人治论者从经验中看到，人的智力和洞察力事实上是有差别的，人的道德水平和责任感也是有差异的。人们不仅需要贤者和智者来指引，而且人们也往往非常信赖、高度尊敬这些贤者和智者。贤者和智者的判断往往比常人的判断更为准确。

王安石并不完全否定法律规则的重要性，总是强调遵循规则、制度和法律，但是能够正确执行法度，推进国家治理意图的人才实在太匮乏。造成人才匮乏的原因是"陶冶而成之者，非其道故也"②。那么解决之方在何

---

① 《王安石全集》卷一《上皇帝万言书》，第 1 页。按：所谓"法先王"者，乃是儒家所塑造的王道政治伦理的典范。孔子"祖述尧舜，宪章文武"，他推崇的尧、舜等先王都是"圣王"，即道德至圣之王。先王的政治伦理典范意义可归纳为三个方面：第一，先王是王道政治领袖人格的象征；第二，先王是王道政治伦理的化身，具备着最高的道德人格。第三，先王是王道政治的立法者，也是理想法度的标志。孟子说过："遵先王之法而过者，未之有也。"先王创制了一整套"礼义法度"，其基本原则如"亲亲""尊尊""一天下，财万物"、行"什一之税"，以及"禅让"和"征诛"等，都是垂法后世的。孔、孟还认为，先王不仅仅为后世创制立法，而且他们本人的言行便是法的化身、法的标志。而荀子则认为，历史过程、政治制度、社会结构、文化观念、风俗习惯等，总是在变化之中保持着联系性和继承性，在古今之间、先王与后王之间，存在着"道"的连贯性，虽然历史的发展有兴衰废举的交替，但"道"是始终不变的。荀子所说的"先王"是指夏、商、周三代以前的尧、舜、禹，"后王"是指周王朝的开国之王周文王和周武王。较之三代，"后王"的制度规范具体而完善，还会适应时代的变化，因此"法后王"更能够适应时代的要求。"法先王"不是一种复古倒退思想，荀子就说过"法先王"的真实意图是"善言古者必有节于今"。"周虽旧邦，其命维新"，"维新"思想在中国古代政治中影响深远。阐旧邦、开新命是儒家的一种政治智慧。"法先王"从表面上看具有"复古"意识，但本质中蕴含着极强的"维新"意义。

② 《王安石全集》卷一《上皇帝万言书》，第 2 页。

处呢？"所谓陶冶而成之者何也？亦教之、养之、取之、任之有其道而已。"①
于是，王安石借古论今，从"教之、养之、取之、任之"四个方面具体地阐述
了"陶冶人才"的方针和措施。所谓"教之"，是指学校教育而言。学校是培
养和造就人才的重要基地，所以把"教之之道"作为陶冶人才的首要环节，
可谓目光如炬。"朝廷礼乐、刑政之事，皆在于学。学士所观而习者，皆先王
之法言德行、治天下之意，其材亦可以为天下国家之用。"②在王安石看来，
当时教育的最大问题有二：一是无优秀的教学人员；二是不讲求经世致用
之学。振兴由国家直接控制的官学，严格选拔教学人员，施之以礼乐刑政
等切合国计民生的教育科目，是完成"教之之道"的不二法门。所谓"养
之"，是指物质待遇而言。必要的物质待遇，是保障人才成长的先决条件。
"饶之以财，约之以礼，裁之以法也。何谓饶之以财？人之情，不足于财，则
贪鄙苟得，无所不至。先王知其如此，故其制禄，自庶人之在官者，其禄已
足以代其耕矣。"③但仅是物质上的富裕并不能使人才的言行合乎正义的
主张，于是要"约之以礼"。"人情足于财而无礼以节之，则又放辟邪侈，无
所不至。先王知其如此，故为之制度。婚丧、祭养、燕享之事，服食、器用之
物，皆以命数为之节，而齐之以律度量衡之法。"④"礼"尽管是一种外在的
规范性的力量，"包括社会组织、政治体制、社会秩序等上层建筑"⑤。犹如
《左传·隐公十一年》所说："礼，经国家，定社稷，序民人，利后嗣者也。"它
对人们行为的约束相对而言是软性的与柔和的。

除此之外，还要有"法"的强力管控，"何谓裁之以法？先王于天下之
士，教之以道艺矣，不帅教则待之以屏弃远方、终身不齿之法。约之以礼

---

① 《王安石全集》卷一《上皇帝万言书》，第3页。
② 《王安石全集》卷一《上皇帝万言书》，第3页。
③ 《王安石全集》卷一《上皇帝万言书》，第3页。
④ 《王安石全集》卷一《上皇帝万言书》，第3页。
⑤ 冯友兰：《中国哲学史新编》（上册），人民出版社，1998年，第154页。

矣,不循礼则待之以流、杀之法"①。因此,"饶之以财,约之以礼,裁之以法"是三位一体的理念,每一项都没有独立存在的价值,惟有三者整体存在才能对人才的产生和成长起到强力的促进作用。所谓"取之",是指选拔人才而言。无论是从学校培养出来的人才,还是从实务中成长起来的人才,都需要有合理选拔和准确认定的程序。"方今取士,强记博诵而略通于文辞,谓之茂才异等、贤良方正。茂才异等、贤良方正者,公卿之选也。记不必强,诵不必博,略通于文辞,而又尝学诗赋,则谓之进士。进士之高者,亦公卿之选也。夫此二科所得之技能,不足以为公卿,不待论而后可知。"②用科举考试来选择政治治理的人才,在北宋朝野人士中基本上没有异议,而在如何取士和取士标准上,争议就较大。慨然有矫世变俗之志的王安石,继承"庆历新政"精贡举之志,坚定地主张对科举制度进行了彻底的改革,将以经义取士的方案付诸实践。不仅通过文辞进身的官员无法有效地履行职责,而且在王安石看来,既不"教之以道艺",也没有经过政府机构"考问其才能",甚至连社会贤达"保任其行义"都被省免,而国家却"辄以官予之","任之以事"。这种"官人以世,而不计其才行"③的做法,实乃"纣之所以乱亡之道,而治世之所无也"④。那么如何改变这种不合理的选拔人才制度呢?"所谓取之之道者,何也? 先王之取人也,必于乡党,必于庠序,使众人推其所谓贤能,出之以告于上而察之。诚贤能也,然后随其德之大小、才之高下而官使之。所谓察之者,非专用耳目之聪明,而听私于一人之口也。欲审知其德,问以行;欲审知其才,问以言。得其言行,则试之以事。所谓察之者,试之以事是也。"⑤王安石的意思是:第一,人才选拔的由下向上的渠道

① 《王安石全集》卷一《上皇帝万言书》,第3~4页。

② 《王安石全集》卷一《上皇帝万言书》,第8页。

③ 《王安石全集》卷一《上皇帝万言书》,第9页。

④ 《王安石全集》卷一《上皇帝万言书》,第9页。

⑤ 《王安石全集》卷一《上皇帝万言书》,第4页。

《诗》《书》《礼》《乐》:宋明儒学的性道神化

必须保证十分的畅通。地方学校是人才选拔的重要基地。通过选拔和考察，然后根据德行与才能的差异，分别加以使用。第二，对人才的考察，必须与他的言论和行为相联系。才华往往通过言论表现出来，也会通过事务实践表现出来。也就是说，要把学校教育纳入人才选拔制度中，人才必须从学校教育中选拔，进而建立严密的人才选拔制度和体系。要由君主直接控制取士权力，君主选拔公卿大夫，然后由公卿选拔四方贤能。选官由基层推荐，上级考察，除了考察言行，还要将官员放到实际工作中进行考察，经长期试用，正式任用那些德才兼备的人。所谓"任之"，是指人才使用而言。当时中央政府在用人问题上最大的差池是用非其人和用人不专，"又不问其德之所宜，而问其出身之后先；不论其才之称否，而论其历任之多少。以文学进者，且使之治财；已使之治财矣，又转而使之典狱；已使之典狱矣，又转而使之治礼。是则一人之身，而责之以百官之所能备，宜其人才之难为也。夫责人以其所难为，则人之能为者少矣。人之能为者少，则相率而不为"①。

王安石在熙宁变法前就曾三次被朝廷选派作为考试官。第一次是在嘉祐五年（1060）八月，"命右司谏赵抃、直集贤院王安石、郑獬，集贤校理滕甫考试开封府举人"②。第二次是在嘉祐六年（1061）八月，"命翰林学士吴奎、龙图阁直学士杨畋、权御史中丞王畴、知制诰王安石就秘阁考试制

---

① 《王安石全集》卷一《上皇帝万言书》，第9~10页。

② 徐松辑：《宋会要辑稿》选举一九之一三。

科。奎等上王介、苏轼、苏辙论各六首"①。第三次是在嘉祐八年（1063）正月，"以翰林学士范镇权知贡举，知制诰王安石、天章阁待制司马光并权同知贡举。合格奏名进士孔武仲已下二百人"②。在担任考试官的过程中，王安石对考试的内容和形式都有太多的不满："少时操笔坐中庭，子墨文章颇自轻。圣世选材终用赋，白头来此试诸生。"③

北宋前期，科举考试的科目和内容多是沿袭唐朝的相关制度，重进士科，重视诗、赋。太平兴国三年（978）进士科殿试加"论"一首，从此进士科遂以诗、赋、论三题为常格。天圣五年（1027）"诏礼部贡院比进士以诗赋定去留，学者或病声律而不得骋其才，其以策论兼考之"④。实际上在此之前，

---

① 徐松辑：《宋会要辑稿》选举一一之八。宋代科举，有常科、特科两大类。常科，指贡举中的进士、诸科和武举；特科，指制科、童子举、博学宏词科及临时设置的科目等。其中制科非常选，必待皇帝下诏才举行。其具体科目和举罢时间均不固定，入选者备极荣耀。《宋史》卷一百五十五《选举志一》："自今制科入第三等，与进士第一，除大理评事、签书两使幕职官，代还，升通判；再任满，试馆职。制科入第四等，与进士第二、第三，除两使幕职官；代还，改次等京官。制科入第五等，与进士第四、第五，除试衔知县；代还，迁两使职官。"制科第一、第二等虚设，《宋史》卷三百三十八《苏轼传》："自宋初以来，制策入三等，惟吴育与轼而已。"是亦可见制科考试的重要性。南宋徐度《却扫编》卷三言制科情况最为详尽："国朝制科，初因唐制，有贤良方正，能直言极谏；经学优深，可为师法；详明吏理，达于教化；凡三科。应内外职官前资见任，黄衣草泽人并许诸州及本司解送上吏部，对御试策一道，限三千字以上。咸平中，又诏文臣于内外幕职州县官及草泽中，举贤良方正各一人。景德中，又诏置贤良方正，能直言极谏；博通坟典，达于教化；才识兼茂，明于体用；武足安边，洞明韬略；运筹决胜，军谋宏远，材任边寄；详明吏理，达于从政等六科。天圣七年，复诏应内外京朝官不带台省馆阁职事，不曾犯赃罪及私罪情理轻者，并许少卿监以上奏举，或自进状乞应前六科仍先进所业，策论十卷，卷五道，候到下两省看详，如词理优长，堪应制科，具名闻奏，差官考试论六首，合格即御试策一道，又置高蹈丘园，沈沦草泽，茂才异等三科，应草泽及贡举人，非工商杂类者，许本处转运司逐州长吏奏举，或于本贯投状乞应，州县体量有行止别无玷犯者，即纳所业策论十卷，卷五道，看详词理稍优，即上转运司，审察乡里名誉，于部内选有文学官再看详实，有文行可称者，即以文卷送礼部，委主判官看详，选词理优长者，具名闻奏。余如贤良方正等六科，熙宁中悉罢之，而令进士廷试。罢三题，而试策一道。建炎间，诏复贤良方正一科，然未有应诏者。高宗立博学宏辞科，凡十二题，制、诰、诏、表、露布、檄、箴、铭、记、赞、颂、序，内杂出六题，分为三场，每场体制，一古一今。南渡以后，得人为盛，多至卿相翰苑者。"

② 徐松辑：《宋会要辑稿》选举一之一一。

③ 《王安石全集》卷七六《试院中》，第581页。

④ 李焘：《续资治通鉴长编》卷一○五，天圣五年春正月己未条，第2435页。

《诗》《书》《礼》《乐》：宋明儒学的性道神化

进士省试和发解试中,策、论已是所试的项目。朝野士大夫围绕以诗赋取士或兼采策、论,或先策论后诗赋的争论,旷日持久,并且屡有反复。庆历新政发起后,范仲淹提出"精贡举"的科举改革方案,"进士先策论,后诗赋,诸科取兼通经义者"①。科举考试的根本目的是选官,而如何选官方能在确保考试的公平性的基础上合理有效地选取德才兼备的人才服务于国家,确实是一个恒久争议的话题。王安石罢黜诗、赋考试,代之以经义、策论的立场比前辈更坚定,他说:"今以少壮时,当讲求天下正理,乃闭门学作诗赋,及其入官,世事皆所不习,此乃科法败坏人才,致不如古。"②他认为以诗赋取士,只能使学子闭门埋首于吟诗颂赋,不会对实际问题发生兴趣、产生思考,与国计民生辽相间隔,即使做了官,也缺乏解决实际问题的能力。

北宋中期的名臣蔡襄就曾说过:"今世用人,大率以文词进。大臣,文士也;近侍之臣,文士也;钱谷之司,文士也;边防大帅,文士也;天下转运使,文士也;知州郡,文士也。虽有武臣,盖仅有也,故于文士,观其所长,随其材而任之,使其所能,则不能者止。"③南宋思想家陈亮指出:"艺祖皇帝用天下之士人以易武臣之任事者,而五代之乱不崇朝而定。故本朝以儒立国,而儒道之振独优于前代。"④在另一处陈亮更是明确地写出:"本朝以儒道治天下,以格律守天下,而天下之人知经义之为常程,科举之为正路,法不得自议其私,人不得自用其智,而二百年之太平由此而出也。"⑤今世研究者更关注于两宋士大夫政治的诸多方面,贾海涛就将北宋政治的特性

① 《宋史》卷三一四《范仲淹传》,第 10273 页。
② 《宋史》卷一五五《选举志一》,第 3617~3618 页。
③ 蔡襄:《端明集》卷一四《任材》,宋刻本。
④ 陈亮:《陈亮集(增订本)》卷一《上孝宗皇帝第三书》,邓广铭点校,河北教育出版社,2003年,第 11 页。
⑤ 《陈亮集(增订本)》卷一《戊申再上孝宗皇帝书》,第 15 页。

提炼为"儒术治国"①，认为这个特点及其过程与士大夫作为一股政治势力的崛起密不可分。柳诒徵云："宋之政治，士大夫之政治也。政治之纯出于士大夫之手者，惟宋为然。"②北宋士阶层的觉醒，对中国历史之演进影响至深，也是北宋中期新思想、新精神蓬勃兴起的根本动力。北宋是科举制度走向规范和成熟的时代，其承前启后地位较为突出，北宋的科举制度既是在隋唐基础上的革新完善，又为南宋、明清两代大部分因袭。科举制度在北宋一朝经历过数次改革与完善，主要有以下方面：在仁宗至徽宗朝，关于科举制度则更多是改革考试内容、取士科目及其与学校教育之间的相互平衡上。仁宗庆历年间，范仲淹提出"精贡举"、广兴学校；神宗时期王安石罢废明经科，以进士科一科取士，在考试内容上废除诗赋，以经义、策论为主，在学校制度上行三舍法补科举取士之弊。

王安石为了培养变法人才，改变士人"闭门学作诗赋，及入官，世事皆不习"的状况，主张科举考试罢诗赋、帖经、墨义，以经术取士。熙宁三年（1070）三月举行进士殿试，"方廷试赋，遽发策题，士皆愕然"③。在大权在握后，王安石为了"同道德之归，一名分之守"，撰《字说》④，并主持编写《三经新义》，作为学校的教科书和生员应试的依据。王安石的高足陆佃在谈到王安石专以《三经新义》取士时说："荆公不为《春秋》，盖尝闻之矣。公曰'三经所以造士，《春秋》非造士之书也。学者求经当自近者始，学得《诗》然后学《书》，学得《书》然后学《礼》，三者备，《春秋》通矣。故《诗》《书》执礼，子所雅言，《春秋》罕言此。'由是观之，承学之士，骤而语《礼》，不知其本也，骤而语《春秋》，不知其始也。"⑤王安石的另一位学生与同盟者蔡卞也

① 贾海涛：《北宋"儒术治国"政治研究》，齐鲁书社，2006 年。
② 柳诒徵：《中国文化史》，中国大百科全书出版社，1988 年，第 516 页。
③ 《宋史》卷三四三《陆佃传》，第 10918 页。
④ 《王安石全集》卷二〇《进〈字说〉表》，第 175 页。
⑤ 陆佃：《陶山集》卷一二《答崔子方秀才书》，《清武英殿聚珍版丛书》本。

极为重视荆公新学的思想功能,他在学校推行《三经新义》,并且把王安石《字说》也刊印成册,颁布全国。

熙宁六年(1073)三月,朝廷特置经义局,王安石亲自出任提举,"以吕惠卿、王雱同修撰,新进士余中、白衣徐禧、吴著为检讨"①。训释《诗经》《尚书》《周礼》三书。至熙宁七年(1074)四月,王安石第一次罢相,出知江宁府,仍然主持经义局工作。王雱也跟随至江宁,继续修撰经义。熙宁八年(1075)二月,王安石复相。同年六月,《三经新义》完成,不久就由国子监刻版颁行全国,成为官方科举教科书。《三经新义》乃王安石亲自撰写的《周官新义》和王雱、吕惠卿所撰《毛诗义》《尚书义》之合称。于变法臻于高峰期的熙宁八年(1075)颁行学校,成为北宋政府教育的法定教材和取士标准。王安石说:"自周衰至今,历载千数,而太平之遗迹扫荡殆尽,学者所见,无复全经,于是时乃欲训而发之。"②于是"夫立政造事,追而复之"③。由此可见,王安石其志不小。《三经新义》既担负起教育和选拔人才的功能,也承载着"立政造事",创制法度,以指导变法事业的重任。"士弊于俗学久矣,圣上闵焉,以经术造之,乃集儒臣,训释厥旨,将播之学校。"④《诗》上通乎道德,下止乎礼义。考其言之文,君子以兴焉。"⑤显然,《三经新义》第一层级的功能,就在于教育和人才的培养。至于它的政治功能,则可以分析为两说:一是借圣人以立言,犹如四库馆臣所理解的那样,"安石之意,本以宋当积弱之后,而欲济之以富强,又惧富强之说,必为儒者所排击,于是附会经义,以钳儒者之口"⑥。另一方面,王安石也试图真的从古代典籍中寻找到"立政造事"的参考性意见或措施,服务于当代的政治事务。

---

① 陈均编:《皇朝编年纲目备要》卷一九,许沛藻等点校,中华书局,2006年,第459页。

② 《直斋书录解题》卷二《礼类·周礼新义》,第44页。

③ 《直斋书录解题》卷二《礼类·周礼新义》,第44页。

④ 《王安石全集》卷三六《周礼义序》,第321页。

⑤ 《王安石全集》卷三六《诗义序》,第321页。

⑥ 《四库全书总目》卷一九《周礼新义》,第150页上。

元祐(1086—1093)年间,荆公新学在思想界的统摄力一度有所下降,但绍圣(1094—1097)之后,荆公新学重新统治思想界,而且过去不曾颁行于学校的新学其他著作,也"行于场屋"。据载:

> 介甫《三经义》皆颁学官,独《易解》自谓少作未善,不专以取士。故绍圣后,复有龚原、耿南仲注《易》。三书偕行于场屋。①
>
> 《论语解》十卷,王安石介甫撰,并其子王雱《口义》,其徒陈用之《解》,绍圣后亦行于场屋。②
>
> 王安石介甫素喜《孟子》,自为之解。其子与其门人许允成皆有注释。崇(宁)、(大)观间,场屋举子宗之。③

这种情况至南宋立国后学术抉择发生戾转才得以改变。新学"独行于世者六十年"。从当时对荆公新学与新法持激烈批评意见者的表述来看,新学在北宋中后期确实处于一种炙手可热的地位:

> 今之治经以应科举,则与古异矣。以阴阳性命为之说,以泛滥荒诞为之辞,徒诵熙宁所颁《新经》《字说》,而佐以庄、列、佛氏之书,不可诘之论,争相夸高。场屋之间,虽群辈百千,而混用一律,主司临之,珉玉朱紫,困于眩惑。其中虽有真知圣人本指,该通先儒旧说,苟不合于所谓《新经》《字说》之学者,一切皆在所弃之列而已。④

《诗》《书》《礼》《乐》:宋明儒学的性道神化

---

① 《郡斋读书志校证》卷一,第41页。
② 《郡斋读书志校证》卷四《论语类·王介甫论语解》,第136页。
③ 《郡斋读书志校证》卷一〇《儒家类·王安石解孟子》,第420页。
④ 刘挚:《忠肃集》卷四《论取士并乞复贤良科疏》,中华书局,1997年,第93页。

钱景谌以为荆公新学：

> 至于教人之道，治人之术，经义文章，自名一家之学，而官人莅政皆去故旧而务新奇，天下靡然向风矣。乃以穿凿六经，入于虚无，牵合臆说，作为《字解》者，谓之时学，而《春秋》一王之法独废而不用。又以荒唐怪诞，非昔是今，无所统纪者，谓之时文。倾险趋利，残民而无耻者，谓之时官。驱天下之人务时学，以时文邀时官。①

钱景谌等人的愤懑之情乃是建基于正统儒学立场之上的一种道义评判，他们不能理解荆公新学所反映的北宋中期的时代要求，这种要求是当时社会普遍兴起的改革热潮。因此，"介甫今日亦不必诛杀，人人靡然自从"②。"王荆公在中书，作新经义以授学者，故太学诸生几及三千人，以至包展锡庆院、朝集院，尚不能容。"③其所掀起的长达半个多世纪的"化革人心"的巨大浪潮，几乎席卷北宋社会的一切领域。从思想史角度观察，荆公新学"独行于世者六十年"，指导了中国专制时代最大的一次改革运动，而这次改革运动及其余波余韵，震动了社会生活的各个方面。它的一些具体措施尽管在王安石身后逐渐归于消寂，但其影响一直持续到整个中国专制社会后期。梁启超评曰："其所设施之事功，适应于时代之要求而救其弊。其良法美意，往往传诸今日，莫之能废。"④也就是说，北宋以后历代王朝所实行的法度，是渗透着荆公新学的精神的。当然有许多法度措施完全失去了王安石制定它们时的进步意义，成为统治者手中的褫剥工具，但那是另一个领域的问题。从来源考察，则不能否认荆公新学对后世政治、经济、教

---

① 邵伯温：《邵氏闻见录》卷一二，中华书局，1983 年，第 134~135 页。
② 《河南程氏遗书》卷二下，《二程集》，第 51 页。
③ 魏泰：《东轩笔录》卷六，中华书局，1983 年，第 71 页。
④ 《王安石传》，第 1 页。

育、文化等方面产生的巨大影响。即以科举考试而论,王安石改以往的诗赋取士为经义取士,对元、明、清三代科举制度的影响甚为显著,所以皮锡瑞说:"王安石所立墨义之法","元人因之,而制为四书、五经义,明初用四书义,后乃改四书五经义。具破承原起之法,本于元王充耘《书义矜式》,义本于吕惠卿、王雱义"[①]。王安石的以经义取士的考试制度,几经演变,终于成为明代的八股取士制度。

皮锡瑞指出:

> 经学自唐以至宋初,已陵夷衰微矣。然笃守古义,无取新奇,各承师传,不凭胸臆,犹汉、唐注疏之遗也。宋王旦作试官,题为《当仁不让于师》,不取贾边解师为众之新说,可见宋初笃实之风。乃不久而风气遂变。《困学纪闻》云:"自汉儒至于庆历间,谈经者守训故而不凿。《七经小传》出而稍尚新奇矣。至《三经义》行,视汉儒之学若土梗。"据王应麟说,是经学自汉至宋初未尝大变,至庆历始一大变也。《七经小传》,刘敞作;《三经新义》,王安石作。或谓《新义》多剿敞说。元祐诸公,排斥王学,而伊川《易传》专明义理,东坡《书传》横生议论,虽皆传世,亦各标新。司马光《论风俗札子》曰:"新进后生,口传耳剽,读《易》未识卦爻,已谓《十翼》非孔子之言;读《礼》未知篇数,已谓《周官》为战国之书;读《诗》未尽《周南》《召南》,已谓毛、郑为章句之学;读《春秋》未知十二公,已谓《三传》可束之高阁。"陆游曰:"唐及国初,学者不敢议孔安国、郑康成,况圣人乎!自庆历后,诸儒发明经旨,非前人所及;然排《系辞》,毁《周礼》,疑《孟子》,讥《书》之《胤征》《顾命》,黜《诗》之序,不难于议经,况传注乎!"案宋儒拨弃传注,遂不难于议经。排《系辞》谓欧阳修,毁《周礼》谓修与苏轼、苏辙,疑《孟子》谓李觏、司

① 皮锡瑞:《经学历史》,中华书局,1959年,第277~278页。

 《诗》《书》《礼》《乐》:宋明儒学的性道神化

马光，讥《书》谓苏轼，黜《诗序》谓晁说之。此皆庆历及庆历稍后人，可见其时风气实然，亦不独咎刘敞、王安石矣。①

这段话清楚地表明，北宋中期，思想学术界进入了一个活跃期。这与"唐宋变革期"理论范式所揭示的中国古代社会由前期向后期的转化是相匹配的。旧的经注已经不能适应新时代的要求，于是学者蜂起，各以己意解经，以探求和创造一种与时代需要相适应的思想武器，荆公新学不过是其中的一种。王安石利用手中的政治权力，把自家"新学"置于钦定的统治地位，成为官方政治意识形态正统和学术思想主流。

第二节　荆公新学与熙丰新政

庆历二年（1042），二十二岁的王安石从江宁府前往开封府去参加进士考试。试毕，主考官定王安石为第一，王珪第二，韩绛第三，杨寘第四。但是因为王安石所作赋中有"孺子其朋"一语，引起仁宗的不快，于是和第四名杨寘的位置互换，北宋后期的王铚说：

> 庆历二年，御试进士，时晏元献（殊）为枢密使。杨察，晏婿也，时自知制诰，避亲，勾当三班院。察之弟寘时就试毕，负魁天下望。未发榜间，将先宣示两府，上十人卷子。寘因以赋求察问晏公己之高下焉。晏公明日入对，见寘之赋已考定第四人，出以语察。察密以报寘。而寘试罢与酒徒饮酒肆，闻之，以手击案叹曰："不知那个卫子夺吾状元矣！"不久唱名，再三考定第一人卷子进御。赋中有"孺子其朋"之言，

---

① 皮锡瑞：《经学历史》，第 220~221 页。

不怿曰:"此语忌,不可魁天下。"即王荆公卷子。第二人卷子即王珪,以故事,有官人不为状元,令取第三人,即殿中丞韩绛;遂取第四人卷子进呈,上欣然曰:"若杨寘可矣。"复以第一人为第四人。寘方以鄙语骂时,不知自为第一人也。然荆公平生未常略语曾考中状元,其气量高大,视科第为何等事而增重耶!①

这段历史记述,首次讲到王安石年轻时的学术取向和曾经认真研读的经典《尚书》。由此,《尚书》可以视作荆公新学的思想基础之一。"孺子其朋"这个典故,出自《尚书·洛诰》,"召公既相宅,周公往营成周,使来告卜,作《洛诰》"②。摄政者周公决定在洛邑(今河南省洛阳市)修建新的都城,召公勘查完宫殿、宗庙、朝市等重要建筑的地址,周公也前往营建洛邑,派遣使者迎接周成王前来,把所占卜的吉祥预兆报告给成王,史官为此写下了《洛诰》。"孺子其朋,孺子其朋,其往。无若火始焰焰,厥攸灼叙弗其绝厥若。彝及抚事如予,惟以在周工往新邑,伻向即有僚,明作有功,惇大成裕,汝永有辞。"③周公告诫年轻的成王,和群臣一起到洛邑去,与群臣百官共同努力勤勉地建立功业,营造出淳厚博大、宽裕永久的政治格局,就可以永葆天命了。显然,宋仁宗认为这个典故伤害了他的尊严,他出生于大中祥符三年(1010),比王安石年长十一岁,何况此时的王安石还是二十二岁的年轻人,而宋仁宗已经是在位二十四年的"老"皇帝,怎么能够接受这种长辈教育晚辈的口吻?

进士及第后,王安石被委派为签书淮南东路节度判官厅公事,这是扬州行政长官的幕职官。④在扬州期间,王安石还是保持着勤勉求学的习惯,

---

① 王铚:《默记》卷下,朱杰人点校,中华书局,1981年,第38~39页。

② 《尚书注疏》卷一五《洛诰》,《十三经注疏》,第214页下。

③ 《尚书注疏》卷一五《洛诰》,《十三经注疏》,第214下~215页上。

④ 《宋史》卷三二七《王安石传》,第10541页。

"每读书至达旦,略假寐,日已高,急上府,多不及盥漱"①。在此种勤勉而累积的学养的催动下,王安石写成了《淮南杂说》,这是一部后来未能存世,但熙丰变法期间引发巨大争议的著作,"金陵(王安石)在侍从时,与老先生(司马光)极相好,当时《淮南杂说》行乎时,天下推尊之,以比《孟子》"。《孟子》讲扩充"四端",仁义礼智的道德实践有一个"尽心""知性""知天"这样不间断的持续探索的过程,孟子认识到人性向善的开端,提出必须靠修养及发挥善性的功夫,以全力扩充存于内心的"四端",孟子思想对讲求义理的宋学有直接的启示作用。而将《淮南杂说》比之为《孟子》,则是因为前者中所包含的大量的心性论元素。曾经是新党思想中坚的陆佃,回忆自己步入新学阵营时说:"淮之南,学士大夫宗安定先生之学,予独疑焉,及得荆公《淮南杂说》与其《洪范传》,心独谓然,于是愿扫临川先生之门。"②陆佃资性明敏,学术赡博,"于礼家、名数之说尤精"③。"蹑屦从师,不远千里,过金陵,受经于王安石。"④能够被后来的大学问家高度赞许的著作,一定有其优长之处。南宋的文献学家晁公武说:"《王氏杂说》十卷,右皇朝王安石介甫撰。蔡京为《安石传》,其略曰:'自先王泽竭,国异家殊。由汉迄唐,源流浸深。宋兴,文物盛矣,然不知道德性命之理。安石奋乎百世之下,追尧、舜三代,通乎昼夜阴阳所不能测而入于神。初著《杂说》数万言,世谓其言与孟轲相上下,于是天下之士始原道德之意,窥性命之端云。'所谓《杂说》,即此书也。以京之夸至如此,且不知所谓'通乎昼夜阴阳所不能测而入于神'者,为何等语,故著之。"⑤这部著作问世以后,受到当时学术界和

---

① 邵伯温:《邵氏闻见录》卷九,中华书局,1983年,第94页。

② 陆佃:《陶山集》卷一五《傅府君墓志》,清武英殿聚珍版丛书本。

③ 《宋史》卷三四三《陆佃传》,第10920页。

④ 《宋史》卷三四三《陆佃传》,第10917页。案:陆佃生于庆历二年(1042),从师王安石当是于青少年时期,王安石曾任江南东路提点刑狱,入朝为三司度支判官,时间是嘉祐三年(1058),参见《宋史》卷三二七《王安石传》。陆佃从学于安石,正是在此际。

⑤ 《郡斋读书志校证》卷一○《杂家类·〈王氏杂说〉》,第525~526页。

思想界的极大关注，就连熙丰变法期间，对新法、新学攻击不遗余力的程氏兄弟也说："王介甫为舍人时，有《杂说》行于时，其粹处有曰：'莫大之恶，成于斯须不忍。'又曰：'道义重，不轻王公；志意足，不骄富贵。'有何不可？伊川尝曰：'若使介甫只做到给事中，谁看得破？'"[1]晁公武指出，正是王安石《淮南杂说》一纸风行，士大夫"始原道德之意，窥性命之端"。王安石在思想文化史上的贡献，就在于他深化了宋初以胡瑗为代表的"明体达用"之学，开启了对性理之学的深入研究；主政之后，又借助于对科举的改革，保证了义理之学的传播。他既追求经世致用，也重视探求性理之密，"经术正所以经世务"[2]，从而将儒家的经世致用之学与其关于本体论的哲学思辨联系在一起，拓展出一条新时期的内圣外王之学。"先王所谓道德者，性命之理而已。其度数在乎俎豆、钟鼓、管弦之间，而常患乎难知，故为之官师，为之学，以聚天下之士，期命辩说，诵歌弦舞，使之深知其意。"[3]

在荆公新学主导北宋后期思想界的几十年里，正是理学形成时期。尽管周敦颐在王安石建立新学之前就构建了濂学思想体系，张载在王安石建立新学的同时构建了关学体系，但作为宋明理学真正奠基人的程颢和程颐，他们的学术活动则主要是在荆公新学统治思想界的时期进行的，也就是说，二程的思想创发有一个鲜明的参照物，那就是早于二程理学体系完成构筑之前便存在的新学。反过来，荆公新学这一强大的、一时间天下"靡然而同，无有异者"的统治思想，不可能不对形成中的理学发生影响。侯外庐说："宋明理学应该于此（笔者按：指新学）寻源。"[4]因为正是荆公新学所关注的道德性命问题，逐渐变成了士人普遍感兴趣的问题，变成了学

《诗》《书》《礼》《乐》：宋明儒学的性道神化

① 《河南程氏外书》卷一二《传闻杂记》，《二程集》，第434页。
② 《宋史》卷三百二十七《王安石传》，第10544页。
③ 《王安石全集》卷三四《虔州学记》，第303页。
④ 侯外庐主编：《中国思想通史》（第4卷上册），人民出版社，1959年，第436页。

者们讨论的核心问题，才在某种程度上刺激与影响了后来作为理学主流的二程洛学的形成。侯外庐又说："道德性命之学，为宋道学家所侈谈者，在安石的学术思想里，开别树一帜的'先河'，也是事实。"①王安石对人性的解释，更具备人文关怀，也是后来政治实践的理论依据。

　　至于陆佃所提到的《洪范传》，也是王安石对经学之革新的标志性成果。《洪范传》不同于汉儒章句训诂之学，它着重阐述《洪范》中圣人的"妙道至言"，并借此发挥王安石本人的哲学与政治思想，也就是苏轼所言之"断以己意"。汉儒由于劬劬于章句训诂而置经典大义于不顾，因而既不能阐明经典中的思想，更不能发挥自己的观点。王安石对这种束缚思想的经学形式加以改革，使之成为借阐明经典大义而发挥自己思想的新经学，这就为思想的发展开辟了新的途径。清代全祖望补修的《宋元学案·荆公新学略》引刘静春云："介甫不凭注疏，欲修圣人之经；不凭今之法令，欲新天下之法，可谓知务。"②这是肯定了王安石在学术、政治方面破旧立新的变革精神。即以《洪范传》而论，其优胜于汉唐旧说者所在多多，晁公武云：

> 安石以刘向、董仲舒、伏生明灾异为蔽而思别著此《传》。以"庶征"所谓"若"者，不当训"顺"，当训"如"；人君之五事，如天之雨、阳、寒、燠、风而已。大意言天人不相干，虽有变异，不足畏也。③

王安石说："天下之物，小大有彝，后先有伦。叙者天之道，叙之者人之道。天命圣人以叙之，而圣人必考古成已，然后以所尝学措之事业为天下利。

---

①　侯外庐主编：《中国思想通史》（第4卷上册），第436页。
②　黄宗羲原著、全祖望补修：《宋元学案》卷九八《荆公新学略》，第3250页。
③　《郡斋读书志校证》卷一《王氏洪范传》，第55页。

苟非其时,道不虚行。"①这些说法,都说明王安石彻底否定了汉代以来儒学中存在的神秘主义的天人合一说,消除了汉儒所加于"天"的妖妄荒诞的色彩,将"天"所发挥的作用限制在利用庶物、四时递行、万物资始的范围之内,为宋代寻"理"之风开拓了通途。荆公新学在学术史与政治史上占有的地位,所打下的深刻烙印,是不容抹杀的客观事实。②

嘉祐三年(1058),王安石出任提点江南东路刑狱公事。在江东提刑期间,王安石对政治治理方式的差异和对待世俗压力的认识有所深化:

---

① 《王安石全集》卷二〇《进〈洪范传〉表》,第181页。

② 王安石对儒学内在心性问题的探索,是持续的和深入的,他还著有《性情》《原性》《性说》《性命论》等文章,就这一范畴作专门的探讨。但是二程不太认同王安石的心性之学。《河南程氏遗书》曾记载程颢对荆公学术的评价:"先生尝语王介甫曰:'公之谈道,正如说十三级塔上相轮,对望而谈曰,相轮者如此如此,极是分明。如某则戆直,不能如此,直入塔中,上寻相轮,辛勤登攀,逦迤而上,直至十三级时,虽犹未见相轮,能如公之言,然某却实在塔中,去相轮渐近,要之须可以至也。至相轮中坐时,依旧见公对塔谈说此相轮如此如此。'介甫只是说道,云我知有个道,如此如此。只他说道时,已与道离。他不知道,只说道时,便不是道也。有道者亦自分明,只作寻常本分事说了。孟子言尧、舜性之,舜由仁义行,岂不是寻常话?至于《易》,只道个'立人之道曰仁与义',则和性字由字,也不消道,自己分明。阴阳、刚柔、仁义只是此一个道理。"(《二程集》,王孝鱼点校,第5~6页)王安石主持熙宁变法以后,反对者将《淮南杂说》解读成暗含"异志"的作品。根据杨绘的讲述,这体现在三个方面:一是人臣可用非常之礼。"王安石《杂说》曰:'周公用天子礼乐可乎?周公之功,人臣所不能为;天子礼乐,人臣所不得用。有人臣所不能为之功,而报之以人臣所不得用之礼乐,此之谓称。'"(赵汝愚编:《宋朝诸臣奏议》卷八三《上神宗论王安石之文有异志》,北京大学中国古代史研究中心校点整理,上海古籍出版社,1999年,第898页)二是人君可取而代之。"王安石《杂说》曰:'鲁之郊也可乎?'曰:'有伊尹之志,则放其君可也;有汤之仁,则绌其君可也;有周公之功,则用郊不亦可乎?'"(赵汝愚编:《宋朝诸臣奏议》卷八三《上神宗论王安石之文有异志》,北京大学中国古代史研究中心校点整理,第898页)三是后妃之贤可以佐王理政。"王安石《杂说》曰:'有伊尹之志而放君可也,有周公之功而伐兄可也,有周之后妃之贤而求贤审官可也。夫以后妃之贤而佐王以有天下,其功岂小补哉?与夫妇人女子从夫子者可同日语乎?'"(赵汝愚编:《宋朝诸臣奏议》卷八三《上神宗论王安石之文有异志》,北京大学中国古代史研究中心校点整理,第898页)邓广铭认为:"杨绘所摘引的《杂说》诸条,与孟子的劝齐宣王'行王政、毋毁明堂'以及武王灭殷是'诛独夫纣'而非'弑君'诸议论固大致相似,但《孟子》书中还有很多章节乃是谈说道德仁义和尽心知命、存心养性等事的。"(《王安石在北宋儒学派中的地位》,《邓广铭治史丛稿》,北京大学出版社,1997年,第179页)金生杨《论王安石〈淮南杂说〉中的"异志"思想》(《四川大学学报》,2002年第6期)又进一步指出,《淮南杂说》实际有着非常重要而激进的观点,它表达的是一种"战斗精神与革新意识"。从上述情况审视,则《淮南杂说》既讲心性论,也讲儒学的外王事业,其中彰显出王安石特别强调的天下为己任的自觉意识和担当精神。

　　某尝以谓古者至治之世，然后备礼而致刑。不备礼之世，非无礼也，有所不备耳；不致刑之世，非无刑也，有所不致耳。故某于江东，得吏之大罪有所不治，而治其小罪。不知者以谓好伺人之小过以为明，知者又以为不果于除恶，然而使恶者反资此以为言。某乃异于此，以为方今之理势，未可以致刑。致刑则刑重矣，而所治者少，不致刑则刑轻矣，而治者多，理势固然也。一路数千里之间，吏方苟简自然，狃于养交取容之俗，而吾之治者五人，小者罚金，大者才绌一官，而岂足以多乎？工尹商阳非嗜杀人者，犹杀三人而止，以为不如是不足以反命。某之事，不幸而类此。若夫为此纷纷，而无与于道之废兴，则既亦知之矣。抑所谓君子之仕行其义者，窃有意焉。足下以为如何？自江东日得毁于流俗之士，顾吾心未尝为之变。则吾之所存，固无以媚斯世，而不能合乎流俗也。及吾朋友亦以为言，然后怵然自疑，且有自悔之心。徐自反念，古者一道德以同天下之俗，士之有为于世也，人无异论。今家异道，人殊德，又以爱憎喜怒变事实而传之，则吾友庸讵非得于人之异论变事实之传，而后疑我之言乎？①

这段答友人书信所体现出的思想和精神风貌，与后来熙宁变法展开后的荆公之精神状态和接物待事之态度完全相合。

　　第一，王安石政治思想的基石是儒家道德性命之学，故而"至治之世""备礼而致刑"，他系统地提出了自己的内圣外王之道。"万物莫不有至理焉，能精其理则圣人也。精其理之道，在乎致其一而已。致其一，则天下之物可以不思而得也。《易》曰'一致而百虑'，言百虑之归乎一也。苟能致一以精天下之理，则可以入神矣。既入于神，则道之至也。夫如是，则无思无

---

① 《王安石全集》卷七《答王深甫书》，第64页。

为寂然不动之时也。虽然,天下之事固有可思可为者,则岂可以不通其故哉？此圣人之所以又贵乎能致用者也。致用之效,始见乎安身。盖天下之物,莫亲乎吾之身,能利其用以安吾之身,则无所往而不济也。无所往而不济,则德其有不崇哉？故《易》曰：'精义入神以致用,利用安身以崇德',此道之序也。"①致一,就是以专一的心意把握万事万物的理,把握住理,就了解了自然和社会的奥秘与规则,既能利用以造福民生,又能使自己的境界上升至"圣"域,这与孟子的尽心、知性、知天,"万物皆备于我",有较多的一致性。

第二,王安石认为,当时的法度已经接近废弛,官场纲纪解纽,对不法官吏的监督失去震慑力,因而"致刑则刑重矣,而所治者少",而如果从严明法度入手,则"不致刑则刑轻矣,而治者多",王安石一向非常重视法制建设,"天下之财力日以困穷,而风俗日以衰坏,四方有志之士,諰諰然常恐天下之久不安。此其故何也？患在不知法度故也"②。他多次申论"改易更革",指的就是"变风俗,立法度"。"法治"的概念,"应包含两重意义：已成立的法律获得普遍的服从,而大家所服从的法律又应该本身是制定得良好的法律。人民可以服从良法也可以服从恶法。就服从良法而言,还得分为两类：或乐于服从最好而又可能订立的法律,或宁愿服从绝对良好的法律"③。王安石重视法制建设,试图通过良好的法制建设达到全社会良好法治的目的,"今朝廷法严令具,无所不有,而臣以谓无法度者,何哉？方今之法度,多不合乎先王之政故也"④。因为那不是人们宁愿服从的绝对良好的法律,所以社会治理的效果就彰显不出来。

第三,王安石此时已经发现士大夫阶层袭故蹈常的风气和乡愿式的

① 《王安石全集》卷二九《致一论》,第254页。
② 《王安石全集》卷一《上皇帝万言书》,第1页。
③ [古希腊]亚里士多德：《政治学》,吴寿彭译,商务印书馆,1965年,第199页。
④ 《王安石全集》卷一《上皇帝万言书》,第1页。

为人处世风格将是"改易更革"的最大的阻力。他将植根于这种风气和风格的意见视为"流俗之见","天变不足畏,祖宗不足法,流俗之言不足恤"是抗衡世俗之见的最佳武器。

第三节　王安石对《周礼》的诠释及与理学意见之差异

　　北宋时,蔡絛揭明《三经新义》的撰写,"《诗》《书》盖多出元泽(王雱)暨诸门弟子手,至若《周礼新义》,实丞相亲为之笔削者"①。且云其本人亲见"《周礼新义》笔迹,犹斜风细雨,诚介甫亲书"②。本着"道德一于上,而习俗成于下"的期盼,王安石于熙宁八年(1075)颁布《三经新义》,作为科举取士的官方指定读本。王安石曾说过:"所以理财,理财乃所谓义也。一部《周礼》,理财居其半,周公岂为利哉?"③《周官新义》此书是荆公新学的文献依托,是荆公新法的理论依据,对于变法事业有着理论上的指导意义。而在当时或后世只要否定新学、新法,就必然否定和排拒此书,指责王安石经术不明,谬托古代圣贤经典之名,行敛民之实。王启发指出,王安石早在嘉祐三年(1058)三十七岁时所写的《上皇帝万言书》这篇长达八千多字的议政文字中,有四十余处提到"先王",分别有"先王之政""先王之道""先王之意""先王之时""先王之天下""先王之法""先王之事""先王之取

---

　　①　蔡絛:《铁围山丛谈》卷三,中华书局,1983年,第58页。
　　②　《铁围山丛谈》卷三,第58页。《周官新义》曾佚。清修《四库全书》,馆臣从缺本《永乐大典》中录出其残文,即今之文渊阁《四库全书》本《周官新义》十六卷附《考工记解》二卷。今人程元敏在前人的基础上,检阅故书五百余种,自其中九十五家八十五书中辑获佚文七百三十八条、诸书所引凡二千三百七十八条、评论二百十九条,成《三经新义辑考汇评(三)——周礼》,连同《诗经新义》《尚书新义》之辑本,统一由华东师范大学出版社于2011年出版。
　　③　《王安石全集》卷八《答曾公立书》,第73页。

人""先王之制国"等多种表述形式,"言必称先王"的议论特点得到明显的体现,足以见先王观念成为王安石政治理想与抱负的资源所在。①这充分地展现出王安石的"先王"意识及其古典理想主义,而他重视《周礼》一书,正是因为此书中具有先王政治经典意义的制度资源和思想资源。例如,他取《周礼·泉府》为自己的变法措施张目:

> 泉府,掌以市之征布。敛市之不售,货之滞于民用者,以其贾买之;物楬而书之,以待不时而买者。买者各从其抵,都鄙,从其主;国人郊人,从其有司;然后予之。凡赊者,祭祀,无过旬日;丧纪,无过三月。凡民之贷者,与其有司辨而授之,以国服为之息。凡国事之财用,取具焉。岁终,则会其出入,而纳其余。②

对此,王安石的解读是:"周人国事之财用,取具于息钱。"③"泉府所言国之财用,凡以赊贷之息供之。"④而反对意见最尖锐、态度最坚定者韩琦则认为这种解读毫无道理,是对《周礼》的曲解:

> 臣谓周制:民有货在市而无人买,或有积滞而妨民用者,则官以时价买之;书其物价以示民。若有急求者,则以官元买价与之。此所谓王道也。……今放青苗钱,凡春贷十千,半年之内使令纳利二千;秋再放十千,至年终又令纳利二千。则是贷万钱者,不问远近之地,岁令出息四千也。《周礼》至远之地,止出息二千,今青苗取利,尚过《周礼》一

① 王启发:《在经典与政治之间:王安石变法对〈周礼〉的具体实践》,《湖南大学学报》,2007年第2期。
② 郑玄注、贾公彦疏:《周礼注疏》卷一五《泉府》,《十三经注疏》,第738页。
③ 程元敏:《三经新义辑考汇评(三)——〈周礼〉》,华东师范大学出版社,2011年,第212页。
④ 《三经新义辑考汇评(三)——〈周礼〉》,第212页。

《诗》《书》《礼》《乐》:宋明儒学的性道神化

倍。则制置司所言："比《周礼》贷民取息，立定分数，已不为多。"亦是欺罔圣听，自谓天下之人皆不能辨也。……今制置司遇尧、舜之主，不以二帝三王之道上裨圣政，而贷钱取利，更过王莽之时，此天下不得不指以为非，而老臣不可以不辩也。况今天下田税已重，固非《周礼》十一之法，则又随亩更有农具、牛皮、盐钱、曲钱、鞋钱之类，凡十余名件，谓之杂钱。每遇夏秋起纳，官中更将绸绢斛斗低估价例，令民将此杂钱折纳。又每岁将官盐散与人户，谓之蚕盐，令民折纳绢帛。更有预买转运司，和买两色绸绢。如此之类，不可悉举。皆周礼田税十一之外加敛之物，取利已厚，伤农已深，奈何更引《周礼》"国服为息"之说，谓："放青苗钱取利，乃周公太平已试之法。"此则诬汙圣典，蔽惑睿明。①

古今悬隔，时移势异，周公之制已经不可以行于宋世，元朝初年马端临说：

盖周礼者，三代之法也。三代之时，则非直周公之圣可行，虽一凡夫亦能行之；三代而后，则非直王莽之矫诈、介甫之执愎不可行，而虽贤哲亦不能行。其故何也？盖三代之时，寰宇悉以封建，天子所治不过千里，公侯则自百里以至五十里，而卿大夫又各有世食禄邑，分土而治，家传世守。……生乎千载之后，先王之制久废，而其遗书仅存，乃不察时宜，不恤人言，而必欲行之乎，王介甫是也。介甫所行，变常平而为青苗，诿曰："此周官泉府之法也"，当时诸贤极力争之。……然熙宁诸贤所言，非病其取息之多也，盖以为贫者愿贷，贷无之而不能偿，则亏官；富者不愿贷，抑配予之，而并令保任贫者，代偿所逋，则损民，两无所益，固不若常平之交手相付，听从民便之为简易两得也。……以青苗赊贷一事观之，则知周礼所载，凡法制之琐碎烦密者，可行之

---

① 王岩叟：《忠献韩魏王家传》卷九，明正德九年张士隆刻本。

于封建之时，而不可行之于郡县之后。必知时适变者，而后可以语通经学古之说也。①

而王安石则根本未从时代差异性的角度考虑《周礼》的适用性，熙宁五年（1072）十二月，他在《上五事书》中，将其变法的制度设计与包括《周礼》在内的先王法度直接联系起来，变法所实施的免役法、保甲法、市易法等都有着远承三代的历史渊源，若以直接的经典根据来说，则无疑皆可以归结到《周礼》。新法中争议最大的是青苗法。如前所述，青苗法中最具争议的就是强制抑配问题。在青苗法实施的过程中，各地都出现了强行摊派的现象。王安石在《周官新义》里，硬是找到了青苗法的经典依据。《周礼·旅师》中有"以质剂致民，平颁其兴积"之语。《周礼》此处语意本来就含糊，大意是向人民放贷时，要有担保人（即所谓"质"）和契约书（即所谓"剂"）并且要本着公平（即所谓"平"）的原则。而王安石《周官新义》在注"平颁其兴积"一句时说："无问其欲否，概与之也，故谓之平。"这样说来，放贷青苗钱就不必考虑农户自愿与否，可以一概与之了。不愿得者而强制抑配，至期无力还本付息，身陷困境，获无妄之灾。因此，王安石对《周礼》的解读，遭到许多人的批评，其中杨时的意见较有代表性：

> 今兼并之家，能以其资困细民者，初非能抑勒使之称贷也，皆其自愿耳。然而其求之艰，其出息重，非迫于其急不得已，则人孰肯贷也？今比户之民概与之，岂尽迫于其急不得已哉？细民无远虑，率多愿贷者，以其易得而息轻故也。以易贷之金资不急之用，至期而无以偿，则荷校束手为囚虏矣。乃复举贷于兼并之家，出倍称之息以偿官逋，明年复贷于官以还私偿，岁岁转易无穷已也。欲摧兼并，其实助之兴

---

① 马端临：《文献通考》卷一八〇《经籍考七·周礼》，中华书局，1986年，第1554~1555页。

利之源,盖自兹始。……余以为青苗利害不在愿与不愿,正在官司以轻息诱致之也。孟子曰:"徒善不足以为政,徒法不能以自行。"青苗其意乃在取息而已。行周公之法而无仁心仁闻,是谓"徒法"。①

以吾国之广土众民,而强行推广古代的成功经验或先贤的理想设计,鲜有不圆凿方枘者。更何况强为之言、巧为之说,以古人就我,则其实践效果可想而知。杨时又说:

> 《周官》:"平颁其兴积。"说者曰:"无问其欲否,概与之也。"故假此为青苗之法,当春则平颁,秋成则入之,又加息焉。以为不取息则舟车之费、鼠雀之耗、官吏之俸给,无所从出,故不得不然。此为之辞耳。先王省耕敛而为之补助,以救民急而已。方其出也,未尝望入,岂复求息?取其息而曰非渔利也,其可乎? ……今也无问其欲否而颁之,亦无问年之丰凶而必取其息,不然则以刑法加焉。《周官》之意,果如是乎? ②

王安石在变法制度的设计与实施上有着明晰的理论自觉,他将理论依据附着于《周礼》,借《周礼》而建章立制,认为《周礼》中所包含的制度和思想资源能为当时的政治实践提供思想启示并发挥着实践指导的作用。他未必没有意识到学术与政治,理想与现实之间存在着巨大的天堑鸿沟,但是他更加清晰地意识到解经典立言施政,在当时的政治文化氛围里更具正当性。至于清人反过来指责王安石根本不懂《周礼》的实质内涵,不过是借其名称而行刻薄之术,又是全盘否定王安石人格及其事业的诬枉之词,不足为据。如钱大昕所称:"所以尊《周礼》者,将以便其新法也。六官之中,大纲细目,无所不备,独取'泉府'一官以证其青苗、市易之法,安石曷

---

① 《杨时集》卷六《神宗日录辨(十一)》,第106~107页。

② 《杨时集》卷一〇《语录一(六十二)》,第240页。

尝用《周礼》哉！"①"安石平生好为大言欺当世,一旦得君,欲去旧臣及异己者,而惟其所欲为,于是乎亟变法令而以富强之说进。又以为不托于圣人之法,则无以坚人主之信而箝异己者之口,此即商鞅之挟三术以钻孝公者也。其托于用《周礼》者,安石之伪也予。"②钱大昕以王安石的人格缺陷为理由,否定了王安石有正确理解并运用《周礼》落实于政事的可能性。四库馆臣则认为,由于推行《周礼》的政治理想需要满足很多前提条件而北宋当时并不具备,王安石在并非不知情的情况下硬要推进新法的展开与深化,是别有用心的行径,就是解圣人(周公)之语行自家之政。"安石以《周礼》乱宋,学者类能言之。然《周礼》之不可行于后世,微特人人知之,安石亦未尝不知也。安石之意,本以宋当积弱之后,而欲济之以富强,又惧富强之说必为儒者所排击,于是附会经义以钳儒者之口,实非真信《周礼》为可行,迨其后用之不得其人,行之不得其道,昏弊丛生,而宋以大坏,其弊亦非真缘《周礼》以致误。罗大经《鹤林玉露》咏安石放鱼诗曰:'错认苍姬六典书,中原从此变箫疏。'是犹为安石所绐,未究其假借六艺之本怀也。因是而攻《周礼》,因是而攻安石所注之《周礼》,是宽其影附之巧谋,而科以迂腐之薄谴矣。"③一般而言,后世对王安石及其事业的否定,并不涉及《周礼》的真伪及其相关价值,而是通过指出王安石假借《周礼》立法行政的不妥与荒诞,还有就是只要指出王安石人格与道德存在缺陷,就等于将其借《周礼》立法行政的正当性作了全盘颠覆,"金陵王氏以儒学相熙宁,而尝一用《周礼》,奈何新经行而僻学兴,新法立而私意胜,末流之弊,罪有浮于汉儒者。故程明道曰:'有《关雎》、《麟趾》之意而后可行《周官》之法度。'正为斯人发也"④。

---

① 钱大昕:《潜研堂集》文集卷二《王安石论》,清嘉庆十一年刻本。

② 《潜研堂集》文集卷二《王安石论》,清嘉庆十一年刻本。

③ 《四库全书总目》卷一九《周官新义》,第 150 页上。

④ 叶时:《礼经会元》卷一《礼经》,清通志堂经解本。

"托古改制",乃古代中国改革事业的主导者和执行者常用的故伎,马克思说过,人们创造自己的历史并不是随心所欲的。"并不是在他们自己选定的条件下创造,而是在直接碰到的、既定的、从过去承继下来的条件下创造。一切已死的先辈们的传统,象梦魔一样纠缠着活人的头脑。""他们战战兢兢地请出亡灵来给他们以帮助,借用他们的名字、战斗口号和衣服,以便穿上这种久受崇敬的服装,用这种借用的语言,演出世界历史的新场面。"[1]荆公新学服务于荆公新法,所谓的"六经注我",是古代改革家谈论经学的基本特征,今日吾人作"同情之了解"实为情理中事。在"一道德,同风俗"的思想指导下,王安石用以取士,学者争传习之,"亦不足深为荆公罪矣。盖使荆公而禁异说,则为戕贼思想之自由,然公固未尝禁之,不过提倡己之所主张而已。夫学者有其所主张之说,则必欲发挥光大之以易天下,非徒于理不悖,抑责任亦应尔也,于公乎何尤? 若夫学者不求自立,而惟揣摩执政之所好尚,欲以干禄,此则学者之罪,而非倡新说之罪也"[2]。"荆公未尝禁人习王氏以外之学说,而反对荆公者,则禁人习王氏学说。然则束缚思想自由、言论自由者,为荆公耶? 为反对荆公者耶?"[3]王安石发现并且公开表明,学究式的儒家经典教育,对于官员执行实际的政务来说,是没有帮助的;在学究式的学习过程中,学子们的最终目的是迎合思想保守的主考官。王安石的改革措施是对儒家经典作出新的官方解释,让学子们依据这种解释更新政治与经济方面的知识与观念,在此基础上,王安石还改革了政府的考试制度。"如果宋神宗活得更长一些,这些教育改革措施可能会培养出一代思想开放的新官僚。"[4]汤因比意识到,王安石事业失

---

① [德]马克思:《路易·波拿巴的雾月十八日》,《马克思恩格斯选集》第一卷,中共中央马克思恩格斯列宁斯大林著作编译局译,人民出版社,1972年,第603页。

② 梁启超:《王安石传》,第124页。

③ 梁启超:《王安石传》,第124页。

④ [英]阿诺德·汤因比:《人类与大地母亲:一部叙事体世界历史》,第450页。

败的原因就在于他"不得不与思想十分保守的官僚共事。在不受传统精神的束缚这一点上他是孤独的，他的自由思想触怒了精神上墨守成规的同僚们，并使他们深感不安。无疑,他的激进措施无论怎样都会使保守主义者疏远,但王安石固有的挑战性格却加剧了保守者们的反对。他所树立的敌人中包括一些真正而杰出的人,他应该求得他们的支持"①。的确,王安石的那种唯理是求的认真精神与一往无前的进取意识全然是庸儒所难以理解的,受到激烈的抵抗也在情理之中。

　　荆公新学主导北宋中后期思想界的几十年里，正是理学形成与成熟时期。尽管周敦颐与王安石在建立新学的同时构建了濂学思想体系,张载也在此之际构建了关学思想体系，但作为宋明理学真正奠基人的程颢和程颐的学术活动则主要是在荆公新学已经成为官方统治思想与政治意识形态时期展开并迅速传播的。荆公新学这一强大的、天下"靡然而同、无有异者"的统治思想,不可能不对形成与传播中的理学发生影响。侯外庐认为,王安石创制《三经新义》并教育学子"专意经义",就是让学子们领悟新法的精神,今后学子"务通义理,不须尽用注疏"②。侯外庐说:"这样,义理之学兴,传注之学废,宋学就代替了汉学。宋明理学应该于此(笔者按:指新学)寻源。"③因为正是荆公新学所关注的道德性命问题,逐渐变成士人普遍感兴趣的问题,变成学者们讨论的核心问题,才在某种程度上刺激与影响了理学主流的洛学的形成。事实上,王安石变法的政治实践改变了理学发展方向,理学不得不因应时代的大课题,对新学的理论和实践提出责疑与非难。在王安石变法之前,形成中的理学和荆公新学一样,同是庆历(1041—1048)至嘉祐(1056—1063)时期士大夫阶层普遍要求进行改革的

《诗》《书》《礼》《乐》：宋明儒学的性道神化

---

① [英]阿诺德·汤因比:《人类与大地母亲:一部叙事体世界历史》,第450页。
② 李焘:《续资治通鉴长编》卷二二〇,熙宁四年二月丁巳朔条,中华书局,2004年,第5334页。
③ 侯外庐主编:《中国思想通史》(第4卷上册),第436页。

思潮的反映。因此，这时的理学尚不能被视为新学之对立面，更不能简单地认为这时的理学是一股政治上保守、思想上内倾的思潮。相反，此时的理学也主张改革，程颢、程颐兄弟也是提倡政治革新士大夫群体中的一员。但是王安石变法实施之后，普遍要求改革的士大夫阶层却发生了分化，一部分人产生了动摇，进而坚定地站在了反对的一面。程氏兄弟，尤其是程颢即是如此。程颢是较早意识到自己的学术见解及思想主张、价值观念与王安石存在较大差异的学者，"荆公尝与明道论事不合，因谓明道曰：'公之学如上壁。'言难行也。明道曰：'参政之学如捉风'"[1]。程颐到后来更是视荆公新学为洪水猛兽："今异教之害，道家之说则更没可辟，唯释氏之说衍蔓迷溺至深。今日是释氏盛而道家萧索。方其盛时，天下之士往往自从其学，自难与之力争。惟当自明吾理，吾理自立，则彼不必与争。然在今日，释氏却未消理会，大患者却是介甫之学。"[2]二程觉得新法容易对付，"只消一日除了便没事"，但是新学却使他们感到棘手，"如介甫之学，他便只是去人主心术处加功，故今日靡然而同，无有异者，所谓一正君而国定也。此学极有害。以介甫才辨，遽施之学者，谁能出其右？始则且以利而从其说，久而遂安其学"[3]。二程忧虑的是随着时间延拓，"其学化革了人心，为害最甚，其如之何？"[4]佛教、道教的挑战均不在话下，"如今日，却要先整顿介甫之学，坏了后生学者"[5]。二程的洛学，就是为"整顿"介甫之学而建立的。应该指出，不仅二程指斥新学，有相同思想倾向的学者亦然。陈次升入太学，习王安石《字说》，评曰："丞相岂秦学邪？美商鞅之能行仁政，而为李斯解事，非秦学而何？"[6]德高望重的富弼的言辞更为激烈：

① 《河南程氏遗书》卷一九，《二程集》，第255页。
② 《河南程氏遗书》卷二上，《二程集》，第38页。
③ 《河南程氏遗书》卷二下，《二程集》，第50页。
④ 《河南程氏遗书》卷二下，《二程集》，第50页。
⑤ 《河南程氏遗书》卷二上，《二程集》，第38页。
⑥ 《宋史》卷三四六《陈次升传》，第10969页。

臣窃观安石平居之间，则口笔丘、旦；有为之际，则身心管、商。至乃忽故事于祖宗，肆巧讥于中外。喜怒惟我，进退其人。待圣主为可欺，视同僚为不物。台谏官以兹切齿，谓社稷付在何人？士大夫罔不动心，以朝廷安用彼相。①

　　对于王安石推行的教育与科举变革，富弼一概否定，认为是自觉高明的浮诞虚乖之举措，"如安石者，学强辩胜，年壮气豪。论议方鄙于古人，措置肯谐于僚党？至使山林末学，草泽后生，放自得之良心，乐人传之异说。蘱蘱者子，诐诐其书，足以干名，足以取贵。拖绅朝序者非安石之党，则指为俗吏；圜冠校学者异安石之学，则笑为迂儒"②。富弼对荆公的抨击，既没有理性地剖析新法之弊害，也没有冷静地分析新学之缺失，而是相当情绪化地指斥王安石的政风与学风，这种做法，甚为不妥。在此之后，更有直接对荆公实行人身攻击者。程颢曾说："介甫性狠愎，众人以为不可，则执之愈坚。君子既去，所用皆小人，争为刻薄，故害天下益深。"③但如果说洛学及其同路人仅会作如此低水平的抨击与谩骂，则是完全看低了洛学的水平。事实上，既然新学与洛学是两种对立的思想体系，则后者必然构成对前者有系统的非难。总而言之，新学与洛学之歧义，即在于本体与工夫之上。首先，洛学与新学的本质差异正落在本体论之上，换言之，洛学之论"道"与新学之论"道"存在着深刻的差异。二程认"道"为"理"，觉得"天理"与"道"是同一的。道作为观念性的无形、无声、无嗅的宇宙本体，其内涵便是儒家宣扬之伦理规范。程颐曾言："道之大本如何求？某告之以君臣、父子、夫

---

① 王明清：《挥麈录》后录余话卷一，上海书店出版社，2001 年，第 225 页。

② 《挥麈录》后录余话卷一，第 225 页。

③ 《邵氏闻见录》卷一五，第 164 页。

妇、兄弟、朋友,于此五者上行乐处便是。"①显然,道就是一种纲常彝伦性的精神本体。而新学之"道"则吸取了老子、王弼及元气论的思想,以本末论道,认为道是无与有、元气与冲气、自然与形器的统一。前者是道之本质,后者是道之作用。这明显带有道家与玄学的痕迹,而没有以儒家之纲常伦理为道的主要内涵。正由于此,新学之道论就遭到二程的严厉批判:"介甫只是说道,云我知有个道,如此如此。只他说道时,已与道离。他不知道,只说道时,便不道也。"②双方论"道"的不同就在于二程以儒家伦理作为道的内涵,道是天理的代名词;而王安石的"道"在本体上吸纳了道家、玄学的思想因子,道是元气,是无,是自然。双方思想的基本分歧都是从本体论上的歧异而发散开去的。有意思的是,在当时与后来,认为荆公不识"道"与"理"几乎成为保守阵营的学者与官僚的共识。朱弁曾述熙宁变法时的一则小事:

> 介甫对裕陵(神宗)论欧公文章,晚年殊不如少壮时。且曰:"惟识道理乃能老而不衰。"人多骇此语,予与韩秉则正言论此,秉则曰:"道理之妙当求于圣人之言,圣人之言具在《六经》,不可掩也。欧公识与不识,姑置之勿问,不知介甫所谓道理果安在?抑《六经》之外,别有道理乎?"东坡祭原父文云:'大言滔天,诡论灭世。'盖指介甫也。介甫当时在流辈中,以经术自尊大,唯原父兄弟敢抑其锋。故东坡特于祭文表之,以示后人。然亦未知其于君臣间如此无顾忌也。"时坐客颇众,莫不以秉则之言为然。③

正因为二程及其同路人认为荆公不识"道""理",所以二程虽然从注

---

① 《河南程氏遗书》卷一八,《二程集》,第 187 页。
② 《河南程氏遗书》卷一,《二程集》,第 6 页。
③ 朱弁:《曲洧旧闻》卷四《韩秉则以介甫之论欧公文为非》,第 144 页。

重阐发经典之义理的角度肯定过王安石治《易》的方法,认为王安石同王弼、胡瑗一样,其《易》论有可取之处,但一旦涉及纲常彝伦之理,则严厉批评,毫不宽贷:

> 王荆公云:"九三知九五之位可至而至之。"大煞害事。使人臣常怀此心,大乱之道,亦自不识汤、武。"知至至之,"只是至其道也。①
>
> 或问:"王介甫有言,《乾》之九三,知九五之位可至而至之,如何?"子曰:"使人臣每怀此心,大乱之道也。且不识汤、武之事矣。""然则谓何?"子曰:"知大人之道为可至,则学则至之。所谓'始条理者智之事'也。"②

所谓"知至"就是体认"道","大人之道",可"学而至之",这不过是"学以至圣人之道"诉求的翻版。两者的思路甚为不同,荆公认为,"《乾》之九三,知九五之位可至而至之",强调的是《易》之变革精神,而程颐则株守彝伦之道,圣人之道可学而至,圣人之位则不可觊觎。在他看来,王安石之论道,"大煞害事"。对于终极性本体"道"与"理"的理解既有不同,对于如何认识此一终极性的宇宙本体之方法亦归于歧异。在工夫论上,程颢、程颐与王安石也是对立的。程颐与门人的一段对话可充分说明这一点:

> 问:"格物是外物,是性分中物?"曰:"不拘。凡眼前无非是物,物物皆有理。如火之所以热,水之所以寒,至于君臣父子间,皆是理。"又问:"只穷一物,见此一物,还便见得诸理否?"曰:"须是遍求。虽颜子亦只能闻一知十,若到后来达理了,是亿万亦可通。"又问:"如荆公穷物,一部《字解》,多是推五行生成。如今穷理,亦只如此著工夫,如

① 《河南程氏遗书》卷一九,《二程集》,第 248 页。
② 《河南程氏粹言》卷一,《二程集》,第 1203~1204 页。

何？"曰："荆公旧年说话煞得,后来却自以为不是,晚年尽支离了。"①

这段对话有三点值得研究。其一,就"格物"的内涵来说,程颐认为既有"外物",又有"性分"中物。前者指主观之于客观自身固有之理的认识,后者则直指主体之所蕴藉而未被自身意识到的东西,问题是程颐实际上认为"格物""穷理"之对象应以后者为主。其二,程颐认为"见得诸理","须是遍求",这个方法是可以肯定的。问题是一旦"达理",是否就不需再"遍求"了？若作肯定的回答,则程颐对此问题的理解亦未出先验主义之局囿。其三,程颐对王安石"穷物""穷理"的批判是着重指出其说到晚年归于支离。程颐称："介甫之学,大抵支离。伯淳(程颢)尝与杨时读了数篇,其后尽能推类以通之。"②意思是说荆公之学"支离"而不"达",不能臻于"亿万亦可通"之境界,这实际从反面证明了荆公之学理通义明,很少形而上学之意味。二程之所谓"格物""穷理",是要通过对眼前事物的了解,以达到把握客体精神"理"的目的;他们的"理",则是由法则而伦常而本体,是派生世界的根源。王安石则不然,其之"格物""穷理"乃是通过对眼前事物的了解,以达到把握事物之发展法则的目的,进而用于变法的实践。因此,他不能过多地强调"理"之纲常伦理内涵,不能像二程那样,把现实的一切看成合理的存在。二程重义轻利的理学价值观与王安石重视事功的新学思想形成对照,而这种价值取向上的不同,是其深刻的认识论上的歧异决定了的。思想史的事实表明,思想是在相互对立中形成的。一种思想的形成,不但受思想倾向相同的前人思想的影响,而且还要受到思想倾向不同的对立面思想的影响与制约,使其采取与论敌相反的理论路径。这后一种情形实际上也是思想的影响与渗透,而且是比前一种更深刻的思想影响,证之于北宋中后期新学与理学之相互关系,可谓如影之随形。

---

① 《河南程氏遗书》卷一九,《二程集》,第247页。

② 《河南程氏遗书》卷二上,《二程集》,第28页。

第四节　荆公新学经典阐释的时代意义
与学术史地位

从思想史的角度审视，荆公新学是第一个成功地全面取代汉唐注经之学的义理之学，是真正居于思想界统治地位的新儒家学说。荆公新学在学术史与政治史上的地位，以及所打下的深刻烙印，是不容抹杀的客观事实。当元祐更化之际，新法遭到全面废除，但新学仍然保持着一定的地位。全祖望说：

> 荆公《三经新义》至南渡而废弃。元祐时，不过曰经义兼用注疏及诸家，不得专主王氏之解，所禁者《字说》耳。独莆田黄隐作司业，竟焚其书，当时在廷诸公，不以为然，弹章屡上。按《山堂考索》所载，元祐元年十月癸丑，刘挚言："国子司业黄隐学不足以教人，行不足以服众，故相王安石经训，视诸儒义说得圣贤之意为多，故先帝立之于学，程序多士。而安石晚年《字说》，溺于释典，是以近制禁学者无习而已。至其经义盖与先儒之说并存，未尝禁也。隐猥见安石政事多已更改，妄意迎合，欲废其学，每见生员试卷引用，辄加排斥，何以劝率学校。"同时吕陶亦言："经义之说，盖无古今、新旧，惟贵其当。先儒之传注未必尽是，王氏之解未必尽非。隐之诵记王氏《新义》，推尊久矣，一旦闻朝廷议科举，则语大学诸生不可复从王氏，或引用者类多黜降，诸生有闻安石之死而欲设斋致奠，以伸师资之报者，隐辄忿怒，欲绳以法，尤可鄙也。"于是上官均等皆乞罢隐，慰公论。由此观之，元祐诸贤，平心亦已至矣。嗟乎！蔡京之欲毁《通鉴》，盖隐有以启之。韩忠献所云

鬼怪辈坏事也。①

　　刘挚在学术、政治上属朔学、朔党，吕陶则归属于蜀学、蜀党，皆非王安石政治派别，其论《三经新义》如此，还是比较公平的。黄庭坚诗云："荆公六艺学，妙处端不朽。诸生用其短，颇复凿户牖。譬如学捧心，初不悟己丑。玉石恐俱焚，公为区别否？"②把荆公新学与末流之弊区别开来，对荆公新学的评价甚高。南宋黄震尝言："汉唐老师宿儒，泥于训诂，多不精义理。"③以《三经新义》为主要文献的荆公新学不仅"脱去训诂"，而且在两宋理学所侈言的"道德性命之学"方面，王安石也是自开户牖，独树一帜的先驱。北宋晁说之云："南方之学，异乎北方之学，古人辨之屡矣。大抵出于晋魏分据之后，其在隋唐间犹云尔者，不惟其地而惟其人也。盖南方北方之强，与夫商人齐人之音，其来远矣。今亦不可诬也。师先儒者，北方之学也，主新说者，南方之学也。"④荆公新学毋庸置疑地成为南方之学中坚，进而成为出现于 21 世纪的具有划时代意义的一种新型的文化模式——"宋学"的主要组成部分。

　　首先，王安石的思想与学术得到了最高统治者的承认。这一点，在中央集权的专制主义时代显得尤其重要，荆公要使自己的经术服务于世务，必须先得到皇帝的认可。"上曰：'人皆不知卿，以为卿但知经术，不晓世务。'安石曰：'经术正所以经世务。但后世所谓儒者大抵皆庸人，故世俗皆以经术不可施于政务尔。'"⑤为适应"所遭之变，所遇之势"，王安石措置天

　　①　全祖望：《鲒埼亭集外编》卷四九《记王安石三经新义事附宋史经籍志》，《全祖望集汇校集注》，上海古籍出版社，2000 年，第 1812 页。
　　②　黄庭坚：《豫章黄先生文集》卷二《奉和文潜赠无咎篇末多见及以既见君子云胡不喜为韵》，四部丛刊景宋乾道刊本。
　　③　黄震：《黄氏日抄》卷八二《抚州辛未冬至讲义》，清乾隆三十二年重刻本。
　　④　晁说之：《嵩山文集》卷一三《南北之学》，《四部丛刊》续编景旧钞本。
　　⑤　《宋史》卷三二七《王安石传》，第 10544 页。

下之政务,提出了富国强兵的变法主张,这就深深地打动了年轻的急欲奋发有为的宋神宗的心灵,使君臣二人在政治见解上达到了惊人的一致,表现出一种牢不可破的团结,为王安石践履自己的政治主张和张扬自己的学术思想奠定了坚实的基础。程颢、程颐就看清了这一点,曾经说:"浮屠之术,最善化诱,故人多向之。然其术所以化众人也,故人亦有向有不向者。如介甫之学,他便只是去人主心术处加功,故今日靡然而同,无有异者,所谓一正君而国定也。"①专制时代,一种学说如要取得思想界的统治地位,非要得到最高统治者的肯定和信奉不可。新学如此,南宋理宗时期的理学也是如此。正是因为荆公新学专"去人主心术处加功",并得到宋神宗的认同,它才取得了思想界的绝对主导地位。

其次,很重要的一点,就是如前所述,王安石把《三经新义》和《字说》颁行于学校。以新经义作为取士之衡准,使新学成为每个学子必须掌握和信奉的思想,同时也就排挤了其他学说。事实很清楚,当学校中学子诵习的是王安石的《三经新义》和《字说》时,当学者们著书立说的根据也是《三经新义》和《字说》时,天下"靡然而同,无有异者"就是一种顺理成章的结果了。

熊公哲指出王安石变革科举,固然有充足之理由,"介甫之法,又自有与诸贤不同者,要在追复古制,使夫天下之士皆出于学校,盖犹庆历范希文之用心,特患更张无渐,故先事厘革贡举,罢明经科,废诗赋,去其对偶声病之文,以期学者得转意经义,以俟兴建学校,讲求三代所以教育选举之法,施之天下"②。王安石最为时贤与后人诟病者,莫过于思想钳制,作《三经新义》为权威教科书,不许学者置喙。梁启超高度认同王安石的政治首创精神和锐意变法的坚强决心,但对所谓"一道德"这种思想文化的钳制行为不以为然。"考荆公平日言论,多以一学术为正人心之本,则史所云

《诗》《书》《礼》《乐》:宋明儒学的性道神化

---

① 《河南程氏遗书》卷二,《二程集》,第50页。
② 熊公哲:《王安石政略》,商务印书馆,1937年,第136页。

云，谅非诬辞，此实荆公政术之最陋者也。盖欲社会之进化，在先保其思想之自由，故今世言政治者，无一不以整齐画一为贵，而独于学术则反是，任其并起齐苗，而信仰各从人之所好，则以辨而愈明，人心之灵，浚之而不竭矣。强束而归于一，则是敝之也。自汉武帝罢黜百家，而中国学术史上光耀顿减。以荆公之贤，而犹蹈斯故智，悲夫！"① 是知人之言乎？是知事之言乎？是知世之言乎？

---

① 梁启超：《王安石传》，第 123~124 页。

第七章 两宋《仪礼》学的发展潜流：
以实践为视角

在宋代礼学的研究中，普遍存在这样的认识：宋人重《周礼》《礼记》而对《仪礼》研习较少。[①]王安石倡导新学，诠释《周礼》以满足现实政治诉求，进一步刺激了《周礼》学的繁盛。据现存资料统计，宋代《周礼》学文献大致有120种。[②]《礼记》自中唐以后就一直为世人所重，宋人偏向阐发义理，故时人好注解《礼记》，仅《宋史·艺文志》就著录了四十余家。相比之下，直至南宋朱熹将《仪礼》提升为本经，《仪礼》学才得以重振，此后陆续产生了朱熹及弟子《仪礼经传通解》、杨复《仪礼图》、魏了翁《仪礼要义》、敖继公《仪礼集说》等《仪礼》学重要论著，学界往往以朱熹的《仪礼》论作为宋元之际《仪礼》学趋热的转捩。近年来，随着学界对宋代"三礼"学的重新检视与对学术史的反思，研究者注意到在朱熹之前如南宋张淳、李如圭等在《仪礼》学方面取得的成就，尤其是潘斌在其《宋代"三礼"诠释研究》中集中分析

---

① 如詹子庆指出"唐中期以后，王朝衰微，加上宋儒的理学化和科举制的导向，《礼记》的地位越来越高，而宋儒潜心于理学，已不深究名物度数，《仪礼》之学更渐衰微"。（《对礼学的历史考察》，《东北师大学报（哲学社会科学版）》，1996年第5期）

② 夏微：《宋代周礼学文献述论》，《史学集刊》，2008年第4期。

了上述诸书的诠释体例、方法与特点等。①无论是学界过往的认识，抑或新近的研究成果，都给我们造成这样一种印象，即在北宋漫长的 167 年间，《仪礼》学似乎在人们的视野中缺席甚至消失了，而在南宋则也仅几种可堪述及。然而仅根据王锷编写的《三礼研究论著提要》，宋代《仪礼》学著述就有 55 种，其中北宋占了 14 种。我们不禁疑窦丛生，过往的认识是否能准确概括宋代《仪礼》学发展的全貌？从北宋到南宋朱熹时代，人们究竟如何认识且探讨《仪礼》，其发展脉络如何？传统经学史的评价是否能完全展现《仪礼》在知识与思想世界的价值与影响？诸如此类的问题，亟待得到解答。

第一节　经典与实践的互动：《仪礼》经学、仪注与礼议

作为儒家核心经典的《仪礼》十七篇记载了先秦以前贵族阶层的冠、昏、丧、祭、乡、射、朝、聘等各类仪式活动的实施细则。记录与指导实践过程是《仪礼》的根本特质。毋庸置疑，必先有进退俯仰、登降折旋的仪节，才有《仪礼》文本的编写，"仪注之兴，其所由来久矣。自君臣父子，六亲九族，各有上下亲疏之别。养生送死，吊恤贺庆，则有进止威仪之数"②。用朱子的话来说，"《仪礼》，不是古人预作一书如此。初间只以义起，渐渐相袭，行得

---

① 如杨世文、李国玲：《宋儒对仪礼的注解与辨疑》，《四川大学学报》，2004 年第 4 期；彭林：《张淳〈仪礼识误〉校勘成就论略》，《北京图书馆馆刊》，1996 年第 3 期；邓声国：《李如圭〈仪礼集释〉的解经特色》，《江西社会科学》，2010 年第 11 期；宋燕：《李如圭〈仪礼集释〉研究》，郑州大学博士学位论文，2013 年；李志刚：《〈仪礼正义〉与〈仪礼集释〉对校札记》，《人文论丛》，2010 年；李志刚：《〈仪礼集释〉的版本价值与注释特点》，《泰山学院学报》，2015 年第 5 期；潘斌：《宋代"三礼"诠释研究》，人民出版社，2018 年。

② 魏征：《隋书》卷三三《经籍二》，中华书局，1973 年，第 971 页。

好，只管巧，至于情文极细密，极周经处。圣人见此意思好，故录成书"①。从先秦流传下来的《仪礼》只是更为庞大系统的仪式活动之一角，经过东汉郑玄的整理、注解之后，与《周礼》《小戴礼记》构成儒家礼学的核心经典。简单地说，《仪礼》所记载的内容是先秦流传下来的若干仪注的一部分，经过儒家经典化的阐发与整合，逐步形成有着整套礼义支撑的经学文本，产生于实践，又用于指导实践。儒家经典化的诠释除了记录精筛的仪节之外，更重要的工作是赋予仪节一套价值与意义，因此尤为强调"礼""仪"为二事，"礼是仪之心，仪是礼之貌。本其心，谓之礼，察其貌，谓之仪。行礼必为仪，为仪未是礼"②。礼是仪的内核，仪是礼义精神的载体或表现形式，如丧礼"饭含"是仪，爱亲、"不忍虚其口"③则是仪中之礼。由是，《仪礼》既包含了进退俯仰、登降折旋的仪节，又承载着儒家思想内核的礼义精神，"礼之所尊，尊其义也。失其义，陈其数，祝史之事也。故其数可陈也，其义难知也"，对于天子治理天下而言，儒家主张应"知其义而敬守之"。④

与此同时，由于政治与社会生活之所需，指导各类礼仪活动的仪注随时而生。至汉代，仪注之学步入迅速发展的新阶段，"汉兴，叔孙通定朝仪，武帝时始祀汾阴后土，成帝时初定南北之郊，节文渐具。后汉又使曹褒定汉仪，是后相承，世有制作"⑤。从属于政治典章制度、随时代而不断更张的仪注，与重阐释的《仪礼》经学有着不同的内容、性质与功能，渐成独立于《仪礼》经学的专门类别。至《隋书·经籍志》，已明确区分经部"礼类"与史

《诗》《书》《礼》《乐》：宋明儒学的性道神化

三一○

① 《朱子语类》卷八五《礼二》，第 2194 页。
② 《春秋左传正义》卷五一，《十三经注疏》，第 2107 页。
③ 《礼记正义》卷九《檀弓下》，《十三经注疏》，第 1301 页。
④ 郑玄注、孔颖达等正义：《礼记正义》卷二六《郊特牲》，《十三经注疏》，第 1455 页。
⑤ 魏征：《隋书》卷三三《经籍二》，第 972 页。

部"仪注",彰显出《仪礼》经学与仪注之学的差异。①《隋书·经籍志》之《仪礼》经学类涵盖汉代以降的《仪礼》疏解与以丧服为主题的阐释文本,而史部"仪注"的体系内容则更为繁杂,从礼仪的类别而言,吉、凶、兵、军、嘉皆有涉及,既有用于朝堂、宫廷典礼的仪注,又有指导日常社交的书仪,既有改编自《仪礼》的文本,又有完全不同于《仪礼》的仪式做法。

尽管《仪礼》经学与史部仪注在书籍知识类别上有明确的区分,却并不意味着两者泾渭分明、无甚关联。汉代以后,儒学拥有绝对的政治与文化话语权,历代制作礼典或朝廷礼议,既要借鉴前代仪注而有所损益,又要参考三礼文本与经学阐释,为一些具体的做法提供基于儒家礼义原则与思想的支撑。《仪礼》的经学读解始终为现实政治制礼、议礼提供解释,现实政治制礼、议礼则又反过来刺激《仪礼》经学诠释中"问题的提出与讨论",进而丰富《仪礼》经学的内容。尤其是魏晋南北朝时期,五礼制度框架形成,服务于门阀制度以巩固世家大族,加之由礼入法,准五服以量刑,面临诸多变礼是否入法的问题,礼学研究极为兴盛且特重《仪礼·丧服》,为当时频繁的朝廷制礼、议礼、社会教化等提供意见,甚至不乏以问答或议论体撰述的著作,如刘智的《丧服释疑》、徐广的《礼答问》、吴商的《礼难》、干宝的《七庙议》、庾亮的《杂乡射等议》等。②朱熹曾敏锐地指出,精深的礼学研究绝不仅仅囿于书斋而穷经皓首,"古者礼学是专门名家,始终理会此事,故学者有所传授,终身守而行之。凡有行礼有疑者,辄就质问。所以上自宗庙朝廷,下至士庶乡党,典礼各各分明"③,"六朝人多是精于此。毕

---

① 彭林分析了正史礼乐志中涉礼部分的内容编排,认为汉代以后,从目录上看,重视仪而不重视礼,没有理论的依托。参见彭林:《从正史所见礼乐志看儒家礼乐思想的边缘化》,《礼学与中国传统文化》,中华书局,2006年,第338~347页。

② 邹远志从经典与社会互动的角度讨论了两晋时期礼学讨论的热点问题。(《经典与社会的互动:两晋礼学议题研究》,湖南大学岳麓书院博士学位论文,2010年)

③ 《朱子语类》卷八四《论后世礼书》,第2184页。

竟当时此学自专门名家,朝廷有礼事,便用此等人议之"①。彼时如琅琊王氏、会稽贺氏、平昌伏氏等礼学世家,以礼学为家学而世代传承,或在官方支持下课授生徒,掌握着文化教育话语权,同时又常被征辟参与制礼、议礼与朝廷决策等,拥有政治话语权,这为《仪礼》经学与仪注之学紧密、频繁的互动提供了充足的条件。至唐玄宗开元年间纂修的《大唐开元礼》,则是集汉晋以降礼学与仪制互动所产生的诸礼之大成。

经典与实践的互动还体现在社会教化方面。德国社会学家滕尼斯(Tonnies)将社会区分为法理社会(Gemeinschaft)和礼俗社会(Gesellschaft)两种类型,涂尔干(Durkheim)则把社会团结划分为"有机的团结"和"机械的团结",20世纪初,费孝通借用上述概念,将传统中国社会的性质定义为"礼俗社会",与西方的"法理社会"相区别。②在礼俗社会中,维持规范的手段是礼,背后主导的力量是传统。相对而言,法理社会中,维持规范的手段则为法,背后主导的力量是国家权力。当然"礼俗社会"和"法理社会"只是对社会基本性质的界定,并不是礼与法两种手段的绝对划分,"西方社会亦非无礼,中国政治亦非无法。主从轻重之间,乃成双方文化的一大差异"③,以礼为主、礼法合治是汉魏以后中国传统政治的基本策略。同时,"人性有男女之情,妒忌之别,为制婚姻之礼;有交接长幼之序,为制乡饮之礼;有哀死思远之情,为制丧祭之礼;有尊尊敬上之心,为制朝觐之礼。哀有哭踊之节,乐有歌舞之容,正人足以副其诚,邪人足以防其失。故婚姻之礼废,则夫妇之道苦,而淫辟之罪多;乡饮之礼废,则长幼之序乱,而争斗之狱蕃;丧祭之礼废,则骨肉之恩薄,而背死忘先者众;朝聘之礼废,则君臣之位失,而侵陵之渐起。故孔子曰:安上治民,莫善于礼;移风易俗,莫

---

① 《朱子语类》卷八七《小戴记总论》,第2227页。
② 费孝通:《乡土中国》,上海人民出版社,2007年,第9页。
③ 钱穆:《晚学盲言》之《礼与法》,《钱宾四先生全集》,台北联经出版事业公司,1998年,第646页。

《诗》《书》《礼》《乐》:宋明儒学的性道神化

善于乐"①，面对具有丰富地域性和多变性的社会习俗，如何传播儒家礼仪以推行符合传统中国社会的伦理道德和等级制度，实现对于安定秩序的诉求，历来为官方和士人所重。汉代以降，社会礼俗教化的手段很多，包括朝廷旌表、施行三老制、举孝廉等，至魏晋南北朝时期，世家大族又多制"诫子书""家训"等以稳定家族秩序并使子孙光前裕后，以《颜氏家族》为例，多摘取《仪礼》或《礼记》并结合时俗以训诲。不过，直到唐宋时期礼制逐步下移，制作士庶礼仪之需才使《仪礼》经典与社会教化实践发生更为直接、紧密的关系。②

前述历代制礼、议礼者面临巨大的知识与思想的挑战，一方面需着意考虑现实的政治诉求与适应性，另一方面更要同时精通礼学与把握仪注的演变脉络，尤其要清楚辨析前代诸儒的讨论与损益，以及经典传播过程中的各家解读与诠释应用等。魏晋南北朝时期，《仪礼》经学与仪注之学的良性互动，备受后世儒者钦羡与怀念，虽然他们从礼学流变的角度为汉代以后过分重视仪注，使《仪礼》经学几成仪注之学的附庸而感到遗憾。而隋唐以后，职业化的礼官大多数时候在为制礼、议礼方面无法提供有着精深专门之学支撑的意见。经历了中唐到五代的丧乱，不仅《仪礼》经学无所进益，就连朝廷重大礼典的仪注似乎也失去定准而变得莫衷一是，这恰好成为宋初礼官探索礼学的背景。此外，经历了唐季五代的丧乱，面对来自异邦的压力、民间宗教的盛行，如何"安内以养外"③，运用合理有效的文化策略，重建儒家的道德伦理，稳固社会秩序成为宋代官方和士人思考问题的出发点。宋代伊始，国家除了利用礼制建设确立"奉天承运"的政权合法性，拟定"事为之防，曲为之制"④的"防弊"措施之外，还尤为注重知识、思

---

① 《汉书》卷二二《礼乐志第二》，中华书局，1962年，第2503页。

② 王美华：《官方礼制的庶民化倾向与唐宋礼制下移》，《济南大学学报》（社会科学版），2006年第1期。

③ 《宋史》卷二五六《张齐贤传》，第9151页。

④ 李焘：《续资治通鉴长编》卷一七"开宝九年十月乙卯"条，第382页。

想与信仰的整肃,并通过敦厉风俗等具体的措施,改善世道人心。宋代士人认为"国家元气,全在风俗"①,"国之长短如人之寿夭,人之寿夭在元气,国之长短在风俗"②,因此,"风俗之变,迁染民志,关之盛衰,不可不慎","圣人上承天之意,下为民之主,其要在安利之,而安利之要不在于它,在乎正风俗而已"③,要实现风俗之正,使"国家万世无疆之休"就要重视"治乱之源"④,其中最为重要的手段就是"隆教化""使礼义兴行"⑤。以此为背景,《仪礼》作为改善风俗所依凭的经典也就开始进入更多士人的视野。

我们由此反思,若仅从《仪礼》经学流变的角度来考察《仪礼》在宋代的发展是否过于狭窄? 我们是否应该跳出经学文献的考察范围,将更为丰富的文本类型纳入分析对象中,从而更全面地展现宋人探究《仪礼》的特征,揭示《仪礼》经学与礼仪制度、社会教化之间的关系? 现代学术意义上的"礼学"定义也侧面展现了研究者对于这一问题的思考。杨志刚曾在《中国礼学史发凡》⑥中将礼学划分为四类:礼经学、礼仪学、礼论、泛礼学,与《仪礼》直接关涉者是礼经学与礼仪学。礼经学,研究对象是礼经以及其他儒家经典中记载的礼,即研究礼经的专门之学,其主干是三礼学,属于经学范畴,如李如圭《仪礼集释》、张淳《仪礼识误》等;礼仪学,包括仪制撰作和仪制研究,宋代官修礼典如《政和五礼新仪》,私修礼书如《司马氏书仪》《家礼》等。无论是官修还是私修,其意图都是指导现实生活的礼仪活动。仪制的研究,则在于搜辑考订烦琐的名物、制度、仪节等,如聂崇义的《新定三礼图》、陆佃的《礼象》、陈祥道的《礼书》等。杨先生的分类对于我们考

① 楼钥:《攻媿集》卷二五《论风俗纪纲》,文渊阁《四库全书》本,第 1152 册,上海古籍出版社,1987 年,第 538 页。
② 苏轼:《上神宗论新法》,赵汝愚编:《宋朝诸臣奏议》卷一一〇,上海古籍出版社,1999 年。
③ 《临川先生文集》卷六九《风俗》,中华书局,1959 年,第 737 页。
④ 《续资治通鉴长编》卷二五"雍熙元年春正月壬戌"条,第 571 页。
⑤ 《续资治通鉴长编》卷一九六"嘉祐七年五月丁未"条,第 4751 页。
⑥ 杨志刚:《中国礼学史发凡》,《复旦学报》,1995 年第 6 期。

《诗》《书》《礼》《乐》:宋明儒学的性道神化

察宋代《仪礼》学提供了极好的参考。由此，跳出《仪礼》经学的范畴，将《仪礼》经学、仪制撰作与讨论整体列入考察范围，有助于看到三者之间的互动，从而对《仪礼》学的发展有更全面的认识，揭示《仪礼》经学的深层动因。

第二节　政治实践的诉求：
北宋时期对《仪礼》的考证与辨析

五代以后，王朝更迭频繁，礼制混乱。周世宗柴荣励精图治，除实施政治改革之外，积极推动礼乐修订以确认权力的正当性。事实上，从后周到北宋前期，恢复与重建礼制，进而强化王权的合法性与国家权威，一直是皇帝与朝廷着力解决的问题。延续中古以来趋势，职业化的礼官是礼学知识传承与运用的核心群体，而承担礼制建设与解释者多为当时的礼部官员[①]，聂崇义、陆佃、陈祥道等考释仪式、名物、宫室等皆以此为背景。国家礼典，最重郊庙，前者祭天帝，后者享祖神，彰显权力合法性来源，历来为统治者所重，聂崇义、陆佃都曾参与制郊庙礼。

聂崇义历仕后汉、后周、北宋，汉时累官至国子《礼记》博士，周显德中累迁国子司业兼太常博士，因精通礼学，承担周世宗整顿礼乐的重责，进入北宋后，聂崇义又持续为新朝考订礼制提供意见。仪式中包含方位、人物、服饰、器物、宫室格局等多种元素，借助图式可以得以直观呈现，为礼典施行提供参照。周世宗柴荣欲行郊庙礼，然而"祭器止由有司相承制造，年代浸久，无所规式"，遂命"崇义检讨摹画以闻"，"四年，崇义上之，乃命

---

① 闫宁通过讨论两晋刘宋、北魏、中唐时期礼官职能，分析了中古时期礼官结构变动对礼制建设的影响。（《中古礼制建设概论：仪注学、故事学与礼官系统》，山东大学博士学位论文，2012 年）

有司别造焉"①,之后世宗诏崇义参定郊庙祭玉,又诏翰林学士窦俨统领之。聂崇义遂依据三礼等经典文献,重新考订汉唐以降陆续积累的礼图六种(郑玄《礼记》图注、阮谌《三礼图》,夏侯伏朗《三礼图》、张镒《三礼图》、梁正《梁氏三礼图》、开皇《三礼图》)。直至赵宋取而代之,建隆三年(962)四月方表上之,窦俨为序,对于刚刚建立的新王朝,进呈该书可谓正当时。"五代之衰乱甚矣,其礼文仪注往往多草创,不能备一代之典。宋太祖兴兵间,受周禅,收揽权纲,一以法度振起故弊"②,宋太祖对该书评价甚高,"礼器礼图,相承传用,浸历年祀,宁免差违。聂崇义典事国庠,服膺儒业,讨寻故实,刊正疑讹,奉职效官,有足嘉者"③,并令太子詹事尹拙集儒学三五人更同参议,所冀精详,苟有异同,善为商确,尹拙多所驳正,聂崇义又引经释之,形成定本。聂崇义的《新定三礼图》传播甚广,在中央官学令学子作为标准版本研习,"诏国学图于宣圣殿后北轩之屋壁。至道中,改作于论堂之上,以版代壁,判监李至为之记"④。后,胡瑗开堂讲学也依仿绘三礼图于论堂。⑤皇帝视学时也常常安排观阅三礼图,"二年七月,幸国学,谒先师,及览三礼图",天圣二年(1024)八月幸国子监,"阅三礼图,因问侍讲冯元三代制度"。⑥

聂崇义的《新定三礼图》录三礼所涉宫室、舆服等图,以礼文校正旧图之失,为北宋时期的礼典撰制提供了依据,然而后人也逐渐注意到该书存在的错误。与聂崇义一样,曾经有着学官背景,在元祐年间任职于礼部的陆佃,创制《礼象》以补旧图之失,还著有《仪礼义》《礼记解》《述礼新说》等

---

① 《宋史》卷四三一《聂崇义传》,第 12795 页。
② 《宋史》卷九八《礼志》,第 2421 页。
③ 《宋史》卷四三一《聂崇义传》,第 12795 页。
④ 《直斋书录解题》卷二,第 50 页。
⑤ 《直斋书录解题》卷二,第 50 页。
⑥ 范祖禹:《帝学》卷三,文渊阁《四库全书》本,第 696 册,上海古籍出版社,1987 年,第 742~743 页。

礼学著作。仕途经历颇为丰富的陆佃,主张学问与实践的融合,"盖君子之学,有体有用,体不欲迷一方,用不欲滞一体。而古之圣人,本数末度。足以周上下圆神方智,足以尽往来。而蹈常适变,莫逆于性命之理者,如此而已矣"[1]。元丰年间,陆佃受命详定郊庙奉祀礼文,后又讨论大裘之冕。典章文物,关乎国体,从《礼象》序言中可以看出,创制该书的初衷仍是为了解决朝廷典章仪注撰制的难题,"《礼》《诗》《书》《春秋》,元为残缺,缙绅先生罕能言之,而学者抱残缺不全之经,以求先王制作之方,可谓难也。余尝本之性情,稽之度数,求读经之大旨,自《孟子》始,以余之所能言与上之所可尽者,为十五卷,名曰'礼象'。以救旧图之失,其庶几乎非耶"[2]。陆佃《礼象》《仪礼义》等都已亡佚,张琪通过辑佚,认为大约完成于哲宗元祐年间的陆佃《礼象》与聂崇义《新定三礼图》的规模、体例、内容方面都具有极大相似性,但同时"其尊、爵、彝、舟,皆取公卿家及秘府所藏古遗器,与聂图大异"[3],从而纠正了聂图的一些错误。

与陆佃同时,同样是王安石学生的陈祥道,历官国子监直讲、太学博士、太常博士,先后著有《礼书》《仪礼解》等,且几乎与陆佃《礼象》同时成书。陈祥道与其弟陈旸研究礼乐相得益彰,在宋代独树一帜。由于陈祥道精研礼学,熟悉历代礼仪制度与典故,在朝廷制礼论礼中具有极高的影响力。范祖禹在向朝廷推荐陈祥道所著的《仪礼解》时,特别提道:"精详博洽,非诸儒所及","《仪礼》为书,其文难读,其义难知,自古以来学者罕能潜心,故为之传注者至少。祥道深于礼学,凡二十年乃成此书,先王法度如指诸掌,昨进《礼图》一百五十卷已蒙朝廷藏之秘阁,伏望圣慈特降指挥取祥道所注《仪礼》,奏御下两制看详,并前所进《礼图》并付太常,以备礼官

① 陆佃:《陶山集》卷十二《答李贲书》,丛书集成初编本,商务印书馆,1935年,第131页。
② 章如愚:《山堂考索》前集卷二三《礼门》,中华书局,1992年。
③ 马端临:《文献通考》卷一八一《经籍考》,第1561页。

讨论,必有补于制作取进止"。①陈祥道以《礼书》为礼典撰制与施行提供直观的参考,以《仪礼解》提供经典解读之法,宋人对陈著评价颇高。

聂崇义、陆佃、陈祥道,都是为朝廷制礼议礼提供专业意见的高级官员,考释三礼,既是出于个人的治学观念与兴趣,更是基于长期政治实践所需,其成果奠定了北宋前中期《仪礼》研究的基本面貌。

其一,考订旧图,结合三礼文献、历代典章制度等,为北宋前中期的国家礼典的撰制与施行、朝廷论礼与议礼,提供直接的参照,对于《仪礼》中所涉制度、名物多有考证辨析。聂崇义通过对读三礼文献以释,如释《士冠礼》"将冠者采衣,紒",郑注"采衣,未冠者所服",然皆语焉不详。聂崇义引《玉藻》"童子之节也,缁布衣,锦缘,锦绅,并纽,锦束发,皆朱锦也",贾公彦疏"将冠者,即童子二十者也。以其冠事未至,故言将冠。童子既不帛襦袴、不裘裳,故以锦为缁布衣,缘饰。又以锦为大带及结绅之纽,故云锦绅并纽也。纽长与绅齐。又以锦为之束发,总此紒"②以具体说明。又,《士冠礼》注"卦者,有司所以画地记爻也",贾释云"古者用木画地,今则钱",故《少牢》云:"卦者在左坐,卦以木",故知古者画卦以木。③陆佃《礼象》更颇有创见地借助古代实物以考辨名物,对聂图多有纠正,而规模更大、体系更完备的陈祥道《礼书》,除详辨之外,还具体阐述了"冠、昏、丧、祭、乡、射"诸礼义,北宋前期阐述单篇礼义者,还有刘敞《士相见义》《公食大夫义》,陈师道《士相见礼》等,但皆不如陈祥道《礼书》出入经史,结合历代制度以论。

其二,或补充说明郑注,或批驳郑注之非。聂崇义自言"凡所集注,皆周公正经,仲尼所定,康成所注,傍依疏义。事有未达,则引汉法以况之"④,他考订《仪礼》名物制度多补充解释郑说。与之相较,陈祥道则有很大不

---

① 范祖禹:《范太史集》卷二四《荐陈祥道〈仪礼解〉札子》,文渊阁《四库全书》本,第1100册,第289页。

② 聂崇义:《新定三礼图》卷三"冠冕图",清华大学出版社,2006年,第71页。

③ 聂崇义:《新定三礼图》卷八"弓矢图",第246页。

④ 聂崇义:《新定三礼图》卷二〇"原书目录",第612页。

同,广采不同类型的文献考证《仪礼》郑说,多有驳斥,同时力图通过经注的疏解阐明礼义,纠正时俗。如婚礼"纳吉纳征":

> 士,纳吉用雁,如纳采礼。纳征:玄纁、束帛、俪皮,如纳吉礼。郑氏曰:"征,成也。使使者纳币以成昏礼。用玄纁者,象阴阳备也。束帛,十端也。《周礼》曰:'凡嫁子娶妻,入币纯帛,无过五两。'俪,两也。执束帛以致命,两皮为庭实。皮,鹿皮。"释《周礼》曰:"纯,实缁字也,古缁以才为声。士大夫乃以玄纁、束帛,天子加以谷圭,诸侯加以大璋。《杂记》'纳币一束,束五两,两五寻',然则每端二丈。"贾公彦曰:"庶人用缁,无玄纁。其大夫无冠礼,有婚礼。若试为大夫及幼为大夫者,依士礼。若五十而爵改娶者,昏礼,玄纁及鹿皮则同于士。余有异者,无文以言之也。"然考之于史,曰"锦绣千纯",又《苏秦传》又曰"文绣千纯",《张仪传》则"纯,匹帛也"。《周礼》所谓"纯帛乃匹帛也",郑改以为"缁",误矣。匹帛无过五两,则庶人不必五两,大夫、士,不得过焉。非谓庶人用缁,大夫用玄纁也。先王之制婚礼,其用财不过如此,则妇人之所饰可知矣。以为合二姓之好,上以事宗庙,下以继后世,而不在财也。是以梁鸿鄙孟光之绮绣,袁隗却马伦之囊装,王通亦曰"婚娶论财,夷虏之道也",后世之俗有以金币相高,盖不知此。①

陈祥道结合史书认为,郑玄解"纯帛"为"缁帛"为误,贾公彦疏不破注。此外,他阐明婚礼的礼义在于合二姓之好,批判后世婚娶论财,正是由于经义不解、礼义不彰。

从聂崇义、陆佃到陈祥道,通过对名物制度的考订推进了宋代《仪礼》学的发展,他们的治学特点和治礼思想又使其各具特点,聂崇义考释旧

---

① 陈祥道:《礼书》卷六五,元至正七年福州路儒学刻明修本。

图，开一代风气之先，以供王朝典礼的撰制与施行，陆佃在方法上创新性地以古实物相佐证，寄寓"回向三代"的政治主张，而陈祥道则与北宋中期同时代的士大夫一样，将重整礼制视为"一道德而同风俗"必须之途径，言"窃以先王建法，本情性以导民，中古右文，师典常而经国。卑高贵贱，焕然有辨。因革损益，卓尔不膠。车书一而风俗同，上下和而神人治。兹三王甚盛之举，实百代无前之休。季世以还，旧章无几"，又批评汉叔孙通等制仪，"徒规当时之近功而其法失于太卑"，并寄望于能获得皇帝与朝廷的认同，"汉以来千有余载，其间欲起礼法于其上者非一君；欲成礼法于其下者，非一臣。有是君而下之人不足以副之，则礼之道终不明；有是臣而上之人不能任之则礼之事终不行"，因此他治礼能超越溺于名物度数的考订，由仪式说解到礼仪阐发，体大思精，寄望于经世致用、裨益于时政实践。①对于制礼频繁的北宋而言②，受命编纂者在承袭已有礼书的基础上，需要采纳或借助《仪礼》经注以说解，如《太常因革礼》"祭器"，"幂。案：《仪礼》'若束若编'，郑云'凡鼎幂，盖以茅为之，长则束，短则编'"，进而再详述"故事"以供辨而采纳。③同时，聂崇义、陆佃、陈祥道的礼图与考述成为制作礼典仪注重要参考文本。

北宋时期的政治实践除推动考证《仪礼》名物度数之外，还极大地影响了士人对《仪礼·丧服》的解读与由礼入法的应用。东汉以降，《仪礼·丧

---

① 陈祥道：《礼书》之《进礼书表》，元至正七年福州路儒学刻明修本。

② 宋廷先后组织编定了《开宝通礼》(973年，刘温叟等)、《开宝通礼义纂》(开宝间，卢多逊)、《礼阁新编》(1021年，王皞)、《太常新礼》(1043年，贾昌朝)、《庆历祀仪》(1043年，贾昌朝)、《大享明堂记》(皇祐中，文彦博)、《太常因革礼》(嘉祐中，欧阳修等)、《祀仪》(1077年，礼院负责)、《合门仪制》(李淑等修定)，皆朝廷礼式也。元丰中，苏子容复议以《开宝通礼》及近岁详定礼文，分有司、仪注、沿革为三门，为《元丰新礼》，不及行，元丰后，宋敏求等编《朝会仪注》《祭祀》《祈禳》《蕃国》《丧葬》，绍熙至政和年间编《累朝续编》，大观年间编《吉礼》《祭服制度》，政和年间又编《五礼新仪》。宋室南渡后，高宗锐意修复、孝宗继志，彼时朝廷曾组织续修《太常因革礼》，淳熙中礼部、太常寺曾编成《中兴礼书》等。(《宋史》卷九八《礼志一》，第2421~2424页)

③ 欧阳修等编：《太常因革礼》卷一五"祭器"，广雅书局本。

服》研究渐成专门之学,如马融、王肃、陈铨、裴松之、雷次宗、蔡超、田僙之、刘道拔、周续之等都曾注解丧服。随着魏晋南北朝时期定服叙入律,解读《丧服》具有极大的实践意义,《丧服》篇不再仅限于丧礼中以服饰定亲疏远近,而是关系到量刑定罪及官员任职等多种情况决策。唐代以后,强调缘情立制及朝廷鼓励累世同居者,数次改革服叙以上移,如为舅服缌麻三月改为小功五月,为嫡子妇服大功九月改定齐衰不杖期等。然而法律层面却又存在亲属等级与服叙之间的差异。五代时期服叙又有了新的变化,如后唐时期为舅姑改服三年等。[①]唐代以降服叙及相关制度发生了如此多的变化,加之宗族形态和功能也在不断变异,对于宋朝而言,造成了参照使用的不便与麻烦。因此,重新解读《丧服》服叙并讨论入律就成为一项重要议题,其成果包括北宋孙奭《五服年月敕》、沈括《丧服后传》、佚名《五服法纂》,南宋韩挺《服制》、李随《吉凶五服仪》、车垓《内外服制通释》等,大部分都已亡佚。其中,编撰于天圣五年(1027)由礼入敕的代表性文本《五服年月敕》,在宋代中后期的礼典编撰及朝廷议决中具有极强的权威性,并影响至南宋。

《五服年月敕》的编撰缘起与服叙解释和运用的混乱有关,《宋史·艺文志》题撰者为刘筠,实际编纂者应为孙奭。与聂崇义、陆佃等人一样,孙奭同样具有学官、礼官的仕宦背景,且经学研究精深,《太常因革礼》中记载了他参与礼议制礼的讨论,不过在礼学方面最为人称道的仍是《五服年月敕》的编纂。天圣五年(1027)四月二十三日,时任翰林侍读学士孙奭注意到"礼院及刑法司、外州各执守一本《丧服制度》,编附入《假宁令》者,颠倒服纪,鄙俚言词,外祖卑于舅姨,大功加于嫂叔,其余谬妄,难可遽言",于是他从《开宝正礼》中录出五服年月,并见行丧服制度,编附《假宁令》,伏乞详择,雕印颁行。他又提出,礼文作齐衰期,唐避明皇讳,改周,圣朝不

① 丁凌华:《中国丧服制度史》,上海人民出版社,2000年。

可仍避。伏请改周为期,用合经礼。诏送两制、太常礼院详定闻奏。翰林学士承旨刘筠等人详定孙奭所奏的五服制度后,进奏仁宗:"奭所上五服年月,别无误错,皆合经礼。其'齐衰期'字却合改周为期,以从经典。又节取《假宁令》合用条件各附五服之后,以便有司检讨,并以修正。望下崇文院雕印,颁下中外,所有旧本更不得行用,其印板仍付国子监印造出卖。"①

简言之,《五服年月敕》是在考释《仪礼·丧服》并参考行用礼典与法律条文之后而形成的文本,至此北宋服制的讨论形成相对统一的定制,在朝廷议决中扮演重要角色,如在景祐年间官员是否为外嫁母服三年之丧的讨论中,《五服年月敕》就是作为解决这个问题的理论依据之一,甚至成为私修礼书的必备参考,如《司马氏书仪》。②当然,实践运用中产生的问题不断推动对既有条文的损益,熙宁年间朝廷就曾组织讨论重定"五服敕"。对《丧服》解读颇有不满的沈括此时刚刚撰写了《丧服后传》,此书虽然已亡佚,但从沈括参与这次重要讨论的议题可管窥一二。沈括在这次讨论中提到《丧服》篇中没有为高祖、玄孙的丧服内容。对于先儒解释"服同曾祖、曾孙,故不言可推而知。或曰:'经之所不言则不服'"。皆不以然,认为错解了"曾祖、曾孙"义,"由祖而上者,皆曾祖也;由孙而下者,皆曾孙也:虽百世可也",应服丧三月。③沈括的说法对后世影响很大,朱熹十分赞同其说,《仪礼》经注在为政治实践提供解释的同时也不断被补充,毕竟礼经并不能对应解决实践中遇到的所有问题。事实上,世异时移,从经典走向实践,总是需要依据每个阶段的需要不断搭建桥梁,以前述是否为外嫁母服三年之丧的讨论为例,"若专用礼经,则是全无服式,施之今世,理有未安。若

① 徐松辑:《宋会要辑稿》,刘琳、刁忠民、舒大刚等点校,上海古籍出版社,2014 年,第 1538 页。

② 《宋史》卷一二五《礼志七十八》,第 2928 页。

③ 沈括:《梦溪笔谈校证》卷三《辩证一》,胡道静校证,虞信棠、金良年整理,上海人民出版社,2016 年,第 116 页。

俯同诸子杖苴,又于条制更相违戾。既求礼意,当近人情"①,在这样的情况之下,时任侍讲学士的冯元在对比了古之正礼的《仪礼》《礼记正义》,以及《开宝通礼》《五服年月敕》等国朝典制之后,主张"国朝见行典制,尽与古之正礼相合,余书有偏见之说,不合礼经者,皆不可引用"②,即以礼经为准的权衡现行典制。若遭遇礼经语焉不详之处,就需要反复考证以补充完善其说,而这恰好推进了对《仪礼》经注的解读,沈括的意见就反映了这一点。

第三节　制作士庶仪典之需: 北宋时期对《仪礼》的改编与礼义解读

　　中唐至五代的秩序渐崩及外敌环伺的紧张处境,使宋人开始思考维护社会秩序之良方。对于致力于"一道德以同俗"的宋王朝而言,如何通过对士庶礼俗的介入来实现价值观念的凝合,重整社会秩序,稳固统治,成为不得不面对的问题;而对于士人而言,秩序重整是更高层次的诉求,如何在实践中改善风俗,既利于自身及家族的发展,又利于地方社会良善风俗的形成,则是他们最为直接的考虑。无论如何,以人伦道德为基点,以儒家经典为蓝本,通过改编《仪礼》尤其是"冠、昏、丧、祭"仪节,解读礼义以增损礼俗,重新订立礼仪文本,作仪化民,使士庶有典可循,是宋代官方和士人都极为热衷的手段或途径。

　　宋代官方修撰的礼书,大多是皇室贵族仪礼、官员朝会仪注等,唯一与庶人直接相关的只有宋徽宗时期朝廷组织编撰的《政和五礼新仪》,在礼制史上具有最终确定"礼下庶人"的标志性意义。大观元年(1107),朝廷

---

① 《宋史》卷一二五《礼志》,第 2928 页。

② 《宋史》卷一二五《礼志》,第 2928 页。

诏置议礼局于尚书省,二年(1108)诏访求古代礼器,讨论臣庶祭礼。又诏"礼当追述三代之意,《开元礼》不足法","亲制冠礼沿革,付议礼局,余五礼视此编次",至是书成局罢。此后,置礼制局"讨论古今宫室、车服、冠冕之度,冠昏丧祭之节"①。政和元年(1111),续修成四百七十七卷《五礼新仪》,且命仿是修定仪注,"其间有难定者,皆称御制以决之"②。作为继《开宝通礼》,宋代第二部具有"一代之成法"性质的礼典,《政和五礼新仪》将《开元礼》中皇帝、皇室成员、三品以上、四品五品、六品以下五个等级序列,整合为皇帝及宗室、品官、庶人三级。品官仪的附注部分标明三品、四五品、六品之别。依据"据上制下"的制礼原则,在品官礼仪的基础上降杀而成庶人礼仪。虽然基本的仪文来自《仪礼》,但是所依托的主要文本仍然是《开元礼》与《开宝通礼》,所征引的文献大多为中唐以后《五礼精义》等礼学要籍。

通过改编《仪礼》而成士庶礼仪,主要体现在私修仪典。我们依据目标群体是"士庶"阶层,以冠、婚、丧、祭为主要内容,具有力图确立礼仪规范以指导现实生活的特征等标准,将北宋士人礼书编纂及内容简况表列如下:

表 3　北宋私修士庶仪注简表③

书名或篇名	作者	时间	内容
训俗书	许洞	北宋	述庙祭、冠笄之礼,而拜扫附于末。④
孙氏仲享仪	孙日用	北宋	《文献通考》作"孙氏祭享礼"⑤
杜氏四时祭享礼	杜衍	北宋	《宋史·艺文志》作"四时祭享仪"。

① 陈均:《皇朝编年纲目备要》卷二八,中华书局,2006 年,第 708 页。
② 祝穆:《事文类聚》别集卷一五《礼乐部》,文渊阁《四库全书》本,第 927 册,第 755 页。
③ 本简表根据《郡斋读书志》(卷八"史类仪注类")、《直斋书录解题》(卷六"礼注类"、卷十"子类儒家类"、卷十"子类杂家类")、《中兴馆阁书目》《文献通考》卷一八八《经籍考》("仪注类")、《宋史》二〇四《艺文志》("仪注类")制作,少数原列入"儒家类""杂家类"的著作,因其中较多涉及礼仪规约,亦一并收入;作者阙略、作者年代无考、内容难以确定,又列入"仪注"类的极少著作,不列入此表;凡有相关解题介绍者摘录于表中;书名或篇名、作者姓名载录有异者,在表中注明。
④ 《直斋书录解题》卷六,第 185 页。
⑤ 《文献通考》卷一八八《经籍考》,第 1601 页。

书名或篇名	作者	时间	内容
吉凶书仪	胡瑗		略依古礼，而以今礼书疏仪式附之。①
韩氏古今家祭式	韩琦		《宋史·艺文志》作"参用古今家祭式"。
横渠张氏祭礼	张载		《宋史·艺文志》作"横渠张氏祭仪"。
吕氏家祭礼	吕大防等		《宋史·艺文志》作"家祭仪"。
蓝田吕氏祭说	吕大钧		
吕氏乡约、乡仪			
伊川程氏祭礼	程颐		首载作主式。②
伊洛礼书补亡、伊洛遗礼			
伊川程氏祭仪		北宋	
温公书仪	司马光		前一卷为表章、书启式，余则冠婚、丧祭之礼。③
涑水祭仪			
居家杂礼			《宋史·艺文志》作"居家杂仪"。
家范			取经史所载贤圣修身齐家之法，分十九门，编类以训子孙。④
范氏家祭礼	范祖禹		《宋史·艺文志》作"祭仪"。
三家冠婚丧祭礼	司马光、程　颐、张　载		
续家训	董正功		续颜氏之书。⑤《直斋书录解题》书名为"续颜氏家训"，作者标为"李正公"。⑥《文献通考》引陈氏说。

　　上表所列仪典，包括通礼和专礼，"家范""家训"、礼书辑本类，其内容广涉各类礼仪，归为"杂礼"。家训、家范等大多是引经据典的劝谕性质，实际仪文较少，相比之下，《吕氏乡约》的仪文内容相对较多，但也是列于"德业相劝""过失相规""礼俗相交""患难相恤"等道德劝谕的类目之下。专

　　①　《郡斋读书志校证》卷三，第329页。
　　②　《直斋书录解题》卷六，第187页。
　　③　《直斋书录解题》卷六，第188页。
　　④　《郡斋读书志校证》卷三，第443页。
　　⑤　《郡斋读书志校证》卷三，第442页。
　　⑥　《直斋书录解题》卷一〇，第312页。

礼,主要以家族祭祀礼仪为主。其具有通礼性质,囊括冠、婚、丧、祭且流传至今的礼书,则以《司马氏书仪》(以下简称《书仪》)流传最广、影响最大,南宋时期的《家礼》大量摘选《书仪》,"冠礼则多取司马氏;婚礼则参诸司马氏、程氏;丧礼本之司马氏"①,然而其内容都主要根植于《仪礼》,尤其是司马光《书仪》开创性地改编了《仪礼》,对后世影响甚巨。接下来,以《书仪》为例加以说明。

王应麟在《困学纪闻》云:"郑余庆采士庶吉凶书疏之式,杂以当时家人之礼,为《书仪》两卷,后唐刘岳等增损其书,司马公《书仪》本于此。"②司马光《书仪》十卷③,除吉凶书仪、表状笺启书仪文集外,还包括人生礼中进退俯仰之仪注。卷一为有关表奏、公文、私书、家书的格式;卷二至卷十依次为冠婚丧仪、深衣制度、居家杂仪、五服制度、五服年月略、居丧杂仪、祭和影堂杂仪。司马光《书仪》的仪文内容主要以《仪礼》为蓝本,注释引文甚丰,以"丧仪"为例说明:

表4 《司马氏书仪·丧仪》注引文献略表④

《书仪》之丧仪纲目	注引书目或篇名及次数
初终	《礼记·丧大记》《仪礼·士丧礼》(并郑注)、《春秋》《开元礼》
复	《礼记·檀弓》(3次,并孔颖达正义)、《礼记·杂记》(2次)、《礼记·丧大记》(3次)、《礼记·奔丧》(并郑注)、《仪礼·士丧礼》《开元礼》
易服	《礼记·问丧》(并郑注)、《开元礼》
讣告	《礼记·檀弓》《书仪》(刘岳)
沐浴、饭含、袭	《礼记·檀弓》(2次,并郑注)、《礼记·礼运》《礼记·杂记》《礼记·丧大记》(3次,并郑注)、《礼记·问丧》(并郑注)、《仪礼·士丧礼》(4次,并郑注)、《开元礼》(2次)

① 《文献通考》卷一八八《经籍考》,第1602页。

② 王应麟:《困学纪闻》卷一四,上海古籍出版社,2008年,第1617页。

③ 司马光《书仪》有一卷本、八卷本、十卷本之说,宫云维对此有详细的考证,见氏著《司马光〈书仪〉版本考略》,《浙江工业大学学报(社会科学)》2002年12月第30卷第6期。本文所用《司马氏书仪》为王云五主编《丛书集成初编》本,商务印书馆,1936年。

④ 本表统计注引文献的征引情况,同一纲目中重复出现者,在书目或篇名后标注次数,若除经文之外还引用了郑注、孔疏等,均在括号内标明。注释中所引少数典故出处不包括在内;另,如祖奠、在途、及墓、题虞主等仪文注释中未征引文献的纲目,不列于此表。

《书仪》之丧仪纲目	注引书目或篇名及次数
铭旌	《礼记·檀弓》《仪礼·士丧礼》(并郑注)、《开元礼》《丧葬令》
魂帛	《礼记·檀弓》(并郑注)、《礼记·杂记》(并郑注)、《仪礼·士丧礼》(并郑注)、《开元礼》《丧葬令》《唐卢州刺史李丹与妹书》
吊酹赗襚	《礼记·曲礼》《礼记·檀弓》(2次)、《礼记·杂记》(2次)、《礼记·丧大记》(2次)、《礼记·坊记》《诗经》
小敛	《礼记·檀弓》《礼记·丧服小记》
大敛殡	《礼记·曲礼》《仪礼·士丧礼》《仪礼·既夕记》《开元礼》
闻丧奔丧	《礼记·奔丧》(4次,并郑注)、《五服年月敕》
饮食	《礼记·曲礼》(并郑注)、《礼记·檀弓》《礼记·杂记》(2次)、《礼记·丧大记》(3次,并郑注)、《礼记·问丧》《礼记·间传》《仪礼·丧服》(并郑注)、《孝经》
丧次	《礼记·杂记》《礼记·丧大记》(并郑注)、《礼记·问丧》《礼记·间传》《仪礼·丧服》(并郑注)、《开元礼》
五服制度	《礼记·檀弓》(并郑注)、《礼记·间传》《仪礼·丧服》(并郑注)、《书仪》(刘岳)、《书仪》(裴茝)
成服	《礼记·曲礼》(并郑注)
夕奠	《礼记·杂记》(并郑注)
卜宅兆葬日	《礼记·檀弓》(4次,并郑注)、《礼记·杂记》(并郑注)、《仪礼·士丧礼》《五服年月敕》《开元礼》(4次)、《孝经》《春秋》
穿圹	《丧葬令》
碑志	《丧葬令》
明器、下帐、苞筲、祠版	《礼记·檀弓》《礼记·杂记》《仪礼·既夕礼》(4次,并郑注)、《丧葬令》
启殡	《礼记·檀弓》《礼记·丧服小记》(并郑注)、《礼记·丧大记》(并郑注)、《仪礼·既夕礼》(4次,并郑注)、《开元礼》(4次)
亲宾奠	《仪礼·士丧礼》《仪礼·既夕礼》《左传》、"令敕"
陈器	《礼记·丧大记》(并郑注)、《丧葬令》(2次)、《开元礼》(2次)
遣奠	《仪礼·既夕礼》(2次,并郑注)、《开元礼》
下棺	《仪礼·既夕礼》(并郑注)
祭后土	《礼记·檀弓》(并郑注)、《开元礼》
反哭	《礼记·檀弓》《仪礼·既夕礼》(3次,并郑注)、《开元礼》
虞祭	《礼记·檀弓》(并郑注)、《礼记·杂记》《仪礼·士虞礼》(5次,并郑注)、《五服年月敕》《开元礼》(3次)
卒哭	《礼记·檀弓》(2次)、《仪礼·既夕礼》(并郑注)

《书仪》之丧仪纲目	注引书目或篇名及次数
祔	《礼记·檀弓》《礼记·丧服小记》(并郑注)、《礼记·杂记》(并郑注)、《开元礼》
小祥	《礼记·丧服小记》(并郑注)、《礼记·间传》《开元礼》
大祥	《开元礼》
禫祭	《礼记·檀弓》(并郑注)、《仪礼·士虞礼》(并郑注)、"律敕"

《书仪》之所以影响较大,除了因为它本身全面涵盖了士庶日常礼仪与书式,提供了一套完整的家庭礼仪之外,还因其对《仪礼》的改造兼具遵从礼义与适应特定时代的特点。具体而言:

其一,结合古例、今俗大刀阔斧改造《仪礼》并论证原因。①如《士冠礼》言二十而冠,《书仪》改为"男子年十二至二十皆可冠",先引《冠义》以说明冠礼的礼义与价值,进而论到彼时已不明行冠之义,"吾少时闻村野之人尚有行之者,谓之上头。城郭则莫之行矣,此谓礼失求诸野者也。近世以来,人情尤为轻薄,生子犹饮乳已加巾帽,有官者或为之制公服而弄之,过十岁犹总角者盖鲜矣。彼责以四者之行岂知之哉!往往自幼至长,愚骏如一,由不知成人之道故也"。再引《左传》以证十二岁即可行冠礼,"吉礼虽称二十而冠。然鲁襄公年十二,晋悼公曰'君可以冠矣',今以世俗之弊不可猝变,故且狗俗,自十二至二十皆许其冠,若敦厚好古之君子,俟其子年十五已上,能通《孝经》《论语》,粗知礼义之方,然后冠之,斯具美矣"。②

其二,《书仪》在以《仪礼》为蓝本的改造中,广泛征引《仪礼》《礼记》《孝经》《春秋》《大唐开元礼》《丧葬令》《五服年月敕》、刘岳《书仪》等,涵盖国家礼典、朝廷敕令、经史要籍、私修书仪等多种类别,利用其内容作补充说明,并比较辨明优劣,尤其注重比对《仪礼》《礼记》经文辨析、损益近世

---

① 杨志刚:《〈司马氏书仪〉与〈朱子家礼〉研究》,《浙江学刊》1993 年第 1 期。

② 《司马氏书仪》卷二《冠仪》,第 19 页。

礼书。如《书仪》"既绝,诸子啼,兄弟亲戚侍者皆哭,各尽哀,止哭",注云:"《开元礼》于此下,即言男女易服布素及坐哭之位,按《丧大记》'惟哭先复,复然后行死事',复者,返也,孝子之心犹冀其复生也,又布素之服,非始死所有,今并系之'复'后。"①司马光认为,《开元礼》将"男女易服布素及坐哭之位"等仪节安排在"既绝"之后、"复"之前,甚为不妥,因为履行"复"礼是为表"孝子之心犹冀其复生",还未及行"复",便开始"易服布素"确立"哭位",无疑是抽空了"复"礼的精神,而虚有其形式。

其三,重礼义阐发,如《书仪》常常辅以其他经传,如以《左传》《仪礼》《礼记》中的事例来说明仪文。如《书仪》"迁居正寝",司马光注引云:"《春秋》书'公薨于路寝',礼之正也,《士丧礼》'死于适室',注'正寝之室也',曾子且死犹易箦,曰:'吾得正而毙焉',斯可矣。"适室即适寝之室,古代从天子到士的居室,都有正寝和燕寝,燕寝是平常居住的地方,正寝不然,"非致斋也,非疾也,不昼夜居于内"。(《礼记·檀弓上》)"内"是正寝,只有斋戒和生病时才用,正寝是正性情之处。天子、诸侯的正寝称路寝,如《春秋》宣公十八年,"公薨于路寝"。又如,《书仪》注引《礼记·檀弓上》之孔子遇馆人之丧,出使子贡脱骖而赙之的事例,追原赙襚本意,认为此举在于藉此表达"情与物必相副","不以糜没礼,不以菲废礼"的吊慰之礼,批评当时丧家借收取赙襚增加私产的行为。②

在以《仪礼》为蓝本的改造文本中,毫无疑问,司马光的《书仪》具有开创意义。在对仪节的古今损益中,既有保留,同时也因时因地变更古礼,并阐明保留或者变更的理由。胡叔器曾问二程、张载、司马光所作礼书,朱熹评价说:"二程与横渠多是古礼,温公则大概本《仪礼》而参以今之可行者。要之,温公较稳,其中与古不甚远,是七分好,大抵古礼不可全用,如古服

① 《司马氏书仪》卷五《丧仪》,第 47 页。
② 《司马氏书仪》卷五《丧仪》,第 55 页。

古器,今皆难用,温公本诸《仪礼》,最为适古今之宜。"①司马光权衡古今,以礼义为准的,垂范后世,为南宋以后家族礼仪的制作提供了一个"基石"般的文本。

第四节　延续与新变:南宋时期实践诉求下对《仪礼》的校注与解读方法的提升

南宋关涉《仪礼》的论著大约可分为如下四类:其一,《仪礼》校勘或经解,有张淳的《仪礼识误》、李如圭的《仪礼集释》《仪礼释宫》《仪礼纲目》②,朱熹的《仪礼说》与《仪礼释宫》、魏了翁的《仪礼要义》、叶味道的《仪礼解》、马廷鸾的《仪礼本经疏会》、刘爚的《仪礼云庄经解》、黄士毅的《类注仪礼》(未成稿)、高斯得的《仪礼合钞》、陈普的《仪礼说》、周燔的《仪礼详解》、佚名的《仪礼类例》等。除此,还有三礼集大成综合类著作,朱熹的《仪礼集传通解》、陈普的《礼编》等。其二,《仪礼》礼图的制作与考释,有朱熹的《仪礼图》、赵彦肃的《特牲少牢馈食礼图》、杨复的《仪礼图》与《仪礼旁通图》、杨明复的《冠昏丧祭图》等,郑樵也曾拟定作礼乐《器服图》的计划。其三,《士丧礼》《丧服》篇读解与五服制的讨论。如冯椅的《丧礼》、黄宜的《丧礼》、韩挺的《服制》、李随的《吉凶五服仪》、郑文通的《丧服长编》、沈清臣的《丧服六事》、车垓的《内外服制通释》、佚名的《仪礼丧服异同考》、佚名的《五服制》等。其四,乡饮酒礼的仪节、礼图、礼义的阐发,如郑樵的《乡饮礼》《乡饮驳议》《乡饮礼图》③、高闶的《乡饮酒仪》、王时会的《乡饮酒礼

---

① 《朱子语类》卷八四《论后世礼书》,第 2184 页。
② 全祖望补修:《宋元学案》卷六九,第 2289 页。
③ 关于郑樵著书的考释,参见郑奋鹏:《郑樵的校雠目录学》,台北学海出版社,1976 年,第 42~43 页。

辨疑》、王炎的《乡饮酒仪》、史定之的《乡饮酒仪》等。除上述四类，还有对各类对礼仪礼义的阐述，如杨简的《冠记》《昏记》《丧礼家记》，罗愿的《昏问》等。

南宋以后士人关于《仪礼》的讨论与运用，在延续北宋时期的论题与特色的同时，有突破性的发展。其一，从"图谱学"的提出到《仪礼》通书礼图制作。北宋时期，聂崇义、陆佃、陈祥道等清理汉代以降的礼图，开创性地结合古实物考辨礼器名物，礼图的类型、规模愈加丰富，礼图的考释与礼义阐释愈加翔实深入。在南宋时期，学人持续探索礼图制作的理论与实践，郑樵极大丰富了"图谱学"的理论体系，黄榦、赵彦肃、朱熹都曾就礼图制作展开过交流、讨论，"严陵赵彦肃作《特牲》《少牢》二礼图，质于朱子，朱子以为更得冠、昏图及堂室制度并考之，乃佳"①，至杨复作《仪礼图》，录经文旧说并通绘《仪礼》十七篇图式，尤其详细绘制仪节陈设方位，又作《仪礼旁通图》绘宫庙、冕牟、牲鼎礼器等附于后。不同于北宋时期绘制三礼所涉礼器名物，杨复开创性地绘制了《仪礼》通图并侧重于仪式方位陈设的展现，更便于参照施行仪式。其二，体例编纂的探索。北宋时期已有士人探讨编写新的礼书体例，吕大临曾"以《士丧礼》为本，取三礼附之，自始死至祥练，各以类分，其施于学甚惠。尚恨所编者，五礼中特凶礼而已"②，创造性地以《仪礼》文本为主，将三礼所涉文本附于下，使学者既能详解仪文，又能把握其内涵，只是仅编写了《士丧礼》一篇，清代曹元弼认为"朱子之书，本发端于吕氏"③。朱熹及其弟子编写的《仪礼经传通解》，将礼治从家到天下的不同层级的理想构思与礼学著作融合为一体，主体构思即以《仪礼》为本经，"取《礼记》及诸经史杂书所载有及于礼者，皆以附于本经

---

① 《四库全书总目》卷二〇《仪礼图》，中华书局，1997年，第252页。
② 《郡斋读书志校证》卷二，第81页。
③ 曹元弼：《礼经学》明例第一，北京大学出版社，2012年。

之下,具列注疏、诸儒之说"①,相当于集仪节与礼义为一体、融合古今阐述的合本。其三,北宋时期清理《丧服》尤其是服叙及其由礼入法过程中的变异,适应宗族形态与功能的新变化,为服叙制度或朝廷议决提供规范性文本,清理了《乡饮酒礼》的仪文及前代施行仪节,制定了新的乡饮酒礼的节文并阐明其义。在南宋时期,持续探讨丧服、乡饮酒礼等篇章,尤其是车垓《内外服制通释》弥补了《家礼》服制之失。

　　除上述有关《仪礼》的论题与方法在延续北宋的基础上有所突破、数量上增多之外,南宋时期对《仪礼》的探究还有两大显著特色。其一,校勘与疏解《仪礼》经注,张淳的《仪礼识误》开其先声。靖康之乱,皇室与民间藏书遭受罹难,或毁于战火,或散落遗失。宋金和议之后,随着中央官学逐步重建,朝廷愈加着力于组织采集旧监本书籍,镂板颁行以恢复经籍。南宋地方官组织刻书,蔚然成风,"四方之人益以典籍为重,凡缙绅家世所藏善本,外之监司郡守搜访得之,往往镂版以为官书",以宋代地方机关安抚使司、茶盐司、漕司、提刑司、转运司、郡斋、县斋、郡庠、府学、县学、学宫、书院等都组织刻书,其中以郡斋、州军学所刻为多。②张淳的《仪礼识误》正是以此为背景而产生,"乾道七年春,今两浙转运判官、直秘阁曾公来守是邦,涖欷之余,究心于理,务广上恩,其劾绩之著,至于风雨时疠疫。越明年夏,欲植教本,肇锓《仪礼》。孔子曰:礼仪三百,威仪三千,待其人而后行。公岂其人也","公以淳尝识此书也,命之校之。淳亦幸此书之且有善版也,遽拜不辞。此书初刊于周广顺之三年,复校于显德之六年,本朝因之所谓监本者也。而后在京则有巾箱本,在杭则有细字本,渡江以来严人取巾箱本刻之,虽咸有得失,视后来者为善,此皆淳之所见者也。淳首得严本,故以为据,参以群本,不足,则质之疏,质之释文,疏、释文又不足,则阙之,盖

　　①　《晦庵先生朱文公文集》卷三八《乞修三礼札子》,朱杰人、严佐之等主编:《朱子全书》第20册,上海古籍出版社、安徽教育出版社,2002年,第687~688页。

　　②　张秀民著、韩琦增订:《中国印刷史》,浙江古籍出版社,2006年,第43页。

不敢以谀见断古今也。监本者,天下后世之所祖;巾箱者,严本之所祖。故其有误则亦辨之,余则采其所长而已。既毕,裒其所校之字次为二卷,以《释文误字》为一卷,附其后总三卷题曰《仪礼识误》,岂独以识《仪礼》之误,亦以自识其误也"[1]。张淳因受温州太守托校雠《仪礼郑氏注》和陆德明《仪礼释文》,后将校勘成果汇总为《仪礼识误》,该书后亡佚,清儒从《永乐大典》中辑出。其二,朱学门人在南宋《仪礼》的讨论中占据主体力量,如叶味道、刘爚、黄士毅、杨复、车垓、冯椅等,一承朱子的《仪礼》学思想。

如前文所述,北宋时期对《仪礼》的考证与辨析、改编与解读都以解决实践中遇到的现实困难为出发点。无论是北宋时期制作礼典、变礼决议的政治实践,还是制作庶民礼仪以化民成俗,都不得不面对同样的问题,即读懂《仪礼》经注、阐明仪节所包含的礼义。对于前者而言,需要尽可能复原《仪礼》中的名物度数或准确解释《丧服》服叙,并参照历代政治实践中的做法给出具体方案;对于后者而言,需要准确理解《仪礼》经注文及其蕴含的礼义,并分析彼时流行的礼俗,进而作出恰当的、合情合理的损益。事实上,实践性也是南宋时期《仪礼》讨论的根本诉求,因此所面对的问题仍然是对《仪礼》经注的疏解与礼义的阐述。

《仪礼》之于三礼是基础性文献的认识,张淳早在乾道年间就曾明确指出,并且他认为在六经中《仪礼》的重要性也不可小觑:

> 汉数六经,《礼》《乐》与焉,厥后《乐书》亡矣,有《仪礼》在,亦复不取。《周礼》古矣,然圣人设官分职之书也。至其所用以长以治者,岂能舍《仪礼》?《礼记》古矣,然皆释《仪礼》之义,若《祭义》《冠义》《昏义》《乡饮酒义》《射义》《燕义》《聘义》是也,岂得而先《仪礼》?班固之论曰"六经之道同归,礼乐之用为急",固之言必有得于先生、长者之绪余,

---

[1] 张淳:《仪礼识误》,《丛书集成》本,商务印书馆,1936年,第4~5页。

而非臆度也。古者圣王重礼,以之修身,以之齐家,以之治国,以之平天下,以之丰财裕民,以之强兵御侮。厥后狃于淫靡骄倨苟且之习,不惟缓其所急,亦既废之。成德致治之具废,而望学士大夫有日可见之行如三代,国之安富尊荣如三代,所以难也。①

张淳认为,《周礼》之用、《礼记》之义都是建立在《仪礼》的基础上,即便放之于六经,礼乐也最为紧要。张淳视礼仪为治国、平天下,强国富民所赖以凭借的媒介,并非仅仅"虚书",即停留于"礼用于实践"的观念,而是真正运用到自己的日常生活且尤重丧祭。张淳"晚而学诗书,讲诵数年,既大通风人美刺,与古丧祭上下之交立教微意,以为天下国家可推此而理","君临人丧,治其敛衣,或设之祭,稽经考仪,割绝肺肝,放像俎彝,其为铭文,刻切怪奇。葬视其穸,风雨必时"②,"执母夫人黄氏之丧,自饭含至于既窆,凡所以诚信其亲者;自括发至于既祥,凡所以哀恫其身者,质诸《士丧礼》,无不合"③。他承袭了从北宋开始,士人以"天下为己任",力倡经世致用并身体力行于以礼而"一道德同风俗","独追古辈,好绳俗"④,利用为他人撰写铭文之机而讽劝世俗,"于族姻之丧,为之治衣敛棺襚,绌巫佛,强其为此,禁其为彼,人颇谓怪,至交口哂骂之,忠甫说甚长而未之服予也。及见其躬行,极人之所难,然后翕然加敬,尊信其说,有从之者;虽不从者,亦内愧莫之敢议也"⑤。正是对"礼用于实践"而化风俗的执着与坚守,使张淳深感礼义之不昌由文本之不彰,通过校勘以提供更接近原本的《仪礼》自是成为基础性工作。

---

① 张淳:《仪礼识误》,《丛书集成》本,第 2~3 页。
② 陈傅良:《陈傅良先生文集》卷四五《祭张忠甫》,浙江大学出版社,1999 年,第 577 页。
③ 《陈傅良先生文集》卷四七《张忠甫墓志铭》,第 596 页。
④ 《陈傅良先生文集》卷四七《张忠甫墓志铭》,第 596 页。
⑤ 《陈傅良先生文集》卷四七《张忠甫墓志铭》,第 596 页。

　　紧随张淳其后，与之同样致力于解决《仪礼》文本阅读问题的李如圭，则聚焦于《仪礼》经注，尤其是郑玄注释的说解，以"释曰"的方式疏通文意，使读者能"读懂"。如《昏礼》曰："妇，乘以几者。姆加景，乃驱，御者代"，郑注："乘以几者，尚安舒也。景之制盖如明衣，加之以为行道御尘，令衣鲜明也。景，亦明也。驱，行也。行轮三周。御者乃代婿，今文景作憬。"李如圭广引经典以解郑注，释曰："乘以几，谓登车时也。《曲礼》曰'尸乘必以几'，《诗》云'衣锦褧衣，裳锦褧裳'，以锦为衣裳而上加禅縠，庶人妻之嫁服也。《硕人》诗亦云'衣锦褧衣'，庶人卑，不嫌与国君夫人同，士妻纯衣加明衣，非为其文大著，为御风尘耳。"①事实上，《仪礼集释》中的"释曰"所涉甚广，包括经注语词的训解、校勘、释音，又有对经文行礼仪节、器物度数、礼义的阐发。②清人胡培翚评价该书"全录《郑注》，而博采经传为释，以相证明，其异于前人者多有根据，不为臆断。盖注疏以后，释《仪礼》全经者，此为第一书"③，该书对于解读《仪礼》经注的作用不言而喻。

　　如果说李如圭《仪礼集释》是对《仪礼》经注的详解版，那么魏了翁的《仪礼要义》则是引导读者读懂《仪礼》的简版，只是对于李如圭遵从郑注略有不同意见。魏了翁的《九经要义》撰于理宗宝庆年间被贬于靖州且开馆授学之时，因此这套书对于当时学子的学习大有裨益。魏了翁受朱子学思想的影响，以《仪礼》为本，其次为《礼记》，《周礼》为末，他在《仪礼要义》开篇便引述贾公彦之语"《周礼》《仪礼》发源是一。理有终始，分为二部，并是周公摄政太平之书。《周礼》为末，《仪礼》为本，本则难明，末则易晓"④。因此，如何方便读者阅读，精要掌握《仪礼》则成为该书的基本写作动机。作为魏了翁《九经要义》中的一种，《仪礼要义》的撰写方法仍然为针对"说经

① 李如圭：《仪礼集释》卷二，丛书集成初编本，商务印书馆，1939年，第45页。
② 邓声国在《李如圭〈仪礼集释〉的解经特色》（《江西社会科学》，2010年第10期）中详细分析了"释曰"解经注语言的方法和特色。
③ 胡培翚：《研六室文钞》卷七《〈仪礼集释〉书后》，《续修四库全书》第1507册，第440页。
④ 魏了翁：《仪礼要义》卷一，文渊阁《四库全书》本，第104册。

者但知诵习成言,不能求之详博"而"取诸经注疏之文,据事别类而录之"①,正因为如是,四库馆臣认为,虽然该书所采不及他书,然而《仪礼》诠解仍然以注疏为蓝本,该书删繁就简堪称"提要"。

与前述不同,朱熹则重在从编纂体例的角度解决《仪礼》难读的问题。朱熹在构思《仪礼经传通解》的编纂时,反思《仪礼》之所以给世人留下难读的印象,主要原因之一在于缺乏合理的编纂体例,"经不分章,记不随经,而注疏各为一书,故使读者不能遽晓"②,读者要理解一段经文,须翻阅参照单独记载的记文和额外的注疏本,造成阅读与理解的"断裂"。于是他期望在《仪礼经传通解》中开创一种全新的编纂模式——经文分章、注疏记随文。朱熹及其弟子编纂而成的《仪礼经传通解》,对后世经学典籍的编纂产生了深远的影响。

除了对《仪礼》基本文献的校勘、解读、创造性地改编体例之外,南宋士人在礼图方面所做的努力,同样以方便实践运用为考量。郑樵提出"图谱学"的理论建树在很大程度上都是基于学问贵在实践的观念,这既是指从实践中学,用于实践,也指在为学过程中以实践中的见闻为参考,多闻博见造就了郑樵治学的会通精神。他认为,图谱为治学之必备,"为天下者,不可以无书;为书者,不可以无图谱。图载象,谱载系,为图所以周知远近,为谱所以洞察古今","善为学者,如持军治狱,若无部伍之法,何以得书之纪;若无核实之法,何以得书之情","天下之事,不务行而务说,不用图谱可也。若欲成天下之事业,未有无图谱而可行于世者",借助图谱,为学可事半功倍,"离图即书,尚辞务说,故人亦难为学,学亦难为功","若平日胸中有千章万卷,及置之行事之间,则茫茫然不知所向"。③他在《明用》篇中所列出的十六类图书,如宫室、器用、车旗、名物等,其中大部分皆为《仪

① 《四库全书总目》卷三《周易要义》,第 28 页。
② 《晦庵先生朱文公文集》卷五四《答应仁仲》,第 2550 页。
③ 郑樵:《通志》卷七二,中华书局,1995 年,第 1825 页。

礼》之所涉。南宋时期士大夫积极在地方推广乡饮酒礼，郑樵也曾身体力行编《乡饮礼图》以供实用参考。郑樵关于图谱学的理论建树对于南宋尤其是朱熹及其弟子的礼图探讨影响深远，杨复曾自述："曩从先师朱文公读《仪礼》，求其辞而不可得，则拟为图以象之，图成而义显，凡位之先后秩序，物之轻重权衡，礼之恭逊文明，仁之忠厚恳至，义之时措从宜，智之文理密察，精粗本末，昭然可见。"①

在以《仪礼》为蓝本的改造方面，北宋时期探索将《仪礼》改编为适应新时代士庶通礼的方法，综合参考国家礼典、朝廷敕令、经史要籍、私修书仪等增损、辨析仪文，并详述礼义，使读者既知其然又知其所以然。至南宋，北宋私修士庶仪典得到广泛传播，如刻印集司马、程、张、吕氏诸家的《四家礼范》；周端朝编《冠婚丧祭礼》，"集司马氏、程氏、吕氏礼"；张时举编《弟子职》，"以《管子·弟子职》、班氏《女诫》、吕氏《乡约》《乡礼》，司马氏《居家杂仪》合为一编"②；佚名《十书类编》，包括"《管子·第子职》、曹昭《女诫》、韩氏《家祭式》、司马温公《居家杂礼》、吕氏《乡礼》、范氏《义庄规》、高氏《送终礼》、高登《修学门庭》、朱氏《重定乡约社仓约束》也。虽不专为礼，而礼居多"③。南宋时期私修士庶仪典，既有专礼，如高闶的《送终礼》、赵希苍的《赵氏祭录》，以及梁观国力排佛老而制的《丧礼》，也有通礼，如《朱子家礼》、李植的《公侯守宰士庶通礼》，以及有散见仪节之家礼、家范等体裁的著作，如袁采的《袁氏世范》、应俊的《琴堂谕俗编》、李宗思的《礼范》、叶梦得的《治生家训要略》等。相对于北宋，南宋新的变化是改编《仪礼》为士庶通礼的文本日趋简略，这种对仪节的重视，反映在朱熹修编的吕大钧的《吕氏乡约》中。其主要表现为大量增加实践仪文，尤其是在原"礼俗相交"类别之下又细分为尊幼辈行、造请拜揖、请召送迎、庆吊赠遗，在这四类之

---

①　《经义考》卷一三二，中华书局，1998 年。

②　《直斋书录解题》卷一〇，第 312 页。

③　《直斋书录解题》卷六，第 189 页。

下又细分若干仪节类目,从服饰、动作、辞令等多方面补充具体仪式的操作要领。当然,最典型的即为南宋晚期的《家礼》,通过变《书仪》仪文为《家礼》注释、删除《书仪》相关仪文的注释、合并仪文等三种方式裁剪之后,礼义阐述与道德训教的内容被大量削减,突出仪文,极大地提升了该书的实用价值。相对于《书仪》而言,《家礼》则更像是一本实用手册,其实用性体现在特别针对南方实际制礼,如"大敛"注文提及"古者大敛而殡,既大敛则累墼涂之,今或漆棺未干,又南方土多蝼蚁,不可涂殡,故从其便"①。车垓《内外服制通释》则是模仿《文公家礼》而补其所未备,全书有图、说、名义、提要,分列正服、义服、加服、降服,都推阐明晰、颇具条理。②

第五节　评价与认识:王安石科举废《仪礼》的影响与韩愈《仪礼》难读论

在评价宋代《仪礼》学的发展时,无论古今都常以王安石科举废《仪礼》来说明《仪礼》在宋代遭受的厄运,以及宋代尤其是北宋攻治《仪礼》者甚少的原因。朱子的评价引述者最多,朱熹在《乞修三礼札子》中说:"前此犹有三礼、通礼、学究诸科,礼虽不行,而士犹得以诵习而知其说。熙宁以来,王安石变乱旧制,废罢《仪礼》而独存《礼记》之科,弃经任传、遗本宗末,其失已甚。而博士诸生又不过诵其虚文,以供应举。至于其间,亦有因仪法度数之实而立文者,则咸幽冥而莫知其源。一有大议,率用耳学臆断而已,若乃乐之为教,则又绝无师授。律尺短长、声音清浊,学士大夫莫有

---

①　《家礼》,第908页。

②　王宇阐述了《内外服制通释》对《家礼》的捍卫与增补(见王宇:《师统与学统的调适:宋元两浙朱子学研究》,社会科学文献出版社,2019年)。

知其说者,而不知其为阙也"①,又与弟子说道:"祖宗时有《三礼》科学究,是也。虽不晓义理,却尚自记得。自荆公废了学究科,后来人都不知有《仪礼》"②,又云:"荆公废《仪礼》而取《礼记》,舍本而取末"③,"王介甫废了《仪礼》,取《礼记》,某以此知其无识"④,"《仪礼》旧与六经三传并行,至王介甫始罢去。其后虽复《春秋》,而《仪礼》卒废。今士人读《礼记》而不读《仪礼》,故不能见其本末。场屋中《礼记》义,格调皆凡下。盖《礼记》解行于世者,如方、马之属,源流出于熙丰,士人作义者多读此,故然"⑤。

受朱子学的影响,此说流传甚广。林駉在《源流至论》中论道:"自王氏废罢《仪礼》独立传记,是以《仪礼》惟有士礼数篇仅存,王侯大夫之礼皆缺传讹袭舛,世实病之,自是而后儒生之诵习者,知有《礼记》而不知有《仪礼》,士大夫之好古者,知有开元以后之礼而不知有《仪礼》。"⑥马端临的《文献通考》引《中兴艺文志》云"《仪礼》既废,学者不复诵习,或不知有是书"⑦。陈普则直言:"王安石废罢《仪礼》,戕短《春秋》之后,生人之祸,皆蚩尤以来所未见者。"⑧直到明代茅元仪还曾谈到王安石科举废《仪礼》的影响,"王荆公改创最不合理者,莫如废《仪礼》独存《礼记》之科,荆公受世人砭数百年,而此法反至今奉之,可叹也"⑨。那么我们究竟应该如何认识王安石废《仪礼》的影响呢?

贡举考核中纳入三礼,是在贞元五年(789),至宋仍沿袭旧制,诸科之九经科、三礼科皆涉《仪礼》,前者须试贴书120贴,对墨义60条;后者对

---

① 《晦庵先生朱文公文集》卷三八《乞修三礼札子》,第25页。
② 《朱子语类》卷八七《小戴礼》,第2225页。
③ 《朱子语类》卷八七《小戴礼》,第2225页。
④ 《朱子语类》卷八三《春秋》,第2176页。
⑤ 《朱子语类》卷八四《论修礼书》,第2187页。
⑥ 林駉:《古今源流至论》前集卷五《朱氏之学》,文渊阁《四库全书》本,第942册,第64页。
⑦ 《文献通考》卷一八○《经籍七》,第1552页。
⑧ 陈普:《礼编》自序,清光绪李文田家钞本。
⑨ 茅元仪:《暇老斋杂记》卷一七,《续修四库全书》第1133册,第676~677页。

墨义 50 条。庆历新政试图变更成法，但最终还是沿用旧制。景德二年
（1005）七月，翰林学士晁迥等建议："三礼、三传所习浩大，精熟尤难，请每十
道义中，问经注四道，疏义六道，以六通及疏通二、经注通三为合格。"①然
而，因难度较大，大中祥符四年（1011）十二月三日，又下诏曰："眷彼设科，
存乎旧制，惟《礼》经之义奥，暨《传》学之文繁，念其研习之勤，特蠲条对之
数，冀申奖劝，式广搜罗。自今试三礼、三传，宜各特与减一场，仍以五通为
合格。"庆历改革时曾改变考试内容，但很快废罢。皇祐五年（1053）闰七月
二十日，又诏"诸科举人自今后终场问大义十道，每道举科首一两句为问，
能以本经注疏对而加以文辞润色发明之者，为上；或不指明义理但引注疏
备者，次之，并为'通'。若引注疏及六分者，为'粗'。其不识本义或连引他
经而文章乖戾、章句断绝者，为'否'，并以四'通'为合格"，则三礼科终场
问大义十道。嘉祐二年（1057）十二月戊申（六日）诏"诸科增试大义十条"。
三礼科与九经等诸科一样，亦增试大义十条。熙宁四年（1071）二月，王安
石改革科举，诏"罢诗赋及明经、诸科，以经、义、论、策试进士"，进士科改
试经义，"士各占治《易》《诗》《书》《周礼》《礼记》一经，兼《论语》《孟子》"。
在熙宁科举改制中，由于诸科被废，原《仪礼》所属的九经科、三礼科废止，
经熙宁六年（1073）科场之后，随着旧应三礼科举人的销尽而消亡。②

    事实上，唐代以降，因其相对它科而言难度较大，三礼科并不是士人
热衷之选，大中祥符年间降低考试标准也有这方面的原因。朱熹对王安石
在科举中废罢《仪礼》的评价，应从两方面来看，科举考试的考核内容确为
指引士子读书治学的风向标，熙宁科考改革中废罢《仪礼》，此后的确极大
地降低了士子攻治《仪礼》的热情以及书籍的传播力度，但在改革之前，三

---

①《续资治通鉴长编》卷六一，"景德二年十一月己卯"条，中华书局，2004 年，第 1376 页。
② 张希清：《中国科举制度的通史》（宋代卷），上海人民出版社，2017 年，第 388~399 页。

礼科既非科考中的热门，也鲜有学子以之为志业。①对此，魏了翁有着更为全面的评价。他说："自周衰，诸侯去籍，虽以二代之后而不足征，犹赖夫子之所雅言，群弟子之所记录，故尚有存者。迨是书，挟书之令作而《礼》再厄，又得河间献王、二戴、马、郑相与保残补坏，以开晋、宋、隋、唐诸儒，迭为发挥，三礼得不尽亡。自《正义》既出，先儒全书，泯不复见。自列于科目，博士诸生亦不过习其读以为利禄计；至金陵王氏，又罢《仪礼》取士，而仅存《周官》《戴记》之科，而士习于《礼》者滋鲜。就《戴记》而言，如《檀弓》《丧礼》诸篇，既指为凶事，罕所记省，则其所习仅一二十篇耳。苟不得其义，则又诿曰汉儒之说也，弃不复讲。所谓解说之详，仅有方、马、陈、陆诸家，然而述王氏之说者也。"②即便是科考保留了《周礼》《礼记》，所习者也多囿于流行新说而缺乏独立钻研，更何况原本就被学子视为畏途的《仪礼》。

若从礼学流变的角度分析宋代《仪礼》学的发展，不宜过分夸大王安石科考改革废罢《仪礼》的影响，或将其视为唯一影响因素，而更应回到《仪礼》文本本身及其学术史演变脉络的角度来考虑。三礼之中，相对于言官制名物的《周礼》与偏重阐明礼义的《礼记》，言仪式过程的《仪礼》较为枯燥，又因时代久远，名物度数、宫室服饰等未明，研习难度稍大。黄侃曾揭示礼学难治之由：一曰古书残缺，一曰古制茫昧，一曰古文简奥，一曰异说纷纭。又说，三礼之中《仪礼》尤为难读，郑君作注，其辞简质。③历代治《仪礼》，出类拔萃者并不多见，畏惧《仪礼》之难治，非从宋人始。韩愈曾在《读仪礼》中提及"余尝苦《仪礼》难读，又且行于今者盖寡。自《冠礼》凡七篇，沿袭不同，复之无由；考于今，诚无所用之。然文王、周公之法制，粗在

---

① 肖永奎在《试论王安石变法对经学文本的检择》(《孔子学刊》第十辑，青岛出版社，2019年)考察了王安石对《仪礼》的态度。

② 魏了翁：《鹤山集》卷五四《卫正叔礼记集说序》，文渊阁《四库全书》本，第1172册，第603~604页。

③ 黄侃：《礼学略说》，载于陈其泰、郭伟川、周少川编：《二十世纪中国礼学研究论集》，学苑出版社，1998年，第13页。

于是。孔子曰:'吾从周。'谓其文章之盛也。古书之存者希矣! 百氏杂说,尚有可取,况圣人之制度耶? 于是掇其大要,奇辞奥旨著于篇,学者可观焉。惜乎吾不及其时进退揖让于其间,呜呼盛哉"①。韩愈提到《仪礼》难读的原因主要在于时间久远且已不再施行,具体内容已无所考,有着巨大的阅读障碍。

韩愈关于《仪礼》难读的说法,在宋代影响很大。北宋刘弇言:"问:经礼三百,威仪三千,言礼而仪反多于礼。又,孔子之门人,有自许以'愿为小相'者而动无礼文。盖桑扈之所刺。则仪之在礼,固有不可废焉者。然自郊劳至于钱赠,礼无遗者,而君子不以为能,禹行舜趋而荀卿诋以为子张氏之贱儒,则仪之在礼又有不必先焉者。故赵简问周旋揖逊,子大叔曰'是仪也,非礼也',而女叔时亦以为鲁侯焉知礼,屑屑焉习仪以亟。由是观之,彼所谓真礼者,果安在乎? 今《周官》礼仪与戴圣所传号《礼记》者,件举条别,殆有甚于组绘,非其摄斋敛袵之小谨,则簠簋椸枷之繁文也,而《仪礼》又韩愈欲揖逊于其间而不得者,遽以为仪而缓之,可乎。"②直至南宋,马廷鸾也曾被"误导",他在《仪礼本经注疏会编后序》中说:"余生五十八年,未尝读《仪礼》之书。一日,从败箧中得景德中官本《仪礼疏》四帙,正经、注语皆标起止,而疏文列其下。盖古有明经、学究专科,《仪礼》经注,学者童而习之,不待屑屑然登载本文而已熟其诵数矣。王介甫新经既出,士不读书,如余之于《仪礼》者,皆是也",加之韩愈言《仪礼》难读就更不读。直到读完《仪礼》,才发现"其为书也,于奇辞奥旨中,有精义妙道焉。于纤悉委曲中,有明辨等级焉。不独欲人之善其生,且欲人之善其死。不惟致严于冠婚、朝聘、乡射,而尤严于丧祭。后世徒以推士礼而达于天子,以为残阙不可考之书。徐而观之,一士也,天子之士与诸侯之士不同;一大夫也,下大夫与上大夫不同。等而上之,固有可得而推者矣。周公之经,何制之备也! 子夏之

① 韩愈:《韩昌黎文集校注》卷一一《读仪礼》,马其昶校注、马茂元整理,上海古籍出版社,1986年,第39页。

② 刘弇:《龙云集》卷二七《仪礼》,文渊阁《四库全书》本,第1119册,第290页。

传,何文之奇也! 康成之注、公彦之疏,何学之博也",大叹"韩昌黎之云,岂欺我哉"。①

　　尽管熙宁以后科考废罢《仪礼》,以及韩愈《仪礼》难读论影响较大,但是并不代表《仪礼》鲜有人问津。事实上,从经典与实践互动的角度来看,人们对《仪礼》的研读并未也不可能中断。如前所述,基于政治制度或朝廷议礼及制作士庶仪典所需,《仪礼》仍然是士人案头必读。除此之外,《仪礼》也被作为家族教育之必备基础知识,吕本中《童蒙训》言:"后生学问且须理会《曲礼》《少仪》《仪礼》等,学洒扫应对进退之事,及先理会《尔雅》训诂等文字,然后可以语上。下学而上达,自此脱然有得,自然度越诸子也。不如此,则是躐等,犯分陵节,终不能成。孰先传焉,孰后倦焉,不可不察也。"还有一些不为流俗所染之人研治《仪礼》。朱熹曾提到父亲与谢绰中相识之事,"先君子太史公尉政和时以公事行乡落间,闻田舍中有诵书声属耳,颇异。亟下车,入其舍,则一少年书生方对案危坐,吟讽自若。先君子前,揖问:'读何书? '生起对曰:'《仪礼》也。'是时,士方专治王氏学,非《三经》《字说》《日录》老庄之书不读,而生之业乃如此,先君子固已奇之"②。

　　韩愈的说法,也不乏质疑者。北宋刘才邵在为《唐开元礼》撰序时就提出"韩愈尝读《仪礼》,惜其不及进退揖逊于其间,夫周室远矣。使愈出于开元时,其所愿欲庶几获偿"③。南宋时,随着人们对《仪礼》探究的深入,对韩愈的说法开始更加深刻反省,前述马廷鸾"韩昌黎欺我之叹"即为一例,真德秀说:"韩子可谓好古矣,然以为于今无所用,则亦考之未详。"④王应麟认为:"韩文公《读仪礼》谓'考于今无所用'。愚谓天秩有礼,小大由之,冠昏丧祭,必于是稽焉。文公大儒,犹以为无用,毋怪乎冠礼之行,不非郑尹

---

①　马廷鸾:《碧梧玩芳集》卷一二《仪礼本经注疏会编后序》,文渊阁《四库全书》本,第1187册,第92页。

②　《晦庵先生朱文公文集》卷七六《谢监庙文集序》,第3664页。

③　刘才邵:《橄溪居士集》卷一〇《唐开元礼序》,文渊阁《四库全书》本,第705册,第725页。

④　真德秀:《读书记》卷二四《礼要旨》。

而快孙子也？"①章学诚对此颇有反思。他认为，《仪礼》需钻研多年才可有得，并不是读不懂，而是欠缺多年浸润积淀，韩愈的文章写得很好，但是读《仪礼》实非经学行家，"古人学问、文章出于一，后世多不能兼。……韩昌黎，文起八代之衰，乃云：'凡为文辞，宜略识字。'略识云者，不求甚解，仅取供文辞用也。又云：'《尔雅》注虫鱼，定非磊落人。'又苦《仪礼》难读，盖于经学不专家也；然当时如孔、贾、徐、陆诸君，有功诸经，文即不少概见。非古今人不相及，去古久远，音义训故再失师传，非终身专力于是，不能成家，是以不可兼也"②。

　　于实践中产生，经典化后再次回归并指导实践，这既是《仪礼》的文本属性，也是儒家礼学的根本诉求。因此，孔子说"言而履之，礼也"，《仲尼燕居》则云"制度在礼，文为在礼，行之其在人乎"。随着儒家取得政治与文化话语权，《仪礼》经注须不断为王朝典章制度与社会教化提供知识与思想的资源，然而有限的文本并不足以应对变换流动的时代，不同时期与情景的实践又为《仪礼》的解读与运用提出挑战，学与用的互动，构成清代以前《仪礼》学发展的基本动力。有宋一代，人们在使用《仪礼》资源的时候都面临一个同样的问题，即存在《仪礼》的阅读障碍。然而对于学官、职业化礼官而言，需要反复研读并对比三礼文本与典章制度，才能承担制礼、议礼的角色；对于积极于"一道德，同风俗"的士人而言，在修撰家族仪典时也要尽可能准确地解读《仪礼》仪文与礼义，才能在古今之间作出恰当的损益。北宋时期与《仪礼》有关的探讨即以此为背景，聂崇义、陆佃、陈祥道在礼图方面作了开创性的探索，吕大临以《士丧礼》为主，传记为辅，尝试着以一种新的方式编纂礼书，而司马光则大刀阔斧，极具创造性地改编《仪礼》而制《书仪》，北宋时期在解决《仪礼》文本的阅读与经世致用的方法探

①　《困学纪闻》卷五《仪礼》，上海古籍出版社，2008年，第571页。
②　章学诚：《文史通义》新编新注卷八《报谢文学》，浙江古籍出版社，2005年，第638页。

讨,是南宋时代《仪礼》学迅疾发展的先声。实践的诉求同样刺激着南宋《仪礼》学的发展,张淳校勘仪礼经注文本撰《仪礼识误》、李如圭解释郑注、朱熹改编礼书体例等,都在积极地解决《仪礼》文本阅读障碍的问题。北宋私修士庶仪典在南宋得到广泛传播,《家礼》则在《书仪》的基础上以更简略的文本供实践推广,《仪礼》的校注与解读方法也得到极大提升。从经学的角度,只看到南宋以来的发展,很容易忽视其背后的动因,唯有回到经典与实践的互动,才能更全面、深入地揭示宋代《仪礼》学的全貌。

第八章　从礼乐之实到礼乐之用：
对朱熹礼乐观的再检视

　　礼乐是传统中国儒家文化与社会秩序建构的根基，然而对于力图重建国家权威与秩序重建的宋人而言，已不再满足于高谈阔论。以实践为取向的他们，注定面对如何调和或平衡过去与当下的难题。宋代士人尤其是理学家热衷讨论并尝试礼乐实践，从二程到朱熹，对儒家的礼乐思想多有阐发。学界在朱熹礼学方面的研究成果已相当丰富，自 20 世纪 90 年代开始也逐步开始对其音乐思想展开研究，孔子所言"兴于诗、立于礼、成于乐"①，分而研究固然能有助于深度剖析，但如果忽略了三者之间的联动，则不足以认识知识架构与思想的内在逻辑，进而导致囿于一隅而无法触及实质。近年来，虽然也有研究者注意整理与论述朱熹的礼乐观，但对于他所理解的"乐"究竟标准如何，礼乐之间的内在关系，以及从经典如何到

---

①　《论语注疏》卷八《泰伯》，《十三经注疏》，第 2487 页。

实践等仍有诸多未明,且大多仍割裂而言之。①

第一节　从为学到为道的过程论:
兴于诗,立于礼,成于乐

　　探析宋人对于诗礼乐关系的阐释,可以从"兴于诗,立于礼,成于乐"说起。这句话出自《论语·泰伯》,因为这句话并未提供前后语境,历来解释不一。现存最早的是汉代包咸的解释,"兴,起也,言修身当先学诗也","礼所以立身","乐所以成性",他强调诗在修身学习中的优先性,同时指出礼以立身、乐以成性的功能。②包咸的解释影响很大,何晏直承其说。然而至唐代,韩愈提出一种新的看法,他认为,先儒的理解很成问题,这三句话一

────────────

　　① 首部研究朱熹音乐思想的专著为郑俊晖的《朱熹音乐著述及思想研究》(人民教育出版社,2010年),该书对朱熹在《朱文公文集》《朱子语类》《律吕新书》《琴律说》《仪礼经传通解》等著作中的音乐著述进行目录、版本、校勘、史源等方面的文献学研究,并整理出朱熹音乐年谱长编。此外,该书还整理与回顾了20世纪以来研究朱熹音乐观有关的论著,如杨荫浏的《中国古代音乐史稿》(人民音乐出版社,1981年,第452~455页)之"朱熹的'中和'音乐观",郑锦扬的《朱熹音乐思想论稿》(《中国音乐学季刊》,1992年第3期),蔡仲德的《中国音乐美学史》(人民音乐出版社,2003年)之论朱熹的音乐美学思想,王耀华《朱熹理学思想与福建音乐文化》(《音乐研究》1996年第4期)等。近年来新增成果包括龚妮丽、张婷婷的《乐韵中的澄明之境——中国传统音乐美学思想研究》(广西师范大学出版社,2009年)之朱熹的音乐观刍议,冯光珏的《朱熹的琴论与中和音乐观——写在朱熹诞辰880周年之际》(《乐府新声》2010年第4期),韩伟的《宋代乐论研究》(南京大学博士学位论文,2011年)所涉部分等。另外,学界也注意梳理与阐发朱熹的礼乐思想,如徐远和的《朱熹礼乐思想简论》(《朱子学与21世纪国际学术研讨会论文集》,三秦出版社,2001),冯兵、乐爱国的《理学视阈中的礼乐文质论——以朱熹为中心的研究》(《社会科学战线》2010年第8期)、孙婧的《朱熹对孔子礼乐的发展》(安徽大学硕士学位论文,2013年)、张文的《朱熹理学视野中的礼乐教化思想研究》(山东大学博士学位论文,2018年)等。冯兵在《我国近年来朱子礼乐思想研究述评》(《渭南师范学院学报》2011年第5期)中回顾了2010年以前的研究论著之后提出:"学术界关于朱熹礼乐思想的研究仍然是一种切割的方式在进行",最近十年以来虽陆续有成果发表,但仍显不足。

　　② 《论语注疏》卷八,《十三经注疏》,第2487页。

气呵成,皆为就诗而言之,"三者皆起于诗而已,先儒略之,遂惑于二矣"。李翱解释说:"诗者,起于吟咏情性者也。发乎情是起于诗也;止乎礼义,是立于礼也;删诗而乐正雅颂,是成于乐也。三经一原也,退之得之矣,包氏无取焉。"①不过韩、李的说法似乎影响不大,后世引述并不多见。

降及宋代,人们对这句话的阐发与说解愈加丰富。曾巩在《相国寺维摩院听琴序》中论及古者学士习六艺以成养,"其出入进退,俯仰左右,接于耳目,动于四体,达于其心者,所以养之至如此其详且密",同时修心养性,修炼内外,外操练技艺,内拯救气质之偏,最终达到内化即成于乐的境界。②方悫将"立于礼,成于乐"视为修炼内外之成法,并提出"礼乐盖人之所固有也,先王之教人,岂能责之以其所无哉,亦因其所有修之,俾勿坏而已"③,主张礼乐具有天经地义的特性。陈旸则更加敏锐地关注到礼乐之间交错共通的关系,"乐虽修内,未尝不发形于外;礼虽修外,未尝不交错于中","教世子以礼乐,使之至于杂而著,则其德成矣。故乐之成也,心术形而悦怿;礼之成也,恭敬而温文"。④不同于上述偶涉而论,二程与陈祥道对"兴于诗,立于礼,成于乐"的说解更为完整且颇有发覆。二程明确界定其意,"《诗》,发于人情,止于礼义,言近而易知,故人之学,兴起于《诗》。礼者,人之模范,守礼所以立其身也。安之而和乐,德之成也",又"兴于诗,立于礼,自然见有着力处。至成于乐,自然见无所用力(一本云'兴于诗,便须见着力处;立于礼,便须见有得力处;成于乐,便须见有无所用力处')"。⑤然而,二程侧重分论其意,并未更多触及三者之间的关系,与二程不同,陈祥道采用回到文本、经文互阐的方法对这句话展开了全新的解释。他将

---

① 韩愈、李翱:《论语笔解》,中华书局,1991年,第10页。
② 曾巩:《曾巩集》卷一三《相国寺维摩院听琴序》,中华书局,1984年,第211页。
③ 卫湜:《礼记集说》卷五一,文渊阁《四库全书》本,第118册,第81页。
④ 陈旸:《乐书》卷四《礼记训义·文王世子》,中州古籍出版社,2019年,第19页。
⑤ 《河南程氏遗书》卷一,《二程集》,第5页。

"吾十有五而志于学,三十而立,四十而不惑,五十而知天命,六十而耳顺,七十而从心所欲,不逾矩"(《论语·为政》)与"知之者不如好之者,好之者不如乐之者"(《论语·雍也》),"可与共学,未可与适道。可与适道,未可与立。可与立,未可与权"(《论语·子罕》),"生而知之者,上也;学而知之者,次也;困而学之,又其次也"(《论语·季氏》)对照阐发,极具创见。不同于先儒分别说解什么是兴、立、成,陈祥道将"兴于诗,立于礼,成于乐"阐述为修身进德不可分割的连续过程。

陈祥道在经文互阐中极为巧妙地将散见于《论语》中的几条经文加以融会贯通,形成对兴、立、成独到的见解。他提出,"十五志于学,兴于诗,而可与共学者也;三十而立,立于礼,而可与立者也;成于乐,而可与权者也,惟七十从心然后能之耳"[①],"知之者,为学日益而穷理者也,兴于诗者能之。好之者,为道日损而尽性者也,立于礼者,能之。乐之者,损之又损,而将以至于命者也,成于乐者,能之"[②]。为了说明诗、礼、乐的进阶过程,他又举《表记》"强仁不若利仁,利仁不若安仁",《中庸》"明善不若诚善,诚善不若至诚"以明。知之、好之、乐之,不同的群体各有等差,"有生而知之,有学而知之,有困而知之。圣人则生而知之,贤人则学而知之,下于贤人则困而知之","有好之浅者,有好之深者,就有道而正焉。日知其所亡,月无忘其所能,此其浅者也。颜子之好学,孔子之好古,此其深者也","有人乐,有天乐,颜子不改其乐,人乐也。孔子乐以忘忧,天乐也"。[③]需注意的是,陈祥道将老庄引入解经,《乐记》"成于乐"包括音乐和愉悦的两层意思,而陈祥道引《庄子》"与人和者,谓之人乐。与天和者,谓之天乐。天乐适,则人乐足矣",将愉悦的"乐"又分为天乐、人乐两个层次,天乐即孔子乐以忘忧之

---

① 陈祥道:《论语全解》卷一《为政》,文渊阁《四库全书》本,第 196 册,第 72 页。
② 《论语全解》卷三《雍也》,第 109 页。
③ 《论语全解》卷三《雍也》,第 109 页。

乐,人乐即颜子不改其乐。又取《老子》"为学日益,为道日损,损之又损",以说明从兴到乐的进德修业的过程。四库馆臣对此颇不以为然,"其学术本宗信王氏,故往往杂据《庄子》之说,以作佐证,殊非解经之体"①。

兴、立、成是过程,而诗、礼、乐则是进阶过程所需要借助的必要媒介,"学始于言,故兴于诗。中于行,故立于礼。终于德,故成于乐。礼乐者,成人之事"②。陈祥道通过对读《论语》经文,指出在求学问道的各个阶段,诗、礼、乐的功能有差异,初级阶段需要凭借诗来进入,所以"孔子之于小子则曰何莫学夫诗",而对于成人"则曰文之以礼乐"。③礼乐似乎更关乎"成人"之事,但这又绝不意味着小时就只学《诗》,诗、礼、乐皆需研习、不可偏废,立礼、成乐却需要更漫长的过程,"兴于诗,非不学礼也,特不可谓之立。立于礼,非不知乐,特不可谓之成礼"④。又根据《学记》"十有三年,学乐,诵诗,舞勺;成童,舞象,学射御;二十而冠,始学礼"与《尚书》言"夔之教胄子,亦先之以乐"以证小时就已学乐,甚至持续至终身而不怠,"乐者,学之所终始"。这与其弟陈旸的观点相合,"夔教胄子、大司乐教国子皆先乐者,仁言不如仁声之入人深故也。始学者,必由乐以之乎礼,及其成也,又立礼而后成于乐。所谓乐者,有不为学者终始欤?"⑤"盖乐者,人之所成终始也。始乎乐,舜命夔以乐教胄子是也;终于乐,孔子曰成于乐是也"⑥,总之六艺教育缺一不可。⑦虽然从小学习礼乐,但若要"礼乐皆得",才能称之为"有

———————

① 《四库全书总目》卷三五《论语全解》,第 460 页。

② 《论语全解》卷四《泰伯》,第 127 页。

③ 《论语全解》卷四《泰伯》,第 127 页。

④ 《论语全解》卷四《泰伯》,第 127 页。

⑤ 陈旸:《乐书》卷六《礼记训义·内则》,第 33 页。

⑥ 《乐书》卷七《礼记训义·少仪》,第 42~43 页。

⑦ 陈旸《乐书》卷八六《论语训义》对"兴于诗,立于礼,成于乐"的说解几乎与陈祥道《论语全解》无别,唯注解的首句多出"学道之序"四字,显而易见,陈旸对兴、立、成的理解倾向于过程论,与陈祥道兼论成效略有差别。

《诗》《书》《礼》《乐》:宋明儒学的性道神化

德"，这是通过长时间浸染与内化才可能收获的结果。因此，他认为荀子所说"学始于诵诗，终于读礼，是可以与立也"①，以为学止乎此，并不正确。作为北宋时期曾历任学官、礼官，积极于用世的陈祥道，自不满足于仅仅从修身进德阐发兴、立、成之价值与意义，而是将其提升至治国安邦的层面来理解，"立然后道，道然后绥，绥然后动，其有为之之效也。立然后行，行然后来，来然后和，治至于和则乐矣，所谓成于乐者此也"②，孔子曾言："如有用我者，三年有成。又曰如有用我者，吾其为东周乎"③，正是用这个方法。

简言之，陈祥道认为小时候便在诗、礼、乐的孜孜不倦学习中受到熏陶，但要真正立礼、成乐则需要工夫的滋养逐步锻炼而成。陈祥道的观点对朱熹影响甚大，不过朱熹更简明扼要地指出："非是初学有许多次第，乃是到后来方能如此，不是说用工夫次第，乃是得效次第如此。"④"诗、礼、乐，古人学时本一齐去学了，到成就得力处，却有先后。然'成于乐'，又见无所用其力。"⑤当学生问"古者'十有三年学乐，诵《诗》；二十而冠，始学礼'，与这处不同，如何？"⑥朱熹详细回答说："这处是大学终身之所得。如十岁学幼仪，十三学乐、诵《诗》，从小时皆学一番了，做个骨子在这里。到后来方得他力。礼，小时所学，只是学事亲、事长之节，乃礼之小者。年到二十，所学乃是朝廷、宗庙之礼，乃礼之大者。到'立于礼'，始得礼之力。

---

① 《论语全解》卷四《泰伯》，第 127 页。

② 《论语全解》卷一〇《子张》，第 222 页。

③ 《论语全解》卷一〇《子张》，第 222 页。

④ 《朱子语类》卷三五《兴于诗章》。宋人不乏认为"兴、立、成"是为学次第者，如戴溪"此论为学次第兼言学者不可专事文义"（《石鼓论语答问》卷中）；张栻"此学之序也。学诗则有以兴起其性情之正，学之所先也。礼者，所据之实地学礼而后有所立，此致知力行，学者所当兼用其力者也。至于乐，则和顺积中而不可以已焉，学之所由成也"（《癸巳论语解》卷四）。

⑤ 《朱子语类》卷三五《兴于诗章》，第 931 页。

⑥ 《朱子语类》卷三五《兴于诗章》，第 934 页。

乐,小时亦学了,到'成于乐'时,始得乐之力。不是大时方去学。诗,却是初间便得力,说善说恶却易晓,可以劝,可以戒。礼只捉住在这里,乐便难精"①,"成于乐,如学乐诵诗,舞勺舞象,岂不是学者事?舜命夔典乐教胄子,岂不是学者事?但渐次见效,直至圣人地位,始可言成耳"②。为了让学生理解"兴、立、成"的过程论,朱熹举了生动的例子以说明,"譬如人之服药,初时一向服了,服之既久,则耳聪目明,各自得力。此兴诗、立礼、成乐所以有先后也"③。

　　同时,朱熹还进一步作了义理层面的发挥,细致诠释了"兴于诗,立于礼,成于乐"的展开过程,"兴于诗,是初感发这些善端起来。到成于乐,是刮来刮去,凡有毫发不善,都荡涤得尽了,这是甚气象","到得'成于乐',是甚次第,几与理为一。看有甚放僻邪侈,一齐都涤荡得尽,不留些子"。④朱子将"成于乐"的境界等同于达于天理,"乐者,能动荡人之血气,使人有些小不善之意都著不得,便纯是天理,此所谓'成于乐'"⑤,"大段至极",要对"成于乐"有深入的理解,而不可从浅处说。作为进德修业媒介的诗、礼与乐,朱子认为,其承担的功能有小大之分,"'兴于诗',便是个小底。'立于礼,成于乐',便是个大底"⑥,这些都表现出与陈说相当大的区别。朱熹驳斥了将"兴于诗,立于礼,成于乐"视为初学次第的说法,回归到"六艺"整体中共学,三者不再是分而言之相互割裂的关系,彰显着成效次第的为道之序。朱子所阐发的"兴、立、成"过程论,从南宋至元明,影响很大,如朱熹弟子真德秀、陈埴直承其说,陈淳则言"自幼年已学乐,至成德时,必成

　　① 《朱子语类》卷三五《兴于诗章》,第934页。
　　② 《晦庵先生朱文公文集》卷五〇《答潘恭叔》,《朱子全书》,第20册,第2316页。
　　③ 《朱子语类》卷三五《兴于诗章》,第931页。
　　④ 《朱子语类》卷三五《兴于诗章》,第931页。
　　⑤ 《朱子语类》卷三五《兴于诗章》,第931页。
　　⑥ 《朱子语类》卷三五《兴于诗章》,第930页。

《诗》《书》《礼》《乐》：宋明儒学的性道神化

于乐"①,金履祥论"兴诗是感发,立礼是持守,成于乐则是融化矣"②等。

第二节　直面肯綮：何以为"乐"
与以何"成于乐"

　　朱熹强调在实践中把握"兴于诗,立于礼,成于乐",其首要前提是准确理解兴、立、成的含义。学生曾向老师请教"成于乐处,古人之学有可证者否",朱熹回答说:"不必恁地支离。这处只理会如何是'兴于诗',如何是'立于礼',如何是'成于乐'。"③"兴、立、成"是进德修业、成效渐显的过程,然而每一个类目又各有一个过程贯穿其中。在"兴、立、成"中最难把握的就是"成于乐",《朱子语类》中有不少朱熹与弟子的对话即是针对"成于乐"展开。那么如何是"成于乐"呢?

　　把握"成于乐",首要的问题是什么是乐?《荀子·乐论》是目前所见最早以专题论乐的篇章:

　　　　夫乐者,乐也,人情之所必不免也,故人不能无乐。乐则必发于声音,形于动静,而人之道,声音、动静、性术之变尽是矣。故人不能不乐,乐则不能无形,形而不为道,则不能无乱。先王恶其乱也,故制《雅》《颂》之声以道之,使其声足以乐而不流,使其文足以辨而不諰,使其曲直、繁省、廉肉、节奏足以感动人之善心,使夫邪汙之气无由得接焉。是先王立乐之方也,而墨子非之奈何! ④

----

① 《北溪大全集》卷四二,文渊阁《四库全书》本,第1168册,第843页。
② 金履祥:《论孟集注考证》卷四《泰伯》,文渊阁《四库全书》本,第202册,第70页。
③ 《朱子语类》卷三五《兴于诗章》,第935页。
④ 王先谦:《荀子集解》卷一四《乐论篇第二十》,第252页。

且乐也者,和之不可变者也;礼也者,理之不可易者也。乐合同,礼别异。礼乐之统,管乎人心矣。①

乐者,乐也。君子乐得其道,小人乐得其欲;以道制欲,则乐而不乱;以欲忘道,则惑而不乐。故乐者,所以道乐也。②

荀子所理解的"乐"包含两层含义,即音乐与快乐的意思,不过先秦时期的"乐"多是合诗、乐、舞为一体的综合艺术,与今天所讲的音乐在内涵与外延上都有着一定的区别,且《乐论》强调乐承担着关系治乱兴衰的教化功能。作为与荀学同源异流的《礼记·乐记》③,其儒家音乐思想体系则更为完备。《乐记》明确区分声、音、乐三个层次,开篇即言"感于物而动,故形于声。声相应,故生变;变成方,谓之音;比音而乐之,及干戚羽旄,谓之乐",又言"凡音者,生人心者也。情动于中,故形于声。声成文,谓之音","凡音者,生于人心者也。乐者,通伦理者也","是故知声而不知音者,禽兽是也;知音而不知乐者,众庶是也。唯君子为能知乐。是故审声以知音,审音以知乐,审乐以知政,而治道备矣"④。简言之,心感于外物而为声,声成文则为音,用一定的规则组合的声则成为有旋律的音。而乐的概念则更为复杂。它既指旋律、舞蹈多种形式相配合的综合艺术,又要满足内容上是德音的条件,并且具有调节性情、反映治世的功能。声、音、乐,由下至上的三层次,既包含音乐形式的渐趋多样与完备,又揭示从低级到高级的音乐内容与功能的进阶,只有兼具美的形式与善的内容才符合乐的标准。但是《乐记》用了大量的笔墨赞颂德音之乐,却并未详细说明乐的形式,只是提及

---

① 《荀子集解》卷一四《乐论篇第二十》,第 255 页。

② 《荀子集解》卷一四《乐论篇第二十》,第 254 页。

③ 王齐洲:《〈礼记乐记〉作者及其与〈荀子乐论〉之关系》,《中山大学学报(社会科学版)》,2019 年第 5 期。

④ 《礼记正义》卷三七,《十三经注疏》,第 1528 页。

"比音而乐之,及干戚羽旄,谓之乐","钟鼓管磬,羽龠干戚,乐之器","金石丝竹,乐之器",或"德音之谓乐"等①,这为后世探讨什么是"乐"留下了诸多疑问和讨论的空间。

就音乐形式而言,朱熹认为,十二律吕依次为黄钟、大吕、太簇、夹钟、姑洗、仲吕、蕤宾、林钟、夷则、南吕、无射、应钟,符合儒家标准的"乐"只用其中七个,"自黄钟下生至姑洗,便住了。若更要插一个,便拗了。如今之作乐,亦只用七个。如边头写不成字者,即是古之声律。若更添一声,便不成乐"②,"乐有五音六律,能通畅人心。今之乐虽与古异,若无此音律,则不得以为乐矣",无论音乐风格、形式如何变化,所需要或依赖的音乐元素却相同。因此,在朱熹看来,尽可能通过音乐元素的讨论去探究过去的音乐形式、风格,对于理解古乐精神,进而掌握其标准,用于新时代的音乐创作与实践,同样具有极为重要的价值与意义。言乐而不言、轻言或避言其形式,最终将导致立论空洞而无法将具有实践意义的礼乐落入实处。因此,朱熹与学生交流的特别注重引导学生把握肯綮,不可轻易放过。如:

> 石丈问:"齐何以有《韶》?"曰:"人说公子完带来,亦有甚据?"淳问:"伊川以'三月不知肉味'为圣人滞于物。今添'学之'二字,则此意便无妨否?"曰:"是。"石又引"三月"之证。曰:"不要理会'三月'字。须看《韶》是甚么音调,便使得人如此,孔子是如何闻之便恁地。须就舜之德、孔子之心处看。"③

此外,历来有依据累黍、人声等不同的方法来确定"乐"的音高,朱熹主张

---

① 《礼记正义》卷三七,《十三经注疏》,第 1527~1532 页。
② 《朱子语类》卷三五《兴于诗章》,第 935 页。
③ 《朱子语类》卷三四《子在齐闻韶》,第 879 页。

采考证黄钟律管之法，"律管只吹得中声为定（季通尝截小竹吹之，可验）。若谓用周尺，或羊头山黍，虽应准则，不得中声，终不是。大抵声太高则焦杀，低则益缓"①，"音律如尖塔样，阔者浊声，尖者清声。宫以下则太浊，羽以上则太轻，皆不可为乐，惟五声者中声也"②，因此定得黄钟的音高最为重要，"十二律自黄钟而生。黄钟是最浊之声，其余渐渐清。若定得黄钟是，便入得乐。都是这里才差了些子，其他都差"，并且认为中声关系国家的治乱兴衰。朱熹曾和学生谈到北宋仁宗时李照定雅乐的标准音高，范镇认为差过了一音，"每思之为之痛心"，"刘羲叟谓圣上必得心疾，后果然"③。因此，确定雅乐的标准音高在宋人心中的重要性可见一斑。

从内容上来说，不同于《乐记》多言乐与理政之间的关系，"审声以知音，审音以知乐，审乐以知政，而治道备"④，朱熹更注重诠释乐调节身心的功能，并以此来衡量是否达到乐的标准，"五声十二律，皆有自然之和气。古乐不可见，要之声律今亦难见。然今之歌曲，亦有所谓五声十二律，方做得曲，亦似古乐一般。如弹琴亦然。只他底是邪，古乐是正，所以不同"⑤，"乐者，能动荡人之血气，使人有些小不善之意都著不得，便纯是天理，此所谓'成于乐'"⑥，"古人学乐只是收敛身心，令入规矩，使心细而不粗，久久自然养得和乐出来"⑦。

那么，通过外在形式而调节人性情的内在机制又是什么呢？《乐记》云："耳目聪明，血气和平"，朱熹告诫学生："须看所以聪明、和平如何，不

---

① 《朱子语类》卷九二《乐》，第 2336 页。
② 《朱子语类》卷九二《乐》，第 2337 页。
③ 《朱子语类》卷九二《乐》，第 2344 页。
④ 《礼记正义》卷三七，《十三经注疏》，第 1528 页。
⑤ 《朱子语类》卷三五《兴于诗章》，第 934 页。
⑥ 《朱子语类》卷三五《兴于诗章》，第 931 页。
⑦ 《朱子语类》卷三五《兴于诗章》，第 931 页。

可只如此说过。"①如学生问："五声十二律，作者非一人，不知如何能和顺道德？"朱熹回答说："如金石丝竹，匏土革木，虽是有许多，却打成一片。清浊高下，长短大小，更唱迭和，皆相应，浑成一片，有自然底和气，不是各自为节奏。乐只是此一节奏，歌亦是此一节奏，舞亦是此一节奏。不是各自为节奏。歌者，歌此而已，舞者，舞此而已。所以听之可以和顺道德者，须是先有兴诗、立礼工夫，然后用乐以成之。"②作为综合艺术的"乐"，原本就讲究协调和顺，听者在此协动之美的熏陶之下自然能直观感受和谐的生成之因，"盖教人朝夕从事于此，拘束得心长在这上面。盖为乐有节奏，学他底，急也不得，慢也不得，久之，都换了他一副当情性"③。因此，朱熹认为在六艺古代教法中，乐教最为亲切。

如前所述，朱熹认为"成于乐"即将所知、所学内化，将放辟邪侈涤荡得尽。尽管明白乐与修身成德之间的关系，以乐来调节性情的发生机制，但是毕竟古老的音乐形式缺乏记录与传承的载体，作为"成于乐"媒介的乐，后世已无从知悉其形式，那么又如何才能做到"成于乐"呢？二程对此有一段常常被后世引述的议论："天下有多少才，只为道不明于天下，故不得有所成就。且古者'兴于诗，立于礼，成于乐'，如今人怎生会得。古人于诗，如今人歌曲一般，虽闾巷童稚，皆习闻其说而晓其义，故能兴起于诗，后世老师宿儒尚不能晓其义，怎生责得学者是不得兴于诗也。古礼既废，人伦不明，以至治家皆无法度，是不得立于礼也。古人有歌咏以养其性情，声音以养其耳，舞蹈以养其血脉，今皆无之，是不得成于乐也。古之成材也易，今之成材也难。"④二程的讨论止步于此，似乎"兴于诗，立于礼，成于乐"不得不被悬置，朱熹虽然也时常引述二程的话以讲解古今之不同，以

---

① 《朱子语类》卷三五《兴于诗章》，第 932 页。
② 《朱子语类》卷三五《兴于诗章》，第 934 页。
③ 《朱子语类》卷八六《地官》，第 2222 页。
④ 《河南程氏遗书》卷一八，《二程集》，第 200 页。

及时移世易对进德修业的影响，但是他却提出了面对这种情况今人应该如何做的主张。事实上，针对这个问题，朱熹的学生曾不止一次提出疑惑：

> 问："立于礼，礼尚可依礼经服行，《诗》、乐皆废，不知兴诗成乐，何以致之。"曰："岂特《诗》、乐无！礼也无。今只有义理在，且就义理上讲究。如分别得那是非邪正，到感慨处，必能兴起其善心，惩创其恶志，便是兴于诗之功。涵养德性，无斯须不和不乐，直恁地和平，便是'成于乐'之功。如礼，古人这身都只在礼之中，都不由得自家。今既无之，只得硬做些规矩，自恁地收拾。如《诗》，须待人去歌诵。至礼与乐，自称定在那里，只得自去做。荀子言：'礼乐法而不说。'更无可说，只得就他法之而已。荀子此语甚好。"①

朱熹的这段论述有好几位学生都曾记录，文字大同小异，包含三个层次的含义：其一，从义理上讲究。准确理解"兴于诗，立于礼，成于乐"，尤其是通过诗、礼、乐三种媒介需要达成怎样的效果，即朱熹所说兴善戒恶、涵养德性至无斯须不和不乐。时移世易，春秋更迭，所赖以凭借的"诗、礼、乐"媒介，必然不可逆转地变化流逝，只有从根本上把握义理之所在，才能注重形式又不被形式所束缚，从而实现合理的变通。朱熹提出可以用其他经典如《论语》来替代《诗》以实现"兴于诗"的功能诉求，"盖诗者，古人所以咏歌情性，当时人一歌咏其言，便能了其义，故善心可以兴起。今人须加训诂，方理会得，又失其歌咏之律，如何一去看着，便能兴起善意？以今观之，不若熟理会《论语》，方能兴起善意也"②，"后世去古既远，礼乐荡然，所谓'成于乐'者，固不可得，然看得来只是读书理会道理，只管将来涵泳，到

---

① 《朱子语类》卷三五《兴于诗章》，第932页。
② 《朱子语类》卷三五《兴于诗章》，第933页。

洽浃贯通熟处,亦有此意思"①。其二,实现目标的途径在于践行,尤其是"立于礼"与"成于乐",朱熹主张两者都需要在日常生活中长时间浸染,才能逐步实现,非一时之功,没有道理可讲,只要不断去做,自然能收获,"礼,全无说话,只是恁地做去。乐,更无说话,只是声音节奏,使人闻之自然和平"②,在这样的情况下,根据所处时代制礼作乐自然就成为头等大事。不过,既然缺少媒介,又该如何践行呢? 当礼乐并举且相互融通时,似乎为这个问题提供了解决之方。

第三节　礼乐二字相离不得： 异用同体的内在逻辑与联动机制

郑俊晖就《朱文公文集》与《朱子语类》中关涉音乐的论述作了详尽的搜检与统计,对于研究朱熹的礼乐思想提供了极大的方便。据统计,《朱文公文集》中涉及音乐的文字共计 47060 字:涉及音乐的词赋 3 首、相关著述 698 余字;书信 112 通、相关著述 28110 余字;杂著 8 篇、相关著述 13150 余字;序跋 7 篇、相关著述 4050 余字;杂著 8 篇、相关著述 190 余字;公文 1 则约 850 字。《朱子语类》中论乐文字 221 条,主要分布在对《论语》《诗》《尚书》《礼》等儒家经典的评论中。朱熹特别重视对《论语》《礼》《诗》中涉及音乐内容的论议,针对这三部经典的论乐条数各占总数的 31.2%、42.9%、12.7%,三者的总和涵盖了《朱子语类》中大部分论乐文字,包括卷九二的《乐(古、今)》(62 条)、卷八七的《乐记》(17 条)、卷二三《论语·诗三百章》(16 条)、卷八〇《诗一·纲领》(15 条)及卷二二《论语·礼之

---

① 《朱子语类》卷三五《兴于诗章》,第 931 页。

② 《朱子语类》卷三五《兴于诗章》,第 933 页。

用和为贵》（12条）。①

笔者对其中涉及礼乐的文献作了简要统计。《朱文公文集》中讨论诗乐关系的书信有十八通，讨论对象有吕祖谦、刘子澄、林黄钟、冯作肃、廖子晦、潘恭叔、潘子善、熊梦兆、潘旦翁等，讨论礼乐问题的书信有一通，讨论乐教的书信两通，主要和吴晦叔、潘恭叔等。相比之下，《朱子语类》中有比较多的记载，论礼乐的有五十三条，记录者有廖德明、黄榦、程端蒙、万人杰、陈为蔚、李闳祖、吴必大、杨道夫、童伯羽、陈淳、徐宇、黄升卿、黄卓、叶贺孙、周明作、潘时举、甘节、沈僩等，尤以叶贺孙、沈僩记录为多。朱熹对于礼乐关系的理解，虽承《乐记》之说，但又有诸多新颖的发挥。

朱熹认为，礼乐既是二物，又是一物。学生曾问"礼乐"二字是否可以相离而言，朱熹回答："也须看得各自为一物，又非判然二物。"②"各自为一物"是指礼、乐具有各自不同的内在特性与功能，如《乐记》中"乐者为同，礼者为异。同则相亲，异则相敬，乐胜则流，礼胜则离"，"乐由中出，礼自外作"，"乐者，天地之和也；礼者，天地之序也"，"乐以治心，礼以治躬"等表述。③不同于《乐记》多从治国安民来谈，朱熹更强调对个体性情的作用力，他多次与学生谈道：

> 礼主于减，谓主于敛束；然敛束太甚，则将久意消了，做不去，故以进为文，则欲勉行之。乐主于盈，谓和乐洋溢，然太过则流，故以反为文，则欲回来减些子。故进反之间，便得情性之正。不然，则流矣。④
>
> 礼以谦逊退贬为尚，故主减；然非人之所乐，故须强勉做将去，方

① 郑俊晖：《朱熹音乐著述及思想研究》，人民教育出版社，2010年，第17页。
② 《朱子语类》卷二二《礼之用和为贵》，第516页。
③ 《礼记正义》卷三七，《十三经注疏》，第1527~1532页。
④ 《朱子语类》卷九五《程子之书一》，第2449页。

得。乐以发扬蹈厉为尚,故主盈,然乐只管充满而不反,则文也无收杀,故须反,方得。故云:"礼减而不进则销,乐盈而不反则放。"故礼有报而乐有反,所以程子谓:"只在进反之间,便得性情之正。"①

礼主其减者,礼主于撙节、退逊、检束,然以其难行,故须勇猛力进始回得,故以进为文。乐主其盈者,乐主于舒畅发越,然一向如此,必至于流荡,故以反为文。礼之进,乐之反,便得情性之正。又曰:"主减者当进,须力行将去;主盈者当反,须回顾身心。"②

问:"礼乐只在进反之间,便得情性之正。《记》曰:礼主其减,乐主其盈。礼减而进,以进为文;乐盈而反,以反为文。恐减与盈,是礼乐之体本如此;进与反,却是用功处否?"曰:"减,是退让、撙节、收敛底意思,是礼之体本如此。进者,力行之谓。盈,是和说、舒散、快满底意思,是乐之体如此。反者,退敛之谓。礼主其减,却欲进一步向前着力去做,乐主其盈,却须退敛节制,收拾归里。如此则礼减而却进,乐盈而却反,所以为得情性之正也,故曰'减而不进则消,盈而不反则亡'也。"因问:"如此,则礼乐相为用矣。"曰:"然。"③

学生针对《乐记》"礼胜则离,乐胜则流"提出了一个很有意思的问题,"既云离与流,则不特谓之胜,礼乐已亡矣",既然称"离"和"流",既然有"胜",就已经不再符合礼乐的标准。朱熹提醒学生说,是否为礼、乐并不是考虑的重点,而是恰好要特别注意这个"胜"字,乃吃紧处,"礼才胜些子,便是离了;乐才胜些子,便是流了。知其胜而归之中,便是礼乐之正。正好就胜字上看,不可云礼乐已亡也","只才有些子差处,则礼失其节,乐失其和。

① 《朱子语类》卷九五《程子之书一》,第 2449 页。
② 《朱子语类》卷九五《程子之书一》,第 2448 页。
③ 《朱子语类》卷九五《程子之书一》,第 2448 页。

盖这些子,正是交加生死岸头"①,关键是要清楚怎样做是胜,怎样做是流,从而尽可能去实现两者之间的平衡。

礼乐虽不同,但绝不可割裂看待,在这一点上,朱熹作了较多的发挥,相对于前述礼乐具有不同的特性与功能,他更着重论述了两者的共性以及它们之间的联动关系。首先,礼乐功能的实现需要以仁为底色。对此,先秦儒家已有比较丰富而经典的表述。《论语》中孔子有言:"志于道,据于德,依于仁,游于艺"(《论语·述而》),又说"人而不仁,如礼何?人而不仁,如乐何"(《论语·八佾》)等。北宋黄裳据此指出,"立于礼,成于乐"需以仁为前提,"立于礼,成于乐,学者之志。节文斯二者,礼乐之道。或不仁则节文之者无所用,乐之者无所出矣,欲遂其志不以难乎"②。朱熹亦主张以仁为礼乐之前提与基础,学生问及:"吕氏曰:'礼乐之情,皆出于仁。'此语似好。"曰:"大概也只是如此。"问:"游氏曰:'人而不仁,则人心亡矣',如何?"曰:"此说好。"问:"曾见先生说'仁者,心之德'。义礼智皆心之德否?"曰:"都是。只仁是个大底。"问:"谢氏曰:'未能颠沛造次由于是,故如礼何。未能不忧,故如乐何。'似说得宽。"曰:"他只似做时文用故事也,不必恁地。"问:"程先生、尹先生皆以仁为正理,如何是正理?"曰:"只是正当底道理。"③以此正当的道理作为制礼作乐所必须依赖与凭借的标准则能周流不滞。

所不同的是,朱熹又进一步将仁上升为人心之天理,礼乐则为天理的表现方式。

> 人既不仁,自是与那礼乐不相管摄。礼乐虽是好底事,必既不在,自是呼唤他不来,他亦不为吾用矣。心既不仁,便是都不醒了。如人身

---

① 《朱子语类》卷八七《乐记》,第 2253 页。

② 黄裳:《演山先生文集》卷五四《杂说》,静嘉堂文库本。

③ 《朱子语类》卷二五《人而不仁如礼何》,第 607~608 页。

体麻木，都不醒了，自是与礼乐不相干事。所以孟子说："学问之道无他，求其放心而已矣。只是一个求放心，更无别工夫。"或曰："初求放心时，须是执持在此，不可令他放。"曰："也不用擒捉他，只是要常在这里。"或曰："只是常常省察照管得在，便得，不可用心去把持擒捉他。"曰："然。只知得不在，才省悟，便在这里。"或曰："某人只凭擒制这心，少间倒生出病痛，心气不定。"曰："不是如此，只是要照管常在此，便得。"①

　　问："礼者，天理之节文；乐者，天理之和乐。仁者，人心之天理。人心若存得这天理，便与礼乐凑合得著，若无这天理，便与礼乐凑合不著。"曰："固是。若人而不仁，空有那周旋百拜，铿锵鼓舞，许多劳攘，当不得那礼乐。"②

　　礼乐者，皆天理之自然。节文也是天理，自然有底，和乐也是天理，自然有底。然这天理本是笼统一直下来，圣人就其中立个界限，分成段子；其本如此，其末亦如此；其外如此，其里亦如此，但不可差其界限耳。才差其界限，则便是不合天理。所谓礼乐，只要合得天理之自然，则无不可行也。③

　　问："'礼乐极于天而蟠乎地，行乎阴阳而通乎鬼神，穷高极远而测深厚'，此是言一气之和无所不通否？"曰："此亦以理言。有是理，即有是气。亦如说'天高地下，万物散殊，而礼制行矣'。"④

其次，《乐记》多言礼、乐各具不同的功能而相辅相成，朱熹则在此基础上着重从"敬"与"和"的关系入手，清理阐述礼乐"异用同体"说的内在

---

①　《朱子语类》卷二五《人而不仁如礼何》，第604页。
②　《朱子语类》卷二五《人而不仁如礼何》，第604页。
③　《朱子语类》卷八七《乐记》，第2253页。
④　《朱子语类》卷八七《乐记》，第2255页。

逻辑,具体从以下两方面来说。

一则,礼主于敬,乐主于和,各有所主。如果说礼乐关系不可分割,那么应该如何理解"和"与"敬"这两个看似性质相反的关键词呢?礼在于有所区别,乐在于自然和谐,然而孔子却说"礼之用,和为贵",又该如何理解?朱熹曾就此向学生提问,学生多困惑不解,也不乏以此问题请教老师者,略举几条:

> 先生问学者:"今人行礼,多只是严,如何得他和?"答者皆不契。①
>
> 伯游问:"礼之用,和为贵。"②
>
> 问:"'礼之用,和为贵',莫是礼之中便有一个和?莫是在用处?"③
>
> 问:"礼以全体言,何故用和?"④
>
> 仲思问:"敬固能和,和如何能敬?"⑤

尤其注意最后一条,彼此都遵守秩序规则自然能和,但是自然和谐又如何才能不失分寸且相互尊重,维系秩序规则呢?事实上,提出这个问题者,已然先入为主地设定了体现秩序规则的礼是强人而勉力为之的事情,即敬是受外在力量驱动而成的。

面对学生的疑问,朱熹首先要做的就是纠正学生对于礼的认知,"此言礼之出于自然,无一节强人。须要知得此理,则自然和"⑥,朱熹举日常事例以推而阐之,"且如而今对面端严而坐,这便是礼;合于礼,便是和。如君臣之间,君尊臣卑,其分甚严。若以势观之,自是不和。然其实却是甘心为

---

① 《朱子语类》卷二二《礼之用和为贵》,第513页。

② 《朱子语类》卷二二《礼之用和为贵》,第514页。

③ 《朱子语类》卷二二《礼之用和为贵》,第516页。

④ 《朱子语类》卷二二《礼之用和为贵》,第516页。

⑤ 《朱子语类》卷二二《礼之用和为贵》,第519页。

⑥ 《朱子语类》卷二二《礼之用和为贵》,第513~514页。

之，皆合于礼，而理自知矣"①，"如人入神庙，自然肃敬，不是强为之。礼之用，自然有和意"②。简言之，作为天理之节文的礼，原本就是缘情而作，为使天地万物各安其安、和谐共存，并非强人所难而设定。如若清楚认识到这一点，就不会认为敬而尊礼是违和之举。除此之外，朱熹又进一步指出，对什么是"和"也应该有所明辨。"和"，除了有遵行礼仪、秩序井然、各安其安的意思之外，还表示心中认同、甘心为之、发自内心，"礼是严敬之意。但不做作而顺于自然，便是和。和者，不是别讨个和来，只就是严敬之中顺理而安泰者便是也。礼乐亦只是如此看"③，"礼主于敬，而其用以和为贵。然如何得他敬而和？着意做不得。才着意严敬，即拘迫而不安；要放宽些，又流荡而无节。须是真个识得礼之自然处，则事事物物上都有自然之节文，虽欲不如此，不可得也。故虽严而未尝不和，虽和而未尝不严也"④。尊礼以敬，敬而和；和而尊礼，严敬自有。

如前所述，朱熹强调论述礼乐的共性与两者的联动关系，将仁上升为人心之天理，视礼乐为天理的表现方式，作为礼乐精神特质的"敬"与"和"，自然也统合于其中，具备同一性。"礼主于敬，乐主于和，此异用也；皆本之于一心，是同体也。然敬与和，亦只一事"，"礼主敬，敬则和，这便是他同体处"。⑤问："礼乐同体，是敬与和同出于一理否？"曰："敬与和同出于一心。"曰："谓一理，如何？"曰："理亦说得。然言心，却亲切。敬与和，皆是心做。"曰："和是在事否？"曰："和亦不是在事，在心而见于事。"⑥

那么"敬"与"和"是否具有先后、体用之别呢？学生针对谢良佐云"礼乐异用而同体，是心为体，敬和为用"与《集注》所云"敬为体，和为用"说法

① 《朱子语类》卷二二《礼之用和为贵》，第520页。
② 《朱子语类》卷二二《礼之用和为贵》，第516页。
③ 《朱子语类》卷二二《礼之用和为贵》，第516页。
④ 《朱子语类》卷二二《礼之用和为贵》，第517页。
⑤ 《朱子语类》卷二二《礼之用和为贵》，第519页。
⑥ 《朱子语类》卷二二《礼之用和为贵》，第519页。

的不同而提出疑问,朱熹回答说:"自心而言,则心为体,敬和为用;以敬对和而言,则敬为体,和为用。大抵体用无尽时,只管恁地移将去。如自南而视北,则北为北,南为南;移向北立,则北中又自有南北。体用无定,这处体用在这里,那处体用在那里。这道理尽无穷,四方八面无不是,千头万绪相贯串。"①虽然,敬与和为一体,皆出于心,但若两者相对而言,则敬体和用,敬先和后,"敬是'喜怒哀乐未发之中',和是'发而皆中节之和'。才敬,便自然和。如敬,在这里坐,便自有个氤氲磅礴象"②,"须先是严敬,方有和。若直是尽得敬,不会不和。臣子入朝,自然极其恭敬,也自和,这不待勉强如此,是他情愿如此,便自和。君君臣臣、父父子子、兄兄弟弟、夫妇朋友各得其位,自然和。若君失其所为君,臣失其所以为臣,如何会和? 如诸公在此坐,都恁地收敛,这便是和。若退去自放肆,或乖争,便是不和",因此他十分认同周敦颐在《通书》中所说:"礼,理也;乐,和也。阴阳理而后和。君君臣臣、父父子子、兄兄弟弟、夫夫妇妇,万物各得其理,然后和,故礼先而乐后。"③

二则,《乐记》所言之相辅相成多就礼乐对于治世的功能互补而言,朱熹则准确地把握其各自的内涵与本质,以观礼乐之用如何相辅相成。朱熹认为,礼乐虽各有其功能,但"敬"与"和"的精神内涵却交相渗透,从而成全彼此。如果能认识到礼为天理之节文,发自内心,自然而然会发出无不中节的行为举措,则具有了"和"的精神,"和便有乐底意思,故和是乐之本"④。那么是否就能据此认为和就是乐呢,"也是礼中之乐,未便是乐。乐中亦有礼,如天子八佾,诸侯六,大夫四,士二,又是乐中之礼"⑤。在朱熹看来,礼、乐、礼中之乐、乐中之礼为四个概念,"礼中之乐",指举止礼仪符合

────────────

① 《朱子语类》卷二二《礼之用和为贵》,第 519~520 页。
② 《朱子语类》卷二二《礼之用和为贵》,第 519 页。
③ 《朱子语类》卷二二《礼之用和为贵》,第 518 页。
④ 《朱子语类》卷二二《礼之用和为贵》,第 517 页。
⑤ 《朱子语类》卷二二《礼之用和为贵》,第 516 页。

自然而然、发自内在的和的精神;"乐中之礼",指作为诗、乐、舞综合艺术的乐体现着秩序礼仪,彰显"敬"意,因此"礼之和处,便是礼之乐。乐有节处,便是乐之礼"①。

朱熹认为时人苦言易行难,实则是没有领悟礼乐的精神内核与和、敬之义,"岂必以摄心坐禅而谓之敬哉? 礼乐固必相须,然所谓乐者,亦不过谓胸中无事而自和乐耳, 非是著意放开一路而欲其和乐也。然欲胸中无事,非敬不能。故程子曰'敬则自然和乐',而周子亦以为礼先而乐后,此可见也。'既得后须放开,不然却只是守'者,此言既自得之后,则自然心与理会,不为礼法所拘而自中节也。若未能如此,则是未有所自得,才方是守礼法之人尔。亦非谓既自得之,又却须放教开也。克己复礼,固非易事,然颜子用力乃在于视听言动、礼与非礼之间,未敢便道是得其本心而了无一事也"②。朱熹对礼乐异用同体的内在逻辑与联动机制的阐述,为解决礼乐实践中的困境提供了可堪把握的根本性原则。

第四节 改造或折衷:礼乐实践中的 困境与解决之道

对礼乐内涵与精神的探讨,最终是为了付诸实践。然而兴、立、成所赖以凭借的媒介已经随着时代的流逝缺失或不存,如无本之木、无源之水,"古者礼乐之书具在,人皆识其器数(至录云:人人诵习,识其器数),却怕他不晓其义,故教之曰:'凡音之起,由人心生也'。又曰:'失其义,陈其数者,祝、史之徒也。'今则礼乐之书皆亡,学者却但言其义。至于器数,则不

---

① 《朱子语类》卷二二《礼之用和为贵》,第 516 页。
② 《晦庵先生朱文公文集》卷四五《答廖子晦德明》,《朱子全书》第 20 册,第 2078 页。

复晓,盖失其本矣"①,"圣人事事从手头更历过来,所以都晓得。而今人事事都不会。最急者是礼乐,乐固不识了,只是日用常行吉凶之礼,也都不曾讲得"②,"此等礼,古人目熟耳闻,凡其周旋曲折,升降揖逊,无人不晓。后世尽不得见其详,却只有个说礼处,云'大礼与天地同节'云云。又如乐尽亡了,而今却只空留得许多说乐处,云'流而不息,合同而化'云云"③。既然如此,那么怎样才能达成兴、立、成的修身目标呢? 朱熹认为,应超越阅读材料或媒介,准确理解把握根本上的为学之道,"圣贤教人读书,只要知所以为学之道。俗学读书,便只是读书,更不理会为学之道是如何"④。把握了立于礼、成于乐的为学之道,随事体认,小事大事,皆是礼乐,学生曾问及朱子,"先进于礼乐,此礼乐还说宗庙、朝廷以至州、闾、乡、党之礼乐",朱熹回答说,"也不止是这般礼乐。凡日用之间,一礼一乐,皆是礼乐。只管文胜去,如何合杀! 须有个变转道理。如今日事,都恁地侈靡。某在南康时,通上位书启,只把纸封。后来做书盝,如今尽用紫罗背盝,内用真红,事事都如此,如何合杀"⑤。

作为求学者,在缺乏媒介的情况下,以兴、立、成的根本诉求为标准,固然可以从一定程度上超越形式的限制,寻求诸多可替代的实践路径,但是作为学者仍然应竭力探索被时间遗落的部分,或溯源稽考,或阐发继述,或改造而推陈出新等。朱熹在礼乐实践方面的考述颇多,但主要还是以礼仪改造为主,原因之一是由于礼仪文本的改造仍可有本所依,相对于难度极大、众说纷纭的雅乐标准与制作而言更具可操作性;原因之二在于朱熹主张通过礼仪的恢复、再造与推广能在一定程度上实现"成于乐"的理想。

---

① 《朱子语类》卷八七《乐记》,第 2252 页。

② 《朱子语类》卷三六《太宰问于子贡》,第 959 页。

③ 《朱子语类》卷八七《乐记》,第 2253 页。

④ 《朱子语类》卷二〇《学而时习之》,第 447 页。

⑤ 《朱子语类》卷三九《先进于礼乐》,第 1009 页。

立于礼,根本要领是熟悉历代礼仪演变的源流,进而改造古礼以适应新的时代。朱熹与朋友、学生在考订礼学方面用力甚勤,"人不可不知此源流"①,此外秉承"礼,时为大"的原则,朱熹积极推进士庶礼仪的改造与编写。他认为礼文烦琐,多不适用,"礼之所以亡,正以其太繁而难行"②,硕果不食、古礼难行,将礼仪文本化繁为简,掇其纲要最为关键,"须有一个大大底人出来,尽数拆洗一番"③,"令人苏醒,必不一一尽如古人之繁,但放古之大意"④。由此,朱熹提出了几条礼仪改造的原则:其一,整体改造、上下有序、吉凶相称。改造礼仪,是自上而下、吉凶相称的庞大工程。儒家的吉、凶两套礼仪系统,在区别中构成整体,"今吉服既不如古,独于丧服欲如古,也不可"⑤。其二,礼由尊卑降杀而成,只有建立在对古礼的深入认知的基础上,才能在改造中知其取舍。比如,古礼称情而立文,就丧礼而言,莫大于哀,哀情是判断是否尽礼的根本原则,只要具哀戚之心可酌情依照今俗而行,删减古礼。其三,掇其纲正、略去琐细。制礼者要避免"溺于器数"就要区别礼之小与礼之大,区别变礼和经礼,在掇其纲正的基础上,再往内里填充细节。"圣人有作,古礼未必尽用。须别有个措置,视许多琐细制度,皆若具文,且是要理会大本大原"⑥,"如人射一般,须是要中红心。如今直要中的,少间犹且不会中的;若只要中帖,只会中垛,少间都是胡乱发,枉了气力"⑦。其四,减杀古礼、切于日用。礼,时为大,因时而制礼,才能切于日用,否则不过是徒添具文。孔子欲从先进,又曰:"行夏之时,乘殷之辂",便是有意于损周之文,从古之朴。古礼难行,制礼者必须参酌古今之

① 《朱子语类》卷八四《论修礼书》,第 2185 页。
② 《朱子语类》卷八四《论考礼纲领》,第 2177 页。
③ 《朱子语类》卷八四《论考礼纲领》,第 2177 页。
④ 《朱子语类》卷八四《论考礼纲领》,第 2178 页。
⑤ 《朱子语类》卷八四《论修礼书》,第 2188 页。
⑥ 《朱子语类》卷八四《论考礼纲领》,第 2179 页。
⑦ 《朱子语类》卷八四《论考礼纲领》,第 2180 页。

宜,而彼时所集礼书,也只是略存古之制度,为后人"自去减杀"提供一个可以参照的底本。①制礼者,须参酌古今。从古礼处领悟礼义精神和掌握仪节流变的脉络,从今俗处选择为人情之所安、切于日用,同时又有裨于风化者,编入礼书之中。无论是古礼、抑或纳入礼书中的今俗,必然都要有所本,"皆有来历",切忌"出于私臆"②。张载制礼,就因为多有杜撰,所为不为朱熹欣赏,相比之下,他认为,《司马氏书仪》才是参酌古今的佳作。有所本的同时,也要具有敢于改变、不因循守旧的创新精神,"不踏旧本子,必须斩新别做"③。当然,朱熹并未停留于高谈阔论,而是着手编写《家礼》,具冠昏丧祭,使礼仪精神渗透进民众日常生活,实现道德伦理与社会秩序的重整。

　　虽然历代礼仪各有损益,但仍然保留了可供稽考的文献,而乐原本就难以通过有限的文本记载来完整呈现,更何况遗落散失,后世考述,实为难事。尽管如此,朱熹仍主张学者不可空谈乐的功能和作用而忽视乐的形式,"看《乐记》,大段形容得乐之气象。当时许多刑名度数,是人人晓得,不消说出,故只说乐之理如此奇妙。今来许多度数都没了,却只有许多乐之意思是好,只是没个顿放处。如有帽,却无头;有个鞋,却无脚。虽则是好,自无顿放处"④。《乐记》中说得再高妙缺乏载体也无法让人领会其中的真精神,更何况还须随时而化用,不可视音乐形式为末,"舜命夔'典乐,教胄子。直而温,宽而栗,刚而无虐,简而无傲',定要教他恁地。至其教之之具,又却在于'诗言志,歌永言,声依永,律和声'处。五声十二律不可谓乐之末,犹揖逊周旋,不可谓礼之末。若不揖逊周旋,又如何见得礼在那里!"⑤

---

① 《朱子语类》卷八四《论修礼书》,第 2185 页。
② 《朱子语类》卷八四《论修礼书》,第 2188 页。
③ 《朱子语类》卷八四《论考礼纲领》,第 2179 页。
④ 《朱子语类》卷八七《乐记》,第 2252 页。
⑤ 《朱子语类》卷三五《兴于诗》,第 934~935 页。

正是因为重视器数之于古乐考订、成于乐的重要意义,朱熹赞赏杜佑《通典》推崇古乐、力排胡戎之乐,同时对于弟子蔡元定的乐理研究给予了极大的鼓励和支持,蔡元定《律吕新书》中不乏师生共同讨论而确定之处。此外,朱熹针对确定雅乐的音高、音阶形式、旋宫转调、调式系统等问题提出见解。如批评徽宗时用魏汉津造雅乐,"禹效黄帝之法,以声为律,以身为度,用左手中指三节三寸,谓之君指,裁为宫声之管;又用第四指三节三寸,谓之臣指,裁为商声之管;又用第五指三节三寸,谓之物指,裁为羽声之管。第二指为民、为角,大指为事、为徵,民与事,君臣治之,以物养之,故不用为裁管之法。得三指合之为九寸,即黄钟之律定矣"①,即用皇帝右手中指三节、第四指三节、第五指三节长度相加,作为黄钟律管的长度,"今太学上丁用者是此乐"②,朱熹指出这实为杜撰。他不赞同司马光所说"本朝乐无徵音",认为"其中不能无徵音,只是无徵调",即首以徵音起,而末复以徵音合杀者。

朱熹不满当时社会的音乐状况:一方面,礼乐为专门之学却缺乏长育人才的资源和渠道,礼官、乐官的选拔也非就着专业进行选拔,因此无法为朝廷制礼作乐提供专业意见,"礼官不识礼,乐官不识乐,皆是吏人做上去。学官只是备员考试而已,初不是有德行道艺可为表率"③,"今士大夫,问以五音、十二律,无能晓者","人今都不识乐器,不闻其声,故不通其意"。④朱熹认为,乐教是专门之学,朝廷应持续培育人才以实现知识的传承与应用,"当立一乐学,使士大夫习之,久后必有精通者出"⑤,"古者教人有礼乐,动容周旋,皆要合他节奏,使性急的要快也不得,性宽的要慢也不

---

① 《宋史》卷一二八《乐志第八十一》,第2998页。
② 《朱子语类》卷九二《乐》,第2345页。
③ 《朱子语类》卷一〇九《论取士》,第2693页。
④ 《朱子语类》卷九二《乐》,第2348页。
⑤ 《朱子语类》卷九二《乐》,第2348页。

得，所以养得人情性。如今教人既无礼乐，只得把两册文字教他读。然而今未论人会学，吃紧自无人会教。所以明道欲得招致天下名儒，使讲明教人之方，选其德行最高者，留以为大学师，却以次分布天下，令教学者。须是如此，然后学校方成次第也"①。另一方面，彼时虽然也不乏尝试推广诗乐教者，但并不令人满意，"今之乐，皆胡乐也，虽古之郑、卫，亦不可见矣。今《关雎》《鹿鸣》等诗，亦有人播之歌曲。然听之与俗乐无异，不知古乐如何。古之宫调与今之宫调无异，但恐古者用浊声处多，今乐用清声处多"②，因此他极为重视对浊声的黄钟之律的考订。

那么礼乐实践究竟应如何把握？其一，考订成法。学生曾问："《集注》'力行而不学文，则无以考圣贤之成法，识事理之当然'，六艺如何考究得成法？"朱熹回答说："小学中，一事具得这事之理。礼乐，如知所以为礼乐者如此，从此上推将去，如何不可考成法？缘今人都无此学，所以无考究处。然今《诗》《书》中可考，或前言往行亦可考。如前辈有可法者，都是。人须是知得古人之法，方做不错。若不学文，任意自做，安得不错？"③其二，硬做些规矩。如改造旧礼以适用当代，古乐难遽复，则"于今乐中去其噍杀、促数之音，并考其律吕，令得其正；更令掌词命之官制撰乐章，其间略述教化训戒及宾主相与之情，及如人主待臣下恩意之类，令人歌之，亦足以养人心之和平"④。其三，理解礼乐同体异用的特质，以"敬"与"和"引领践行工夫，尤其乐教更要借助礼仪习养体悟其"礼中之乐"的精神，适时超越形式，掌握礼乐核心精神，以成就进德修身，"成于乐，是古人真个学其六律八音，习其钟鼓管弦，方底于成。今人但借其意义以求和顺之理"⑤，"礼是

① 《朱子语类》卷四三《子适卫》，第2347页。
② 《朱子语类》卷九二《乐》，第2347页。
③ 《朱子语类》卷二一《弟子入则孝》，第499页。
④ 《朱子语类》卷八四《考礼纲领》，第2177页。
⑤ 《晦庵先生朱文公文集》卷五七《答廖子晦德明》，《朱子全书》第20册，第2701页。

《诗》《书》《礼》《乐》：宋明儒学的性道神化

恭敬的物事,尔心中自不恭敬,外面空做许多般模样;乐是和乐的物事,尔心中自不知乐,外面强做和乐,也不得。心里不惬地,外面强做,终是有差失。纵饶做得不差失,也只是表里不相应,也不是礼乐"[1],"古乐既亡,不可复学,但讲学践履间可见其遗意耳"[2],说到底,小事大事皆是礼乐。

---

[1]　《朱子语类》卷二五《人而不仁如礼何》,第 605 页。
[2]　《晦庵先生朱文公文集》卷五七《答廖子晦德明》,《朱子全书》第 20 册,第 2701 页。

第九章 学礼与治礼：
从马一浮编纂书目之"三礼类"谈起

　　1939 年 2 月，马一浮应蒋介石、孔祥熙之聘，入川至乐山创建复性书院。这是一所全国抗战爆发后所创办、独立于学制系统之外的传统书院，本着"学术人心所以纷歧，皆由溺于所习而失之，复其性则同然矣"①，书院以"复性"为其办学宗旨，依六艺为教，欲讲明性道，培养深明学术本原之通儒，进而有裨于振民育德、济蹇持危，崇民族复兴之大业。马一浮治复性书院，以讲学与刻书为职志，在到达乐山两月后，即在草拟的《复性书院简章》中述及宏大的编刻计划，"欲编订《群经统类》、《儒林典要》、《诸子会归》，并修订通史，渐次印行"②。马一浮之所以视编刻事业为书院之要务，一则基于民族存亡之际保存国本之须，"世之侵略人国者，必先去其典籍。民族之存亡，恒视艺文之兴废为验"，"强敌压境，沦亡可惧，当思所以保存文物，绵延先圣血脉之计"③，"期以宣扬正学，默扶世运，资今贤之考镜，备来哲之要删，不徒为一时之计"④。一则寄望于"明文化渊源、学术流别，使

---

　　① 马一浮：《书院之名称旨趣及简要办法》，《马一浮全集》第 4 册，浙江古籍出版社，2012 年，第 327 页。

　　② 马一浮：《濠上杂著》之《复性书院简章》，《马一浮全集》第 4 册，第 44 页。

　　③ 马一浮：《语录类编》之《政事篇》，《马一浮全集》第 1 册（下），第 681 页。

　　④ 马一浮：《为董事会代拟书院募集刻书基金启》，《马一浮全集》第 2 册（上），第 199 页。

学者知要能择"①,以书而养人之心志,为学者提供舟航。马一浮所拟定的编刻书目,既有经年所积,亦有重新编选者,毫无疑问,书目性质、类型与内容都彰显着编选者对于传统知识与学术的理解,是"六艺该摄一切学术"观念下的知识清理与重构。六艺之教,莫急于礼。作为马一浮"六艺说"之一的"礼",就诸子而言,统名家、法家;就现代学术而言,统政治、经济、法律等,甚至统宗教。那么马一浮所理解的"礼"的本质是什么?对于学礼与治礼有何创见?应如何评价古今学术流变之中的礼学著作?应如何把握礼仪实践中的时间问题?在六艺的知识架构中,它和其他类别构成怎样的关系?体现了马一浮怎样的治学态度与学问诉求?从马一浮编选书目之"三礼类"书目入手,为探究上述问题的一个重要视角。

第一节　知类通达：
马－浮的刻书计划与知识体系架构

中国传统书目编纂之学,意在通过对书籍分部、归类、著录等"辨章学术,考镜源流"②,同时也是"学中第一要紧事,必从此问途,方能得其门而入"③。从六艺到四部,再到八志、十二分、十四类,历代目录学家曾对此有丰富的讨论。表面上看,马一浮以"六艺该摄一切学术"似乎是回归至汉代《七略》书目分类法之"六艺略",但其内涵与外延有本质的不同,通过筛选、摒弃,形成新的书目组合,更重要的是"由传统目录学进入,复又转出,从而提出他对传统中国学术的'楷定'。这是马一浮的思想创新,是他作为

---

① 马一浮:《濠上杂著》之《复性书院简章》,《马一浮全集》第 4 册,第 44 页。

② 章学诚:《校雠通义》序,上海古籍出版社,1987 年,第 15 页。

③ 王鸣盛:《十七史商榷》卷一《史记集解分八十卷》,中国书店,1987 年。

现代意义的思想家的表征"[1]。早在清宣统二年(1910),马一浮就曾编纂《诸子会归》目录,治复性书院之后,逐渐形成五种拟刻书目,分别是《群经统类》《儒林典要》《政典先河》《文苑菁英》《诸子会归》(修订版)。[2]为了帮助初学者读经,马一浮还编写了《通治群经必读诸书举要》。由于经费捉襟见肘,马一浮所编纂的五类书目仅为"拟先刻",意有待后续扩充,即便如此,书目已洋洋大观、颇具规模。书目具体如下:

《群经统类》主要为先儒说经诸书,分为甲、乙编,甲编约一百种,乙编二百余种,马一浮拟先刻《群经统类》列目凡易、书、诗、礼、春秋、孝经、四书、乐八类。梁:1种,宋:29种,元:6种,明:5种,清:1种,共42种。《儒林典要》,宋以来诸儒著述之精粹者,有百余种,拟先刻书目中凡36种,宋:14种,元:3种,明:15种,清:4种。此外还有《典要》外编6种,包括《伊洛渊源录》《授经图》《考亭渊源录》《儒林宗派》《二程年谱》《朱子年谱》等,并计划此后凡传记、年谱之类,择其书之精要而有关系者,皆入外编,以供学者参考。《周子全书》《二程全书》《张子全书》并《朱子大全集》《朱子语类》《朱子遗书》,拟合刻为《宋五子书》别出,象山、阳明全集亦拟别出。不过,诸家书后世有注者,则入《儒林典要》。次及《诸子会归》,先秦两汉六朝唐宋著述在子部者,约百种,其有校注者半之。前述《诸子会归》,早在宣统二年(1910),马一浮就曾编纂书目并作序,时含周秦诸子30家209卷,两汉诸子22家173卷,魏晋迄隋唐诸子42家150卷,宋代诸子27家95卷,凡114家627卷,附录15卷。马一浮编纂复性书院拟刻书目之时,将原编中宋代周敦颐之后的儒学著作全部列入《儒林典要》。因此,复性书院版《诸子会归》目录只影印到隋唐部分。[3]《文苑菁英》分总集、别集二部,皆选

《诗》《书》《礼》《乐》:宋明儒学的性道神化

---

① 何俊:《马一浮的精神及其"六艺论"与〈群经统类〉》,《杭州师范大学学报(社会科学版)》2017年第5期。

② 1945年,马一浮在《复性书院拟先刻诸书简目》(《马一浮全集》第4册,第356~371页)中列出四类,加上《诸子会归》总共五类书目。

③ 马一浮:《复性书院拟先刻诸书简目》,《马一浮全集》第4册,第371页。

其中最著者。总集约选数十种，别集数百种，"总集以为萧《选》为不挑之宗，别集唐以前虽少而皆善，唐以后其书充栋，博而近芜矣。学者欲知流别，当先读总集"①，然总集同样卷帙浩繁，因此选择总集之要者共计 20 种先影印。《政典先河》，如《两汉会要》《唐会要》《唐六典》《开元礼》《唐律》之类约数十种等。② 1945 年 12 月，马一浮归杭，复性书院东迁，以"归复讲习""推进刻书"为要务，计划除上述五类书目之外，更欲辑《智海》以收玄言义学，编《通史》以该诸史，辑《广意林》以录杂家等，总括为八种书目③，然因斋舍不具，资用不续，先辍讲学，旋罢刻书。在早前所列五类书目中，《群经统类》与《儒林典要》最先付梓刊刻。至 1948 年刻《群经统类》11 种 21 册，《儒林典要》17 种 17 册。约略具图如下：

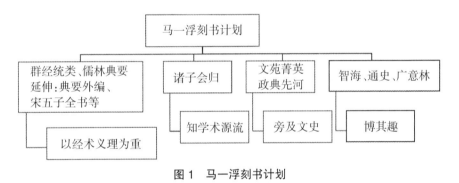

图 1 马一浮刻书计划

若欲探究马一浮编纂书目的原则和方法，首先需要了解他秉持怎样的读书之法。马一浮承朱子之说，主张为学莫先穷理，穷理之要则必在于读书，读书之法贵循序而致精，致精之本则又在于居敬而持志。④马一浮治复性书院，先为诸生开示学规，阐明立心之本、用力之要，以主敬、穷理、博文、笃行为四端，进而专讲"读书法"，又特别强调读书首在于穷理，得意可

---

① 马一浮：《复性书院拟先刻诸书简目》，《马一浮全集》第 4 册，第 360 页。
② 马一浮：《复性书院拟先刻诸书简目》，《马一浮全集》第 4 册，第 356~371 页。
③ 马一浮：《复性书院修订规制刍议》，《马一浮全集》第 4 册，第 422 页。
④ 程端礼辑：《朱子读书法》，陈宏谋辑：《五种遗规》，线装书局，2015 年，第 25 页。

忘言,不可"读死书",否则无异于买椟还珠,并指出具体的读书之道无外乎通而不局、精而不杂、密而不烦、专而不固四途,要做到"知类""知要"庶几不远。①知类,"今举六艺之道,即是拈出这个统类来。统是指一理之所该摄而言,类是就事物之种类","知天下事物种类虽多,皆此一理所该摄,然后可以相通而不致相碍"。②即以类相统合,天下之书不可胜读,若涉大海而无津涯,折衷于圣人之言,摄之以六艺,不是仅指对浩瀚书海分类筛汰,更重要的是以六艺圣人之言明辨书籍或言论之优劣,以判教之法辨之,最终不局不杂,知类则通,通而无碍。③知要,即掌握心性之本、义理之宗,能抓住不同性质、面向的知识之价值内核,达到以管窥豹、举一反三的目的。前者是对书籍或言论的分类筛汰,后者是透辟认知某一类知识的法门。

　　书目是上述读书法的外在表征,按书籍性质归类于八,首重《群经统类》,其主体为宋明儒学的著作,包蕴经术义理,统合六艺八类。除此,学者还应纵向知悉从先秦至近代的学术源流,以明各家各派之学说及演变脉络,从而更好地理解《群经统类》之经术义理之作的学说背景与前后承继或突破的关系,因此第二类为《诸子会归》。然而《诸子会归》书目的择取亦须以"经义"为衡量,在"遍览诸子之言但不悖经义者"的基础上再旁涉文史,因此在《诸子会归》中,马一浮并非百家之言悉数纳入,而是以判教之法摒弃了阴阳、纵横、农、医、兵、天文、小说、释氏、谱录、杂伎、曲艺等,显示出了与传统目录学分类极大的差异。④除《群经统类》《诸子会归》之外,知识广阔还应旁涉文史并玄言义学、杂家,马一浮统合传统四部,皆以六

① 马一浮:《复性书院讲录》卷一《读书法》,《马一浮全集》第1册(上),第102~111页。
② 马一浮:《举六艺明统类是始条理之事》,《马一浮全集》第1册(上),第21页。
③ 马一浮:《复性书院讲录》卷一《读书法》,《马一浮全集》第1册(上),第109页。
④ "去阴阳,为其学微绝,后世有述者,怪僻不足存也;去纵横,为《鬼谷》晚出,尤害义,不奖游食,不贵诈谖也;去农,为神农之说无征,世传农圃小书,无与于治也;去兵,为上战不可为治本,金匮《六弢》之属多诞也"云云。见马一浮:《复性书院拟先刻诸书简目》,《马一浮全集》第4册,第369~370页。

艺统摄之，如以《文苑菁英》弘诗教；以《政典先河》翼书、礼，仿《汉志》以议奏附于《尚书》，将诏令、奏议、传记之类皆附之，本书教之遗意，不独以礼书为政典；以《智海》《通史》《广意林》为易、春秋之流裔。①通过筛选、分类、重组，新的书目形成了，虽然仅是刻书计划，却彰显着"六艺统摄一切学术"的知识体系和思想建构。

马一浮并不要求学生遽然领悟六艺说，他希望学生勤勉勿懈，先难后获，沉下心来，先遍读群经，进而在此引领之下，入通经之门。②因此，为引导初学者研读群经，马一浮还曾编纂《通治群经必读诸书举要》③，分四书、孝经、诗、书、三礼、乐、易、春秋、小学、群经总义、子部儒家、诸子异家、史部诸史、诗文等14类，所选之书"通方之士，或将病其陋略，然初机必不可缺之书"④。作为指导学者入通经之门的书目，马一浮首列朱注四书，并校之《集解》《义疏》，以使学者知其要、立其本，再将六经、小学与群经总义、子史文等排列其后。作为入门书，书目的择取、编排和前述刻书目录自是不同，而是跨越庞大的刻书计划各目录，筛选出适合初学者的一份更为精炼的、较为初级的书单，且每一目录后都附有择书要旨以使读者知其重点，有所分辨。此外，《通治群经必读诸书举要》基本依四部分目，欲养成通儒亦须通四部，但是以六艺研判仍然是引导学者学习的标准，如诸子异家类，选入《淮南子》《抱朴子外篇》，马一浮建议学者在读书的时候要知其"六艺之失"在何处，不能被书本淹没。

---

①　马一浮：《复性书院修订规制刍议》，《马一浮全集》第 4 册，第 422 页。

②　马一浮：《尔雅台答问续编》卷六《告书院学人书三》，《马一浮全集》第 1 册（下），第 558 页。

③　马一浮：《复性书院讲录》卷一《通治群经必读诸书举要》，《马一浮全集》第 1 册（上），第 112~125 页。

④　马一浮：《复性书院讲录》卷一《通治群经必读诸书举要》，《马一浮全集》第 1 册（上），第 124 页。

第二节 学礼之门径：马一浮编纂书目中 "礼类"选目及其特点

在马一浮的刻书计划中，《群经统类》统合六艺八类，"三礼类"列次于第三。《政典先河》中还包含《大唐开元礼》《政和五礼新仪》等一代礼典，《儒林典要》和《诸子会归》中虽有诸家论礼之说，但无礼典或礼学专书，不进入本篇讨论范围。《群经统类》所选多为宋明以降儒学重要著述，而《通治群经必读诸书举要》则为"阅读书目"以助初学，结合以上两种书目之"三礼类"选目，可以一窥马一浮的学礼与治礼思想。

马一浮《通治群经必读诸书举要》"三礼类"①，总共选入 15 种，有：《仪礼注疏》《周礼注疏》《礼记注疏》、张尔岐《仪礼句读》、胡培翚《仪礼正义》、孙诒让《周礼正义》、陈澔《礼记集说》、卫湜《礼记集说》、《大戴礼》（庐辨注、孔广森补注）、王聘珍《大戴礼解诂》、任启运《礼记章句》、朱熹《仪礼经传通解》、江永《礼书纲目》、邵懿辰《礼经通论》《通典》仪礼诸文。拟先刻《群经统类》的 42 种书目中，"三礼类"有 8 种②，具体包括《周礼》——北宋王安石《周礼新义》（16 卷，附《考工记解》2 卷）、南宋叶时《礼记会元》（4 卷）；《仪礼》——南宋李如圭《仪礼集释》（30 卷）、元代敖继公《仪礼集说》（17 卷）、元代吴澄《仪礼逸经传》（2 卷）；《礼记》——南宋卫湜《礼记集说》（160 卷）、明代黄道周《儒行集传》（2 卷）、清代江永《礼书纲目》（85 卷）。

第一，学礼须以郑学入门。东汉立今文经学为博士官后，学者趋同，多迎合时政而传授今文经学，郑玄特立独行，遍注群经、通贯古今，注三礼尤

---

① 马一浮：《复性书院讲录》卷一《通治群经必读诸书举要》，《马一浮全集》第 1 册（上），第 115 页。

② 马一浮：《复性书院拟先刻诸书简目》，《马一浮全集》第 4 册，第 357 页。

兼精深的考证疏解与礼义阐发,礼学成为郑学极为重要的组成部分,孔颖达甚至直言"礼是郑学"①,郑注三礼被认为是礼学基石。马一浮亦推崇郑玄,他曾多次谈到郑玄融通古今,没有陷入所谓今古文相争的藩篱,是他所主张的读书贵"通而不局"的典范,"今文家亦有精处,古文家亦有驳处,当观其通,不可偏执。如郑君今古文并用,或疑其坏家法,然郑君实通博可宗,非博士所及也"②。又推崇郑玄三礼学,"自来说经各家得失互见,言礼当宗康成"③,主张初涉礼学从郑注三礼入手,在《通治群经必读诸书举要》中首列十三经注疏本之郑注三礼。同时,因《仪礼》《周礼》的内容多为典章、仪节、名物制度等,较少义理阐释与发挥的空间,故而推荐参以清人张尔岐《仪礼句读》、胡培翚《仪礼正义》、孙诒让《周礼正义》三本疏义详富之作。初学者依郑学而入,再参读清人考证之作,既有助于理解"难通"之郑注④,又能借助清人考证熟悉历代争讼纷纭的礼学问题,进而更精准地理解《周礼》《仪礼》文本。

第二,虽然马一浮以郑学为入门,但又强调"治礼不以郑学为极,当求之二戴,直追游、夏"⑤。学人常以《礼记》多为汉儒所作而贬抑其价值,马一浮则重在考察其内容,认为二戴诸篇皆七十子后学所传,非汉之博士所能附益,礼的核心精神应于二戴中求,"礼以义起,必先求之二戴"⑥。事实上,近年来的出土文献如郭店楚简、上博楚简等,部分印证了马一浮的观点,我们必须承认的是先秦就有《礼记》部分内容的流行文本,兹不赘言。不过,马一浮认为二戴的重要性绝不止于此,戴记不专说礼,"多存六艺大

---

① 《礼记正义》卷十四,《十三经注疏》,第 1352 页。

② 马一浮:《尔雅台答问》之《答池君》,《马一浮全集》第 1 册(下),第 412 页。

③ 马一浮:《语录类编》之《六艺编》,《马一浮全集》第 1 册(下),第 573 页。

④ 马一浮:《尔雅台答问续编》卷四《示樊潄圃》,《马一浮全集》第 1 册(下),第 526 页。

⑤ 马一浮:《复性书院讲录》之《礼教绪论》,《马一浮全集》第 1 册(上),第 252 页。

⑥ 马一浮:《复性书院拟先刻诸书简目》,《马一浮全集》第 4 册,第 357 页。

旨,自《论语》外,记圣言独多而可信者,莫如此书"①。马一浮将戴记视为六艺大旨的载体,显然已具有超越礼学范畴在更广阔的知识世界中确定其坐标的意义,以"戴记"称之,说明并不限于《大学》《中庸》这两篇,也并不特指流行更为广泛的《小戴礼记》,而是肯定二戴整体的价值。在汉魏以后漫长的学术流变中,《大戴礼记》并不如《小戴礼记》那样为学者所重。马融、郑玄等注《小戴礼记》后,《小戴礼记》与《周礼》《礼记》合为三礼,治《大戴礼记》者极少,直至宋人开始重新强调《大戴礼记》的价值,朱熹曾选取大戴七篇入《仪礼经传通解》,杨简亦曾注解部分篇章。不过,《大戴礼记》版本流传混乱,学人疏于整理,直至清代才出现几部优秀的通注和整理本。其中,孔广森补注北朝卢辩注《大戴礼记》校勘精审,王聘珍《大戴礼解诂》尊郑玄解,"礼典器数,墨守郑义,解诂文字,一依《尔雅》、《说文》及两汉经师训诂。有不知而阙,无杜撰之言"②,马一浮将这两本书作为通治群经必读之书,以弥补学者读三礼而忽视《大戴礼记》的缺失。

第三,推崇宋人义理之作。复性书院的办学以讲求经术义理为宗旨,反映在刻书事业则首辑《群经统类》,即便为不完整、待补充的"拟先刻"书目,在遴选刊布的时候也经过仔细考量,"为义理根本""关民族大防"仍然是选书的标准。③马一浮不满足于对文本文献皓首穷经的考索,而是寄望于通经致用,他认为,"宋人以义理明经,见处远过汉人,乃经术正宗"④,《群经统类》拟先刻书目之"三礼"所选的八部著作,宋人所占为四,又非专崇朱学,还选入王安石《周礼新义》等,相比之下,清儒多勤于名物而疏于义,仅约取而已。此外,前述宋人始重大戴,朱子、杨简都曾注解其中的篇目,马一浮既承朱子,认为《大戴礼记》保留了一些古仪,但同时又强调其

《诗》《书》《礼》《乐》:宋明儒学的性道神化

① 马一浮:《复性书院讲录》之《礼教绪论》,《马一浮全集》第1册(上),第252页。
② 赵尔巽:《清史稿》卷四八一《儒林列传二》,中华书局,1998年,第10058~10059页。
③ 马一浮:《答董事会》,《马一浮全集》第4册,第239页。
④ 马一浮:《语录类编》之《六艺编》,《马一浮全集》第1册(下),第575页。

义理精深,如《盛德篇》论周官,"大义甚精,而自来言《周官》者征引多不及此"①。因此,马一浮时常以著述者是否引用"多存六艺大旨"的二戴作为遴选书目的参考标准,比如在列举《孝经》入门书时,除《孝经注疏》之外,还选了元代吴澄的《孝经章句》与明代黄道周的《孝经集传》,马一浮认为二戴记凡言丧祭义者,多出曾子,无异为《孝经》作传,"黄石斋作《集传》,取二戴记以发挥义趣,立五微义、十二显义之说,为能得其旨"②,提示学者此处独取三家,应以黄著为主。

第四,破除门户之见。马一浮主张不偏于一隅,基于两种途径:一是以义理为评判标准,自然能超越所谓门派的拘囿。马一浮虽推崇朱学,但也不谨守之,在《群经统类》"三礼类"书目中,还选入王安石的《周官新义》,以及力图破除门户之见、汇总诸说的《礼经会元》等。他对于门户之见始终抱持警惕,讲解复性书院学规"终身由之而不改,必适于道,只有四端"之"穷理为致知之要",为了使学生体悟"穷理致知为何事",简要阐述了朱子和阳明"格物"说要旨,又特别提醒诸生"约简旧说"是为了让学者明白穷理致知为何事,"非于先儒妄生异同,心存取舍,亦非欲为调停之说"③。二是闻见广博以裨于判断,强调博者是"通而不执"的前提。马一浮举《汉书·艺文志》"幼童而守一艺,白首而后能言,安其所习,毁所不见,终以自弊",刘歆《让太常博士书》"挟恐见破之私意,而亡从的善服义之公心","雷同相从,随声是非",言汉代囿于专治一经,门类越来越细的流弊就是今古文门户之争。④而就某一经而言,也应广泛学习各种说法并知其流变。因此,他在书目遴选方面,注重选入"集说""集解"类汇聚诸说的著述,如卫湜与陈澔的同名著作《礼记集说》。卫著以广博见长,自郑注以下凡144家之说

---

① 马一浮:《语录类编》之《六艺编》,《马一浮全集》第1册(下),第577页。
② 马一浮:《复性书院讲录》之《通治群经必读诸书要义》,《马一浮全集》第1册(上),第113页。
③ 马一浮:《复性书院讲录》卷一《复性书院学规》,《马一浮全集》第1册(上),第90~91页。
④ 马一浮:《复性书院讲录》卷一《读书法》,《马一浮全集》第1册(上),第106~107页。

皆有采纳,四库馆臣称之为"礼家之渊海"①;陈著则为明代科举考试的教材,通常认为该书太过粗浅,不值得重视。然而,马一浮以卫著详博,陈著精约,俱为"尽心"之作,各有所长,对于学者了解各家各派学说及扩大其视野和眼界有极大的帮助,亦将其编入《通治群经必读诸书举要》。

当然,因书目性质不同,《通治群经必读诸书举要》与《群经统类》各有其编选的内在逻辑。《通治群经必读诸书举要》以便初学,重在指示学礼与治礼之门径,其特点是:以郑学入,辅以清人名物考证以助学者精梳文本,精读二戴明礼之要义所在,同时荐以陈澔、卫湜的同名作《礼记集说》,使读者广泛了解聚讼纷纭的礼学问题;读《通典》仪礼诸文以掌握汉以后礼说之纵向发展脉络;朱熹《仪礼经传通解》与江永《礼书纲目》打破"《仪礼》为经,《礼记》为传"的固有观点,在体例上作了大刀阔斧的调整,两书为前后承继之作,读者藉此可厘清朱熹所开创并延续至清代愈加完善的礼学路径。《群经统类》为刻印书目,所选为包蕴经术义理、宋明以后的重要著作,其"三礼"书目按照《周礼》《仪礼》《礼记》分类排列,所入选者皆重"经术义理",不惟朱子一脉,如王安石《周官新义》、叶时《礼经会元》,又特选黄道周《儒行集传》(备后之天子循名考实,知人善任,为天下得人),以明礼学之经世致用,最后以江永《礼书纲目》这一融通三礼之著收束。江永《礼书纲目》是对朱熹《仪礼经传通解》的续编和改编,考订亦更加详赡,马一浮认为该书"最有体要"②,是清代唯一收入《群经统类》三礼类拟先刻书目者。

---

① 《四库全书总目》卷二一《礼记集说》,第 169 页。
② 马一浮:《复性书院讲录》卷四《礼教绪论》,《马一浮全集》第 1 册(上),第 251 页。

第三节 治礼之嚆矢:
以《仲尼燕居》解"礼以义起"

两种书目都体现了马一浮所主张的"通而不局"即"曲畅旁通而无门户之见"的读书之道①,然而要做到"曲畅旁通",学者除了占有广博的知识、见闻之外,还应具备更高层次的能力,即抓住研读对象的核心要义,窥一而知十,得一而知百,举一纲而明全书,并且能辨析、判断论说的优劣,进而融通于不同的知识门类,提取出彼此之间的内在关系。因此,以书目为径,虽然可以使学者不至于在茫茫书海中无所适从,但归根结底,还应掌握读书要领,否则同样会被书籍"淹没"。一承朱子,马一浮特别强调读书有法,认为学者首先应有主敬、穷理、博文、笃行等趣向,其次须着意训练读书法,"书虽多,若不善读,徒耗日力,不得要领,陵杂无序,不能入理,有何裨益"②。那么怎样才能称之为"善读"礼书呢?从马一浮所列上述两类书目来看,所谓"善读",首先是对文本本身有精要准确的疏解,同时还要以掌握"义理"为旨归,从而指导阅读与实践的判别,而理解"礼以义起"则为不二法门。

礼以义起,出自《论语·卫灵公》,孔子说:"君子义以为质,礼以行之,孙以出之,信以成之。"郑注:"义以为质,谓操行也。逊以出之,谓言语也。"③皇侃疏:"义,宜也。质,本也。人识性不同,各以其所宜为本。云礼以行之者,虽各以所宜为本,而行之皆须合礼也。云逊以出之者,行之及合礼,而言出

---

① 马一浮:《复性书院讲录》卷一《读书法》,《马一浮全集》第1册(上),第106页。
② 马一浮:《复性书院讲录》卷一《读书法》,《马一浮全集》第1册(上),第102页。
③ 何晏集解、皇侃义疏:《论语义疏》卷八《卫灵公》,丛书集成初编本,中华书局,1985年,第220页。

之必使逊顺也。云信以成之者,行之合礼而言逊顺而出之,终须信以成之也。"①韩愈对此颇有不同意见,他认为郑玄以操行解义,并未抓住实质,因为礼与信也都是操行,他将存义作为体质的首要之事,"君子体质,先须存义,义然后礼,礼然后逊,逊然后信,有次序焉"②,较之皇侃更进一步指出义与礼、逊、信之间的体用关系。二程更直言:"'君子义以为质'四句,只是一事:以义为本。"③朱熹认同"义"为体,礼、逊、信为用的关系,但是与韩愈的意见不同,"'义以为质',是制事先决其当否了;其间节文次第须要皆具,此是'礼以行之'。然徒知尽其节文,而不能'孙以出之',则亦不可。且如人知尊卑之分,须当让他。然让之时,辞气或不能婉顺,便是不能'孙以出之'。'信以成之'者,是终始诚实以成此一事,却非是'孙以出之'后,方'信以成之也'"④,朱熹认为,义与礼、逊、信一体而成,并不存在先后次序。那么为体之"义",究竟应作何解?《语类》中有诸多活泼生动的解释:

义便作"宜"字看。

不可执定,随他理去如此,自家行之便是义。

义是个毅然说话,如利刀着物。

义如利刀相似(人杰录云"似一柄快刀相似"),都割断了许多牵绊。

义如利刀相似,胸中许多劳劳攘攘,到此一齐割断了。圣贤虽千言万语,千头万项,然一透都透。如孟子言义,伊川言敬,都彻上彻下。

"义"字如一横剑相似,凡事物到前,便两分去。"君子义以为质","义以为上","义不食也","义弗乘也","精义入神,以致用也":是此

① 《论语义疏》卷八《卫灵公》,丛书集成初编本,第220页。
② 韩愈、李翱:《论语笔解》(下),中华书局,1991年。
③ 《河南程氏遗书》卷八,《二程集》,第101页。
④ 《朱子语类》卷四五《〈论语〉二十七》,第1159页。

义十分精熟,用便见也。①

朱熹将"义"比作利刀,是裁断之柄。马一浮承朱子的观点,提出"义为礼之质,所存是义,行出来便是礼",同时指出,"礼与义本是性德,就其断制言之,则谓之义,就其节文言之,则谓之礼"②,掌握了裁断之柄的"义",就相当于掌握了礼的"命脉"。因此,马一浮谈治礼,强调切忌"为名物度数所困,汩没一生而不知大义","三礼亦是门面语","试思《论语》所说'学诗'、'学礼',宁指'三礼'邪"。③《论语》孔门问答,孔子亦多据义答之,所以治礼当以义为主。

那么如何把握"礼以义起"呢? 礼以义起,必求之二戴,尤当精研《礼记·仲尼燕居》,"礼之大义亦当求之于此"④。《仲尼燕居》是《礼记》第二十八篇。郑《目录》曰:"名曰仲尼燕居者,善其不倦,燕居犹使三子侍之,言及于礼。著其字,言事可法。退朝而处曰燕居。"⑤《仲尼燕居》记录了孔子与子张、子贡、子游论礼之事。马一浮依文序将《仲尼燕居》分解为六个部分,分别是显遍义、显中义、原治、简过、原政、简乱,并广泛征引《论语》《周礼》《礼记》《诗经》《尚书》《周易》《仪礼》等为《仲尼燕居》全文释义。

马一浮认为,遍与中是礼的根本属性。遍,以礼周流而无不遍,彰显礼之无所不包,无所不用,行之以货力、辞让、饮食、冠昏、丧祭、射乡、朝聘,渗透政事、日用等方方面面,同时,举而措之,自然流出,民众遵礼而没有滞碍,随遇而施,无不中节。他引述《礼运》:"故治国不以礼,犹无耜而耕也;为礼不本于义,犹耕而弗种也;为义而不讲之以学,犹种而弗耨也;讲之以学而不合之以仁,犹耨而弗获也;合之以仁而不安之以乐,犹获而弗

---

① 《朱子语类》卷六《性理三》,第 120 页。

② 马一浮:《复性书院讲录》卷四《礼教绪论》,《马一浮全集》第 1 册(上),第 252 页。

③ 马一浮:《复性书院讲录》卷四《礼教绪论》,《马一浮全集》第 1 册(上),第 248 页。

④ 马一浮:《语录类编》之《六艺编》,《马一浮全集》第 1 册(下),第 582 页。

⑤ 《礼记正义》卷五〇,《十三经注疏》,第 1613 页。

食也；安之以乐而不达子顺，犹食而弗肥也"①，礼为治国之权柄，但须本于义，才能将礼的种子播种下去，同时还要借助教育以去除"杂草"，培植民众的"仁爱"之心，否则就仅仅是外在的规范，总之最终使民众达到自然而然、安乐于礼的大顺境界，也即"成于乐"的结果。接着，马一浮解读了孔子与学生对话中所包含的遍与中的逻辑关系。为什么礼能"周流无不遍"？是因为礼能制中，使万事万物得其序，而礼能制中的原因则是"以义裁之"，因此能使人们行为举措恰到好处而无滞碍。

"原治""简过""原政""简乱"，既是对遍与中这两个属性的外在表现、功能与意义的反复诠释，又进一步举例说明究竟什么是礼"义"。如"原治"部分，"郊社之义，所以仁鬼神；尝禘之礼，所以仁昭穆也；馈奠之礼，所以仁死丧也；射乡之礼，所以仁乡党也；食飨之礼，所以仁宾客也"，如果能掌握每个类别的礼所追求的"义"，那么就会获得相对应的结果，"明乎郊社之义、尝禘之礼，治国其如指诸掌而已"，"以之居处有礼，故长幼辨也。以之闺门之内有礼，故三族和也。以之朝廷有礼，故官爵序也。以之田猎有礼，故戎事闲也。以之军旅有礼，故武功成也"，最终"宫室得其度，量鼎得其象，味得其时，乐得其节，车得其式，鬼神得其飨，丧祭得其哀，辨说得其党，官得其体，政事得其施；加于身而错于前，凡众之动得其宜"。②又如"简过"，言由此可简法、简人。用它来检视名、法、道之流，可判六国异说；以之简人，"达于礼而不达于乐，谓之素；达于乐而不达于礼，谓之偏"，礼乐皆得谓之成人。③这里所说的礼"义"，不妨从两个方面来理解：一是仪式包含的"礼义"；二是调节事物使之不偏不倚，符合义理的标准。当然，这两层内涵并非马一浮的发明，"礼云礼云，玉帛云乎哉"（《论语·阳货》），"礼是仪之心，仪是礼之貌。本其心，谓之礼，察其貌，谓之仪。行礼必为仪，为仪未

① 《礼记正义》卷二二，《十三经注疏》，第 1427 页。
② 马一浮：《复性书院讲录》卷四《礼教绪论》，《马一浮全集》第 1 册（上），第 257 页。
③ 马一浮：《复性书院讲录》卷四《礼教绪论》，《马一浮全集》第 1 册（上），第 265 页。

《诗》《书》《礼》《乐》：宋明儒学的性道神化

是礼"(《春秋左传正义》卷五十一《昭公二五年》),都是说明要重视"义",只不过在宋明儒学的发展中,逐渐增强了对"义"以制断调节功能的强调,马一浮则又将上述理解融会贯通于对《仲尼燕居》的阐释中。

简言之,本之以仁,以义裁断,使行为举措能得其中,乐于施行,自然而然流出,从而周流而无不遍。由于以义裁断有如此好处,故而适用于万事万物。因此,"其中也,所以能遍也;亦唯遍也,所以无不中也"①,二者互显。在把握"礼以义起"之时,马一浮的观点包含三个层次:一是以仁为精神内核;二是以义裁断,无过、不及之患,《礼器》《乐记》篇中多有例证以说明;三是最终归于"安之以乐"的境界。可以说,直接承袭了朱子的观点,与"兴于诗,立于礼,成于乐"的阐释交相辉映。

准确把握"礼以义起"除了能从根本上理解礼仪的价值内核从而引领行动之外,还有利于解决礼仪与时间的难题。出于不明"礼义",人们往往视仪式为礼仪之所有内容,认为过去的仪式既然不适用于当世,无再生之必要,就应全盘否定礼仪沿传之价值。"礼以义起"提醒人们应区分礼义与仪节,礼仪的传承绝不等同于仪节的僵硬照搬或复古。如果说礼义具有超越时间的永恒,那么必须是以仪式随时代变化为前提,《礼记》"礼,时为大"中说到圣人制礼的次序,首先要解决的就是时代问题。那么如何损益才能恰到好处,行礼而不废呢? 以义为标准,"故制度可以损益,宫室衣服器用古今异宜,不可施之于今。苟得其义,则尽未来际不可易也"②。

"礼以义起"之原则还有裨于解决礼学史上聚讼纷纭的问题。如学人多疑戴记皆出自汉儒之手,因此其重要性不如《仪礼》,马一浮不以为然,"记圣言独多而可信者,莫如此书。欲明礼以义起,于此可得损益之旨,不专以说古制为能事"③。马一浮对三礼的划分,尤其是经传归属的问题亦有

①　马一浮:《复性书院讲录》卷四《礼教绪论》,《马一浮全集》第1册(上),第258页。
②　马一浮:《复性书院讲录》卷四《礼教绪论》,《马一浮全集》第1册(上),第252页。
③　马一浮:《复性书院讲录》卷四《礼教绪论》,《马一浮全集》第1册(上),第252页。

独到的看法。朱熹曾不满于《仪礼》学的没落，与其弟子编纂《仪礼经传通解》，以《仪礼》为本经，"取《礼记》及诸经史杂书所载有及于礼者，皆以附于本经之下，具列注疏、诸儒之说"①，相当于集仪节与礼义为一体、融合古今阐述的合本。马一浮认为，朱熹的做法仍有未善之处，比如《礼记》中的《明堂位》《月令》《王制》诸篇就不应归于传，《曲礼》《内则》《少仪》《玉藻》则是"威仪三千"之属，因此未可克定以《仪礼》为经，《礼记》为传，义实未当。"苟以义理治礼学，则古来关于《周礼》《仪礼》《礼记》之真伪古今诸争端可息。《周官》与《王制》同为制度，不必苦分今古、定别殷周，务求其义，皆可以备损益……其实《周官》不必制自周公，《王制》亦断非出于博士，皆七十子后学所记，以为一王之法。"②

第四节　将"义理"落于"自家"：　"礼以义起"的实践决断

马一浮所主张的读书之道，须以主敬为前提，以笃行为手段，以穷理博文为目的。说诗必达于礼乐之原，说礼则约归于言行之要，恭俭庄敬的礼教，最终彰显于日常的视听言动，"礼以道行。凡人伦日用之间，履之不失其序、不违其节者，皆礼之事"③，"治礼勿为经生之言，学礼乃是日用之事。'强立不反'，'恭俭庄敬'，礼之质也。当先求之践履，勿汲汲于著书"④。复性书院，除每年九月行释奠礼以引导学生敬学之外，还制定了日常讲学礼仪等融入学生的学习生活。在马一浮看来，国学不是陈旧呆板的物事，

---

① 《晦庵先生朱文公文集》卷三八《乞修三礼札子》，《朱子全书》，第 20 册，第 687~688 页。

② 马一浮：《复性书院讲录》卷四《礼教绪论》，《马一浮全集》，第 1 册（上），第 251~252 页。

③ 马一浮：《复性书院讲录》卷一《复性书院学规》，《马一浮全集》，第 1 册（上），第 95 页。

④ 马一浮：《尔雅台答问续编》卷四《示夏眉杰》，《马一浮全集》，第 1 册（下），第 529 页。

而是活泼的，不可目为骨董，"今人亦知人类须求合理的生活，亦曰正常生活，须知六艺之教即是人类合理的正常生活，不是偏重考古，徒资言说而于实际生活相远的事"①。不过，日用礼仪的选择拟定也面临难题，即如何随时代变化作出恰当合理又不失礼义的调整。王星贤曾就此请教马一浮，"古人礼节做去，觉得甚难，不能持久"，马一浮回答说，应在内持敬为本，区分礼之本末，切忌故步自封、刻板因循，"礼之节文，古今自有不同，岂可拘泥。须知礼有本有末，恭敬为礼之本，节文乃其末迹。若心中常存畏敬，不敢放逸，不敢怠慢，则视听言动自然寡过，行为自然中节。若勉强把持外表之节文，而不知存诸于内，是以敬在外，宜乎不能持久也。世人所诋毁之道学，其病在此"②。落实到具体举措，还应辅以方法以定节文，马一浮认为，所依秉者仍然是"以义断之"。

费孝通将传统中国的社会格局比喻为同一块石头丢在水面上所发生的一轮轮推出去的波纹，社会中最重要的亲属关系就是丢石头在水中所形成的同心圆性质，儒家人伦就是从自己推出去的和自己发生社会关系的那一群人里所发生的一轮轮波纹的差序。因此，从个人到家庭、家族、宗族，再到国家，就形成了一套具有伸缩功能的差序格局。③丧祭礼仪，正是连接社会结构与彰显其伦理道德观念的媒介，素来有"礼莫重于丧祭"之说，"礼，始于冠，本于昏，重于丧祭，尊于朝聘，和于射乡。此礼之大体"④。马一浮对此有着生动的解释，"圣人尚礼，所以安人心而遏乱源，其中以丧祭之礼最紧要。试自体验，当人临祭之时，便觉自己与天地、鬼神、祖宗、亲族皆是血脉相通、浑然一体，此时心中已忘恩仇，泯好恶，一内外，融物我。

---

① 马一浮：《泰和宜山会语》卷一《论六艺该摄一切学术》，《马一浮全集》第1册（上），第15页。
② 乌以风辑录：《问学私记》，《马一浮全集》第1册（下），第748页。
③ 费孝通：《乡土中国》，上海人民出版社，2007年。
④ 《礼记正义》卷六一，《十三经注疏》，第1683页。

人之本心正好于此时识取"①。尽管传统中国社会,特重丧祭,然而"义失既久,流俗苦其难行,视为具文"②,欲行礼,又牵于方俗,难以决断,因此时常有师友请益,马一浮言及颇多。

如王星贤曾请教老师,若闻丧而不能奔丧当如何?《礼记·奔丧》,闻丧而不得奔丧,以闻丧之日为位而哭,变服如其所当服,朝夕奠卒哭而后辍奠。但处于特殊时期,流离在外,连衰麻之制亦不能具,于是马一浮建议王星贤执心丧,"书院即非从政,似不必定守不出之例,但在初丧哀盛,自不能治事,俟哀稍杀则可矣。虽不必援金革不避之义,稍亲书册,于礼无倍(背)也。仆愚以为可从闻丧之日起,以日易月,二十七日而彻朝夕之奠,亦可以出矣"③。儒家丧礼强调,当丧家由于物质条件匮乏、行礼场所不备而无法按照丧礼执行之时,只要在丧礼中发自内心地表达了哀情,同样符合礼义。在哀情与仪节之间,应以哀情作为最终决断之义,"与其哀不足而礼有余也,不若礼不足而哀有余"④。因此,马一浮依秉"礼以义起,准情而立文,与其易也,宁戚"⑤,既然礼具不备,权以心丧表哀,初丧哀盛,既不能治事,不若亲书册且依照以日易月之制,二十七日撤奠而出。至于发讣受吊,虽古礼亦有,但已失古意,马一浮认为与礼意不合,可免除。除此,马一浮平日也时常随事教导以明何为中礼,如王星贤遭祖父丧,马一浮书信安慰并提醒"礼得无过情。忘戚则害性,过情则伤毁,二俱失其中",切勿自束于俗,真正全其孝,建议他若要读礼经,不若专读《丧服传》,"此义久废,然礼以丧祭为重,不可不明"⑥。

再如,张伯衡曾请教马一浮,有友居忧,欲劝其不废教学,于礼有疑,

① 乌以风辑录:《问学私记》,《马一浮全集》第 1 册(下),第 734~735 页。
② 马一浮:《尔雅台答问续编》卷五《答吴敬生》,《马一浮全集》第 1 册(下),第 551 页。
③ 马一浮:《尔雅台答问续编》卷一《示王星贤》,《马一浮全集》第 1 册(下),第 450 页。
④ 《礼记正义》卷七,《十三经注疏》,第 1285 页。
⑤ 马一浮:《尔雅台答问续编》卷一《示王星贤》,《马一浮全集》第 1 册(下),第 450 页。
⑥ 马一浮:《书札》卷三《与学生晚辈(李笑春)》,《马一浮全集》第 2 册(下),第 834 页。

《诗》《书》《礼》《乐》:宋明儒学的性道神化

询以可否。马一浮建议说："以朋友之情劝之,恐其过毁,是亦无害于权,必俟其哀杀,乃可言之。古者既葬而后卒哭,卒哭而后祔,祥而练服,变有渐,哀之杀也,亦有渐,皆称情而立文。后世衰绖之制已不能行,饮食居处未尝有异,而独守不出之训,以是为礼,亦非其情。若私居讲论,苟非忘哀而徇物,亦不为悖礼。先儒有以是讥吕伯恭者,似稍过矣。"①张伯衡担心朋友居丧期间沉溺于悲伤而过毁,想要劝告他"不废教学",但又疑惑"居丧讲学"是否有违礼仪。对此,马一浮举丧礼"服丧变除"的规定,即丧服配合逐步减杀的哀情而变化,以明"称情而立文"为儒家丧礼的要义,儒家礼仪主张适应人情而制定节文。若居丧期间心存哀情,行为而有所约束,则不为悖礼。以此为断,后世特重的居丧禁足不出的做法,既非古礼,又与人情相违,更重要的是并不是以"恰当的哀情"作为评判居丧是否守礼的标准,舍本逐末,可以不以为意。南宋大儒吕祖谦曾两度居丧讲学,为母居丧期间在武义明招山设坛讲学而成《丽泽论说集录》,为父居丧期间,以更大规模在明招山讲学,但彼时师友批评"丧中讲学不合古礼",遂遣散诸生。若以义断之,马一浮认为,先儒对于吕氏居丧讲学的批评实有欠公允。又,《礼记·丧服四制》言丧服的四条原则:恩、理、节、权,恩者,仁也。理者,义也。②学生吴敬生,遭丧女之痛,女未成年,虽然感情深厚,爱女之心可怜,然而没有为孩子服丧,马一浮赞其不为殇服,乃以义胜恩。③

　　以上皆为学生请益作答,除此之外,马一浮书信中处处可见平常事以义断之的事例,略举一则。沈敬仲言及诸生欲为老师庆生,马一浮请沈氏代以婉拒:

　　　　程子有言:人当亲没之后,遇生日当追慕增悲。今人乃以为贺,非

①　马一浮:《尔雅台答问续编》卷五《答张伯衡》,《马一浮全集》第1册(下),第552页。

②　《礼记正义》卷六三,《十三经注疏》,第1694页。

③　马一浮:《尔雅台答问补编》卷一《示吴敬生》,《马一浮全集》第4册,第16页。

礼也。若具庆者,不可。午前闻兄言及以风述诸生意,欲以弟生日致馈,甚为不安。因办事处已开饭,匆匆下山,未及细谈。弟意不愿以此益诸生劳费,此犹是俗谛。实则衰老之躯,违远邱墓,每遇岁时,感怆不能自已。况方行乎患难,何心更以生日言庆?以风诸子未詧鄙怀,乃使来学诸生闻之。渠等以世俗所重,将谓以此为敬,而不知其未当于礼也。今若犹可中止,请兄亟属以风婉为谢却,毋重弟之不安,非是拂人之情也。至诸生要求照相,于义无害,但不必以此日行之。遇天气晴朗,在星期一、三、五弟在院时较便,无论何日均可。此间事幸兄见告,然已多此一番曲折。写来不觉词费,望告以风诸子深谅之。

马一浮提到三个原因:一是遇生日时追慕思亲增悲;二是年老日衰、岁时感怆,不以生日为乐;三是时值患难,无生日言庆的心情。生日不庆的古礼之道与庆生的"不合时宜"都是以"情感安否"作为决断之义,"遇变则行其所安,斯可矣"①,不愿诸生劳费只是俗谛,今俗以为敬长尊师,却不知已与礼背道而驰。至于师生合影,无害于礼义,则可以准允。

马一浮"礼以义起"的实践决断,体现了他以义理为判事根基的主张,"知遇事能以义理自勘,从此必可得力"②,在言及复性书院的创办宗旨时,马一浮亦特将"所讲求者在经术义理"③作为乱世之常、书院之本,"在书院所谈经术,一以义理为归"④。但是要切忌空谈,"讲义理之学者,有一大病,即是出入口耳,讲了便休。学者听人说天理,便以为已经领会得,更不自家用力。如是,则其所领会之天理,乃是人家说与的,自己都无分"⑤。程颐临

---

① 马一浮:《尔雅台答问续编》卷五《答吴敬生》,《马一浮全集》第1册(下),第552页。
② 马一浮:《尔雅台答问续编》卷五《答吴敬生》,《马一浮全集》第1册(下),第551页。
③ 马一浮:《复性书院讲录》卷一《复性书院开讲日示诸生》,《马一浮全集》第1册(上),第84页。
④ 马一浮:《尔雅台答问》卷五《答王君》,《马一浮全集》第1册(上),第421页。
⑤ 马一浮:《尔雅台答问续编》卷四《示袁竹猗》,《马一浮全集》第1册(下),第538页。

终之时，"门人进曰：先生平日所学，正今日要用。伊川曰：道著用便不是"①，马一浮认为："想当时从明道游者，亦不免有此一类人。似谓一入先生之门，天理便有之于己了。故明道说'吾学虽有所受，"天理"二字却是自家体贴出来'，乃是警学者只图口耳，全不用力，不知天理非可从人受者，须著眼'自家'二字。所谓学以致用者，乃自然之效。学养有素，则事至物来，自有一个当然之则，不待安排。所谓'举而措之，谓之事业'也。如著意用上，则不免骛外，计较之心生，必堕入功利去矣。学者大病，只是学来要用，一心只在用上，末稍便流入功利去。伊川临终之言，警切极矣"②。马一浮所讲的"义理"，一定要落在"自家"，方为有根基。

义理要落于自家，其方法则一为读经，一为实践，"学者用力之方，读经最为要紧，盖经为义理之总汇，薰习既久，则知见、习气不知不觉间可逐渐消除，初念亦可逐渐发露。然亦必须将经义一一切己体会，返躬实践，方有益处。否则专求文字训诂，转增知见，无益也"③。读经与实践并非二分的关系，切己体会而非字面理解是实践，作用于行为日常亦为实践，在马一浮看来，"心性义理本是切实，而人以为空虚，事功本是虚幻，而人以为真实，正是颠倒见"，因此他对别人批评自己"专讲心性义理之学为空虚"颇不以为然。④事实上，书院以"讲求经术义理"为本，也是基于马一浮对现世的观察，"近年深感讲说无益，决口不谈义理者久矣，兹乃为贤一发之耳。闻寇势复张，未来事黑如漆，而人心之晦盲否塞，虽十重铁甲，未足以喻，圣人复起，亦不奈他何。义理不明之害，至于今日为极致矣"⑤。

毫无疑问，马一浮所编纂的书目折射着他对于知识的建构，彰显着其

① 《河南程氏遗书》附录"明道先生年谱"，《二程集》，第345页。
② 马一浮：《尔雅台答问续编》卷四《示袁竹漪》，《马一浮全集》第1册（下），第539页。
③ 乌以风辑录：《问学私记》，《马一浮全集》第1册（下），第729页。
④ 乌以风辑录：《问学私记》，《马一浮全集》第1册（下），第763页。
⑤ 马一浮：《尔雅台答问补编》卷一《示吴敬生》，《马一浮全集》第4册，第15页。

"六艺该摄一切学术"的观念，六艺各门类相互统摄，其功能又互为补充，作为六艺一门的"礼"，自然不能与其他类别割裂而看待。马一浮将相互统摄的六艺比作"华严家帝网珠"，交光相罗，重重无尽，一一珠中遍含百千珠相，交参互入，不杂不坏。六艺之道亦复如是，故言诗则摄礼，言礼则摄乐，乐亦诗摄，书亦礼摄。① 如关于"兴于诗，立于礼，成于乐"，历来说法不一，马一浮承朱子之说，认为非指求学自修的三阶段，而是三者齐头并进，相互统合，"诗者，志也；礼者，履也。在心为志，发言为诗；在心为德，行之为礼。故敦诗说礼，即是蹈德履仁"，"诗之所志，礼亦至焉"，"言而履之，礼也，行其所言，然后其言信而非妄。行而乐之，乐也。乐其所志，然后其行和而中节，此谓礼之所至，乐亦至焉。故即诗即礼，即礼即乐"。② 又如，《易》统礼乐，《易》中凡言亨者，即乐义；凡言贞者，即礼乐"③，礼乐关系皆阴阳合德之理。

　　基于六艺之间相互统合紧密的关系，马一浮特强调学者应遍读群经，"必通群经而后能通一经，故专治一经，不是偏曲"④，推崇"求通"的读书法。追溯到更早，马一浮的上述观念和他的问学经历密切相关，"先致力于训诂考据之学，继而始悟其非，认为即使训诂严密、考据精确，于自己身心及民风政教了无干涉。接着，他又深研九流百家之说，释道二氏之学，后又知这些学说中有精有粗，有得有失，认为这些皆不足备义理之大全，尽心性之大用。于是又折而返求儒学，深研六经"⑤。正是由于接触了广博的知识，尝试过不同的学问取径，当折返儒学，深研六经之时才能提纲挈领、触类旁通，将新颖独到的思想注入对六艺的再阐述中，并以此整合庞大的知

　　① 马一浮：《复性书院讲录》卷四《礼教绪论》，《马一浮全集》第 1 册（上），第 248 页。
　　② 马一浮：《复性书院讲录》卷四《礼教绪论》，《马一浮全集》第 1 册（上），第 248 页。
　　③ 马一浮：《书札》卷三《与学生晚辈（张立民）》，《马一浮全集》第 2 册（下），第 792 页。
　　④ 马一浮：《尔雅台答问续编》卷四《示袁竹漪》，《马一浮全集》第 1 册（下），第 539 页。
　　⑤ 马镜泉、赵士华：《马一浮评传》，百花洲文艺出版社，2015 年，第 44 页。

识体系。马一浮主张遍读群经,还在于他反对将义理空虚与悬置,反对涵养不足就急于用事,"旧观涵养不足,不但不能明辨是非,反而易被物欲所蔽,难免不以人欲为天理。人之气禀不同,利根者不事读书穷理,专就事上察识,自有悟处。至于根钝之人,不教他从读书穷理上用工,将从何处入手"①。尽管马一浮留心于书目编纂,一生汲汲于刻书事业,但是却与传统目录学的追求略有差异,在他看来,知识的整理分类,不是仅仅为了利于寻检庋藏,甚或辨章学术、考镜源流,而在于相互融通以追求更高价值的义理,"读书而不穷理,譬犹买椟还珠,守此筌蹄,不得鱼兔,安有用处"②。因此,他认为,现有的目录学著作并不足以提供问道门径,"某幼时尝依张文襄《輶语》求治经门径,及用力既久,方知此只是目录学,与身心了不相干也"③。

遍读群经贵在"知要",即以义理为宗,得其要义,举一反三,马一浮以此指导学礼与治礼,即以《仲尼燕居》为切口理解"礼以义起"的不二法门。掌握了"礼以义起",自能超越所谓门户之见而有学者独立的判断,不仅可以判定文献价值与观点优劣,还可以指导学者解决礼仪实践中古今难以抉择的困境。从解读到运用,掌握了"礼以义起",使马一浮能超越书斋内外泾渭分明的界限,最终将目标定位在形成"完善的人"。这恰好反映了马一浮对书院学生提出的期待,即通经的目的在于"变化气质,去其习染","重体验,崇践履,记诵知解虽非不重要,但视为手段而非目的"④,对于现世的关怀自然熔铸其中。

只不过,这种现世的关怀非唯抗战年代以力相搏等,更多是自修,"书

---

① 乌以风辑录:《问学私记》,《马一浮全集》第1册(下),第736页。

② 马一浮:《复性书院讲录》卷一《读书法》,《马一浮全集》第1册(上),第102~103页。

③ 乌以风辑录:《问学私记》,《马一浮全集》第1册(下),第771页。

④ 叶圣陶:《致诸翁》(1939年4月5日),《马一浮全集》第6册(上),第353页。叶圣陶极其赞成践履的观点,但是认为所凭借的教材为古籍,为心性之玄理,则所体验,所践履者,至少有一半不当于今之世也。

院之立，系乎众缘。方在流离，焉能备物？今四海骚然，举国皇皇，并力以拒敌，而吾侪幸得从容于岩穴之间，受饩廪之供。名为求先圣之道，是必乾乾夕惕，思所以尽其在己，日进于高明，不沦于弱丧，方不违于自性，可告于国人。若乃冒读书穷理之名，而无进德修业之实，徒以增长习气，骋其人我；持一隅之知，送以为足，是不唯先圣所弃，苟反之自心而犹有义理之存者，其能安乎"①。自修并不等同两耳不闻窗外事，恰好相反，学者应胸怀广阔的天地，"博文为立事之要"之文并非限于典籍，"凡天地间一切事相皆文也，从一身推之家国、天下，皆事也"②，学诗、学礼，都是为了"立事"，所谓立事，即遇事尽能处理并且能合于理，不会"处甲事则得，处乙事又失之"③。简而言之，通过读书穷理，再到返躬体会，进而求取义理，逢缘遇境，不自放倒，随事勘验，变化气质，不受环境的陷溺，最终完善人格，担当国家社会的大事，先将自己从习气中解放出来，进而谋人类真正之解放。④马一浮的上述主张正是基于对六艺之学"可推行于全人类，放之四海而皆准"⑤的观点，不仅可以发挥自己的民族精神，更可以普及并革新世界的自信，彰显着近现代世界观念引入后，学人对传统学术和中华文化的再认知与全新定位，这使得马一浮的学术思想虽承宋明理学，却也展现出与之迥然不同的时代色彩。

① 马一浮：《尔雅台答问续编》卷六《告书院学人书六》，《马一浮全集》第 1 册（下），第 560~561 页。

② 马一浮：《复性书院讲录》卷一《读书法》，《马一浮全集》第 1 册（上），第 94 页。

③ 马一浮：《复性书院讲录》卷一《复性书院学规》，《马一浮全集》第 1 册（上），第 94 页。

④ 马一浮：《书札》卷三《与学生晚辈（李笑春）》，《马一浮全集》第 2 册（下），第 814 页。

⑤ 马一浮：《泰和会语》之《论西来学术亦统于六艺》，《马一浮全集》第 1 册（上），第 19 页。

参考文献

一、典 籍

班固撰、颜师古注:《汉书》,中华书局,1962 年。

蔡絛:《铁围山丛谈》,中华书局,1983 年。

蔡襄:《端明集》,宋刻本。

曾巩:《曾巩集》,中华书局,1984 年。

晁公武撰,孙猛校正:《郡斋读书志校证》,上海古籍出版社,1990 年。

晁说之:《嵩山文集》,《续修四库全书》第 1507 册,上海古籍出版社,2002 年。

陈淳:《北溪大全集》,文渊阁《四库全书》本,第 1168、1169 册,上海古籍出版社,2012 年。

陈傅良:《陈傅良先生文集》,浙江大学出版社,1999 年。

陈均:《皇朝编年纲目备要》,中华书局,2006 年。

陈栎:《书集传纂疏》,文渊阁《四库全书》本,第 55 册,上海古籍出版社,2012 年。

陈亮：《陈亮集（修订本）》，河北教育出版社，2003年。

陈普：《礼编》，清光绪李文田家钞本。

陈普：《石堂先生遗集》，明万历三年薛孔洵刻本。

陈启源：《毛诗辑古篇》，文渊阁《四库全书》本，第85册。

陈寿祺：《五经异义疏证》，上海古籍出版社，2012年。

陈祥道：《论语全解》，文渊阁《四库全书》本，第196册。

陈旸：《乐书》，中州古籍出版社，2019年。

陈振孙：《直斋书录解题》，上海古籍出版社，1987年。

程端礼辑：《朱子读书法》，陈宏谋辑《五种遗规》，线装书局，2015年。

程端蒙：《性理字训》，清同治至民国间刻西京《清麓丛书》本。

程颢、程颐：《二程集》，王孝鱼点校，中华书局，2004年。

程树德：《论语集释》，中华书局，1990年。

程颐：《周易程氏传》，九州出版社，2011年。

戴溪：《石鼓论语答问》，民国敬乡楼丛书本。

董仲舒著、苏舆撰：《春秋繁露义证》，中华书局，2010年。

杜预注、孔颖达等正义：《春秋左传正义》，阮元校订：《十三经注疏》，上海古籍出版社，1997年。

段玉裁：《说文解字注》，浙江古籍出版社，1998年。

范宁注、杨士勋疏：《春秋谷梁传注疏》，上海古籍出版社影印《十三经注疏》本，1997年。

范晔：《后汉书》，中华书局，1965年。

范祖禹：《帝学》，文渊阁《四库全书》本，第696册。

范祖禹：《范太史集》，文渊阁《四库全书》本，第1100册。

方回：《桐江续集》，文渊阁《四库全书》本，第1193册。

韩琦：《安阳集》，明正德九年张士隆刻本。

韩婴著、许维遹校释：《韩诗外传集释》，中华书局，2009年。

韩愈、李翱:《论语笔解》,中华书局,1991年。

韩愈著、岳珍、刘真编注:《韩愈文集汇校笺注》,中华书局,2010年。

韩愈著、马其昶校注、马茂元整理:《韩昌黎文集校注》,上海古籍出版社,1986年。

何晏集解、邢昺疏:《论语注疏》,上海古籍出版社,阮元校订:《十三经注疏》本,1997年。

胡宏:《胡宏集》,中华书局,1987年。

胡培翚:《研六室文钞》,光绪四年胡氏世泽楼重刻本。

胡瑗:《洪范口义》,文渊阁《四库全书》本,第54册。

胡瑗:《周易口义》,文渊阁《四库全书》本,第8册。

胡仔:《苕溪渔隐丛话·前集》,人民文学出版社,1962年。

黄裳:《演山先生文集》,静嘉堂文库本。

黄震:《黄氏日抄》,清乾隆三十二年重刻本。

黄宗羲著,全祖望补修:《宋元学案》,中华书局,1986年。

纪昀等:《四库全书总目》,中华书局整理本,1997年。

焦循《论语通释》,《续修四库全书》155册。

焦循著:《雕菰楼集》,江氏聚珍版丛书。

金履祥:《论孟集注考证》,文渊阁《四库全书》本,第202册。

康有为:《论语注》,中华书局,1984年。

孔安国传、孔颖达等疏:《尚书正义》,阮元校订:《十三经注疏》,上海古籍出版社,1997年。

黎靖德编:《朱子语类》,中华书局,1986年。

李如圭:《仪礼集释》,《丛书集成初编》本,商务印书馆,1939年。

李焘:《续资治通鉴长编》,中华书局,2004年。

李心传:《建炎以来朝野杂记》,中华书局,2000年。

林駉:《古今源流至论》,文渊阁《四库全书》本,第942册。

林云铭：《古文析义初编》，上海文化书局，1915年。

林之奇：《尚书全解》，文渊阁《四库全书》本，第55册。

刘安撰、何宁注：《淮南子集释》，中华书局，1998年。

刘宝楠：《论语正义》，《诸子集成》本，中华书局，1985年。

刘才邵：《樵溪居士集》，文渊阁《四库全书》本，第1130册。

刘弇：《龙云集》，民国豫章丛书本。

刘知几撰、蒲起龙通释：《史通通释》上海古籍出版社，2009年。

刘挚：《忠肃集》，中华书局，1997年。

刘子翚：《屏山集校注》，中国书籍出版社，2012年。

刘宗周：《刘宗周全集》第2册，浙江古籍出版社，2007年。

楼钥：《攻媿集》，文渊阁《四库全书》本，第1152册。

陆佃：《陶山集》，丛书集成初编本，商务印书馆，1935年。

陆九渊：《陆九渊集》，中华书局，1978年。

吕不韦著、许维遹撰：《吕氏春秋集释》，中华书局，2022年。

吕祖谦：《东莱集·附录》，金华丛书本。

吕祖谦：《东莱集·外集》，文渊阁《四库全书》本，第1150册。

吕祖谦：《吕氏家塾读诗记》，《儒藏精华编》第25册，北京大学出版社，2009年。

马端临：《文献通考》，中华书局，1986年。

马廷鸾：《碧梧玩芳集》，民国豫章丛书本。

毛亨传、郑玄笺、陆德明音义：《毛诗传笺》，孔祥军点校，中华书局，2019年。

毛亨传、郑玄注、孔颖达正义：《礼记正义》，阮元校订：《十三经注疏》，上海古籍出版社，1997年。

茅元仪：《暇老斋杂记》，《四库禁毁丛书》第253册。

孟棨：《本事诗》：《历代诗话续编》，中华书局，1983年。

赵岐注、孙奭疏:《孟子注疏》,阮元校订:《十三经注疏》,上海古籍出版社,1997年。

聂崇义:《新定三礼图》,清华大学出版社,2006年。

欧阳修:《欧阳修全集》,中华书局,2001年。

欧阳修:《诗本义》,《四部丛刊》本。

欧阳修等编:《太常因革礼》,广雅书局本。

皮锡瑞:《经学历史》,中华书局,2004年。

钱大昕:《潜研堂集》,清嘉庆十一年刻本。

秦观:《淮海集》,《四部丛刊》景明嘉靖小字本。

全祖望著、朱铸禹注:《全祖望集汇校集注》,上海古籍出版社,2000年。

阮元校刻:《十三经注疏》,中华书局,1980年影印本。

邵伯温:《邵氏闻见录》,中华书局,1983年。

邵雍:《邵雍全集》,上海古籍出版社,2015年。

沈德潜:《唐诗别裁集》,浙江古籍出版社影印,1998年。

沈括著、胡道静校证:《梦溪笔谈校证》,上海人民出版社,2016年。

石介:《徂徕石先生文集》,中华书局,1984年。

史浩:《尚书讲义》,文渊阁《四库全书》本,第56册。

司马光:《司马温公文集》,清《正谊堂全书》本。

司马光:《书仪》,王云五主编《丛书集成初编》本。

司马迁:《史记》,中华书局,2013年。

苏轼:《东坡书传》,明刻本。

苏轼:《东坡易传》,明刻朱墨套印本。

苏轼:《苏东坡全集》,中华书局,2021年。

苏轼:《苏轼文集》,中华书局,1986年。

苏辙:《苏辙集》,中华书局,1990年。

孙复:《孙明复小集》,文渊阁《四库全书》本,第1090册。

脱脱等:《宋史》,中华书局,1977年。

王安石:《临川先生文集》,秦克、巩军标点,中华书局,1959年。

王安石:《王安石文集》,秦克、巩军标点,上海古籍出版社,1999年。

王安石著、邱汉生辑校:《诗义钩沉》,中华书局,1982年。

王柏:《鲁斋集》,民国《续金华丛书》本。

王柏:《诗疑》,《丛书集成初编》本。

王充著、黄晖校释:《论衡校释》,中华书局,1990年。

王明清:《挥麈录》,上海书店出版社,2001年。

王鸣盛:《十七史商榷》,中国书店,1987年。

王聘珍:《大戴礼记解诂》,中华书局,1983年。

王若虚:《滹南遗老集》,《四部丛刊》本。

王天与:《尚书纂传》,文渊阁《四库全书》本,第62册。

王先谦:《诗三家义集疏》,中华书局,1987年。

王应麟:《困学纪闻》,上海古籍出版社,2008年。

王应麟:《玉海》,广陵书社,2016年。

卫湜:《礼记集说》,文渊阁《四库全书》本,第118册。

魏了翁:《鹤山集》,文渊阁《四库全书》本,第1172册。

魏了翁:《仪礼要义》,文渊阁《四库全书》本,第104册。

魏了翁:《重校鹤山先生大全文集》,《四部丛刊》本。

魏泰:《东轩笔录》,中华书局,1983年。

魏徵:《隋书》,中华书局,1973年。

徐松辑:《宋会要辑稿》,上海古籍出版社,2014年。

薛季宣:《薛季宣集》,上海社会科学院出版社,2003年。

荀子著、王先谦集解:《荀子集解》,中华书局,1982年。

严粲:《诗缉》,听彝堂嘉庆庚午本。

严复:《严复集》,中华书局,1986年。

阎若璩:《尚书古文疏证》,清乾隆眷西堂刻本。

杨简:《慈湖诗传》,《儒藏精华编》第 25 册,北京大学出版社,2009 年。

杨简:《杨简全集》,浙江大学出版社,2016 年。

杨慎:《升庵经说》,《丛书集成初编》本。

杨慎著、丰家骅校正:《丹铅总录校正》,中华书局,2019 年。

杨时:《杨时集》,福建人民出版社,1993 年。

叶时:《礼经会元》,清通志堂经解本。

应劭著、陈立疏证:《白虎通义疏证》,中华书局,2007 年。

袁桷《清容居士集》,《景印文渊阁四库全书》第 1203 册。

袁燮:《絜斋集》,《丛书集成初编》本。

袁燮:《絜斋家塾书钞》,《景印文渊阁四库全书本》第 57 册。

袁燮:《絜斋毛诗经筵讲义》,周春健校注《宋人经筵诗讲义四种》,华夏出版社,2016 年。

张淳:《仪礼识误》,清《武英殿聚珍版》本。

张栻:《论语精义》,《景印文渊阁四库全书》第 199 册。

章如愚:《山堂考索》,中华书局,1992 年。

章学诚:《校雠通义》,上海古籍出版社,1987 年。

章学诚著、叶瑛校注:《文史通义》,中华书局,1985 年。

赵尔巽:《清史稿》,中华书局,1998 年。

赵汝愚编:《宋朝名臣奏议》,上海古籍出版社,1999 年。

真德秀:《西山先生文集》,《景印文渊阁四库全书》第 1174 册。

郑樵:《通志》,中华书局,1995 年。

郑玄笺、孔颖达疏:《毛诗注疏》,阮元校订:《十三经注疏》,上海古籍出版社,1997 年。

郑玄注、贾公彦疏:《周礼注疏》,阮元校订:《十三经注疏》,上海古籍出版社,1997 年。

朱熹：《晦庵先生朱文公文集》，《四部丛刊》景明嘉靖本。

朱熹：《诗集传》，中华书局，2011年。

朱熹：《四书章句集注》，中华书局，1983年。

朱熹著，朱杰人、严佐之等主编：《朱子全书》，上海古籍出版社、安徽教育出版社，2002年。

朱彝尊：《经义考（新校）》，上海古籍出版社，2010年。

祝穆：《事文类聚》，文渊阁《四库全书》本，第927册。

左丘明：《国语》，上海古籍出版社，1998年。

二、现代论著（包括译著）

蔡仲德《中国音乐美学史》，人民音乐出版社，2003年。

曹础基：《庄子浅注》，中华书局，2000年。

曹元弼：《礼经学》，北京大学出版社，2012年。

陈畅：《理学道统的思想世界》，上海书店出版社，2017年。

陈来：《古代宗教与伦理——儒家思想的根源》，生活·读书·新知三联书店，1996年。

陈来：《宋明理学》，华东师范大学出版社，2004年。

陈霖庆、郑玉姗、邹浚智等：《上海博物馆藏楚竹书（一）读本》，北京大学出版社，2009年。

陈士珂辑：《孔子家语疏证》，商务印书馆，1940年。

陈寅恪：《金明馆丛稿二编》，生活·读书·新知三联书店，2001年。

陈植锷：《北宋文化史述论》，中国社会科学出版社，1992年。

陈致：《从礼仪化到世俗化——诗经的形成》，上海古籍出版社，2009年。

程元敏辑：《三经新义辑考汇评》，华东师范大学出版社，2011年。

丁凌华：《中国丧服制度史》，上海人民出版社，2000年。

范立舟、於剑山：《南宋甬上四先生研究》，人民出版社，2014年。

范文澜：《中国通史简编》（修订本），人民出版社，1965年。

费孝通：《乡土中国》，人民出版社，2008年。

冯晓庭：《宋初经学发展述论》，万卷楼图书公司，2000年。

冯友兰：《三松堂全集》，河南人民出版社，2001年。

冯友兰：《中国哲学史新编》，人民出版社，1998年。

葛兆光：《中国经典十种》，中华书局，2008年。

葛兆光：《中国思想史》，复旦大学出版社，2002年。

龚妮丽、张婷婷：《乐韵中的澄明之境——中国传统音乐美学思想研究》，广西师范大学出版社，2009年。

顾忠华：《韦伯学说新探》，唐山出版社，1992年。

郭沫若：《金文丛考》，科学出版社，2002年。

郭沫若：《十批判书》，东方出版社，1996年。

洪湛侯：《诗经学史》，中华书局，2002年。

侯外庐主编：《中国思想通史》，人民出版社，1957–1962年。

黄振民：《诗经研究》，正中书局，1982年。

贾海涛：《北宋"儒术治国"政治研究》，齐鲁书社，2006年。

蒋庆：《政治儒学：当代儒学的转向、特质与发展》，生活·读书·新知三联书店，2003年。

李家树：《王质诗总闻研究》，文史哲出版社，1996年。

李零：《郭店楚简校读记》，北京大学出版社，2002年。

李泽厚：《中国古代思想史论》，人民出版社，1985年。

梁启超：《王安石传》，海南出版社，1993年。

林泰辅：《龟甲兽骨文字》，艺文印书馆，1973年。

刘复生：《北宋中期儒学复兴运动》，文津出版社，1991年。

刘俊文主编：《日本学者研究中国史论著选译》（全七册），中华书局，

1992 年。

刘勰著、范文澜注:《文心雕龙注》,人民文学出版社,1962 年。

刘毓庆:《历代诗经著述考(先秦—元代)》,中华书局,2002 年。

柳诒徵:《中国文化史》,大百科全书出版社,1988 年。

马镜泉、赵士华:《马一浮评传》,百花洲文艺出版社,2015 年。

马一浮:《马一浮全集》,浙江古籍出版社,2012 年。

马银琴:《两周诗史》,中国社会科学出版社,2006 年。

牟宗三:《道体与性体》,上海古籍出版社,1999 年。

潘斌:《宋代"三礼"诠释研究》,人民出版社,2018 年。

钱穆:《国史大纲》(修订本),商务印书馆,1996 年。

钱穆:《晚学盲言》,《钱宾四先生全集》,联经出版事业公司,1998 年。

钱穆:《中国近三百年学术史》,商务印书馆,1996 年。

钱穆:《朱子新学案》,巴蜀书社,1986 年。

谭德兴:《汉代诗学研究》,贵州人民出版社,2003 年。

童庆炳:《文学活动的审美维度》,高等教育出版社,2001 年。

王国维:《观堂集林》,河北教育出版社,2003 年。

王秀臣:《三礼用诗考》,中国社会科学出版社,2007 年。

王宇:《师统与学统的调适:宋元两浙朱子学研究》,社会科学文献出版社。

闻一多:《神话与诗》,上海人民出版社,2006 年。

熊公哲:《王安石政略》,商务印书馆,1937 年。

熊十力:《论六经》,中国人民大学出版社,2006 年。

熊十力:《中国历史讲话》,中国人民大学出版社,2006 年。

徐洪兴:《思想的转型:理学发生过程研究》,上海人民出版社,1996 年。

杨宽:《古史新探》,上海人民出版社,2016 年。

杨宽:《西周史》,上海人民出版社,2016 年。

杨天宇:《礼记译注》,上海古籍出版社,2016年。

杨荫浏:《中国古代音乐史稿》,人民音乐出版社,1981年。

余英时:《朱熹的历史世界》,生活·读书·新知三联书店,2004年。

余英时:《朱熹的历史世界——宋代士大夫政治文化的研究》,生活·读书·新知三联书店,2004年。

俞启定:《中国教育制度通史》第一卷,山东教育出版社,2000年。

张希清:《中国科举制度的通史》(宋代卷),上海人民出版社,2017年。

赵霈霖:《兴的源起——历史积淀与诗歌艺术》,中国社会科学出版社,1987年。

郑奋鹏:《郑樵的校雠目录学》,学海出版社,1976年。

郑俊晖:《朱熹音乐著述及思想研究》,人民教育出版社,2010年。

周裕锴:《中国古代阐释学研究》,上海人民出版社,2005年。

朱维铮编:《周予同经学史论著选集(增订本)》,上海人民出版社,1996年。

[德]马克思、恩格斯:《马克思恩格斯选集》,人民出版社,2012年。

[法]让-马克·夸克:《合法性与政治》,佟心平、王远飞译,中央编译出版社,2002年。

[法]谢和耐:《中国社会文化史》,黄建华等译,湖南教育出版社,1994年。

[古希腊]亚里士多德:《政治学》,吴寿彭译,商务印书馆,1965年。

[美]阿拉斯代尔·麦金太尔:《谁之正义?何种合理性?》,万俊人、吴海针、王今一译,当代中国出版社,1996年。

[美]陈荣捷:《朱学论集》,华东师范大学出版社,2007年。

[美]陈荣捷:《朱子新探索》,华东师范大学出版社,2007年。

[德]黑格尔:《美学》第一卷,朱光潜译,商务印书馆,1996年。

[美]刘子健:《中国转向内在:两宋之际的文化内向》,赵冬梅译,江苏人民出版社,2002年。

[美]田浩:《朱熹的思想世界》,陕西师范大学出版社,2002年。

［美］亚伯拉罕·马斯洛著、［美］爱德华·霍夫曼编：《洞察未来》，许金声译，华夏出版社，2004年。

［英］阿诺德·汤因比：《人类与大地母亲：一部叙事体世界历史》，徐波等译，上海人民出版社，2012年。

三、论文

陈来：《郭店楚简之〈性自命出〉篇初探》，《孔子研究》，1998年第2期。

陈来：《〈乐记〉的儒学思想》，《孔子研究》，2016年第5期。

陈梦家：《射与郊》，《清华学报》，1941年第13卷第1期。

邓声国：《李如圭〈仪礼集释〉的解经特色》，《江西社会科学》，2010年第10期。

董治安：《吕氏春秋之论诗引诗与战国末期诗学的发展》，《文史哲》，1996年第2期。

范立舟：《南宋"甬上四先生"的〈诗经〉文献及其思想特质释论》，《地方文化研究》，2015第4期。

冯兵、乐爱国：《理学视阈中的礼乐文质论——以朱熹为中心的研究》，《社会科学战线》，2010年第8期。

冯兵：《我国近年来朱子礼乐思想研究述评》，《渭南师范学院学报》，2011年第5期。

冯光珏：《朱熹的琴论与中和音乐观——写在朱熹诞辰880周年之际》，《乐府新声》，2010年第4期。

宫云维：《司马光〈书仪〉版本考略》，《浙江工业大学学报（社会科学版）》，第30卷第6期。

韩伟：《宋代乐论研究》，南京大学博士学位论文，2011年。

郝桂敏：《王质和他的〈诗总闻〉》，《沈阳师范学院学报》，2001年第

4 期。

何俊:《马一浮的精神及其"六艺论"与〈群经统类〉》,《杭州师范大学学报(社会科学版)》,2017 年第 5 期。

黄侃:《礼学略说》,载于陈其泰、郭伟川、周少川编《二十世纪中国礼学研究论集》,学苑出版社,1998 年。

黄忠慎:《心学与政治之间——袁燮〈絜斋毛诗经筵讲义〉析论》,《台大中文学报》,第 53 期。

[日]加藤实:《关于西汉诗经学说的发展——匡衡的诗说和刘向的诗说》,中国《诗经》学会编《第三届诗经国际学术研讨会论文集》,天马出版社,1992 年。

李学勤:《柞伯簋铭考释》,《文物》,1998 年第 11 期。

李志刚:《〈仪礼集释〉的版本价值与注释特点》,《泰山学院学报》,2015 年第 5 期。

李志刚:《〈仪礼正义〉与〈仪礼集释〉对校札记》,《人文论丛》,2010 年第 1 期。

马志林:《从〈吕氏家塾读诗记〉所引到〈诗集传〉的更定——简论朱熹〈诗经〉学发展变化》,《诗经研究丛刊》第 28 辑,学苑出版社,2015 年。

彭林:《从正史所见礼乐志看儒家礼乐思想的边缘化》,浙江大学古籍研究所编《礼学与中国传统文化》,中华书局,2006 年。

彭林:《张淳〈仪礼识误〉校勘成就论略》,《北京图书馆馆刊》,1996 年第 3 期。

司乐:《近百年〈诗经〉"兴"之研究综述(1900—2018)》,山西大学硕士论文,2019 年。

宋燕:《李如圭〈仪礼集释〉研究》,郑州大学博士学位论文,2013 年。

孙婧:《朱熹对孔子礼乐的发展》,安徽大学硕士论文,2013 年。

王龙正、袁俊杰、廖佳行:《柞伯簋与大射礼及西周教育制度》,《文物》,

1998 年第 9 期。

王美华：《官方礼制的庶民化倾向与唐宋礼制下移》，《济南大学学报（社会科学版）》，2006 年第 1 期。

王齐洲：《〈礼记乐记〉作者及其与〈荀子乐论〉之关系》，《中山大学学报（社会科学版）》，2019 年第 5 期。

王耀华：《朱熹理学思想与福建音乐文化》，《音乐研究》，1996 年第 4 期。

吴国武：《北宋经筵讲经考论》，《国学学刊》，2009 年第 3 期。

夏微：《宋代周礼学文献述论》，《史学集刊》，2008 年第 4 期。

肖永奎：《试论王安石变法对经学文本的检讨》，《孔子学刊》第 10 辑，青岛出版社，2019 年。

徐雁平：《王质〈诗总闻〉中的"因情求意"》，《南京大学学报》，2003 年第 2 期。

徐远和：《朱熹礼乐思想简论》，《朱子学与 21 世纪国际学术研讨会论文集》，三秦出版社，2001 年。

闫宁：《中古礼制建设概论：仪注学、故事学与礼官系统》，山东大学博士学位论文，2012 年。

杨世文、李国玲：《宋儒对仪礼的注解与辨疑》，《四川大学学报》，2004 年第 4 期。

杨延：《从以理说诗看〈吕氏家塾读诗记〉的宗毛倾向——兼论〈吕氏家塾读诗记〉的学术成就》，《诗经研究丛刊》第 19 辑，学苑出版社，2011 年。

杨志刚：《中国礼学史发凡》，《复旦学报》，1995 年第 6 期。

姚永辉：《论吕祖谦〈吕氏家塾读诗记〉中的诗史互释》，《诗经研究丛刊》2005 年第 1 辑，学苑出版社，2005 年。

叶洪珍：《王质〈诗总闻〉考论》，新疆师范大学硕士论文，2007 年。

詹子庆：《对礼学的历史考察》，《东北师大学报（哲学社会科学版）》，

1996 年第 5 期。

张文:《朱熹理学视野中的礼乐教化思想研究》,山东大学博士学位论文,2018 年。

张震泽:《诗经赋比兴本义新探》,《文学遗产》,1983 年第 3 期。

郑锦扬:《朱熹音乐思想论稿》,《中国音乐学季刊》,1992 年第 3 期。

邹远志:《经典与社会的互动:两晋礼学议题研究》,湖南大学岳麓书院博士学位论文,2010 年。

后 记

　　《诗书礼乐：宋明儒学的性道神化》是何俊教授主持的 2013 年国家社会科学基金重大项目《"群经统类"的文献整理与宋明儒学研究》的子课题之一。这项子课题拟解决的主要问题是：《诗》《书》《礼》《乐》与宋明思想学术的内在关联何在？宋明儒学对《尚书》《诗经》《周礼》及宋明乐律书与理学诸论题与范畴的论说特质何在？三部经典与两宋理学发生及具体涵化的主要意义和内在机理是什么？宋代变法革新与《尚书》《周礼》经典诠释之间的关系是什么？宋明儒家是如何以这两部经典为依据进行变法理论设计和具体途径构思的？宋明理学如何借助《尚书》和《周礼》建构其思想体系？他们的重点继承与发挥何在？而欲达成的目的则是通过对宋明儒学学术史的梳理，阐明以阐释诗书礼乐诸经典为中心的宋明儒学的理论特征、观念意识与话语转换。回答宋明儒学的道德性命之学的形成与诗书礼乐的关系问题。厘清宋明儒家对《尚书》与《周礼》研究成果的学术价值及思想史意义，及其对近现代儒家的学术启示。重新考察诗、乐之间的关系，刳发其中所蕴含的古代哲思。研究宋明儒学以诗书礼乐数部文本为中心所建构的思想学术系统所涵括的经典与学术形态、经典与思想形态的关系的变异以及经典阐释与近世中国知识系统改造与意识形态重铸的全过程。揭示宋代及以后所表现出来的经典的解释学特点，说明思想观念只有

《诗》《书》《礼》《乐》：宋明儒学的性道神化

贯通在经典解释之中,才能最大化地发挥其理论指导社会生活的价值。三位作者力求在这些问题的引领下,尽可能完善地达成任务,在若干年内,大家一面忙于自己的事务,一面在课题的促迫下搜集资料,连缀成文,花费了不少的精力与时间。本书第一至四章由杭州师范大学人文学院中国语言文学系的马强才撰写;第五、六两章与引论由人文学院历史学系范立舟葳事;人文学院历史学系姚永辉完成了第七至九章的撰写。三人术业各有专攻,但都循课题设计的轨迹有所创造。

范立舟

2023 年 8 月 22 日

杭州师范大学 23-607 工作室